权威·前沿·原创

皮书系列为
"十二五""十三五"国家重点图书出版规划项目

BLUE BOOK OF EQUIPMENT MANUFACTURING INDUSTRY

中国装备制造业发展报告
（2018）

REPORT ON THE DEVELOPMENT OF EQUIPMENT
MANUFACTURING INDUSTRY IN CHINA (2018)

主　编／徐东华
副主编／曾祥东　史仲光　聂秀东
机械工业经济管理研究院／主办

社会科学文献出版社
SOCIAL SCIENCES ACADEMIC PRESS (CHINA)

图书在版编目(CIP)数据

中国装备制造业发展报告. 2018 / 徐东华主编. ——北京：社会科学文献出版社，2018.12
　（装备制造业蓝皮书）
　ISBN 978 – 7 – 5201 – 4050 – 8

　Ⅰ.①中… Ⅱ.①徐… Ⅲ.①制造工业 – 经济发展 – 研究报告 – 中国 – 2018　Ⅳ.①F426.4

中国版本图书馆 CIP 数据核字（2018）第 277574 号

装备制造业蓝皮书
中国装备制造业发展报告（2018）

主　　编 /	徐东华
副 主 编 /	曾祥东　史仲光　聂秀东
出 版 人 /	谢寿光
项目统筹 /	王　绯
责任编辑 /	孙燕生　方绍忠
出　　版 /	社会科学文献出版社·社会政法分社（010）59367156 地址：北京市北三环中路甲 29 号院华龙大厦　邮编：100029 网址：www.ssap.com.cn
发　　行 /	市场营销中心（010）59367081　59367083
印　　装 /	三河市龙林印务有限公司
规　　格 /	开　本：787mm × 1092mm　1/16 印　张：25.25　字　数：381 千字
版　　次 /	2018 年 12 月第 1 版　2018 年 12 月第 1 次印刷
书　　号 /	ISBN 978 – 7 – 5201 – 4050 – 8
定　　价 /	128.00 元

皮书序列号 / PSN B – 2015 – 505 – 1/1

本书如有印装质量问题，请与读者服务中心（010 – 59367028）联系

▲ 版权所有 翻印必究

"装备制造业蓝皮书"编委会

顾　　　问	何光远　包叙定　邵奇惠　王瑞祥　王天凯 王淀佐　陈士能　陆燕荪　孙祖梅　李勇武 张晓林　苏　波　孙伯淮　高德柱　李寿生 吴仕岩　陈润福　马向晖　冀朝铸　李永安
主　　　编	徐东华
副 主 编	曾祥东　史仲光　聂秀东
主要执笔人	徐静冉　吕汉阳　李河新　唐建国　孙　颐 李　鹏　杨建华　李亚亚　胡艳超　郭一娟 郭文娜　黄　磊　姚丽嫒　聂喜荣　张　挺 童　童　王　茜　卜天舒　刘怀兰　王　健 武　通　高婷婷　汪庭嫒

主要编撰者简介

徐东华 二级研究员、教授级高级工程师、编审、享受国务院特殊津贴专家、机械工业经济管理研究院党委书记、院长。曾任中共中央书记处农村政策研究室综合组副研究员、国务院发展研究中心研究员、国务院国资委研究中心研究员。参加了国家"九五"至"十三五"国民经济和社会发展规划研究工作,参加了我国多个工业部委行业发展规划工作,参加了我国装备制造业发展规划工作,撰写的研究报告多次被中共中央政治局常委和国务院领导同志批转到国家经济综合部委,其政策性建议被采纳。兼任中共中央"五个一"工程奖评委、中央电视台特邀财经观察员、中国机械工业联合会专家委员、中国石油和化学工业联合会专家委员、中国工业环保促进会副会长、中国机械工业企业管理协会副理事长、中华名人工作委员会副主席、原国家经贸委、国家发改委、中国国际咨询公司工业项目评审委员、福建省政府等政府部门和机构的经济顾问、中国社会科学院经济研究所博士生学位答辩评审委员会委员、北京大学光华管理学院博士生学位答辩评审委员会委员、北京大学商业经济与管理研究所副所长、清华大学经济管理学院和中国传媒大学及北京化工大学等高校兼职教授。在《经济日报》《光明日报》《科技日报》《经济参考报》《求是》《经济学动态》《经济管理》等报刊发表百余篇理论研究文章。

史仲光 机械工业经济管理研究院副院长兼职业发展与评价研究所所长、机械工业职业技能鉴定指导中心执行主任,高级工程师,首都师范大学工商管理专业研究生。具有31年机械行业从业经历,在机械企业曾从事产品设计、质量管理、生产管理、战略规划和综合管理工作16年,在机关和事业单位从事机械行业、轻工行业发展规划制订、质量管理、职业技能鉴定工作 15 年。主持和参与了 2015 版《中华人民共和国职业分类大典》（机械部分）和《中国机械工业职业发展观察报告》（2013）的编写，主持并参与了《机械工业职业技能鉴定工作管理体系研究》（2003）、《2004～2010 年机械工业高技能人才队伍建设振兴方案的研究》（2004）、《机械工业标准化职业培训认证体系研究》（2005）、《机械行业国家职业（工种）分类体系研究》（2007）研究课题。主持并参与了《电站锅炉》《电线电缆》《数控机床》中关于劳动定额标准的编审，以及《车工》《铣工》《变压器制造工》《汽车装调工》《轴承制造工》《弹簧工》《数控机床装调维修工》《工程机械维修工》《电梯安装维修工》《模具工》《汽车技术服务师》等百余本国家职业标准和职业培训教程的编写与审定工作，标准及教程由劳动出版社或机械工业出版社出版发行。

聂秀东 机械工业经济管理研究院副院长、产业经济研究所所长、采购研究中心主任、工业互联网研究中心主任，研究员。北京大学光华管理学院经济学博士，拥有经济管理理论研究和政府采购研究优势，主要研究领域：产业经济、政府采购、国际贸易、区域发展、企业战略、品牌战略等。主持和参加了国家发改委"十二五"和"十三五"发展规划前期重大课题的研究，参与了一些重要产业政策的制定，为我国加入《WTO 政府采购协议》谈判和《两岸经济合作框架协议》谈判提出了谈判策略和出价方案；主持和参与了商务部、工信部、国资委、卫计委等国家级课题 70 余项，并为多个地方政府和企业制定发展战略。公开发表论文十余篇，其中论文《我国工业产业国际竞争力分析与提升对策》于 2009 年 10 月获得商务部"集聚优势转型升级提升产业国际竞争力"征文活动二等奖。参与编写或出版的著作有：《中国保健用品产业发展报告（2013）》，社会科学文献出版社，2012；《我国工业产业国际竞争力分析与提升对策》，中国商务出版社，2009；《中国品牌发展报告（2007）》，北京大学出版社，2007；《中国品牌发展报告（2011）》，北京大学出版社，2011；《中国石油装备产业发展报告（2014）》，机械工业出版社，2014。

摘　要

装备制造业是为国民经济和国防建设生产技术装备的制造业，是制造业的核心组成部分，是现代产业体系的脊梁。装备制造业是国之重器，事关综合国力和国家安全，党中央、国务院高度重视。习近平总书记指出，"装备制造业是一个国家制造业的脊梁"，"真正的大国重器，一定要掌握在自己手里"，"努力占领世界制高点、掌握技术话语权，使我国成为现代装备制造业大国"。李克强总理强调，"要把装备制造业确立为我国科技创新的主战场"。改革开放40年特别是党的十八大以来，在党中央、国务院的坚强领导下，我国装备制造业在追随中前进，在合作中成长，在创新中不断超越，取得了令人瞩目的成就：一批重大技术装备实现突破，一批知名企业集团脱颖而出，一批优势产业集群发展壮大，产业发展生态体系不断完善。大力推动装备制造业创新发展，对于加快制造强国建设、实现国民经济高质量发展，具有重大战略意义。

《中国装备制造业发展报告（2018）》包括总报告、行业篇、企业篇和专题篇四个部分。总报告介绍了国际装备制造业发展概况，综述了2017年中国装备制造业发展情况，对未来中国装备制造业发展前景进行展望，有针对性地提出了中国装备制造业发展建议；行业篇包括了装备制造业的电工电器、工程机械、重型机械、能源装备、工业机器人五个主要分行业，主要介绍各行业2017年运行基本情况、面临的问题以及发展形势展望；企业篇针对管理创新企业，明确提出企业的创新点、具体做法和效果，给其他装备制造企业提供参考和启示；专题篇深入分析解读2017年我国发生的装备制造业热点事件，还对我国智能制造的发展对策进行深入研究。

在总报告中，认为：2017年国际装备制造业稳定增长，未来国际装备制造业将朝着制造产品精确化、极限化、人文化，制造过程绿色化、节约化、高效化，制造方法智能化、集成化、网络化方向发展。2017年，我国装备制造业规模稳步回升，行业经营效益良好，但投资增速大幅回落；企业自主创新亮点频发，研发投入稳步增长；汽车行业表现突出。2017年我国装备制造业进出口额双双增长，贸易顺差有所减小，各地加大装备制造业对外开放力度，但是对外投资合作力度明显减小。同时，研究发现，在我国经济转向高质量发展阶段的背景下，我国装备制造业面临着市场需求依然低迷，经营成本对企业发展掣肘作用明显，对外贸易摩擦不断，高端装备和关键部件仍受制于人，部分产品的可靠性、稳定性不高，质量标准体系建设落后，品牌建设滞后等问题。2018年我国装备制造业主要分行业将继续保持平稳增长，随着行业基数不断扩大，预计未来行业整体增速将适度回落。未来一段时间，我国装备制造业将在轨道交通、新能源汽车、无人机、工业机器人、挖掘机五个领域有更多投资机会和更高投资价值。

本报告认为我国装备制造业要实现高质量发展，在科技创新方面，要强化企业创新主体地位，加强产学研协同创新，推进科技成果转化，加大知识产权保护力度；在金融服务方面，继续深化金融体系改革，通过大力发展科技金融、加快发展普惠金融和积极发展绿色金融增强金融服务装备制造业发展的能力；在人才建设方面，加快实施人才战略，健全由企业家、高端人才、高技能人才、经营管理人才、创业人才构成的人才网络，以增强人力资源的支撑能力；在协同创新方面，从深化"放管服"改革、放宽市场准入限制、健全市场要素退出机制、强化财税激励约束机制以及加快国有企业人事制度改革着手，加快构建促进协同发展的体制机制和政策体系。

在行业篇中，本报告分别对电工电器、工程机械、重型机械、能源装备、工业机器人五个行业进行了分析研究。本报告研究表明，各子行业部分技术已达到国际先进水平，2017年各行业收入和利润增长平稳，但普遍存在自主创新能力不强、缺乏统一标准、人才缺乏等问题，但宏观经济政策为行业实现稳定增长提供了良好的环境，各子行业尤其是高端装备制造业发展前景向好。

在企业篇中，本报告选取了在企业管理创新方面具有典型代表意义的四家装备制造业企业进行分析。这些代表性企业在企业管理过程中引入了卓越绩效、精益管理等先进管理工具，应用了云计算、大数据等先进信息技术，在企业质量管理、供应链管理、运营管理、组织管理、人才培养等方面制定了创新的管理制度，建立了覆盖企业研发、采购、生产、销售、运营等各个环节的全生命周期管理体系，对装备制造业企业管理方法改进和管理模式升级具有重要借鉴意义。

在专题篇中，在热点事件回顾与解析部分，本报告对四件发生在2017年中国装备制造业热点事件进行了回顾和解析。四个事件集中体现了在建设制造业强国的背景下，国家对于装备制造业发展的高度重视，中国装备制造业企业在自主创新和关键技术突破方面进行的探索，以及政府和社会各界为共同推动装备制造业国产化率提高、结构调整和转型升级所做的努力。在中国智能制造发展对策研究专题中：本报告介绍了主要发达国家及跨国公司智能制造发展概况及趋势，系统梳理了我国智能制造发展取得的成绩，但在智能化水平、发展结构、基础研究等方面依然存在不足。因此，建议政府、行业和企业共同努力，制定和实行智能制造相关标准，加大关键技术装备的研发创新力度，拓宽资金支持渠道，建设多层次人才队伍，积极探索新模式，充分发挥示范企业引领作用，加强国际合作，并行推进智能制造业的快速发展。

进入新时代，面对复杂多变的国内外形势，装备制造业要以习近平新时代中国特色社会主义思想为指导，全面贯彻落实党的十九大精神，坚持稳中求进的工作总基调，紧扣装备制造业发展不平衡、不充分的主要矛盾，以供给侧结构性改革为主线，坚持创新发展理念，抓住高质量发展的内涵和关键，从"调结构、补短板、换动能"三个方面入手，加快推动装备制造业步入高质量发展阶段，全面开启装备制造业高质量发展的新征程。

目 录

Ⅰ 总报告

- B.1 2017年国际装备制造业发展概况 …………… 徐东华 曾祥东 / 001
- B.2 2017年中国装备制造业发展概况 …………… 聂秀东 唐建国 / 030
- B.3 中国装备制造业发展展望 ……………………… 史仲光 李河新 / 084
- B.4 中国装备制造业发展政策建议 ………………… 吕汉阳 卜天舒 / 120

Ⅱ 行业篇

- B.5 电工电器行业研究 ……………………………… 聂喜荣 李 鹏 / 137
- B.6 工程机械行业研究 ……………………………… 徐静冉 高婷婷 / 169
- B.7 重型机械行业研究 ……………………………… 郭文娜 杨建华 / 198
- B.8 能源装备行业研究 ……………………………… 黄 磊 武 通 / 224
- B.9 工业机器人行业研究 …………………… 孙 颐 刘怀兰 郭一娟 / 255

Ⅲ 企业篇

- B.10 装备制造业管理创新企业案例分析
  ………………………………………… 胡艳超 王 健 汪庭媛 / 284

001

Ⅳ 专题篇

B.11 2017年装备制造业热点事件回顾与解析
　　　　…………………………………………… 李亚亚　王　茜 / 318
B.12 中国智能制造发展对策研究 ……… 姚丽媛　张　挺　童　童 / 346

Abstract …………………………………………………………… / 373
Contents …………………………………………………………… / 378

总 报 告
General Reports

B.1
2017年国际装备制造业发展概况

徐东华 曾祥东*

摘 要： 2017年国际装备制造业生产情况稳定，销售收入实现平稳增长，未来装备制造产品将更加注重精密化、极限化、个性化，生产过程向绿色化、节约化、高效化、柔性化发展，生产模式向智能化、集成化和网络化发展。2017年世界主要装备制造业大国美国、德国的销售收入实现增长，但日本装备制造业销售收入有所下降；从出口来看，美国装备制造业贸易逆差仍在扩大，德、日贸易顺差继续扩大；在政策上，各国持续关注装备制造业发展，努力抢占战略高地；在技术上，各国在3D打印、人工智能、机器人、高端装备等多个

---

* 徐东华，二级研究员，教授级高级工程师，机械工业经济管理研究院党委书记、院长，长期从事区域经济、产业经济、产业政策研究；曾祥东，中国机械工业集团有限公司党委常委、副总经理，分管装备制造业务。

领域实现突破。

关键词: 智能化 绿色化 柔性化

一 2017年国际装备制造业的发展现状

(一)国际装备制造业稳定增长

2017年,国际装备制造业延续上一年持续稳定增长的态势。根据机械工业联合会发布的2017年世界机械工业生产指数可以看出,2017年机械工业生产指数总体比2016年有所提升,但2017年12月世界机械工业生产指数探底为115.1,低于于2016年同期10个点(见图1)。

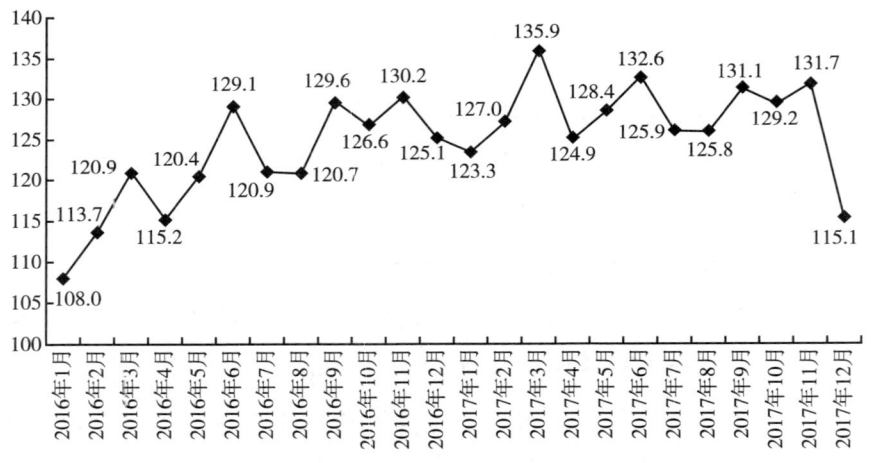

图1 2016～2017年世界机械工业生产指数

数据来源:机械工业联合会。

依据2017年世界主要国家机械工业生产指数,各国指数延续上一年缓慢上升的态势(见表1)。

中国机械工业生产指数相对稳定，总体高于上一年。2017年前半年指数总体呈小幅增长状态，9月开始出现回落，12月大幅回落至129.5，较2016年12月低54.5点。

美国机械工业生产指数总体平稳发展，与上一年发展状况基本持平。2017年前半年指数逐月小幅提升，7月指数回落至111.8，逐月小幅上升至125.7，但12月又回落至117.8。

德国机械工业生产指数总体小幅波动，延续上一年不断上升趋势。2017年第一季度指数逐月增长，4月指数回落至110.2，小幅波动增长至139.1，但12月又出现大幅下降至102.7点，较11个月回落36.4点。

日本机械工业指数总体波动较大，维持上一年大幅度波动增长态势。2017年第一季度指数不断增加至123.2，第二季度指数大幅回落，9月份冲高至115.7点后，又小幅下跌至12月的113.4点。

表1 2017年世界主要国家机械工业生产指数

时间	中国	美国	德国	日本
1月	185.0	117.0	107.3	98.8
2月	178.7	122.8	114.6	106.0
3月	182.6	123.3	137.5	123.2
4月	181.4	120.7	110.2	102.1
5月	185.5	121.2	124.8	99.5
6月	189.8	124.1	123.4	115.4
7月	188.1	111.8	116.0	110.0
8月	188.6	121.6	117.4	103.1
9月	175.1	122.6	129.3	115.7
10月	173.3	125.7	117.4	111.2
11月	171.5	122.6	139.1	113.6
12月	129.5	117.8	102.7	113.4

数据来源：机械工业联合会。

（二）国际装备制造业销售收入增加

2017年，世界主要装备制造业国家累计实现销售收入70402.6亿美元，同比上升0.36%，增速比2016年提升0.35个百分点，全年销售收入增速呈现波动上升的态势。分月份来看，2017年1~4月份，世界主要装备制造业国家销售收入增速逐步放缓，5~8月份起销售收入增速呈现大幅上升，但随后增速再次逐步回落，11月份回落至-11.47%（见图2）。

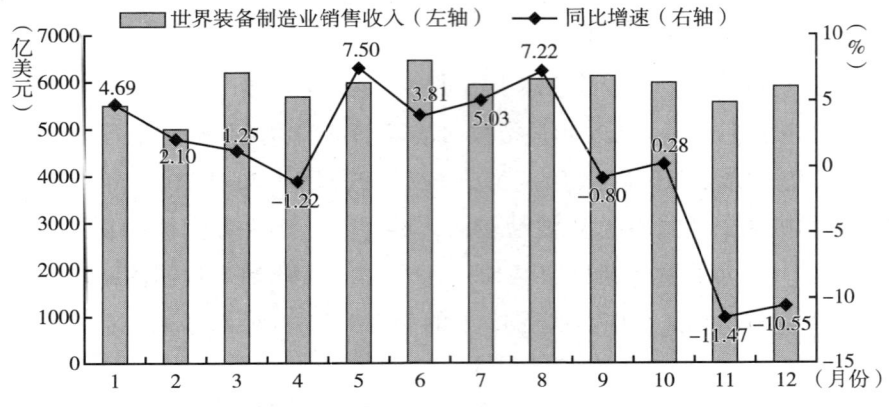

图2 2017年世界装备制造业销售收入情况

数据来源：机械工业联合会。

二 国际装备制造业发展趋势

（一）装备制造产品更加注重精密化、极限化、人性化

随着科技的发展和人类活动场景的拓宽，对装备制造产品提出了更高的要求。未来装备制造业趋向于向着更为精密化的方向发展，更强调产品加工技术和物理性能的精密性，以满足更精细的使用场景需求，例如，激光制导炸弹等精密装备应用于军事领域，使军事侦察效率和打击能力得到显著提高，工业机器人、机床、各类精密仪器也极大解放了人类劳动力。极限化是未来装备制造产品的另一个重要方向，体现在具备应用极限化的技术，生产极大、极小、极厚、极柔等极端几何形体和极高硬度、极高塑性、极大弹

性、极强磁性等极端物理性能的产品的能力，以满足不同场景要求。例如，全球最大的搅拌摩擦焊装备"垂直集成中心"，该装备高51.8米、宽23.8米，可以支撑航天发射系统舰体结构的焊接集成，是极端装备的典型代表。此外，未来装备制造产品也将更注重人性化，在设计上更符合人文需求，一方面是保障装备的实用性、安全性、操控便捷性和舒适性，另一方面是在造型、色彩、操作界面、环保设计、系统设计等方面着手，提升装备在工业设计上的美观协调。例如，矿用车辆仪表盘上的彩色液晶显示屏配置，不仅更加美观，而且能使驾驶者更为准确、便捷地掌握设备情况和进行操控。

（二）装备制造过程向绿色化、节约化、高效化、柔性化方向发展

未来装备制造业将越来越注重其对社会和自然环境的综合影响，兼顾效益和责任，向绿色化、节约化、高效化和柔性化方向发展。绿色化是装备制造业发展的必然趋势，体现在强调装备制造过程中对自然环境、社会环境的保护，在装备制造的生产线设计、材料选择、加工制造、物流运输等各个环节的低污染和节能环保，在原材料消耗、污染物排放和生产效率等方面制定更高标准；节约化也将成为未来装备制造业发展的重要原则，追求制造过程的节省、节约，在制造过程设计和各个制造环节中强调资源配置的高效和优化，例如以铸代焊、以铸代锻的加工工艺有助于实现清洁生产，减少余料浪费等；高效化是装备制造的必然追求，实现高效率和个性化并重，满足市场中的个性化定制需求和大规模生产需求，快速响应市场，促进社会生产力的持续提高；柔性化也是未来装备制造业发展的重要方向，柔性制造强调市场导向和需求导向，要求装备制造业生产模式的高柔性和敏捷性，制造过程和制造方式能够快速调整以适应市场变化，例如汽车的柔性生产线通过装配自动化机器人，能够实现几十种汽车产品的大批量、多车型、多颜色混线生产。

（三）装备制造模式有智能化、集成化和网络化发展趋势

随着信息技术和人工智能的不断发展，装备制造业将不断向着智能化、集成化和网络化的方向迈进。智能化体现了人工智能与计算机技术的结合，

是自动化和数字化的高级阶段，可以体现为计算智能、感知智能和认知智能三个维度。计算智能即快速记忆和存储能力，应用于生产过程中的数学模型优化、工程分析等领域，有助于提高生产效率，优化资源配置；感知智能强调机器对外界信息的视觉、听觉、触觉等感知能力和在此基础上的自动控制能力，以数控加工过程为例，机床系统的振动和温度变化等对产品质量有重要影响，机器应用智能传感与控制技术，并在此基础上进行环境分析和行为决策，能够有效提高产品质量；认知智能是机器与人差距最大的领域，体现为机器的自学习、自维护、自修复等功能，是未来智能制造的重点突破方向。集成化是装备制造业发展的新趋势，一方面体现在知识、信息、资金、管理等资源的交叉协同，另一方面则体现在计算机技术对于装备设计、加工制造、工艺规划、测试和质量控制全流程的辅助作用。装备制造业的网络化发展趋势则强调互联网、信息技术与装备制造业的深度融合，在装备制造中利用现代化的网络基础设施，实现制造企业内部研发设计、生产制造、服务运输全联调的信息互通和产业链上下游的资源共享，从而提高资源配置效率。

三 主要国家和地区装备制造业概况

（一）美国装备制造业发展概况

1. 美国装备制造业销售收入增速稳步上升

2017 年，美国装备制造业销售收入为 16687.9 亿美元，同比增长 2.22%，增速同比上升 2.03 个百分点。分月来看，1~3 月份销售收入增速呈上升趋势，4 月份销售收入增速急速下跌，降至全年最低 -0.64%，5~10 月份销售收入增速呈上升趋势，全年最高增速出现在 10 月份，为 4.14%，11~12 月份销售收入增速虽然有所回落，但仍保持增长（见图 3）。

2. 美国装备制造业贸易逆差进一步扩大

2017 年，美国装备制造业进出口总额为 17450.26 亿美元，同比上升 4.95%，比 2016 年增速上升 6.73 个百分点。其中，出口额为 6114.08 亿美

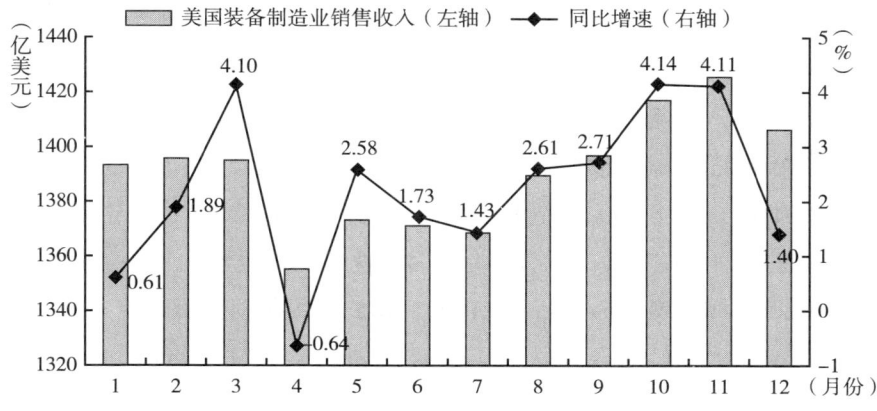

图3　2017年美国装备制造业销售收入及同比增速

数据来源：机械工业联合会。

元，同比上升3.66%；进口额为11336.18亿美元，同比上升5.66%。2017年，美国装备制造业始终处于贸易逆差状态，逆差额为5222.10亿美元，贸易逆差增加392.09亿美元（见图4）。

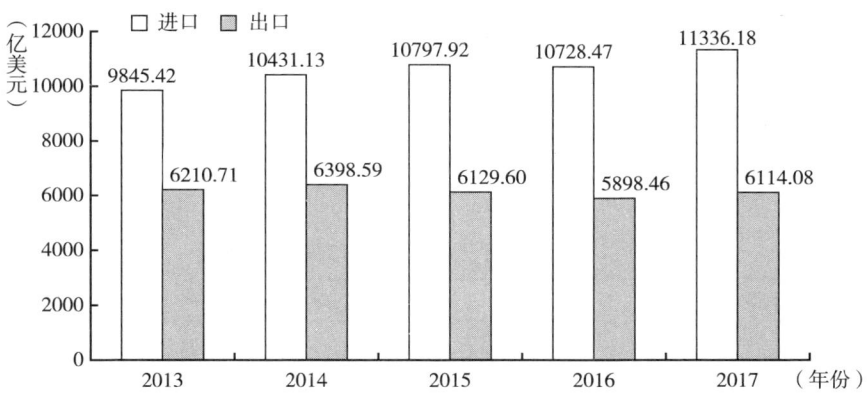

图4　2013~2017年美国装备制造业进出口贸易情况

数据来源：www.trademap.org。

3. 美国装备制造业政策措施

（1）推进创新研究院发展壮大

为保持美国在先进制造领域的领导地位，构建国家制造业创新网络，先进制造伙伴关系工作组（AMP）于2012年7月在《抓住国内先进制造业的有利先机》（称为AMP1.0报告）报告中，正式提出建立美国国家制造创新网络（NNMI）——现已更名为美国制造业计划（Manufacturing USA），随后第一个创新研究院——增材制造创新研究院建立。截至2017年底，在美国境内已经成立了14家国家制造业创新研究院，其中，2017年全年新建的国家制造业创新研究院有2个，分别是1月成立的先进机器人制造创新研究院（Advanced Robotics Manufacturing，ARM）和节能减排创新研究院（Reducing Embodied-energy And Decreasing Emissions Institute，REMADEI）。

先进机器人制造创新研究院。2017年1月13日，美国国防部牵头成立先进机器人制造创新研究院（ARM），先进机器人公司是其领导机构。ARM聚焦协作机器人、机器人控制、灵巧操作、自主导航与机动、洞察与感知、测试、验证和确认等领域，研究相关技术如何应用于航空航天、汽车、电子和纺织等行业。同时，AM美国增材制造、DMDII数字化设计与制造、IACMI复合材料、AFFOA先进织物、NextFlex柔性混合电子及CESMII清洁能源智能制造研究院均加入了ARM。

节能减排创新研究院。制造业是美国第一大能耗行业，为了提高制造业能源使用效率，2017年1月4日，美国能源部（DOE）委任可持续制造创新联盟（Sustainable Manufacturing Innovation Alliance，SMIA）牵头建立节能

表2 2017年美国已成立创新研究院最新进展

研究院	2017年创新研究院最新进展
国家增材制造创新研究院（美国制造，AM）（2012年成立）	2月，AM发布《增材制造标准化路线图（1.0版）》，针对工业增材制造市场（特别是航空航天与防务、医疗）提出5个领域共89项差距及相应建议。重点项目："金属粉末床增材制造的变形预测和补偿方法开发"项目于3月完成，开发了一个可靠的变形预测和补偿软件工具，减少了75%的产品研制时间；"用于增材制造无缝化设计、分析、建造和重新设计工作流的多学科设计分析"项目于4月完成，面向增材制造的最优化建立了一个准则和改进的软件技术，将增材制造从设计到建造的周期缩短50%。铂金会员：2月，西门子制造部门3D打印涡轮叶片完成首次满负荷核心机实验，实现重大技术突破；4月，波音宣布将使用增材制造技术生产787科技的钛结构组件

续表

研究院	2017年创新研究院最新进展
美国轻质材料制造创新研究院（明日轻质创新，LIFT）（2014年成立）	集成计算材料工程（ICME）项目"面向轻量化金属结构构件的可靠变形控制手段和实施"计划于12月完成；"薄壁铝的模铸开发"计划于6月完成；"面向确保铝锂锻件性能的加工，开发、应用并确认机遇物流特性的局部粘塑性模型"计划于12月完成
数字制造与设计创新研究院（DMDII）（2014年成立）	1月，DMDII在世界最大的大型开放式在线课程（MOOC/慕课）平台Cousera启动了"数字101"系列课程
下一代电力电子制造创新研究院（电力美国，PA）（2015年成立）	自"氮化镓（GaN）晶片上制造立式氮化镓（GaN）设备"（Manufacture Vertical GaN Devices on Bulk GaN Wafers）项目开展，截至9月，在100mm圆晶片立式GaN-on-GaN晶体管目标上，已经形成了几个关键技术成就：一是展示了100mm圆晶片、高质量GaN-on-GaN外延可以作为制造立式晶体管的基础；二是设计制造了一套创新00mm掩模组，极大地改善了工艺的均匀性；三是开发出对于立式器件性能至关重要的工艺；四是居于以上结果，研发组启动了第三批氮化镓立式晶体管的运行
先进复合材料制造创新研究院（IACMI）（2015年成立）	7月，先进复合材料制造创新研究院（IACMI）与米歇尔曼（Michaelman）和其他重要的IACMI联盟成员一同合作，宣布了一个重点研究优化乙烯基树脂和纤维上浆剂的性能，开发高性能碳纤维复合材料的项目。其研究目标是开发不含苯乙烯的乙烯基酯树脂、纤维上浆剂与碳纤维的混合物，并具有至少3个月的室温储存能力，固化时间应少于3分钟
美国集成光子制造创新研究院（AIM光子）（2015年成立）	AIM光子支持美国麻省理工学院的研究人员对硅光子学的技术进行研究。6月，麻省理工学院的研究人员提出了"硅波导中的电致二阶非线性光学效应"，并针对两种利用了该非线性效应的硅设备做了报告。光子芯片的研发能够帮助云硬件节约成本
柔性混合电子制造创新研究院（NextFlex，原名IMI）（2015年成立）	6月，NextFlex与Optomec开发合作伙伴Lockheed Martin一道和宾汉姆顿大学、通用电气公司、Intrinsiq Materials公司、马里兰大学展开合作，计划通过推进工具、软件和打印工艺，正式实现导体和介电材料在复杂3D表面上的适形打印。该项目将有助于柔性混合式电子组件（FHE）的广泛应用[1]
美国先进功能纤维制造创新中心（AFFOA）（2016年成立）	6月，AFFOA开放了原型制作设施和将技术与制造路线图付诸实践的基础设施服务平台

---

[1] 《3D打印柔性混合电子"逆袭"成行业主流》，搜狐科技，https://www.sohu.com/a/146721983_105964，2017年6月7日。

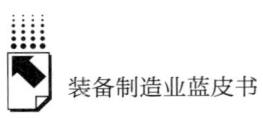

续表

研究院	2017年创新研究院最新进展
清洁能源智能制造研究院（CESMII）（2016年成立）	2月，CESMII在"智能制造商业化和规划启动会"成立商业、技术和平台三个委员会，首次披露了技术工作组的方向，包括过程控制、传感器、数据分析与高性能计算HPC、工具与架构和开发的标准五个工作组 11月，发布《2017～2018年的短期建设路线图》（Roadmap 2017～2018），并指出智能制造是2030年前后可以实现的制造方式
化工过程强化应用快速发展创新研究院（RAPID）（2016年成立）	3月，美国能源部在春季会议上第一次召开成员理事会议，介绍RAPID组织架构、任务目标、企业愿景及近期规划等信息
国家生物制药创新研究院（NIIMBL）（2016年成立）	12月，国家生物制药创新研究院发布首个完整项目遴选信息：该项目需要解决生物制药制造中的技术和（或）劳动力开发的问题，提案小组要在2018年1月16日前提交一份不具约束力的意向通知。为支持该项目，NIIMBL计划提供800万美元的资助
先进再生制造创新研究院（ARMI）（原名ATB）（2016年成立）	8月，ARMI研究人员使用生物3D打印癌细胞推进癌症治疗。克里斯托弗·奥布赖恩的博士研究生及其团队正在使用3D打印创建嵌入人体癌细胞3D打印层的微组织，使医生能够针对特定患者的癌细胞测试药物和治疗过程
节能减排创新中心（REMADE）（2017年成立）	1月REMADE在位于纽约的罗彻斯特理工学院正式成立，5月正式开始运营
机器人创新中心（ARM）（2017年成立）	1月，ARM在宾夕法尼亚州匹兹堡正式成立

注：①《美国智能制造的路线图 美国制造创新研究院解读》，《电子产品世界》，2017年11月13日，http://www.eepw.com.cn/article/201711/371404.htm。
②《国家生物制药创新研究院首个项目遴选信息》，特拉华大学（University of Delaware），2017年12月19日，http://www.udel.edu/udaily/2017/december/niimbl-project-funding-call/。
③《ARMI研究人员使用生物3D打印癌细胞推进癌症治疗》，搜狐科技，2017年8月14日，https://www.sohu.com/a/164510441_391129。
数据来源：笔者根据网络资料自行整理。

减排创新研究院（REMADEI），专注于能够显著降低制造关键材料所需能源的创新技术的早期应用研究，并通过提高对金属、纤维、聚合物以及电子产品废弃物这四大类重点能耗领域材料的回收、重复利用和再制造，促进制造业整体能效提升。

（2）加速解决协作机器人在制造业应用中的阻碍

为有效解决美国制造业面临的劳动力数量减少但生产力需求增加的问

题，美国政府在发布《先进制造伙伴计划》的同时发布了《国家机器人计划》（称为"NRI-1.0"），聚焦机器人创新研究，探索如何让协作型机器人与人类建立共生关系。2017年1月，为加快开发和使用与工人一起工作或合作的协作机器人（co-robots），在NRI-1.0的基础上，美国国家科学基金会（NSF）发布《国家机器人计划2.0》（称为"NRI-2.0"），聚焦协作机器人的协作、交互、机器人物理体、可扩展性、降低准入门槛和社会影响等主题开展研究。推进协作机器人发展已成为美国推进制造业发展的重要途径之一，得到了美国国家科学基金会大力支持，NSF已计划每年向NRI-2.0投入3000万~4500万美元，支持40~70个相关项目。

（3）推进互联网和制造业的深度融合

网络信息技术加速向实体经济领域渗透融合，为推动制造业向数字化、互联化、智能化发展，2014年3月，思科（Cisco）、美国电话电报公司（AT&T）、通用电气（GE）、IBM和英特尔（Intel）联合成立了美国工业互联网联盟（IIC），以协调降低应用工业互联网的障碍，加快工业互联网技术的应用，鼓励并实现产业创新。2015年6月，IIC发布工业互联网参考架构（1.7版本的IIRA），以创新方法来实现物联网在制造业中的应用，通过制定通用语言标准，帮助开发者更快开发出应用系统。随后，IIC和德国的工业4.0平台达成共识，将共同推进工业互联网在全球的发展。2017年，IIC发布1.8版本的IIRA，在前一版本的基础上融入快速出现的新型IIC技术、概念和应用，使物联网（IIoT）核心技术适用于制造等行业中的每个小型、中型和大型企业的深度和广度，使制造业企业能够快速驱动物联网应用。IIC在推进互联网在工业领域应用中发挥重要作用，截至2017年底，IIC有28个公布验证的测试平台，其中3/4是关于制造业领域的，借助这些平台，制造业企业与IIC间可以建立反馈循环，通过边学边试，不仅能够检测创新性的想法、技术、商业模式是不是有效，还能在检测的基础上修正方向。

（4）发布减税政策助力制造业发展

2017年11月和12月，美国众议院和参议院分别通过了不同版本的《减税和就业法案》，用于解决税制对美国制造业的掣肘。具体来说，与制造业相关的税改内容包括：一是降低制造业公司税率，提升美国企业竞争力。议案决定将企业法定税率从35%降低至20%，该税率低于工业化世界平均水平的22.5%；二是制造业企业海外利润收取低税率。允许企业100%扣除未来五年的短期投资费用，且不限定投资领域，以促进社会投资。三是对于制造业投资抵扣范围的增大。根据属地原则，美国企业的海外利润实行一次性征收，并按照10%的优惠税率，同时12%为企业获利回流美国现金等价物的税率，5%为非流动性投资的税率。该法案将成为美国史上最大的税收减免法案，在短期内将对美国制造业注入一支"强心剂"。

（5）调整贸易政策推进制造业回流

近年来，美国制造业空心和劳工阶层大量失业问题日渐严重，美国政府将问题聚焦在全球化和中国制造上，以贸易保护主义确保"美国利益优先"。具体包括：一是以不公平贸易为由发起更多贸易调查，如美国以维护国家安全为由，对钢铝产品进口启动"232调查"，加大对中国铝箔、不锈钢等产品的"双反"力度，对中国启动"301调查"，瞄准知识产权密集的高新技术行业；二是明确表态不承认中国市场经济地位，延续"替代国方法"对中国征收高额反倾销税；三是退出跨太平洋伙伴关系协定（TPP），贸易谈判重心由多边向双边转移，尤其是在北美自由贸易协定谈判（NAFTA）中，美国一直处于强势地位，部分领域标准或将超越TPP，且在原产地规则、竞争中立规则等领域单方面强调美国利益。未来，美国仍继续将贸易政策中"美国优先"原则的焦点更多地放在中国，以助力制造业回流。

4. 美国装备制造业科技发展状况

（1）3D打印技术有新的突破

2017年11月3日，美国劳伦斯·利弗莫尔国家实验室（LLNL）宣布，他们成功研发出了一种3D打印不锈钢零部件的方法，通过这种方法生产出来的零部件强度是通过传统方法生产出来的两倍[①]。海洋级不锈钢因其耐腐

---

① 《美科学家突破3D打印不锈钢技术，性能强3倍》，搜狐科技，2017年11月3日，http：//www.sohu.com/a/202152755_100014686。

性、高延展性等优良特性，使其成为焊接、发动机零部件等领域的更优选择，但是增加这类不锈钢结构强度的常规技术通常需要牺牲其延展性。而LLNL研究人员通过密度优化工艺操纵材料底层微观结构解决了限制3D打印高质量金属的主要瓶颈，即激光熔化金属粉末时所引起的孔隙率可能会导致零件容易降解和断裂。未来，这种按需打印大型复杂金属物体的能力将为制造业带来变革。短期看，这项技术使制造商们不用再维持大量库存，可以按需打印部件；长期看，大规模生产某一特定零部件的大工程将会被产品线丰富的小工坊取代。

（2）人工智能技术向制造业多个领域渗透①

2017年，人工智能技术呈爆发式发展，成为全球人工智能商业化、产品化运用的拐点，催生出自动驾驶汽车、智能医疗以及智能芯片等应用。英伟达发布全球首款人工智能自动驾驶平台"Drive PX Pegasus"，旨在将全自动驾驶汽车尽早推向市场。美国麻省理工学院计算机科学与人工智能实验室（CSAIL）开发出人工智能诊断系统，使乳腺癌早期诊断准确率提升至97%。创新软件平台被欧特克（即美国工业设计软件巨头）发行，Netfabb3D与Fusion360打印软件使机器学习以及人工智能模块功能更完整，可以领会设计师的需求并掌握数字化设计生产要素的性能参数，如材料、结构、造型以及加工制造等，根据系统的智能化指引，仅仅需要设计师设置期望的约束条件，如材料、尺寸与重量等，系统则自主设计出成百上千种可选方案。

（3）机器人技术应用不断创新

2017年，机器人技术不断创新，围绕人机协作、人工智能和仿生结构三个方面，美国机器人基础与前沿技术迅猛发展。美国卡耐基梅隆大学开发出机器人触觉系统"Fingervision"，能使庞大机器人通过触觉感知物品以控制握力，促进人机交互朝更安全的方向发展。美国麻省理工学院开发出

---

① 《全球人工智能与制造业融合的现状及思考》，中国科技网，2017年12月22日，http://www.stdaily.com/zhuanti01/skjc/2017-12/22/content_611978.shtml。

机器人语音控制系统,能使机器人听懂简明直白的命令,甚至理解给出命令的语境。美海军研究办公室资助美国柔性能量系统公司研发的柔性两栖机器人完成原型样机演示验证,该机器人采用创新的柔性鳍状足,可在水下航行,也可在近岸、海面碎浪带、潮间带、植被或碎石覆盖的海滩、冰区等复杂环境中运动,通过仿生设计为两栖作战任务提供全新的工具和手段。

(4) 天然气能源技术取得新进展

美国休斯顿的 Net Power 公司[1]开发出了一项可以实现天然气零碳排放能源技术,可从根本上解决 CO_2 排放和 NOx 污染的问题,不仅能够回收 CO_2,还能将回收的 CO_2 应用于采油或作为化工原材料等利用。Net Power 公司彻底摒弃传统的以水蒸气为工质的热能循环过程,选用全新的以高压高温超临界 CO_2 为介质的 Allam 循环过程,将燃烧天然气产生的二氧化碳放置到高压高温的环境中,用合成的超临界二氧化碳作为"工质",驱动特制的涡轮机,使大部分的二氧化碳被不断地再利用。截至 2017 年底,Net Power 公司的发电厂已经在试运行且开始了初始测试。如果此举真的可以实现,该技术的突破将有望改变当前全球碳排放和碳交易的格局。

(二)德国装备制造业发展概况

1. 德国装备制造业销售收入小幅增长

2017 年,德国装备制造业销售收入为 9742.9 亿美元,同比增长 7.51%,增速同比上升 5.75 个百分点。分月份看,德国全年销售收入增速波动较大,1~6 月份销售收入增速呈波动下降趋势,4 月份销售收入增速降

---

[1] 即 Net Power 发电厂,由 8 Rivers Capital、Exelon 电力公司以及 CB&I 能源公司合作建立,https://mp.weixin.qq.com/s?__biz=MzIxODYyMzE2OA==&mid=2247485333&idx=2&sn=02cd1416901272ab60ab9804810dbf1d&chksm=97e6fa3aa091732c63e992ad6f96e5f14048ed73fa70832116e0823230beba43da59e8ee3828&mpshare=1&scene=1&srcid=05285ANTQdfvkUcTMWqwY7Ru#rd。

至全年最低值-14.04%，7月份销售收入增速又快速上升，12月份销售收入增速达到全年最高值，为23.17%（见图5）。

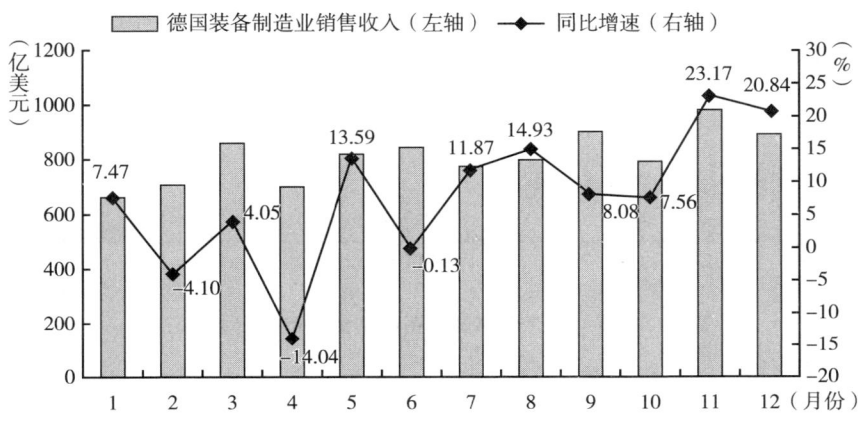

图5　2017年德国装备制造业销售收入及同比增速

数据来源：机械工业联合会。

2. 德国装备制造业进出口均有大幅增长

2017年，德国装备制造业进出口总额为12488.22亿美元，同比增长8.74%，比2016年增速上升7.39个百分点。其中，出口额为7772.45亿美元，同比上升8.20%；进口额为4715.77亿美元，同比上升9.62%。2017年，德国始终处于贸易顺差状态，顺差额为3056.68亿美元，贸易顺差幅度扩大175.40亿美元（见图6）。

3. 德国装备制造业政策措施

（1）推动航空航天数字化发展

为应对未来新挑战，提高德国航空航天中心的核心竞争力，巩固和扩大其在面向经济和社会研究中的领先地位，2017年10月，德国经济部和德国航空航天中心联合发布《德国航空航天2030战略》（DLR 2030）[①]。根据这

[①]《德国推出航空航天2030战略》，中华人民共和国科学技术部，2017年10月20日，http://www.most.gov.cn/gnwkjdt/201710/t20171019_135474.htm。

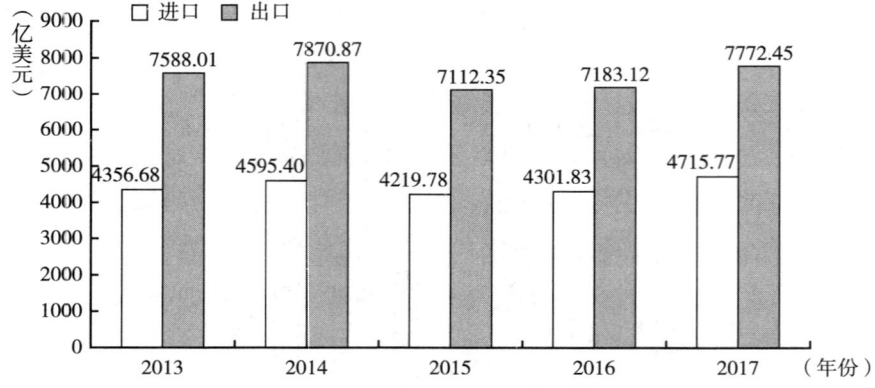

图 6　2013～2017 年德国装备制造业进出口贸易情况

数据来源：www.trademap.org。

一新战略，未来德国每年将投入 4200 万欧元，支持 DLR 在 6 个联邦州新增的 7 个 DLR 研究所①的工作，并加大了数字化领域研究的投入，10 个跨领域项目中有 8 个涉及数字化，包括全球互联、未来工厂、基于模拟的认证、大数据平台、安全相关结构的状态监测、自动和互联系统的网络安全、交通 5.0 和数字地图②。推动航空航天数字化发展是德国《数字化战略 2025》的具体实践，也进一步印证德国制造业的数字化战略发展方向。

（2）发布首部自动驾驶汽车法案

2017 年 5 月，德国政府发布历史上首部自动驾驶汽车法案，为自动驾驶汽车上路扫除障碍，这是德国向无人驾驶迈出的重要一步。该法案以保障驾驶者的法律安全为前提，自动驾驶汽车被允许在德国的公共道路测试。按照法案规定，驾驶员在车辆自动驾驶系统可以自行操控方向盘以及制动的情

---

① 这 7 个研究所中，位于奥格斯堡 1 家、德累斯顿 1 家和汉堡的 2 家将致力于航天研发的数字化研究，位于奥登伯格的研究所从事能源转型，位于不来梅港的研究所专注于保护核心海洋基础设施（港口、贸易路线、船舶以及海上风电设施）的解决方案，位于耶拿的研究所致力于大数据和智能数据。

② 涉及能源存储和能源效率的有 2 个跨领域项目，即未来燃料和未来能源交通系统的能量存储。

况下能够双眼不用专注于道路,手也可离开方向盘,上网与浏览邮件皆被允许。但是,驾驶人不能离开驾驶座位,必须在车中随时准备好从自动驾驶切换到人工驾驶模式。同时,该法案还明确规定,所有自动驾驶汽车内部必须安装类似"黑匣子"的装置,用于记录相关系统运行、要求介入操控和人工驾驶等不同阶段的详细情况,以明确交通事故责任。此外,该法案将会根据自动驾驶技术发展的情况每两年进行一次修订,因为对于相关数据的保护和使用目前还没有特别成熟的解决方案。尽管该法案对自动驾驶还有很多限制规定,然而对汽车制造业来说这无疑是一个很好的开始。

(3)扶持中小企业国际化创新发展

2017年12月,德国经济部(BMWi)发布新修订的《中小企业创新核心计划(ZIM)》[①],在支持德国中小企业与德国国内的科研机构及其他合作伙伴共同开展技术创新合作的基础上,强调支持德国中小企业开展跨国合作,建立国际合作网络,开拓国际市场。依照该指南,来自其他国家的中小企业合作伙伴可以参与资助项目的申请,为此,德国政府从2018年1月1日开始,将启动一个为期2年的ZIM网络资助"国际化模式探索"项目。尽管德国政府承认外国中小企业作为网络合作伙伴(特别在资助方面)会产生的较高的资金和时间成本,但是德国的网络管理资金份额仅优先照顾德方合作伙伴,参与合作的外国网络管理所需费用要自筹[②]。

(4)推动中德智能制造/工业4.0领域的制造标准化合作

成立中德智能制造/工业4.0标准化工作组。2015年12月21日,为落实马凯副总理与德国加布里尔副总理达成的"六点共识",务实推动中德智能制造/工业4.0领域的标准化合作,成立中德智能制造/工业4.0标准化工作组。

---

① ZIM资助计划于2008年启动,BMWi长期支持德国中小企业与德国国内的科研机构及其他合作伙伴共同开展技术创新合作,并进行富有成效的新技术市场转化。
② 《德政府发布新版ZIM资助指南 促进中小企业国际化创新合作》,中华人民共和国驻德意志联邦共和国大使馆,2018年1月17日,http://www.mfa.gov.cn/ce/cede/chn/kjcx/dgkjcxjb/t1464531.htm。

召开中德智能制造/工业4.0标准化工作交流会。来自中德双方的相关领导和专家就中国智能制造政策体系及工作推进情况、中国智能制造标准化推进情况做主旨报告,并进行交流。截至2017年底,工作组共召开了五次会议,在智能制造参考模型、信息安全与功能安全、无线通信、应用案例等方面取得了多项阶段性成果(见表3)。

表3 中德智能制造/工业4.0标准化工作交流会及国际报告会

会议名称	时间/地点	会议重要事件
首届中德智能制造/工业4.0发展与标准化交流会[①]	2015-12-16/上海	重要事件: 1. 德方全球首发《工业4.0标准化路线图》(第二版) 2. 中国首次在国际平台官方解读《智能制造综合标准化体系建设指南》(2015版) 3. 中德双方基于相同的模板(IEC 62559-2),分别收集和制定各自国家的智能制造/工业4.0案例,此次会议分享基于共同模板的使用案例 达成较重要共识: 1. 基本明确了智能制造/工业4.0的标准化范围 2. 探讨在国际标准化组织如ISO、IEC、ISO/IEC JTC1等共同提出国际标准提案等合作内容 3. 确定双方在机器人、智能制造功能安全和信息安全、预防性维护、无线工业应用等领域的合作意向 4. 加强中德两国企业在工作组内的交流与合作,比如成立参考模型子工作组等
第二次中德智能制造/工业4.0标准化会议[②]	2016-5-23/德国莱比锡市	达成较重要共识: 1. 继续在国际标准化组织中保持密切合作 2. 开展工业4.0参考架构模型和智能制造系统架构的互认 3. 开展无线通信标准化领域的合作与交流 4. 共同制定通用用例模板以支撑工作组的工作需要 5. 开展智能制造机器人、信息安全与功能安全、预防性维护和工业软件等领域的标准化合作
中德智能制造/工业4.0标准化工作组第三次会议[③]	2017-4-6/北京	达成较重要共识: 1. 开展智能制造系统架构和工业4.0参考架构模型的互认并提交参考模型国际标准提案 2. 开展信息安全和功能安全、无线通信、预测性维护领域以及案例的合作与交流 3. 双方继续在国际标准化组织中保持密切合作 4. 并计划进一步开展工业软件、智能制造机器人和智能网联汽车等领域的标准化合作与交流

续表

会议名称	时间/地点	会议重要事件
中德智能制造/工业4.0标准化工作组第四次会议④	2017-6-27/青岛	达成较重要共识： 1. 继续开展智能制造系统架构与工业4.0参考架构模型互认工作并形成中德参考架构互认报告草案 2. 开展信息安全与功能安全的合作与交流，并共同形成《中德信息安全标准化》白皮书草案（第三版）和中德功能安全与信息安全文件草案 3. 在工业通信的频谱需求与共存管理、标准化路线图、边缘计算等方面开展合作 4. 一致同意联合制定《智能制造/工业4.0预测性维护标准化路线图》白皮书 5. 共同审议中德联合共用案例模板，并起草完成应用案例报告初稿 6. 继续在国际标准化组织的各技术委员会和工作组中保持密切合作
第五次会议暨第二届中德智能制造/工业4.0发展与标准化国际报告会⑤	2017-12-5/杭州	中德两国专家就参考模型互认、信息安全、工业网络与边缘计算、应用案例、功能安全、预测性维护等议题达成了重要共识发布了《中德智能制造系统架构（IMSA）与德国工业4.0参考架构模型（RAMI 4.0）互认研究报告》《中德智能制造/工业4.0标准化合作进展报告》《智能制造/工业4.0标准互认报告》《智能制造/工业4.0案例报告》四项阶段性成果

注：①《首届中德智能制造/工业4.0发展与标准化交流会今在沪召开》，上海经信委，2015年12月17日，http：//www.sheitc.gov.cn/ttxw/668796.htm；《殷明汉副主任出席中德智能制造/工业4.0标准化工作组启动会及标准化交流会》，中国国家标准化管理委员会，2015年12月21日，http：//www.sac.gov.cn/sgybzeb/gzdt_ 2132/201512/t20151221_ 198957.htm。

②《第二次中德智能制造/工业4.0标准化会议召开》，中国仪表网，2016年6月1日，http：//www.ybzhan.cn/news/detail/55444.html。

③《中德智能制造/工业4.0标准化工作组第三次会议》，中国电子技术标准化研究院，2017年4月4日，http：//www.cesi.cn/znzz/201704/2304.html。

④《我院参加中德智能制造/工业4.0标准化工作组第四次会议及中德标准化合作委员会会议》，中国电子技术标准化研究院，2017年7月4日，http：//www.cesi.cn/201707/2603.html。

⑤《中德智能制造/工业4.0发展与标准化国际会议在杭召开》，凤凰网，2017年12月5日，http：//biz.ifeng.com/a/20171205/44791500_ 0.shtml。

4. 德国装备制造业科技发展现状

（1）镜头制造技术研究进入新阶段

2017年6月，德国弗劳恩霍夫制造技术研究所（IPT）宣布将承担由德国教研部资助的"数字光子生产"研究园区子项目"MaGeoOptik",研究如何使应用于高功率激光器的聚焦镜头生产成本降低、质量更高,以推动光学系统在医疗、航天等领域的应用[①]。MaGeoOptik 的研发内容分三部分:一是研制石英玻璃镜头的高精度模具;二是制定新的钻石镜头抛光控制方案,研发新的应用模型,制定相应的机轴控制软件方案,使得生产具有复杂几何形状的钻石镜头更快、成本更低、更适应商业市场;三是建立对超精密自由成型镜头的 100% 无损检测方法,一种新的高精准光学测量系统,用于检测由石英玻璃或钻石制造的镜头的特性,其测量速度将提高六至十倍。该技术成果不仅可用于测试高功率激光器及其他未来应用领域的光学新材料,而且符合工业用途。

(2)3D 打印技术实现新突破

实现零重力下金属件的 3D 打印制造[②]。2018 年 4 月,德国联邦材料测试研究院(BAM)首次成功实现零重力条件下金属工具的 3D 打印制造。由于太空的零重力环境,3D 打印一直局限于采用 FDM 技术制造热塑性塑料或聚合物,金属 3D 打印很难实现。BAM 研究人员通过使用氮气作为保护气体,利用专用泵输送氮气到金属粉末层来稳定粉末床,成功打印出了金属部件,这是迄今为止最先进的研究成果。且 BAM 研究团队已与德国克劳斯塔尔工业大学、德国航空航天中心(DLR)的复合结构和自适应系统研究所合作,对该技术完成了两次飞行测试。3D 打印设备和原材料能够实现备件的按需制造,可减少航天器携带备用设备,从而节省燃料,对于降低太空旅行成本十分有效。

开发出 3D 打印微结构的防伪新技术[③]。2017 年 11 月,德国卡尔斯鲁厄理工学院(KIT)和光学公司蔡司(ZEISS)开发出使用荧光 3D 打印微结构的防伪新技术。与普通防伪全息图采用的 2D 结构不同,该技术通过 3D 打

---

① 《德国研发聚焦镜头制造和质量检测新技术》,中华人民共和国科学技术部,2017 年 6 月 23 日,http://www.most.gov.cn/gnwkjdt/201706/t20170623_133718.htm。
② 《德国 BAM 研究院首次成功实现零重力下金属件的 3D 打印制造》,国防科技信息网,2018 年 4 月 26 日,http://www.dsti.net/Information/News/109374。
③ 《德国卡尔斯鲁厄理工学院开发出制造三维防伪标签的新技术!》,今日头条,2017 年 11 月 16 日,https://www.toutiao.com/a6488967812457955854/。

印出由交叉网格支架和可发出颜色的荧光点组成的微观结构，其长度为100微米，肉眼和传统显微镜不可见，只有通过特殊仪器才能将其检出。该微结构可作为嵌入式金属薄片嵌入纸币、药物、汽车零部件等的防伪标签中，或整合到银行票据的透明窗口中，以改善防伪保护。

（3）机器人技术应用不断创新

DNA与纳米机器人结合发展[①]。2018年1月，德国慕尼黑工业大学研究人员使用DNA分子，组装出可以远程控制的纳米手臂。该DNA手臂由刚性双链DNA螺旋组成，长约25纳米。研究人员通过一条单链DNA将纳米手臂一端附着在一个55纳米见方的DNA平台上，通过施加电荷来精确地控制手臂移动，可使其到达指定位点。该项研究表明DNA手臂可能成为其他纳米器件的动力源泉，可在一个更大的系统中充当马达或者推进器的角色，这对纳米机器人的发展具有重要意义。

磁控软体机器人应用范围再突破[②]。2018年1月，德国马普智能系统研究所研发出一种毫米尺度的磁控软体机器人。该机器人呈长方体状，长3.7毫米、宽1.5毫米、厚185微米，其主体材料为硅胶，内嵌具有磁性的钕铁硼微颗粒，它可在磁场控制下改变自身形态，并根据不同的地形产生爬行、滚动和游动等运动模式。该软体机器人还能拾起极其微小的"货物"进行装货、运货和卸货操作，其有望在微工程和健康医疗领域发挥巨大作用。

（4）传感器技术深入汽车电池检测[③]

2017年2月，德国波鸿鲁尔大学的研究人员开发出一种用于检测电动汽车电池的传感器新技术。该技术将传感器系统可以扩展到具有不同数量细胞的电池中，通过不间断电源系统和太阳能储能系统，降低电动汽车（EV）锂离子电池的重量和成本，减少电池技术负担，并最终提高电池的使用寿

---

① 《Science封面：谁动了我的DNA？原来是你拿去做机器人了》，搜狐科技，2018年1月20日，http://www.sohu.com/a/217811650_635113。
② 《毫米尺度磁控软体机器人问世》，搜狐科技，2018年1月25日，http://www.sohu.com/a/218747877_161623。
③ 《德国开发新型传感器技术可降低动力电池重量及成本》，高端装备发展研究中心，2017年2月8日，http://www.jixiezb.com.cn/news/ybyq/116990.html。

命。未来，该技术有望在汽车行业发挥巨大作用。

（5）透视技术医疗领域再创新

2017年12月，德国弗劳恩霍夫图像数据处理研究所（IGD）与埃森大学附属医院皮肤科以及专门生产头戴式显示器的Trivisio Prototyping公司合作，采用透视技术（3D-ARILE）开发出一种新型的AR（扩增实境）眼镜，能协助医生准确定位癌症淋巴结的位置，顺利实施肿瘤切除手术[①]。3D-ARILE技术较现有定位技术凸显三项优势：一是安全，ICG替代了一直使用的医学示踪标记物放射性纳米胶体铒99m，减轻了对病人的伤害；二是快速，无需使用约需30分钟才能显现被标记淋巴结的"闪烁照相机"，而是即时显像；三是简便，无须额外的显示屏和图片。这种新型的AR（扩增实境）眼镜大大方便了手术的实施。

（三）日本装备制造业发展概况

1. 日本装备制造业销售收入逐渐减少

2017年，日本装备制造业销售收入为7581.1亿美元，同比减少4.38%，增速同比下降11.06个百分点。分月份来看，1~5月份销售收入增速呈V型上升的趋势，6月份销售收入增速快速下降，7~10月份销售收入增速均为负值，全年最低增速出现在9月份，为-18.00%，在随后的11~12月销售收入又有所回升，12月份销售收入增速达到全年最高值8.72%（见图7）。

2. 日本装备制造业贸易顺差持续扩大

2017年日本装备制造业进出口总额为6724.03亿美元，同比上升6.95%，增速比2016年上升3.44个百分点。其中，出口额为4507.85亿美元，同比上升6.84%；进口额为2216.19亿美元，同比上升7.19%。2017年，日本装备制造业贸易顺差为2291.66亿美元，贸易顺差幅度扩大139.88亿美元（见图8）。

---

① 《德国研发辅助切除恶性肿瘤的AR眼镜》，中华人民共和国科学技术部，2017年12月4日，http://www.most.gov.cn/gnwkjdt/201712/t20171204_136626.htm。

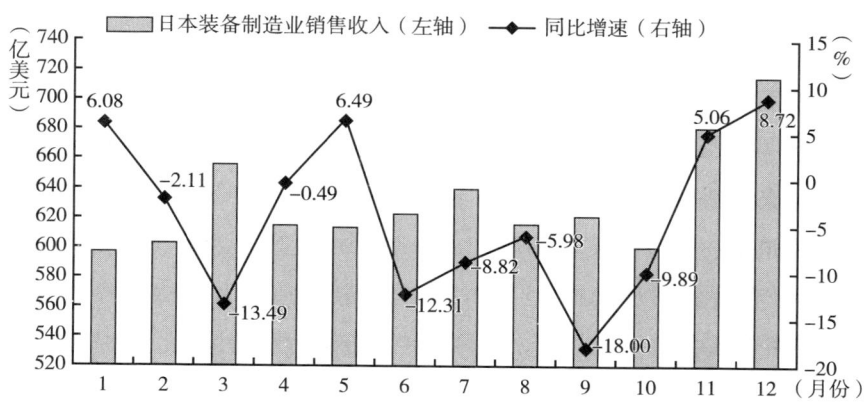

图 7　2017 年日本装备制造业销售收入及同比增速

数据来源：机械工业联合会。

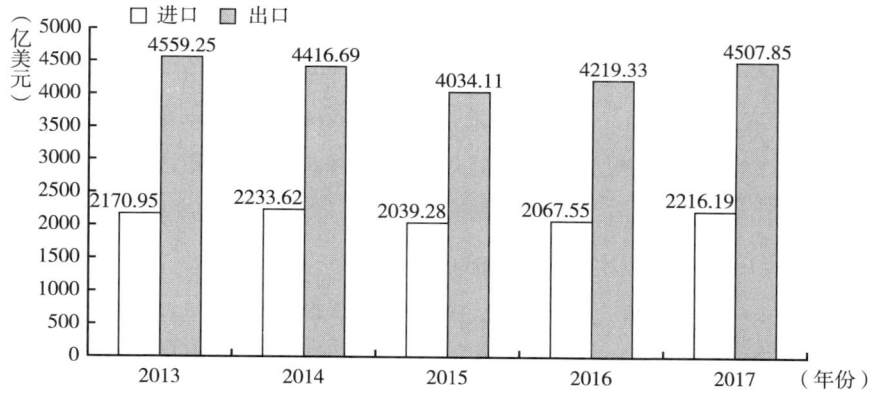

图 8　2013~2017 年日本装备制造业进出口贸易情况

数据来源：www.trademap.org。

3. 日本装备制造业政策措施

（1）扩大科技创新领域官民共同投资

2017 年 6 月，日本政府发布《科技创新综合战略 2017》（以下简称《综合战略 2017》），在继续落实打造"世界最适宜创新的国家"（超级智能社会 5.0①）战略任务的基础上，增加进一步扩大科技创新领域官民共同投资的任务，并围绕两个核心任务制定了具体改革措施②。

超级智能社会 5.0 任务。《综合战略 2017》围绕实现超级智能社会（Society 5.0）目标，制订三项重点措施。一是重点激发年轻研究人员和风投企业的积极参与，通过在全民参与的基础上推进官产学一体化。二是由相关措施，如推进实施"关联产业"加强基础技术等，达成各部委措施从基础研究到产业化的贯彻实施。通过"战略创新创造项目"协调各部委措施的方向性并逐步推进。三为向全世界宣传、分享超级智能社会 5.0 理念，构建大数据平台支撑知识型社会。

扩大科技创新领域官民共同投资任务。《综合战略 2017》通过三项创新政策举措来解决企业流向大学以及国立科研机构的横向研发经费极少的问题。一是设立"科技创新官民投资扩大推进费（暂定）"，针对网络空间基础技术、物理空间基础技术、创新防灾减灾技术等进行重点培育，以政府研发投资带动民间研发投资；二是扩大研发投资的相关制度改革，包括改革大学与国立研究开发法人、建立易于捐赠的制度体系、重视地方科技创新等；三是以客观依据为基础，对研发投资及其实施效果进行评价，构建和活用政策课题判断依据系统，科学合理配置科技资源，有效扩大官民共同研发投资。

（2）提出应对第四次工业革命的策略

2017 年 6 月，日本经济产业省等三个部委联合发布《日本制造白皮书 2017》，在总结分析日本制造业现状的基础上，提出应对第四次工业革命的策略以及日本制造业改革的方向，以提升日本先进制造竞争力③。其中，日

---

① 《科学技术基本计划》在日本科技战略规划体系中是最为重要的部分，由内阁府综合科技创新会议每五年公布一期，确定科技发展五年中长期发展目标和方向。《第五期科学技术基础计划（2016～2020 年）》最为重要的战略目标是实现超级智能社会（Society 5.0）。
② 《日本〈科学技术创新综合战略 2017〉重点任务分析：打造超级智能社会》，《光明日报》2017 年 8 月 9 日，http://news.gmw.cn/2017-08/09/content_25519661.htm。
③ 《日本〈2017 年版制造业白皮书〉：维持并提升日本制造业"强大的现场力"》，《机工情报》2017 年 6 月 15 日，http://chuansong.me/n/1913639752735；《日本制造业白皮书中文版（2017 年）》，工业 4.0 研究院，2017 年 7 月 12 日，https://www.innovation4.cn/library/r16086。

本政府根据"与终端用户的距离"与"提供数据的对象的性质"标准,将制造业划分为制成品、零部件、原材料和生产设备四类,分别提出应对第四次产业革命策略(见表4)。

表4 日本制造业应对第四次工业革命的对策

产业	特点	应对策略
制成品	1)靠近终端客户、便于在产品中组装传感器、特制设备等 2)对产品质量要求最高 3)客户需求变化多、周期短	1)建立客户交互型商业模式,通过与客户的频繁接触提供产品与服务 2)连接不同生产环节实现生产优化。如在汽车设计环节最大限度地引入数字技术,通过开发模型库等方式,为汽车设计过程提供广泛技术支持 3)通过数字技术开展定制服务,实现产品的品类多样化和少量化生产
零部件	1)不直接与用户接触,收集用户信息困难 2)中小企业偏多,对价格敏感 3)外包形式的商业模式	1)通过在金属模具等器材中内置传感器或外置一些设备,使得零部件供应商能够向用户提供零部件及附加服务 2)建立通过中介接受订单的商业模式 3)通过物联网技术改善生产与服务 4)通过数字技术优化制造企业的生产过程,开发能够根据客户的需求来开发并提供服务的新型模式
原材料	1)位于价值链上游,与消费者距离远,难以取得产品的使用数据 2)流程型生产	1)精简生产流程 2)使原材料具备传感功能 3)建立与客户的直接联系 4)通过材料信息技术加速研发过程
生产设备	与消费者距离相对较近	为客户提供远程维护、预测性维护等服务

注:按照"与终端用户的距离"与"提供数据的对象的性质"对日本制造业分类:
1)制成品:汽车、电子产品、飞机、日用品、食品、医药品、化妆品等;
2)零部件:运输设备的零部件、电子零部件、金属零部件等;
3)原材料:化工、石油工业、钢铁业、非铁金属、陶瓷工业、纸浆及纸制品、纤维制品等;
4)生产设备:生产器械等。

(3)发布人工智能技术战略工程表①

2017年3月,日本政府在"人工智能技术战略会议"上发表工程表,

---

① 《透视日本人工智能战略 三大方向齐头并进》,搜狐,2017年6月30日,https://www.sohu.com/a/153429529_99906635。

计划在三个时间段内,通过人工智能的运用,实现生产、流通、医疗与护理等领域效率的大幅提高。第一阶段(2017~2020),确立无人工厂和无人农场技术,普及新药研制的人工智能支持,实现生产设备故障的人工智能预测;第二阶段(2020~2030),达到人与物输送及配送的完全自动化,机器人的多功能化及相互协作,实现个性化的新药研制,以及家庭与家电人工智能的完全控制;第三阶段(2030~),使护理机器人成为家族的一员,实现出行自动化及无人驾驶的普及,能够进行潜意识的智能分析并实现本能欲望的可视化。

(4) 围绕亚洲部署国际标准战略体系①

2017年5月,日本经产省工业结构委员会下设的工业技术环境委员会设立"标准认证小组委员会"并举行了第一次会议,宣布"标准认证小组委员会"承担推动日本工业标准体系与国际接轨的重要任务,随后,该委员会设计了战略性的国际标准化体系方案并展开讨论制定,其中,一个重要的推广区域就是亚洲(见图9)。

4. 日本装备制造业技术发展现状

(1) 下一代航空发动机研发进入新阶段

由于日本加入了国际航线民航客机温室气体减排的国际框架协议,研究开发环境友好型航空发动机迫在眉睫。日本宇宙航空研究开发机构(JAXA)计划从2018年度开始,同企业、大学合作开发下一代航空发动机,研究减少氮化物排放、提高燃烧效率,并进行技术验证。截至2017年7月,JAXA已经成功开发了氮化物排放量比ICAO基准低75%的燃烧器,接着将重点解决实用化过程中的相关技术问题。在高温高效涡轮研究开发方面,JAXA已经研发出小型发动机涡轮叶片,且能够承受1600摄氏度,接着将围绕加大涡轮输出功率并提高工作效率,进行设计、开发、性能验证和开发将耐热复合材料应用于涡轮的技术。

---

① 《日本围绕亚洲部署国际标准战略体系》,工业4.0研究院,2017年9月4日,https://www.innovation4.cn/toutiao/099817-9204741702。

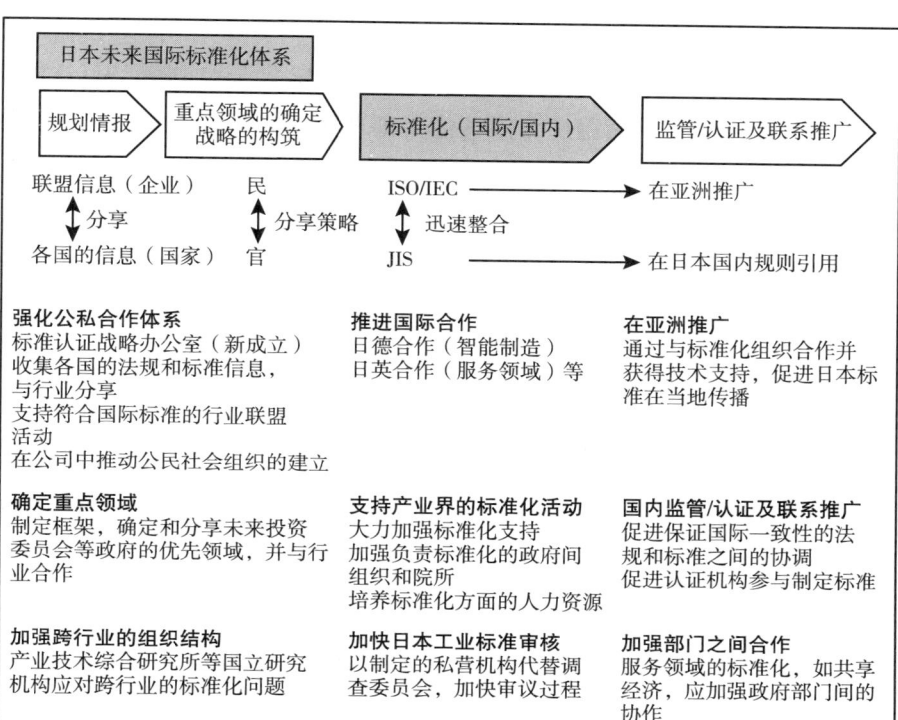

图 9　日本未来国际标准化体系

（2）电池技术取得新进展

大容量蓄电池技术取得新进展。2017 年 4 月，日本 Qualtec 公司的研究团队发现饱和高氯酸钠水溶液（SSPAS）其电化学窗口达到 3.2 伏，显示了较好的特性，是普通铅蓄电池电化学窗口的 1.6 倍[1]。高氯酸钠电池，其电荷在水溶液中流动方便，不会着火，而且充电时间只需要 2～3 分钟，可以解决锂电池容量大，但长时间使用后存在发热着火的问题。大容量蓄电池技术将为开发大容量蓄电装置开辟了一条新途径，将帮助智能手机和电动汽车等设备取得新突破。

---

[1] 《日本科研人员用高氯酸钠研制大容量蓄电池取得进展》，中华人民共和国科学技术部，2017 年 4 月 21 日，http：//www.most.gov.cn/gnwkjdt/201704/t20170421_132461.htm。

太阳能电池技术再突破。2017年12月，东京大学先端科学技术研究中心在不使用铷等稀有金属的前提下，实现了钙钛矿太阳能电池20.5%的高转换效率及稳定发电。钙钛矿太阳电池（即使用具有钙钛矿晶体结构这一材料的太阳能电池）比主流的硅太阳能电池制造成本低以及制造工序简易。通常大于20%实用化基准转换效率的太阳能电池，采用铷、铯等稀有金属来维持结构稳定。而东京大学研究小组成功制作了无缺陷规整的发电层以完全不使用稀有金属为前提，因为对电子流动不形成阻碍，从而提高了发电安定性及转换效率。考虑到未来的实用和普及，采用容易获得的材料制作意义重大。

（3）工业机器人产品不断更新

人工智能技术助力新型协作机器人系统构建。2018年4月10日，日本川崎重工推出了名为 Successor 的新型协作机器人系统。该系统配备了新型控制器和传感器，采用人工智能技术，可由工程师借助远程设备进行操作，并将其动作转换为机器人的自动化动作。该机器人协作系统简化了先前难以实现自动化的工作流程，且可与各型号的川崎机器人相兼容，目前已在日本川崎的西神户工厂投入使用，预计2019年开始全面发售[1]。

新型机器人使火箭燃料制造更安全。2018年4月，日本中央大学和日本宇宙航空研究开发机构开发出一款能够模拟真实肠道蠕动的机器人，可混合各种成分以制造固体火箭燃料。该机器人比传统制造燃料的搅拌机更加安全，燃料在蠕动的机器人橡胶管里无须承受过大剪切应力，且不与金属接触，可避免发生火灾和爆炸。该机器人实现了固体火箭燃料的连续性制造，能够控制原料的用量，确保生产出理想的燃料，将更加安全高效[2]。据悉，研究人员已经使用这种机器人来生产真正的燃料，并在真实的火箭中进行了测试。

---

[1] 《日本川崎重工推出新型协作机器人系统》，搜狐科技，2018年4月10日，http://www.globaltechmap.com/document/view? id=11866。

[2] 《模仿"肠蠕动"，日本科学家研发新型机器人更安全地制造火箭燃料》，机器人，2018年4月2日，https://www.roboticschina.com/news/20180402JAXA.html。

全新小型机器人将在电子行业大发展。2017年7月,日本安川电机发布了小型6轴多关节GP系列机器人以及配套控制柜。此组新品为MOTOMAN-GP7、GP8和GP12,最大负载分别为7千克、8千克和12千克,最大水平伸长度为927毫米、727毫米和1440毫米。该系列机器人可用于小型零部件的搬运、组装、点胶、上下料以及打磨等多个领域,适用于对空间、精度要求极高且快速发展的电子行业[①]。

---

① 《安川电机发布全新小型机器人GP系列》,中国智能制造网,2017年7月10日,https://www.gkzhan.com/news/detail/101906.html。

B.2
2017年中国装备制造业发展概况

聂秀东 唐建国*

摘 要： 2017年，我国装备制造业规模稳步上升，营业收入接近26万亿元，收入增速略有放缓，投资增速一改下降趋势，低位企稳；企业自主创新亮点频现，高端设备自主研发取得突破，企业专利质量进一步提升，装备制造业各行业有效发明专利数量增速均大于20%，汽车产业表现最突出；2017年我国装备制造业进、出口额双双增长，贸易顺差有所减小，各地加大装备制造业对外开放力度，但是对外投资合作力度明显减小。同时，通过研究发现，在我国经济转向好质量发展阶段的背景下，我国装备制造业的经济下行压力依然较大，经营成本对企业发展掣肘作用明显，市场需求依然低迷，国际合作阻碍较多；技术创新面临着科技投入与开发不足、知识产权发展水平低、与互联网结合不深以及服务化水平低等问题；大中小企业发展、高端装备和基础设备、产品和零部件、软件和硬件等发展不平衡不充分的矛盾仍有待解决。

关键词： 中国装备制造业 高质量发展 不平衡不充分问题

---

* 聂秀东，研究员，经济学博士，机械工业经济管理研究院副院长，兼任产业经济研究所所长、采购研究中心主任、PPP研究中心主任、工业互联网研究中心主任，主要研究领域为产业经济、区域发展、国际贸易、企业战略、品牌战略、政府采购等；唐建国，北京市经济和信息化委员会产业结构调整处处长，主要从事产业结构调整、产业经济方面研究。

一 2017年装备制造业产业规模情况

（一）增加值保持较高增速

2017年，我国装备制造业增加值同比增长11.3%，增速较2016年同比上涨1.8个百分点，分别高于全国工业和制造业4.7个和4.1个百分点。其中，我国机械工业增加值同比增长10.7%。分月份看，机械工业增加值自年初就呈现高增长态势，增速在11%上下波动，逐渐趋稳（见表1）。

表1 2017年工业和机械工业增加值增速

单位：%

	工业		机械工业	
	该月	累计	该月	累计
1～2月	0.00	6.30		11.60
3月	7.60	6.80		11.40
4月	6.50	6.70		10.90
5月	6.50	6.70		10.70
6月	7.60	6.90		10.90
7月	6.40	6.80		10.90
8月	6.00	6.70		11.00
9月	6.60	6.70		11.10
10月	6.20	6.70		11.00
11月	6.10	6.60		10.80
12月	6.20	6.60		10.70

数据来源：国家统计局网站。

2017年，经济运行稳中有进、稳中向好，经济保持平稳发展。与2016年相比，装备制造业主要行业增速大部分有所上升。仪器仪表制造业，专用设备制造业，电气机械及器材制造业，通用设备制造业，铁路、船舶、航空航天和其他运输设备制造业增加值，汽车制造业增速在9%～13%之间，但汽车制造业增加值增速放缓，增速比2016年下降3.30个百分点。铁路、船舶、航空航天和其他运输设备制造业和专用设备制造业增加值增速幅度上升较大，均超过5%，说明装备制造业主要行业在进行产业结构调整方面取得了成效，行业增长速度快速上升，发展态势向好（见表2）。

表2 2017年装备制造业工业主要行业增加值对比

行业中类	增速(%)	同比增减(个百分点)
通用设备制造业	10.50	4.60
专用设备制造业	11.80	5.10
汽车制造业	12.20	-3.30
电气机械及器材制造业	10.60	2.10
铁路、船舶、航空航天和其他运输设备制造业	9.10	5.90
仪器仪表制造业	12.50	3.10
金属制品、机械和设备修理业	9.8	1.6

注：全书所指装备制造业按照《国民经济行业分类与代码》（GB/T/4754-2011）分类，主要包括：34通用设备制造业，35专用设备制造业，36汽车制造业，37铁路、船舶、航空航天和其他运输设备制造业，38电气机械和器材制造业，40仪器仪表制造业，43金属制品、机械和设备修理业。按照传统行业管理分类，分为农业机械行业、内燃机行业、工程机械行业、仪器仪表行业、文化办公设备行业、食品包装机械行业、石化通用行业、重型机械行业、机床工具行业、电工电器行业、汽车行业、通用基础件行业、铁路设备制造业、船舶业、航空航天业、其他运输设备制造业、其他民用机械行业等17个行业。

数据来源：国家统计局网站。

（二）资产规模稳定提升

2017年，我国装备制造业资产规模达240363.73亿元，同比增长5.46%，增速同比减少3.59个百分点。分月份看，2017年全年装备制造业资产规模增速上半年呈稳步上升态势，5月和7月份资产规模增速达到全年最高，为9.14%，之后资产规模增速缓慢下降，12月份资产规模增速降至最低（5.46%）（见图1）。

（三）固定资产投资增速低位企稳

2017年，装备制造业累计完成固定资产投资54403.04亿元，同比增加2.53%，相较于2016年增加1.49个百分点，装备制造业固定资产投资增速回升趋稳。分月份看，2017年的固定资产投资同比增速上半年呈V形（先下降后上升）趋势，1月份最高，为5.78%，随后2~4月份下降，4~6月上升，6月份开始回落，呈缓慢下降趋势，固定资产投资增速12月份降至2.53%（见图2）。

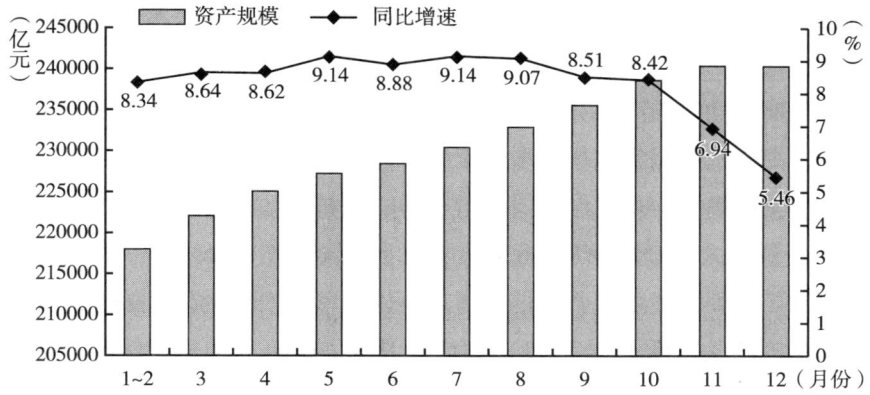

图1 2017年装备制造业资产规模及同比增速

数据来源：国家统计局网站。

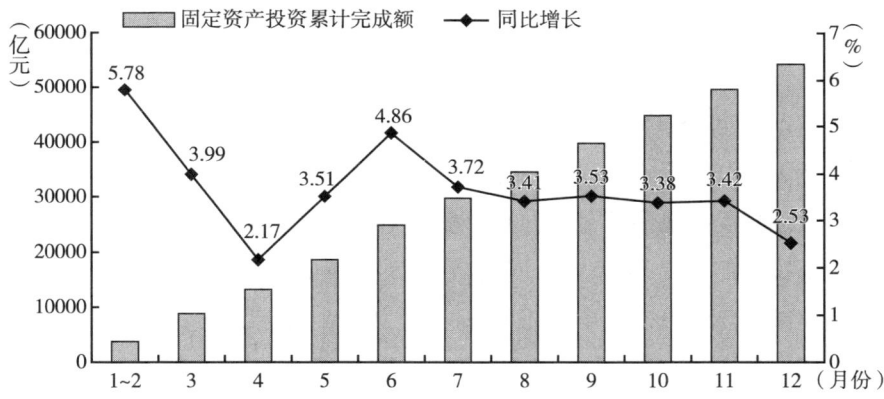

图2 2017年装备制造业固定资产投资累计完成额及同比增长

数据来源：国家统计局网站。

（四）主要产品产量增长面扩大

2017年，装备制造业68个主要产品类别中[①]，产量实现同比增长的产

[①] 主要产品类别为中国机械工业联合会重点监测的产品。

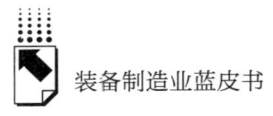

品有40种，占比为58.82%，产品产量增长面较上年扩大2.5个百分点；产量同比下降的产品有28种，占比41.18%。

产量实现增长的产品有以下特点。一是与基础设施建设及城镇化建设密切相关的挖掘机、压实机械、装载机等工程机械类产品实现大幅增长。其中，挖掘机产量19.46万台，同比增长74.70%；压实机械产量5.60万台，同比增长78.00%；装载机产量14.29万台，同比增长27.53%。二是与消费市场密切相关的工业机器人、汽车、乘用车等产品保持增长的态势。其中，工业机器人产量13.1万套，同比增长80.98%，是同比增幅最大的行业；汽车产量2901.54万辆，同比增长3.19%；电动车辆产量21.74万台，同比增长11.74%；运动型多用途乘用车（SUV）产量1033.37万辆，同比增长18.72%。三是与智能制造产业转型升级相关的产品增长势头良好。其中，机床产品中的金切机床产量83.09万件，同比增长6.78%；机床数控装置产量22.30万台，同比增长25.56%。电工仪器仪表产量2.24亿台，同比增长9.64%。四是前两年需求疲软的投资类产品出现恢复性增长，如矿山设备、冶金设备等产品增速在2%~5%区间。其中，矿山设备产量812.66万吨，同比增长2.24%；冶金设备56.39万吨，同比增长3.26%。

产量下降的产品主要是拖拉机、收割机等农机产品。其中，农机产品中的大型拖拉机产量5.11万台，同比减少18.94%；中型拖拉机产量36.72万台，同比减少35.23%；小型拖拉机产量99.62万台，同比减少26.50%；收获机械产量74.76万台，同比减少13.72%。

二 2017年装备制造业经济运行情况

（一）总体运行情况仍需改善

1. 主营业务收入小幅回落

2017年，我国装备制造业主营业务收入259958.78亿元，同比减少0.75%，增速同比下降7.20个百分点，低于制造业主营业务收入增速（0.78%）1.53个百分点,由此可见,装备制造业主营业务收入情况较差。分月份来看,1~8月份装备制造业主营业务收入同比增速呈波动下降趋势,但幅度不大,随后开始大幅下跌,11月份同比增速达到全年最低(-34.49%)(见图3)。

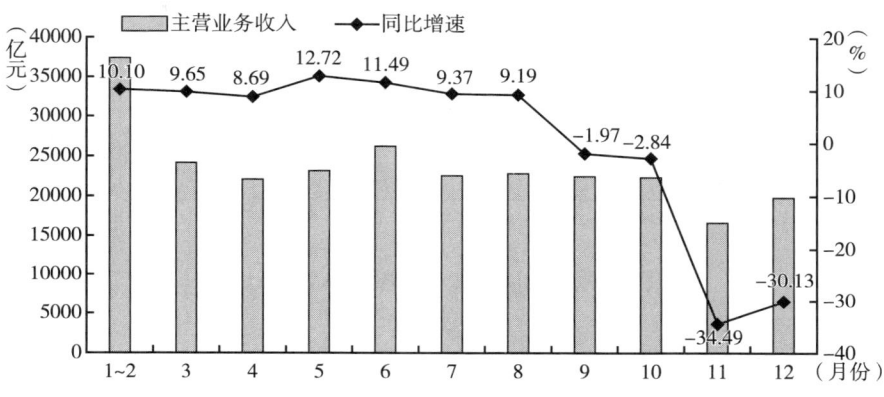

图3　2017年装备制造业主营业务收入及增速

数据来源:机经网,如没有特殊说明,下同。

2. 主营业务成本增速略低于收入

2017年,我国装备制造业主营业务成本220001.96亿元,同比减少1.14%,增速同比下降7.54个百分点,主营业务成本增速低于收入0.39个百分点,且低于制造业主营业务成本增速(0.10%)1.24个百分点,说明装备制造业主营业务成本减少较快。分月份来看,1~8月份装备制造业主营业务成本同比增速整体呈波动下降趋势,随后大幅下滑,11月份增速降至全年最低(-35.44%)(见图4)。

3. 利润增速高于主营业务收入

2017年,我国装备制造业实现利润18006.96亿元,同比增长0.70%,比2016年增速下降4.53个百分点,且低于制造业利润增速(1.88%)1.18个百分点,装备制造业运行能力有待提高。分月份来看,装备制造业总利润单月增速10月份出现大幅下滑,11月份增速为全年最低(-36.39%)(见图5)。

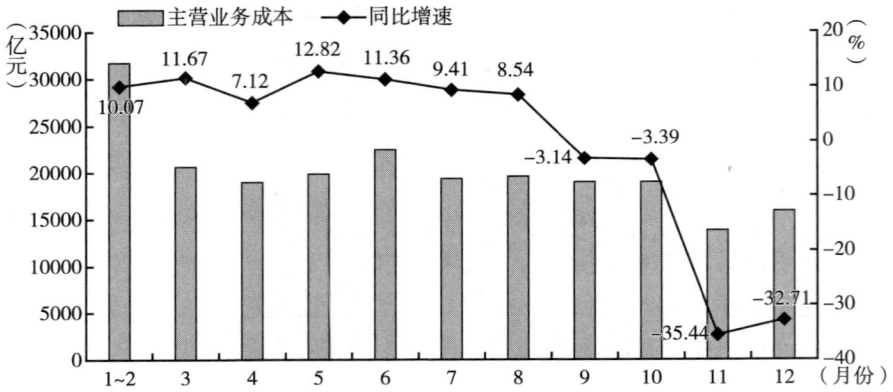

图4　2017年装备制造业主营业务成本及增速

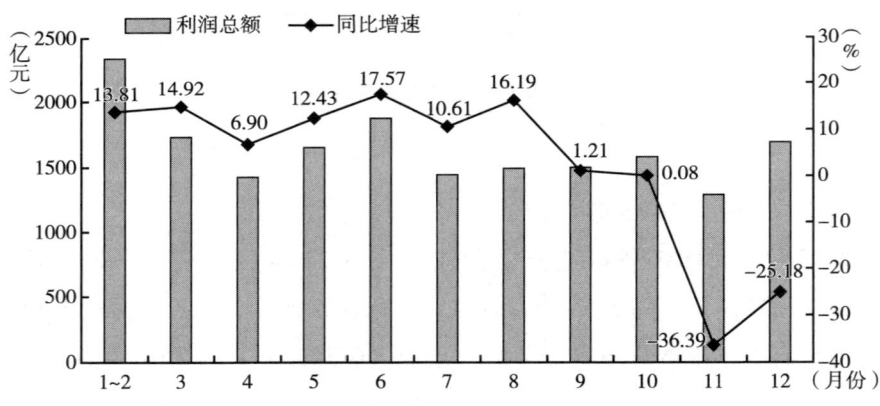

图5　2017年装备制造业利润总额及增速

（二）营运能力有待提高

总资产周转率较低。2017年，我国装备制造业总资产周转率为10.24次，比2016年周转率降低0.71个百分点，装备制造业资产使用效率较低，营运能力有待提高。分月份来看，1~2月份装备制造业总资产周转率达到最大值17.15次，之后呈现下滑趋势，5~6月份小幅回升后再次下滑，11月份总资产周转率降至最低（6.95次）（见图6）。

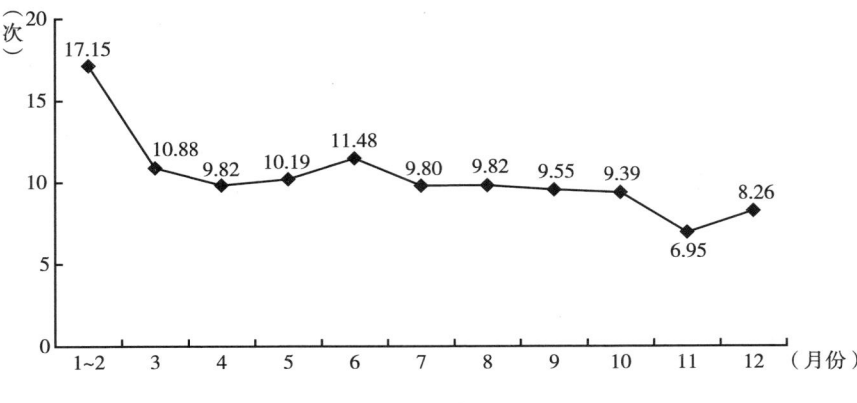

图6 2017年装备制造业总资产周转率

（三）盈利能力有待提高

1. 总资产利润率小幅回落

2017年，我国装备制造业总资产利润率0.71%，同比增速降低了0.09个百分点。与制造业总资产利润率7.70%相比，装备制造业资产利润率较低，盈利能力有待提高。分月份来看，装备制造业总资产利润率第一季度逐月下降，第二季度略有回升，1~2月份资产利润率最高，为1.07%（见图7）。

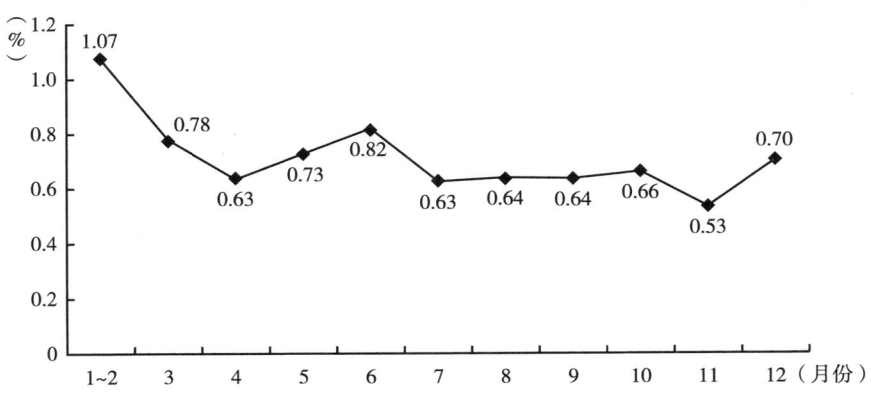

图7 2017年装备制造业总资产利润率

2. 主营业务成本率小幅下降

2017年，我国装备制造业主营业务成本率84.63%，同比降低0.03个百分点，低于制造业主营业务成本率（85.01%）0.38个百分点。分月份看，装备制造业主营业务成本率上半年呈平稳发展态势，9月份再次降至85%以下，随后开始持续下降，12月份为全年最低（79.90%）（见图8）。

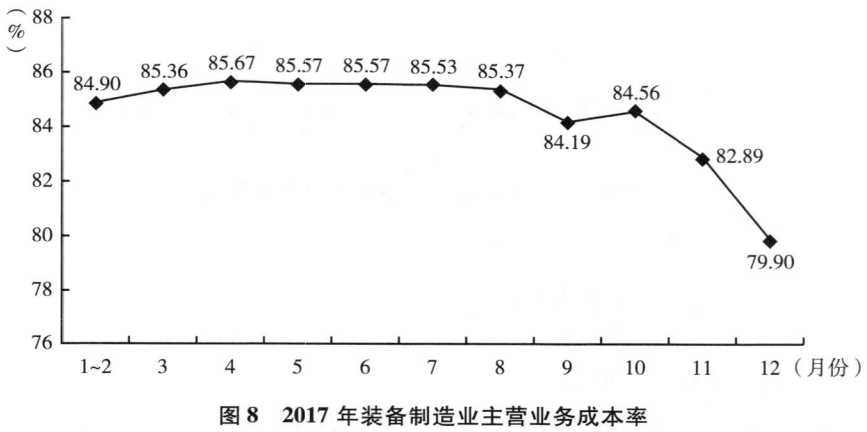

图8　2017年装备制造业主营业务成本率

（四）偿债能力略有提高

资产负债率有所下降，偿债能力略有提高。2017年，我国装备制造业资产负债率为54.58%，比2016年下降0.64个百分点，偿债能力略有提升。装备制造业资产负债率比制造业资产负债率（54.00%）高0.58个百分点。分月份看，装备制造业偿债能力在前5个月呈现下降趋势。资产负债率5月份为最高值54.81%，随后呈现下降趋势，11月份回升至54.74%，基本与最高值持平（见图9）。

三　2017年装备制造业产业结构现状

（一）各行业资产增速稳步提升

2017年，我国装备制造业资产规模实现稳步提升，但各行业资产增速

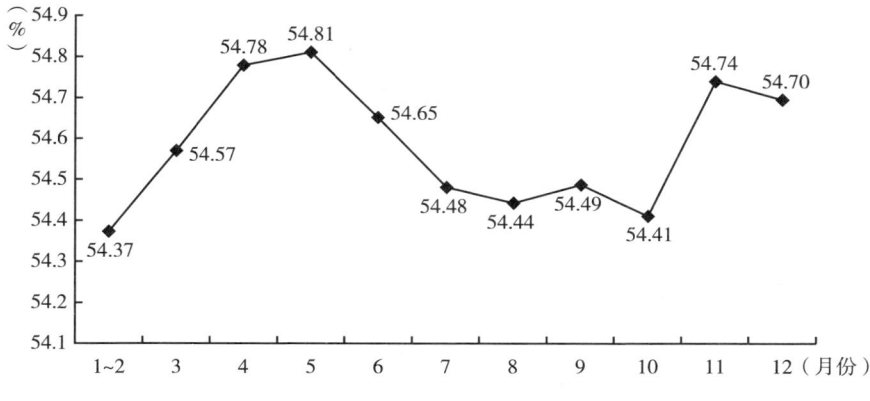

图 9　2017 年装备制造业资产负债率

差别较大。其中，仪器仪表行业等 5 个行业资产总额增速高于 5%，农业机械等 6 个行业资产总额增速位于 0~3% 之间，而其他行业资产总额呈负增长趋势。从资产规模方面看，新能源汽车的强劲发展带动整个汽车工业产销量再创新高，使汽车行业实现平稳发展，其行业资产规模最大，为 77302.35 亿元。从资产增速上来看，随着消费升级态势明显，消费品市场规模扩大，食品包装机械行业实现快速发展，其行业增速最大，为 11.48%，增速同比上升了 3.02 个百分点。内燃机行业是资产总量降幅最大的行业，比 2016 年降低了 10.15 个百分点，增速为 -3.74%（见表 3）。

表 3　2017 年装备制造业细分行业资产对比

行业分类	资产总计（亿元）	同比增减（%）
农业机械行业	2970.65	2.52
内燃机行业	2857.28	-3.74
工程机械行业	6572.91	2.24
仪器仪表行业	9106.89	8.64
文化办公设备行业	1333.99	-1.66
石化通用行业	21533.93	0.32
重型机械行业	13239.57	0.97
机床工具行业	10296.44	5.99
电工电器行业	53791.68	5.68

续表

行业分类	资产总计（亿元）	同比增减（%）
通用基础件行业	14950.85	2.60
食品包装机械行业	842.60	11.48
汽车行业	77302.35	10.74
其他民用机械行业	8476.78	-2.00
铁路、船舶、航空航天和其他运输设备行业	17087.80	1.07

数据来源：国家统计局、机经网。

（二）各行业收入小幅回落

2017年，我国装备制造业行业收入小幅回落，除内燃机行业、工程机械行业、仪器仪表行业等5个行业收入增加，其他行业收入均减少。从主营业务收入方面来看，汽车行业主营业务收入最高，为88207.32亿元。从收入增速上来看，汽车行业仍受国家支持新能源发展、购置税优惠等政策的影响而快速发展，增速最大，为5.51%，但相比2016年下降了8.42个百分点。受铁路客货运输改革调整影响，其市场需求进行了结构性调整，导致铁路、船舶、航空航天和其他运输设备行业主营业务收入降幅最大，为10.98%（见表4）。

表4 2017年装备制造业行业收入对比

行业分类	主营业务收入（亿元）	同比增减（%）
农业机械行业	4498.91	-5.19
内燃机行业	2464.72	3.14
工程机械行业	5522.72	4.00
仪器仪表行业	9440.82	1.94
文化办公设备行业	1636.97	-1.53
石化通用行业	21422.74	-4.43
重型机械行业	12100.74	-3.52
机床工具行业	11434.83	-1.36
电工电器行业	56755.55	-2.83
通用基础件行业	19432.53	-4.07

续表

行业分类	主营业务收入(亿元)	同比增减(%)
食品包装机械行业	871.01	0.98
汽车行业	88207.32	5.51
其他民用机械行业	11563.11	-7.24
铁路、船舶、航空航天和其他运输设备行业	14606.80	10.98

数据来源：国家统计局、机经网。

（三）各行业成本基本持平

2017年，我国装备制造业行业成本费用基本持平，而主营业务收入增速较快的企业成本也增幅明显。内燃机行业和仪器仪表行业等5个行业成本呈现不同幅度的增加，而农业机械行业、重型机械行业和机床工具行业等9个行业成本呈减少态势。从成本费用规模上来看，汽车行业成本费用规模最大，为81121.74亿元。从成本增速方面来看，汽车行业的增速最大，为5.84%。铁路、船舶、航空航天和其他运输设备行业成本降幅最大，为10.31%。（见表5）。

表5　2017年装备制造业细分行业成本对比

行业分类	成本费用总额(亿元)	同比增减(%)
农业机械行业	4245.01	-4.84
内燃机行业	2257.27	1.32
工程机械行业	5167.50	2.02
仪器仪表行业	8647.56	1.36
文化办公设备行业	1553.64	-1.00
石化通用行业	20035.70	-4.57
重型机械行业	11427.97	-2.92
机床工具行业	10625.59	-1.91
电工电器行业	53339.46	-2.52
通用基础件行业	18126.59	-4.10
食品包装机械行业	814.59	0.92
汽车行业	81121.74	5.84
其他民用机械行业	10909.98	-6.86
铁路、船舶、航空航天和其他运输设备行业	12637.30	10.31

数据来源：国家统计局、机经网。

（四）各行业利润小幅上升

2017年，我国装备制造业利润总体小幅上升，但各行业利润增速差别较大。工程机械行业和内燃机行业利润同比增速高于35%，仪器仪表行业、机床工具行业、食品包装机械工业利润以逾10%的速度增长，重型机械行业利润基本保持稳定，文化办公设备行业等利润呈下降态势。从利润规模方面来看，汽车行业利润最高，为7008.11亿元。从利润增速方面来看，受国家扶持力度加大、环保型设备需求增加、行业内生动力增强的影响，工程机械行业利润增速最大，达73.33%，同比增长63.06个百分点。铁路、船舶、航空航天和其他运输设备行业降幅最大，为-14.47%，与2016年相比下降了16.56个百分点。新能源内燃机需求大幅增加使内燃机行业增幅上升，比2016年提高了36.80个百分点（见表6）。

表6　2017年装备制造业细分行业利润对比

行业分类	利润总额（亿元）	同比增减（%）
农业机械行业	247.50	-5.26
内燃机行业	243.61	36.80
工程机械行业	401.50	73.33
仪器仪表行业	865.13	10.02
文化办公设备行业	86.69	-11.29
石化通用行业	1403.26	4.99
重型机械行业	654.01	0.01
机床工具行业	816.96	10.29
电工电器行业	3440.72	-5.14
通用基础件行业	1263.81	-0.85
食品包装机械行业	59.72	10.14
汽车行业	7008.11	1.65
其他民用机械	642.75	-11.17
铁路、船舶、航空航天和其他运输设备行业	873.20	-14.47

数据来源：国家统计局、机经网。

四 中国装备制造业对外经济现状分析

(一)装备制造业进出口双双增长

2017年,我国装备制造业进出口总额为7808.25亿美元,同比增长16.48%,增速较2016年上升26.08个百分点(见图10)。我国装备制造业进出口贸易顺差为1088.21亿美元,比2016年增加136.81亿美元。

在世界经济温和复苏、国内经济稳中向好、"一带一路"倡议稳步推进、外贸稳增长政策效应显著等多方面因素共同作用下,扭转我国装备制造业连续两年下降的局面,实现两位数的恢复性增长。

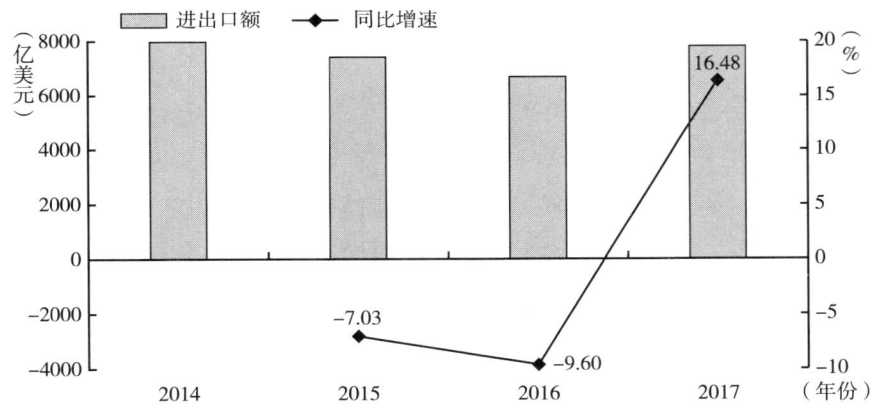

图10 2014~2017年装备制造业进出口额及同比增速

2017年,我国装备制造业出口额为4448.23亿美元,同比增长16.22%,增速较2016年上升27.92个百分点。分月份看,装备制造业出口额增速呈波动增长态势,1月份同比增速最高,达307.37%,2月份降至最低(-2.99%),随后开始回升(见图11)。

2017年,我国装备制造业进口额为3360.02亿美元,同比增长16.82%,增速较2016年上升23.47个百分点。分月份看,装备制造业进

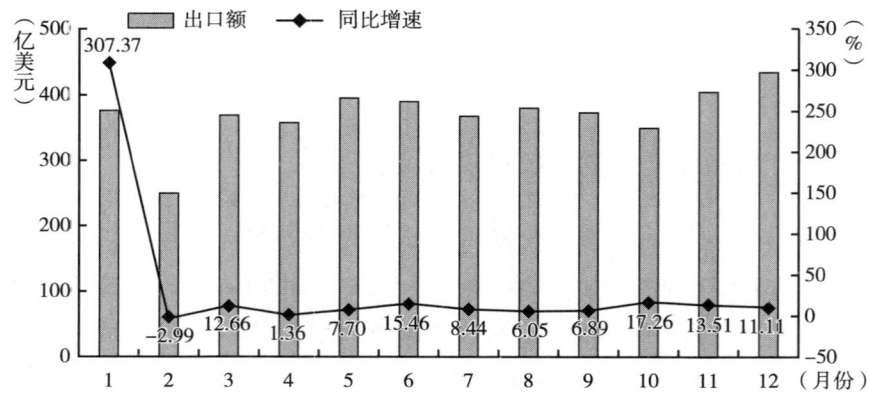

图 11　2017 年装备制造业出口额及同比增速

口额增速呈波浪式上升趋势，1 月份同比增速最高，达 125.51%（见图 12）。

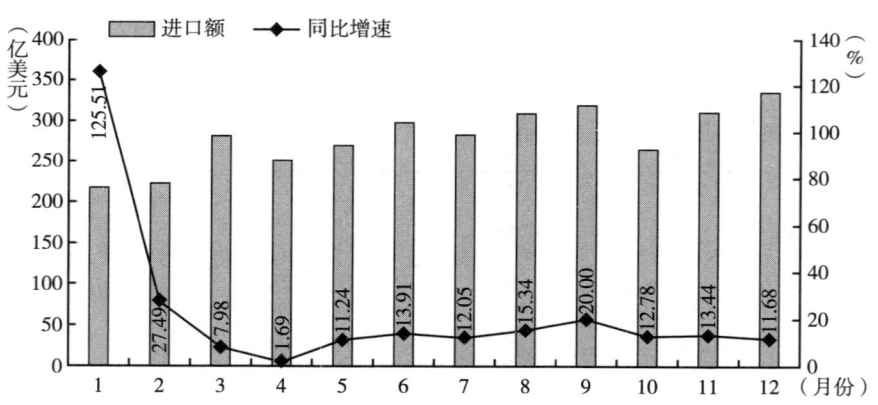

图 12　2017 年装备制造业进口额及增速

分行业来看，2017 年进出口总额最高的三个行业分别是：电工电器、汽车和石化通用，分别是 1604.03 亿美元、1355.71 亿美元、949.70 亿美元。从进出口增速来看，2017 年，各分行业均为正值，工程机械进出口额增速最高，为 20.83%，重型机械进出口额增速最低，为 3.48%（见图 13）。

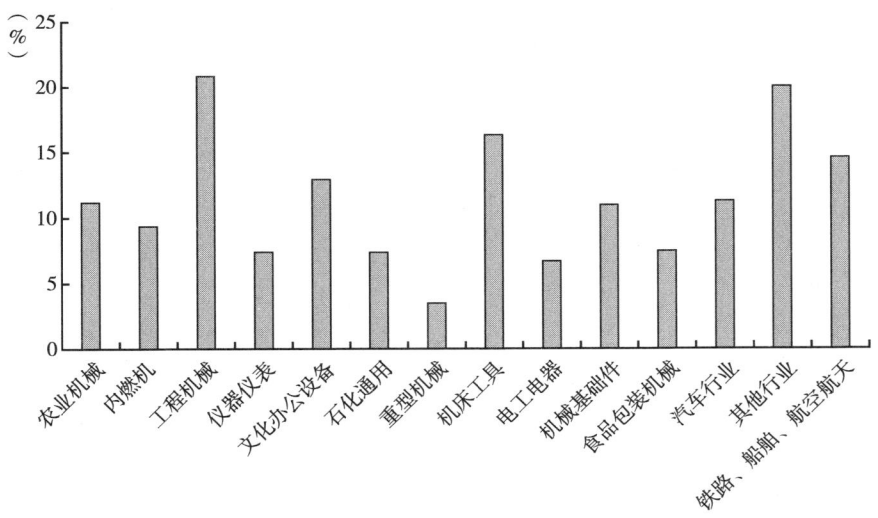

图 13　2017 年主要装备制造行业进出口额增速对比

2017 年实现贸易顺差前三位的是：电工电器、石化通用和工程机械，分别为 545.81 亿美元、426.85 亿美元和 146.38 亿美元。2017 年贸易差额为负的行业为汽车行业、仪器仪表行业、其他行业和机床工具行业，其贸易逆差分别为：-207.17 亿美元、-140.13 亿美元、-53.88 亿美元和 -34.75 亿美元。2017 年大部分装备制造业行业贸易差额为正，对外贸易表现良好（见图 14）。

（二）我国装备制造业对外投资情况

1. 对外直接投资①力度加大

装备制造业对外直接投资②明显下降。在经历了 2016 年的爆发式增长

---

① 对外直接投资是指我国企业、团体等（简称境内投资者）在我国港澳台地区及国外以现金、实物、无形资产等方式投资，并以控制国（境）外企业的经营管理权为核心的经济活动。对外直接投资的内涵主要体现在一经济体通过投资于另一经济体而实现其持久利益的目标。（该解释来自商务部《对外直接投资统计制度》）
② 联合国贸发会议将全球对外直接投资分为跨境并购投资和绿地投资。

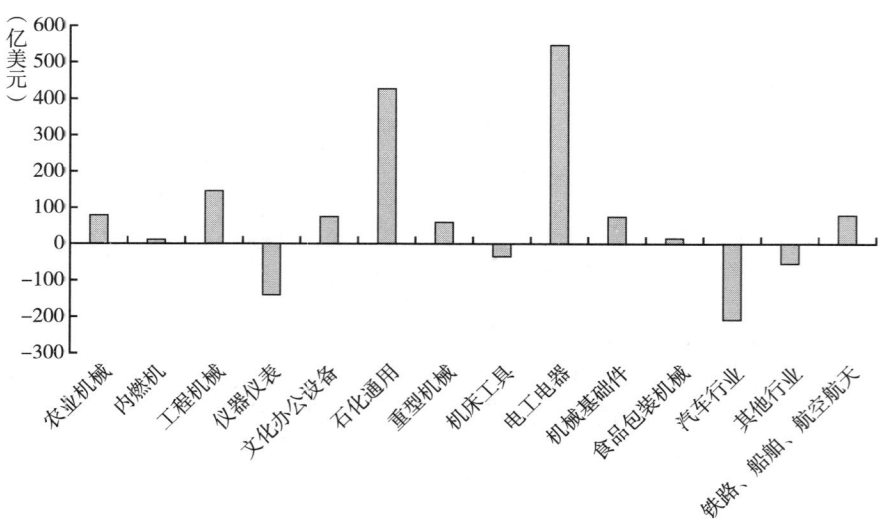

图 14　2017 年主要装备制造行业贸易差额对比

后，2017 年对外投资交易金额上出现明显下降。2017 年，中国对外非金融类直接投资达到 1200.80 亿美元，同比减少 29.41%；中国装备制造业[①]对外直接投资 108.40 亿美元，同比减少 39.31%，占同期总投资额的 9.03%。分月份看，装备制造业 2017 年 1 月的对外直接投资额同比增速最快，达 172.62%，5 月的对外直接投资额同比增速最慢，为 -61.60%（见图 15）。

2. 重点国家（地区）投资合作情况

2017 年，受全球投资回报率下降、国际生产扩张速度日渐放缓、全球价值链扩张趋于停滞影响，超大型并购及企业重组减少，我国对外直接投资额大幅减少。

---

① 商务部确定的装备制造业包括机械工业（含航空、航天、船舶和兵器等制造行业）和电子工业中的投资类产品。包括通用设备制造业、专用设备制造业、金属制造业、汽车制造业、铁路/船舶/航空航天和其他运输设备制造业、电气机械和器材制造业、计算机/通信和其他电子设备制造业、仪器仪表制造业等。

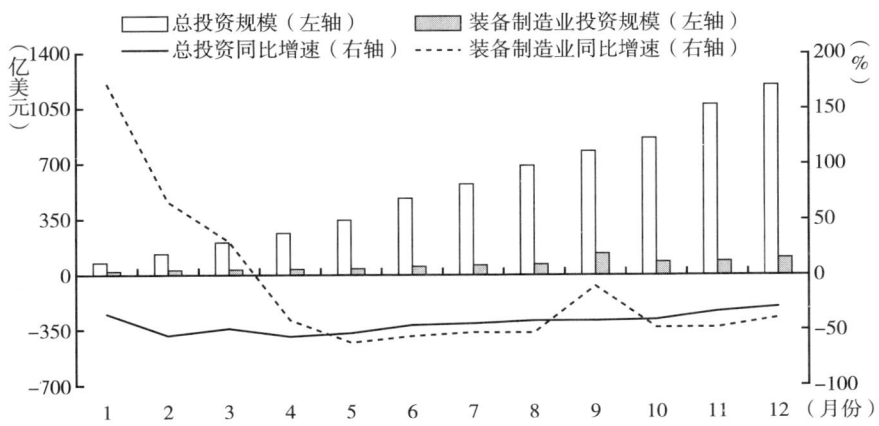

**图 15　2017 年我国对外直接投资总额及装备制造业对外直接
投资累计完成额及同比增速**

资料来源：商务部国外经济合作统计数据。

（1）我国对美国的直接投资首次下降

2017 年，受政策及政治因素影响，中国对美国的直接投资总额为 294.005 亿美元，同比下降 36%，且进行的投资几乎都是 2017 年之前宣布的项目或收购。与装备制造业相关的投资项目主要包括青岛海尔拟以现金方式收购斐雪派克生产设备有限公司 100% 股权，以便于将斐雪派克研发的智能制造的数字化平台 COSMOline 融入青岛海尔自主研发的智能数字化平台 COSMOPlat，推动 COSMOPlat 的建设和推广①；浙江万安科技以现金方式收购了 Evatran 目前拥有的全部业务及资产，其研发的电动车无线充电系统成为获得美国第三方安全认证的产品，有助于万安科技在电动车无线充电领域的布局②等。

同时，中国多项交易因美国外国投资委员会（Committee on Foreign

---

① 《青岛海尔收购斐雪派克智能装备股权构建整体解决方案能力》，新浪家居，2017 年 6 月 21 日，http：//jiaju.sina.com.cn/zixun/20170621/6283119250723111670.shtml。
② 《万安科技拟对外投资 1050 万美元布局电动车无线充电领域》，2017 年 11 月 23 日，http：//ggjd.cnstock.com/company/scp_ggjd_tjd_ggkx/201711/4155696.htm。

Investment in the United States）阻挠而取消，如美国芯片生产商莱迪思半导体收购案，中资集团出资13亿美元，最终因美国外国投资委员会以国家安全为由阻挠而取消①。

（2）对德投资受新并购法案影响减少

2017年中国对欧洲的直接投资额达800亿元②，同比增长129%，其中对德国的投资额为137亿美元，占对欧洲投资总额的17.13%，位居英国之后排第二③。德国的先进制造业是中国投资的重点，但受德国政府新法规影响，即德国政府在面对外国投资者收购"具有重要战略意义公司"申请时，有权"根据国家安全需要"要求投资者履行相关报批责任，并对交易施加更长的审核时间，2017年共有54起并购案，同比减少20.59%。其中与装备制造业相关的投资项目包括北斗星以8000万欧元增资持有汽车电子电器测试工程服务商in-tech GmbH 57.14%的股权，以布局汽车电子业务板块；乐惠国际以400万欧元收购高速和无菌包装设备制造生产企业NSM Packtec GmbH，等等。

（3）对"一带一路"沿线国家投资稳步推进

2017年，我国企业对"一带一路"沿线59个国家进行了直接投资，投资额合计143.6亿美元，占同期总额的12%，比2016年同期增加3.5个百分点。对"一带一路"沿线国家实施并购62起，投资额88亿美元，同比增长32.5%④。在对外投资整体降温的背景下，我国企业在"一带一路"沿线国家的并购依然维持在2016年水平。但是其投资仍主要集中在基础设施领域，装备制造业投资比重相对较小。投资项目与装备制造业相关的主要包括湖北天立坤鑫装备公司以1537.33万元人民币收购了越南生产特种商用

---

① 《美国又对中国芯片出手了！收购莱迪思被拒，网友：无法阻止国产化》，搜狐科技，2017年9月2日，http://www.sohu.com/a/169102022_123405。
② 《2017年中国对欧洲投资逾800亿元》，搜狐财经，2018年2月24日，http://www.sohu.com/a/223737969_554769。
③ 《中企在德国投资额2017年创新高达137亿美元》，新浪财经，2018年1月25日，http://finance.sina.com.cn/stock/usstock/c/2018-01-25/doc-ifyqwiqk7745287.shtml。
④ 《2017年我国对"一带一路"沿线国家投资合作情况》，商务部"走出去"公共服务平台，2018年1月16日，http://fec.mofcom.gov.cn/article/fwydyl/tjsj/201801/20180102699450.shtml。

车的永发汽车公司 29% 股权,飞乐音响以 160 万欧元收购泰国制造照明产品的 Havells Sylvania1 公司的 100% 股权。

(三)外资对装备制造业投资状况

1. 高技术制造业引进趋增

2017 年,吸收外资规模小幅下降,高技术制造业大幅增长。2017 年制造业实际使用外资 2259 亿元人民币(折合 334.85 亿美元[①]),同比减少 1.9%,在全国实际使用外资总金额中的比重为 25.74%。[②] 其中,高技术制造业实际使用外资 665.90 亿元人民币(折合 98.71 亿美元),同比增长 11.3%,实现持续增长,占制造业实际使用外资总额的 29.48%。

2. 国家加大制造业对外开放力度

2017 年,我国继续推进制造业对外开放,不断推动形成全面开放新格局。正如党的十九大报告中提到"中国开放的大门不会关闭,只会越开越大",放宽市场准入,为装备制造业进入我国提供法治化、国际化、便利化营商环境。制定新的《外商投资负面清单》。党的十九大报告提出"实行高水平的贸易和投资自由化便利化政策,全面实行准入国民待遇加负面清单管理制度,大幅度放宽市场准入,保护外商投资合法权益"后,习近平总书记在博鳌亚洲论坛再次提出大幅度放宽市场准入制度。随后,国家发改委会同有关部门开展具体措施落实研究工作,通过制定新的外商投资负面清单,大幅度放宽外商投资准入门槛,重点开放制造业时,如汽车行业将分类型在 5 年过渡期间,取消专用车、新能源汽车(2018)、商用车(2020)、乘用车(2022)的外资股比限制;船舶行业 2018 年将取消外资股比限制;飞机制造行业 2018 年将取消外资股比限制等[③]。

---

① 1 美元 = 6.7463 元人民币,2017 年平均汇率,http://www.pbc.gov.cn/diaochatongjisi/resource/cms/2018/01/20180115153422448 15.htm。
② 国家统计局:《2017 年国民经济和社会发展统计公报》,国家统计局网站,2018 年 2 月 28 日,http://www.stats.gov.cn/tjsj/zxfb/201802/t20180228_1585631.html。
③ 《国家发展改革委就制定新的外商投资负面清单及制造业开放问题答记者问》,国家政府网,2018 年 4 月 17 日,http://www.gov.cn/xinwen/2018-04/17/content_5283379.htm。

3. 各地加大装备制造业对外开放力度

一是广东省大力改善装备制造业企业营商环境。一方面，深入推进自贸试验区制度创新，将外商投资负面清单由122项缩减到95项，装备制造业领域重点取消轨道交通设备、汽车电子、新能源汽车电池、摩托车等外资准入限制；另一方面，加大对外开放政策力度。出台"外资十条"进一步扩大对外开放以积极利用外资，重点放开专用车、新能源汽车制造等装备制造业外资股比限制，对制造业重点项目或地区总部最高奖励1亿元[1]等，实际利用外资达1385.5亿元。同时，广东省分别在以色列、爱尔兰、英国举办经贸合作交流会，共签约168个项目，总金额达166.24亿美元。

二是重庆市加强与欧盟在装备制造业领域的合作。2017年，重庆市实际利用外资101.83亿美元，连续5年超过百亿美元。其中，制造业实际利用外资52.2亿美元，占全市比重超过50%[2]。近年来，重庆与欧洲经贸往来保持良好的发展态势，截至2017年底，累计实际使用外资27.38亿美元，而德国是最大的贸易伙伴，实际使用外资14.79亿美元，其装备制造业项目投资主要涉及铁路、船舶、航空航天和其他运输设备制造业等。同时，重庆通过政府＋平台＋创新＋服务的开放式运营模式，在重庆自贸试验区范畴内搭建设立面向欧洲及其葡语系国家的招商引资引贸引智的推介平台——中德中葡创新促进中心，引进海内外高端人才，促进重庆与欧洲及其葡语系国家在智能制造、科技创新等领域的合作交流。

三是山东省部分装备制造业外企投资大幅增加。2017年，山东省制造业实际使用外资645.84亿元，同比增加9.68%。其中通用设备制造业实际使用外资131.94亿元，同比增加52.55%，涨幅最大；专用设备制造业实际使用外资61.16亿元，同比增加27.97%[3]。

---

[1] 广东省人民政府：《广东出台"外资十条"打造营商环境新优势》，《南方日报》（网络版）2017年12月5日，http://www.gd.gov.cn/gzhd/zcjd/wjjd/201712/t20171205_262515.htm。
[2]《去年重庆新批外企238个实际利用外资突破百亿美元》，《重庆日报》2018年1月18日，http://cq.ifeng.com/a/20180118/6313356_0.shtml。
[3] 山东省外国投资管理处：《山东省分行业外商直接投资（2017-12）》，2018年1月15日，http://sdcom.gov.cn/public/html/news/408711.html。

四是天津市大力引进装备制造业企业。2017年，天津市累计实际使用外资106.1亿美元，比2016年增长5%，其中，制造业实际使用外资32.6亿美元，增速为1.5%。滨海新区龙头作用显著，实际使用外资77.17亿美元，占全市实际使用外资总量的72.8%，比2016年提高8.6个百分点[①]。同时，天津市大力推进企业招商，重点引资装备制造领域跨国公司地区总部、研发中心、世界500强和隐形冠军。具体措施包括以下三个。一是调整直接使用外资工作评价办法。天津市实行稳增长与调结构并重原则，将以往单纯考核利用外资规模，调整为考核利用外资规模与考核利用外资质量并重，加大高端项目考核比重。二是抓实一批重点项目。重点落实霍尼韦尔研发中心、GE智能制造技术中心、德国弗劳恩霍夫研究院中国实验室，日本太阳密封、昭和电器，JIMCO等隐形冠军企业拟在津投资项目。同时推动中芯国际二期增资15亿美元项目、一汽丰田新车型增资162亿元项目落地。三是组织交流会，拓展招商渠道。聘请空中客车、通用电气、西门子、大众汽车、丰田等20家知名跨国公司负责人参加交流会，加强与跨国公司500强企业的合作，扩大项目引进[②]。

4. 各行业招商引资差异明显

铁路、船舶、航空航天和其他运输设备制造业引进项目占装备制造业引进总数比重较大。2017年，装备制造业细分行业计划引资总数达212项，比2016年减少30.03%。其中，铁路、船舶、航空航天和其他运输设备制造业计划引资数目最多，为76项，占装备制造业引进项目总数的35.8%，紧随其后的是电气机械和器材制造业，为56项，占装备制造业引进项目总数的26.4%。其他行业计划引资项目数较少，专用设备制造业有47项，通用设备制造业有20项，汽车制造业有7项，仪器仪表制造业最少，只有6项。（见图16）。

---

① 《天津市利用外资继续增长》，国家商务部驻天津特派员办事处官网，2018年2月1日，http://tjtb.mofcom.gov.cn/article/y/ab/201802/20180202768320.shtml。
② 《天津找准定位优化招商结构，引资质量提升显著》，国家商务部驻天津特派员办事处官网，2017年9月8日，http://tjtb.mofcom.gov.cn/article/y/ab/201709/20170902640599.shtml。

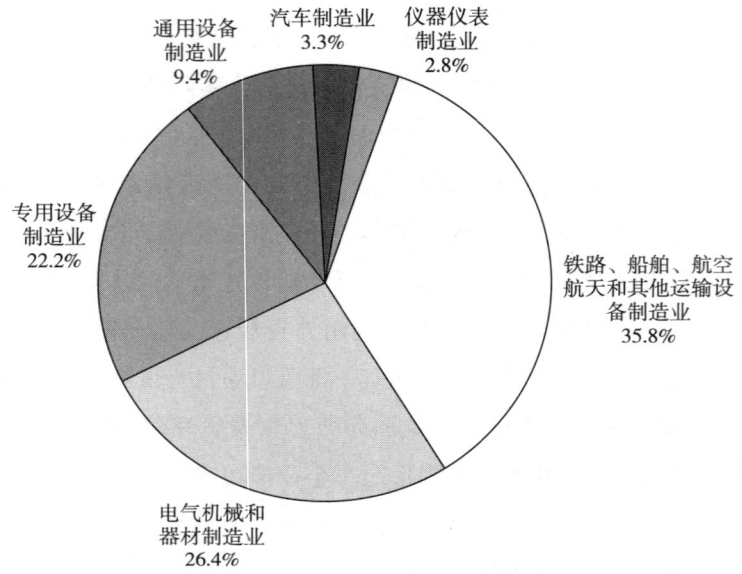

图 16　装备制造业六大行业 2017 年计划引资数比例分布

数据来源：商务部网站。

计划总引资金额增加，电气机械和器材制造业资金需求旺盛。2017年，装备制造业细分行业计划总引资金额达 540.97 亿美元，比 2016 年提高 37.31%。其中，电气机械和器材制造业计划引资金额为 189.85 亿元，占比 35.09%，为七大行业最高；专用设备制造业计划引资金额为 157.55 亿美元，紧随其后；汽车制造业计划引资金额最小，仅有 8.57 亿美元（见图 17）。

安徽、湖北、河南资金需求旺盛。从引资地区分布来看，2017 年装备制造业引资项目最多的三个地区为安徽、江西、湖北，项目数量分别为 86 项、67 项和 25 项，其他地区计划引资项目数较少。从引资规模看，引资规模最大的三个省是安徽、湖北和河南，江西、河北紧随其后（见表 7）。其中，山东省青岛市青岛莱西汽车配件产业园项目对资金的需求最高，达 70 亿美元，占装备制造业计划引资金额的 9.56%。

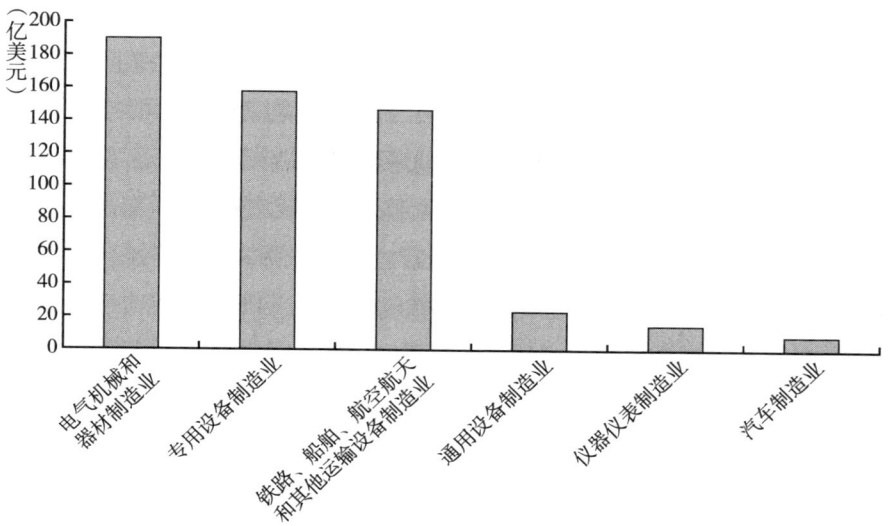

图 17 装备制造业七大行业 2017 年计划引资金额

数据来源：商务部网站。

表 7　2017 年我国装备制造业计划引资规模及项目梳理

地区	项目数量（项）	引资金额（亿美元）
安徽	86	38.94
湖北	25	34.45
河南	21	13.68
江西	67	8.58
河北	7	2.35
山西	3	1.08
山东	2	0.92

数据来源：商务部网站。

五　中国装备制造业技术创新现状

（一）自主研发亮点频现

在《中国制造 2025》战略引导下，装备制造业发展持续推进，高端设备自主研发取得突破。一是突破了一批关键技术，打破国外垄断。光电显示用高均匀超净面玻璃基板关键技术与设备达到国际先进水平；首台拥有完全自主知识产权的200mmCMP商用机填补了国产设备产线验证的空白；全面掌握了±1100kV直流纯SF6气体绝缘穿墙套管制造核心技术，实现了三个"首次"突破，解决了我国±1100kV直流工程发展中核心装备受制于人的瓶颈问题。二是研制了一批重大技术装备，成为中国制造"新名片"。我国自主研制的C919大型客机、AG600大型水陆两栖飞机实现首飞；全球最先进超深水双钻塔半潜式平台"蓝鲸1号"在南海成功试采可燃冰；"蛟龙号"最大下潜深度超过7000米，打破世界纪录；中国标准动车组"复兴号"正式上线运营，轨道交通装备系列产品成功出口土耳其、委内瑞拉、巴西等国家[1]。三是打造了一批大国重器，有力支撑了国防建设需求。自主研制的首艘航母出坞下水，填补了我国在航空母舰建造领域的空白；世界首颗量子卫星"墨子号"成功发射，为我国构建覆盖全球的量子保密通信网络奠定可靠的技术基础。

"创新驱动、创新引领"这项"双创"的公共服务平台已成为越来越多企业的选择，对创新能力建设的实际投入持续提升。新产品研发的基础试验检测平台相继建成，具备世界先进水平的试验检测平台陆续开始建设。

（二）研发投入稳步增长

1. 研发经费内部投入整体趋增

研发经费内部支出总额及各行业数额普遍增长。2016年装备制造业规模以上企业研究与开发（R&D）经费内部支出总额为4057.15亿元，同比增长8.33%。装备制造业规模以上企业的研究与开发（R&D）经费内部支出均有所提升。其中，支出最高的行业为汽车制造业，支出额达1102.38亿元；增速最快的为金属制品、机械和设备修理业，同比增长了51.84%。

---

[1] 《全球首套烧结烟气干式协同超净装备正式运行（2018年第1期）》，工信部装备工业司，2018年2月26日，http://www.miit.gov.cn/n1146285/n1146352/n3054355/n3057585/n3057597/c6068917/content.html。

日常性支出仍为主要内部经费支出。从支出方向看，R&D 经费内部支出包括日常性支出和资产性支出两部分。2016 年，我国装备制造业日常性支出为 3673.54 亿元，同比增长 8.42%，占研发经费内部支出的 90.54%；资产性支出为 383.61 亿元，同比增长 7.49%，占研发经费内部支出的 9.46%。分行业看，在支出额度方面，电气机械和器材制造业的日常性支出和资产性支出额度均为最高，分别为 999.91 亿元和 102.47 亿元；金属制品、机械和设备修理业的日常性支出和资产性支出额度均为最低，分别为 16.35 亿元和 1.49 亿元。在支出增速方面，主要行业日常性支出均有提升，而大部分行业资产性支出大幅上升，其中，金属制品、机械和设备修理制造业日常性支出和资产性支出增幅均最大，同比分别增长 55.71% 和 19.34%；仪器仪表制造业资产性支出降幅最大，同比减少 5.94%（见表 8）。

表 8 2016 年装备制造业 R&D 经费内部支出

单位：亿元，%

行业	日常性支出		资产性支出		经费内部支出	
	支出额	同比增长	支出额	同比增长	总额	同比增长
通用设备制造业	592.22	6.35	73.50	-3.00	665.73	5.23
专用设备制造业	520.63	1.24	56.50	6.87	577.13	1.76
汽车制造业	951.32	16.11	97.42	14.88	1048.74	15.99
铁路、船舶、航空航天和其他运输设备制造业	422.98	4.62	36.65	16.04	459.63	5.45
电气机械和器材制造业	999.91	8.84	102.47	8.98	1102.38	8.85
仪器仪表制造业	170.14	3.50	15.57	-5.94	185.70	2.64
金属制品、机械和设备修理制造业	16.35	55.71	1.49	19.34	17.84	51.84

资料来源：《中国科技统计年鉴 2016》，《中国科技统计年鉴 2015》。

企业内部支出研发强度略有提升。[①] 2016 年规模以上行业研发强度最大的是铁路、船舶、航空航天和其他运输设备制造业，研发强度达到 2.38；研

---

① 国家统计局：《中国科技统计年鉴 2016》，http：//www.stats.gov.cn/tjsj/ndsj/。

发强度最小的是汽车制造业，研发强度为1.29。与2015年相比，仅专用设备制造业和仪器仪表制造业同比增长为负（分别为-2.43%和-5.91%），其他五大行业研发强度较2015年均有所提升，其中金属制品、机械和设备修理业同比增长幅度最大，达到23.61%（见图18）。

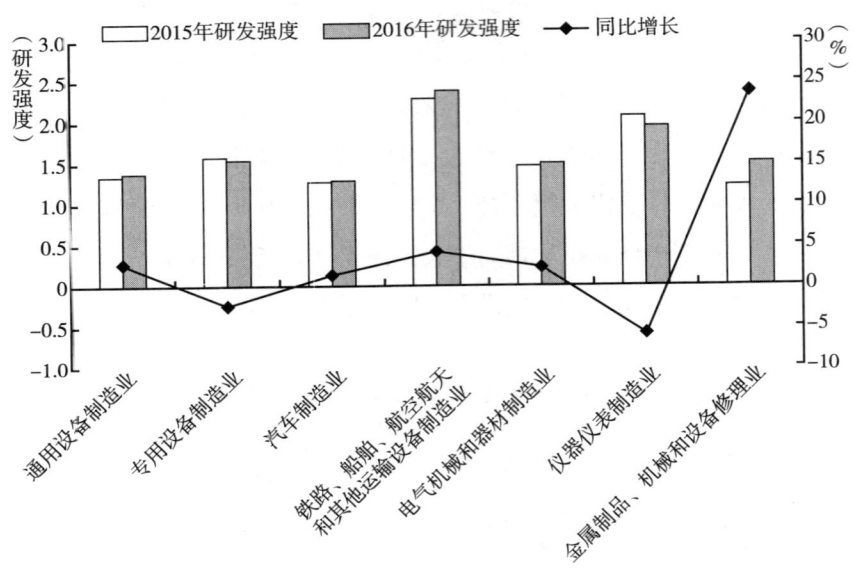

图18　2016年装备制造企业研发强度及同比增长

2. 研发经费内部资金来源以企业为主

企业资金为主要资金来源。分支出来源看，R&D经费内部支出资金来源（以下简称资金来源）包括政府资金、企业资金、国外资金和其他资金四部分。2016年，企业资金来源为3799.97亿元，同比增长9.84%，占研发经费内部支出资金来源的93.66%；政府资金来源为198.52亿元，同比减少13.08%，占研发经费内部支出资金来源的4.89%；国外资金来源为20.26亿元，同比增长1.95%，占研发经费内部支出资金来源的0.50%；其他资金来源为38.39亿元，同比增长2.66%，占研发经费内部支出资金来源的0.95%（见图19）。

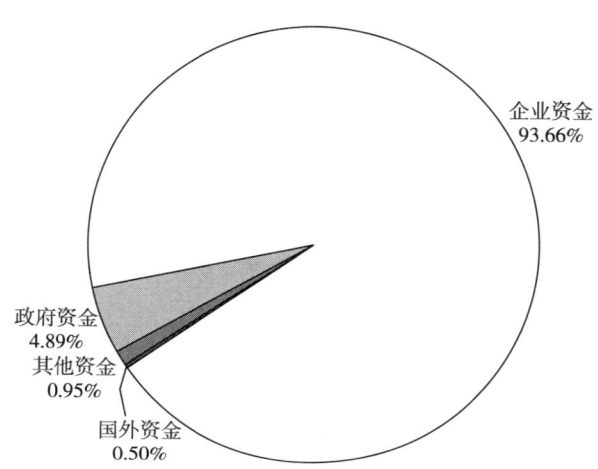

图 19　2016 年装备制造企业研发经费内部资金来源分布

企业资金来源增幅最大。2016 年,我国装备制造业 R&D 经费内部企业资金来源增幅最大,同比提高 9.84%;政府资金来源降幅最大,同比减少了 13.08 个百分点。

大部分行业企业资金来源增长趋势显著。2016 年,金属制品、机械和设备修理业企业 R&D 经费内部支出企业资金来源总额为 16.06 亿元,增幅最大,相较于 2015 年增长 48.29%;电气机械和器材制造业企业资金来源总额为 1066.69 亿元,支出金额最高,占企业资金来源总额的 28.07%。

政府资金来源受政策环境影响明显。2016 年,政府资金来源数额最高的行业为铁路、船舶、航空航天和其他运输设备制造业,金额达到 92.35 亿元,占政府资金来源总额的 46.52%;除金属制品、机械和设备修理业同比增长为正(69.72%),其他六大行业政府资金来源增速较 2015 年均有所下降,其中铁路、船舶、航空航天和其他运输设备制造业同比下降幅度最大,达到 18.14%。

国外资金来源增幅较小。2016 年,国外资金来源最高的是汽车制造业,金额达到 8.25 亿元,占国外资金总额的 40.72%;增幅最大的行业是通用设备制造业,同比增长 77.09%;降幅最大的行业是仪器仪表制造业，达31.91%。

其他资金来源增幅较小。2016年，金属制品、机械和设备修理业获得其他资金最少，为0.23亿元，但其增幅最大，比2015年增长30.74倍（见表9）。

表9 2016年装备制造业R&D经费内部支出资金来源

单位：亿元，%

行业	企业资金		政府资金		国外资金		其他资金	
	支出额	同比	支出额	同比	总额	同比	支出额	同比
通用设备制造业	627.34	5.79	27.75	-4.93	3.20	77.09	7.44	-14.03
专用设备制造业	547.75	2.74	23.26	-9.93	1.68	-19.94	4.43	-26.76
汽车制造业	1014.54	16.87	19.04	-16.98	8.25	-6.46	6.91	58.94
铁路、船舶、航空航天和其他运输设备制造业	355.50	13.88	92.35	-18.14	2.05	-20.88	9.73	16.94
电气机械和器材制造业	1066.69	9.25	23.94	-2.81	4.41	23.45	7.35	-9.75
仪器仪表制造业	172.08	3.69	10.64	-12.09	0.67	-31.91	2.31	22.41
金属制品、机械和设备修理制造业	16.06	48.29	1.55	69.72			0.23	3173.66

资料来源：《中国科技统计年鉴2016》，《中国科技统计年鉴2015》。

3. 研发经费外部支出波动趋增

大部分行业研发经费外部支出总额稳定增长。2016年装备制造业规模以上企业R&D经费外部支出总额为258.96亿元，同比增长12.53%。其中，经费外部支出总额最高的行业为汽车制造业，支出额为101.28亿元，增速最快的为金属制品、机械和设备修理制造业，较2015年增长90.08%，而仪器仪表制造业，铁路、船舶、航空航天和其他运输设备制造业与专用设备制造业增速均有所下降，比2015年分别减少11.85%、6.62%和0.83%。

对国内研究机构和高校的支出仍为最主要的外部支出。从支出方向来看，R&D经费外部支出包括对国内研究机构和高校的支出、对境外的支出和其他支出三个部分。2016年，对国内研究机构和高校的支出为108.73亿元，同比增长6.98%，占研发经费外部支出的41.99%，比2015年减少

2.18个百分点。

不同行业对国内研究机构和高校支出根据自身产品开发需求有所不同。从主要支出方向看，2016年装备制造业规模以上企业对国内研究机构和高校支出占比与2015年相比，呈现增减不一的情况。其中，汽车制造业在2016年对国内研究机构和高校支出占比最高，达到33.91%，但同比增长最快的为通用设备制造业，达到35.17%，而同比下降最快的为仪器仪表制造业，较2015年下降53.15%（见表10）。

表10 2016年装备制造业R&D经费外部支出

单位：亿元，%

行业	总额	同比增长	对国内研究机构和高校支出	同比增长
通用设备制造业	30.56	20.31	13.25	35.17
专用设备制造业	10.73	-0.83	6.15	-6.28
汽车制造业	101.28	33.92	33.91	29.41
铁路、船舶、航空航天和其他运输设备制造业	69.66	-6.62	32.30	-4.23
电气机械和器材制造业	37.08	11.05	17.10	2.08
仪器仪表制造业	8.55	-11.85	2.69	-53.15
金属制品、机械和设备修理制造业	1.09	90.08	0.36	-34.72

资料来源：《中国科技统计年鉴2016》。

4. 项目经费支出增加

2016年，装备制造业规模以上企业项目总数为15.04万项，同比增加15.93%；项目人员折合全时当量为97.09万人，同比增加2.58%；项目经费支出3716.88亿元，同比增长8.46%。

项目投入规模与行业规模紧密相关。从数额来看，2016年电气机械和器材制造业项目数量最多，为4.19万项；大部分行业R&D项目人员折合全时当量呈现上升趋势，其中电气机械和器材制造业R&D项目人员折合全时当量人数最多，为25.51万人；R&D项目经费支出最高的三个行业为电气机械和器材制造业、汽车制造业和通用设备制造业，分别为1013.97亿元、

970.58亿元和622.79亿元。从增速来看，金属制品、机械和设备修理制造业在项目经费支出上同比增长较快，为41.57%；铁路、船舶、航空航天和其他运输设备制造业项目人员折合全时当量增速为七大行业最低，同比下降9.08%。（见表11）。

表11 2016年装备制造业R&D项目情况

行业	项目 数量（万项）	项目 同比（%）	项目人员折合全时当量 数量（万人）	项目人员折合全时当量 同比（%）	项目经费支出 数额（亿元）	项目经费支出 同比（%）
通用设备制造业	3.35	13.48	19.20	3.38	622.79	7.19
专用设备制造业	2.86	18.15	16.02	3.84	537.03	3.94
汽车制造业	2.54	19.42	20.39	3.92	970.58	14.17
铁路、船舶、航空航天和其他运输设备制造业	0.97	9.78	9.07	-9.08	384.38	7.27
电气机械和器材制造业	4.19	17.34	25.51	4.58	1013.97	7.68
仪器仪表制造业	1.08	10.56	6.36	3.97	172.86	2.78
金属制品、机械和设备修理制造业	0.05	18.78	0.54	-1.12	15.27	41.57

资料来源：《中国科技统计年鉴2016》《中国科技统计年鉴2015》。

项目人均经费支出多数行业增幅较小。从项目效率的角度分析，2016年规模以上装备制造业行业R&D项目平均每个项目每人经费支出最高和最低的行业分别为汽车制造业与仪器仪表制造业，分别为47.59万元和27.19万元。增速大部分行业为正值，增长最快的为金属制品、机械和设备修理制造业，增速达到43.18%；呈现负增长的为仪器仪表制造业，增速为-1.14%（见图20）。

5. 新产品开发数量大幅增加

2016年装备制造业规模以上企业新产品开发项目总数达17.06万项，同比增加17.70%；新产品开发经费总支出为4648.04亿元，同比增长12.15%；新产品销售总收入为69119.76亿元，同比增长18.86%；出口总额达8355.52亿元，同比增长16.67%。

新产品开发和生产与行业基础规模以及产品需求关联度大。其中，电气

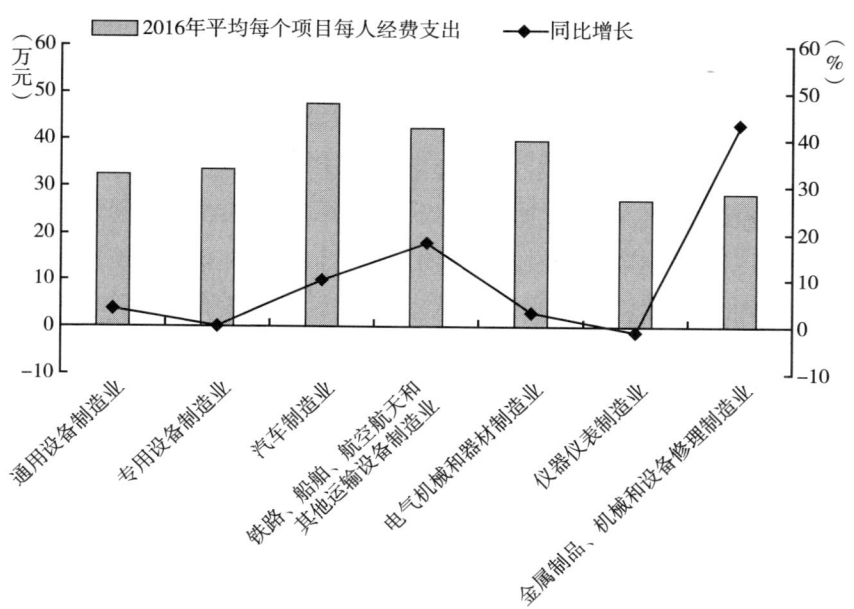

图 20　2016 年装备制造企业 R&D 项目人均经费支出及同比增长

机械和器材制造业在新产品开发项目、新产品开发经费和新产品出口收入方面均为最多，分别为 4.80 万项、1300.05 亿元和 3503.69 亿元；汽车制造业的新产品销售收入最高，为 25477.55 亿元。从增速看，各分行业新产品开发项目同比均呈现上升趋势，且增幅均为两位数，增幅最大的是金属制品、机械和设备修理业，同比增加 32.55%；同时，金属制品、机械和设备修理业在新产品开发经费、新产品销售收入和新产品出口收入方面的增速均最高，分别为 78.40%、85.63% 和 282.00%（见表12）。

表 12　2016 年装备制造企业新产品开发与生产情况

行业	新产品开发项目		新产品开发经费		新产品销售		出口	
	数量（万项）	同比（%）	支出（亿元）	同比（%）	收入（亿元）	同比（%）	收入（亿元）	同比（%）
通用设备制造业	3.73	15.47	728.71	8.92	8948.55	11.25	1221.23	21.42
专用设备制造业	3.18	19.28	626.26	2.52	6430.05	6.68	829.04	-3.04

续表

行业	新产品开发项目		新产品开发经费		新产品销售		出口	
	数量（万项）	同比（%）	支出（亿元）	同比（%）	收入（亿元）	同比（%）	收入（亿元）	同比（%）
汽车制造业	2.94	18.30	1266.21	20.73	25477.55	33.51	896.09	18.66
铁路、船舶、航空航天和其他运输设备制造业	1.06	10.41	487.45	3.24	6444.34	-0.53	1499.42	10.91
电气机械和器材制造业	4.80	21.13	1300.05	15.15	19409.08	17.61	3503.69	19.14
仪器仪表制造业	1.30	12.67	220.93	8.17	2142.61	14.37	267.00	23.36
金属制品、机械和设备修理制造业	0.06	32.55	18.42	78.40	267.57	85.63	139.05	282.00

资料来源：《中国科技统计年鉴2016》，《中国科技统计年鉴2015》。

（三）组织化程度提升

1. 研发机构建设进程加快

2016年，我国装备制造业企业办研发机构总数为27034个，同比增长13.09%；机构经费总支出为2854.36亿元，同比增长14.04%；仪器和设备原价总额为3158.65亿元，同比增长38.43%。2016年装备制造业企业办研发机构人员为116.33万人，同比增长7.87%；其中博士和硕士为14.12万人，同比增长16.67%，占研发机构总人数的12.13%。

研发机构建设与行业性质以及行业规模联系紧密。从2016年装备制造业规模以上企业的研发机构建设情况看，电气机械和器材制造业研究机构数量最多、研究机构经费支出最高、仪器和设备原价最高，分别为8238个、854.59亿元和1126.88亿元。从增速来看，电气机械和器材制造业在研究机构数量与仪器和设备原价上增长最快，分别为18.58%和63.67%；金属制品、机械和设备修理制造业的机构经费支出同比增幅最大，为67.15%（见表13）。

表13 2016年装备制造企业办研发机构情况

行业	机构数量（个）	同比（%）	机构经费支出数额（亿元）	同比（%）	仪器和设备原价数额（亿元）	同比（%）
通用设备制造业	6557	9.92	427.19	0.88	470.43	5.39
专用设备制造业	5526	14.98	347.84	3.26	359.54	19.70
汽车制造业	3381	8.82	827.08	20.00	813.61	61.36
铁路、船舶、航空航天和其他运输设备制造业	1339	4.86	237.48	6.06	252.28	4.92
电气机械和器材制造业	8238	18.58	854.59	24.95	1126.88	63.67
仪器仪表制造业	1928	10.49	151.13	7.88	129.36	34.69
金属制品、机械和设备修理制造业	65	12.07	9.05	67.15	6.55	13.80

资料来源：《中国科技统计年鉴2016》，《中国科技统计年鉴2015》。

研发机构人员与行业技术需求程度关联明显。从2016年装备制造业规模以上企业的研发机构人员情况来看，博士和硕士占研发机构人员比重最高的行业是铁路、船舶、航空航天和其他运输设备制造业，达到15.89%，占比最低的行业为金属制品、机械和设备修理业，比重为7.95%。从增速来看，仅有专用设备制造业同比增速小于10%（4.84%），其他行业均以两位数增速增加，金属制品、机械和设备修理业与汽车制造业位列前两位，增速分别为28.97%和25.88%（见图21）。

2. 人员部署渐趋合理

2016年装备制造业规模以上企业R&D人员总数为150.65万人，同比增加4.55%；R&D人员全时当量总额为106.97万人，同比增长2.08%；研究人员总数为36.86万人，同比增长4.94%。

R&D人员数量小幅下降，研究人员占比大幅上升。2016年，除铁路、船舶、航空航天和其他运输设备制造业R&D人员数量有所下降（-0.23%），其他六大行业均呈上升趋势；金属制品、机械和设备修理制造业R&D人员数量最少，为8366人，但同比人数增幅最大，为10.01%。从R&D人员全时当量来看，人员数量最多的行业为电气机械和器材制造业，达到27.94万人；

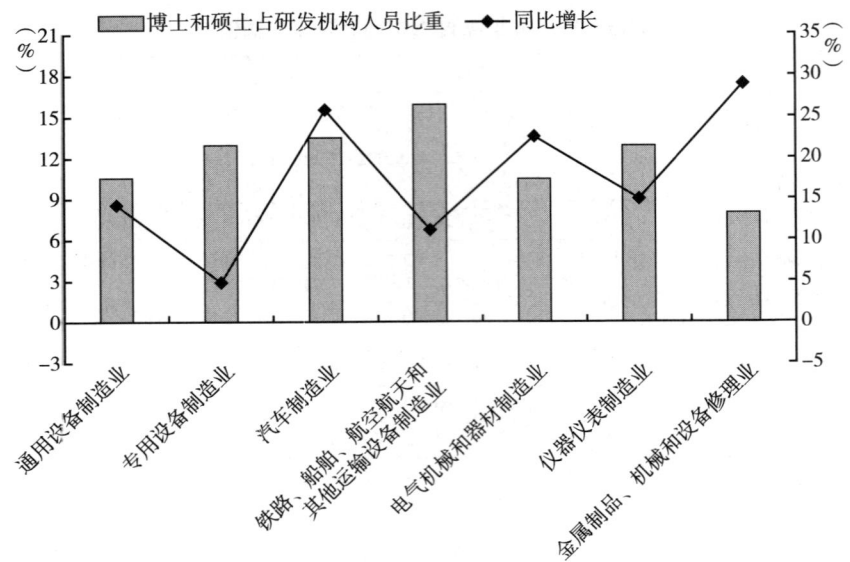

图 21　2016 年装备制造企业研究生占研发机构人员比重及同比增长

增速最快的行业为金属制品、机械和设备修理业，为 8.82%。

从研究人员数量来看，人员最多的行业为电气机械和器材制造业，达到 8.75 万人；研究人员增速最快的为金属制品、机械和设备修理制造业，为 21.68%，仅铁路、船舶、航空航天和其他运输设备制造业研究人员数量呈下降趋势，同比减少 3.39%（见表 14）。

表 14　2016 年装备制造业 R&D 人员情况

单位：万人，%

行业	R&D 人员		R&D 人员全时当量		研究人员	
	人数	同比增长	人数	同比增长	人数	同比增长
通用设备制造业	29.45	3.52	20.86	1.44	6.80	2.61
专用设备制造业	25.11	3.51	17.43	2.47	6.02	2.71
汽车制造业	31.40	8.19	22.94	5.37	8.48	14.78
铁路、船舶、航空航天和其他运输设备制造业	14.38	-0.23	10.21	-7.56	3.95	-3.39
电气机械和器材制造业	40.08	5.20	27.94	3.33	8.75	3.37

续表

行业	R&D 人员		R&D 人员全时当量		研究人员	
	人数	同比增长	人数	同比增长	人数	同比增长
仪器仪表制造业	9.40	3.26	6.95	2.68	2.62	4.86
金属制品、机械和设备修理制造业	0.84	10.01	0.64	8.82	0.24	21.68

资料来源：《中国科技统计年鉴2016》，《中国科技统计年鉴2015》。

2016年，装备制造业行业研究人员数量占R&D人员比重呈现不同趋势，其中，占比最高为金属制品、机械和设备修理业（29.12%），而占比上升幅度最大，达14.78%，铁路、船舶、航空航天和其他运输设备制造业占比下降幅度最大，为3.39%（见图22）。

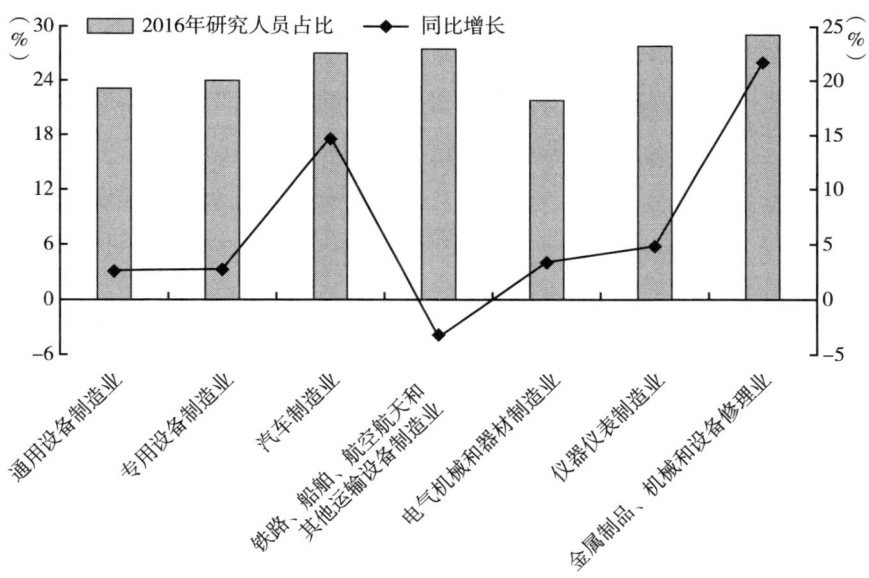

图22 2016年装备制造业研究人员占比及同比增长

（四）国内技术逐步成为重要来源

1. 企业专利质量进一步提升

2016年装备制造业专利申请总数达32.99万件，较2015年增长

15.48%；发明专利数量为11.53万件，较2015年增长21.99%；有效发明专利数为28.52万件，较2015年增长34.20%，增幅明显。

企业有效专利大幅增加，专利质量进一步提升。专利研发主要通过专利申请、发明专利和有效发明专利三个尺度衡量。电气机械和器材制造业在专利申请、发明专利和有效发明专利数量三方面的数量均为最高，分别为11.31万件、4.14万件和8.50万件。与2015年相比，七大主要行业在专利申请和发明专利数量方面上均呈现两位数以上的增长，金属制品、机械和设备修理制造业在这两方面的涨幅均最大，同比增长率分别为36.84%和65.02%。在有效发明专利数量方面，装备制造业各行业增速均大于20%，增长幅度最大的是汽车制造业，同比增长了48.66%（见表15）。

表15 2016年装备制造企业专利情况

单位：万件，%

行业	专利申请		发明专利		有效发明专利	
	数量	同比增长	数量	同比增长	数量	同比增长
通用设备制造业	6.02	13.80	1.98	18.53	5.55	37.35
专用设备制造业	5.79	10.74	2.10	15.27	6.72	35.05
汽车制造业	5.31	13.48	1.54	19.68	3.45	48.66
铁路、船舶、航空航天和其他运输设备制造业	2.44	10.24	1.00	11.63	2.20	22.43
电气机械和器材制造业	11.31	21.83	4.14	33.86	8.50	33.20
仪器仪表制造业	2.02	12.35	0.73	10.62	2.01	20.41
金属制品、机械和设备修理制造业	0.09	36.84	0.04	65.02	0.09	35.22

资料来源：《中国科技统计年鉴2016》《中国科技统计年鉴2015》。

2. 企业技术获取和技术改造势头增强

2016年，我国装备制造业技术获取和技术改造的总支出为1320.52亿元，同比增加13.01%，表明企业技术获取和技术改造势头进一步增强。

企业技术获取和技术改造"重引进，轻消化"。从来源看，技术获取和技术改造支出具体可分为引进技术经费支出、消化吸收经费支出、购买国内技术经费支出和技术改造经费支出。2016年，技术改造经费支出为896.04亿元，同比增加 7.44%，占技术获取和技术改造支出的 67.85%；引进技术经费支出为 315.61 亿元，同比增长 33.71%，占技术获取和技术改造支出的 23.90%；购买国内技术经费支出为 40.79 亿元，同比减少 24.79%，占技术获取和技术改造支出的 3.09%；消化吸收经费支出为 68.08 亿元，同比增加 53.97%，增幅最大，占技术获取和技术改造支出的 5.16%（见图 23）。

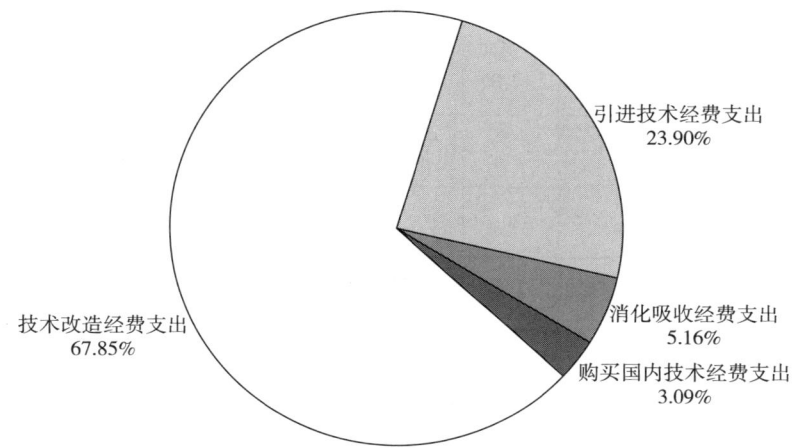

图 23　2016 年装备制造企业技术获取和技术改造资金分配

分行业看，汽车制造业在引进技术经费支出、消化吸收经费支出、购买国内技术经费支出和技术改造经费支出额均为最高，分别为 241.71 亿元、51.93 亿元、18.38 亿元和 367.43 亿元。从增速来看，仅金属制品、机械和设备修理制造业、汽车制造业与电气机械和器材制造业技术改造经费支出呈增加趋势，分别增长 406.01%、29.50% 和 14.66%，其余行业均呈下降态势，降幅最大的是专用设备制造业，为 34.53%；除仪器仪表制造业购买国内技术经费支出有所上升（11.62%），其他行业均呈下降趋势；消化吸收经费支出汽车制造业增长幅度最高，达到 99.81%，而专用设备制造业下降幅度最大，为 62.92%；金属制品、机械和设备修理制造业在引进技术经费支出中涨幅最大，同比增长 200 倍，而专用设备制造业跌幅最大，为 16.22%（见表 16）。

表16 2016年装备制造企业技术获取和技术改造情况

单位：亿元，%

行业	引进技术经费支出		消化吸收经费支出		购买国内技术经费支出		技术改造经费支出	
	数额	同比	数额	同比	数额	同比	数额	同比
通用设备制造业	34.41	51.00	5.39	9.74	5.01	-0.04	108.12	-0.71
专用设备制造业	6.72	-16.22	1.00	-62.92	2.25	-26.00	66.41	-34.53
汽车制造业	241.71	38.46	51.93	99.81	18.38	-31.26	367.43	29.50
铁路、船舶、航空航天和其他运输设备制造业	9.38	-9.85	2.10	-14.21	6.18	-32.39	109.08	-12.99
电气机械和器材制造业	19.77	11.63	6.85	-11.16	7.12	-16.43	219.71	14.66
仪器仪表制造业	2.99	17.03	0.52	16.79	1.64	11.62	21.03	-4.82
金属制品、机械和设备修理制造业	0.64	20030.91	0	0	0.21	-34.52	4.25	406.01

资料来源：《中国科技统计年鉴2016》《中国科技统计年鉴2015》。

3. 企业开发课题数量显著减少

2016年我国规模以上装备制造业企业课题开发状况总体趋好，R&D课题数总数4574项，同比减少26.43%；投入人员总计70135人/年，同比减少37.33%；投入经费总计447.82亿元，同比减少38.28%。

分行业看，铁路、船舶、航空航天和其他运输设备制造业在R&D课题数、投入人员和投入经费方面数量均最高，分别为1883项、54941人/年和391.57亿元，而且与2015年相比呈现较大降幅，分别为53.79%、48.11%和44.53%。但是其他近半数行业在R&D课题数、投入人员和投入经费方面呈不同程度增加趋势（见表17）。

表17 2016年装备制造企业开发课题情况

行业	R&D课题		投入人员		投入经费	
	数目(项)	同比增长(%)	数目(人/年)	同比增长(%)	数额(亿元)	同比增长(%)
通用设备制造业	426	28.70	1231	-4.23	3.84	2.57
专用设备制造业	799	-3.27	3307	59.00	9.59	88.86

续表

行业	R&D课题		投入人员		投入经费	
	数目(项)	同比增长(%)	数目(人/年)	同比增长(%)	数额(亿元)	同比增长(%)
汽车制造业	83	107.50	502	149.70	1.43	730.29
铁路、船舶、航空航天和其他运输设备制造业	1883	-53.79	54941	-48.11	391.57	-44.53
电气机械和器材制造业	609	244.07	2483	532.10	8.54	825.71
仪器仪表制造业	771	0.92	7668	270.90	32.84	238.59
金属制品、机械和设备修理制造业	3	-25.00	2	-16.67	0.0025	-85.76

资料来源：《中国科技统计年鉴2016》《中国科技统计年鉴2015》。

六 中国装备制造业存在问题

（一）中国装备制造业经济运行中存在的问题

1. 经济运行仍有下行压力

（1）仍有部分企业经营困难

2017年装备制造业企业亏损面为11.61%，同比下降0.38个百分点，与制造业企业亏损面（11.31%）相比，亏损面差距缩小。2017年装备制造业亏损额为1350.01亿元，同比下降8.19%，增速同比下降9.58个百分点，与制造业亏损额增速大幅下降（-17.94%）相比，装备制造业亏损企业亏损额仍在上升，这表明装备制造业企业整体经营情况有所改善，但仍不容乐观。

（2）资产利润效率依然较低

2017年我国装备制造业总资产利润率为0.71%，同比下降0.09个百分点，与制造业总资产利润率（7.7%）相比，装备制造业资产利润率较低，资产的利用效率仍然有待提高，说明装备制造行业产能过剩问题依然严峻。

同时，在高库存情况下企业仍要把产品不断推向市场，导致应收账款增加，反过来又影响企业资金流及利润，带来下行压力。

（3）产成品存货持续增加

装备制造业企业库存持续增加。2017年，我国装备制造业产成品存货为11181.78亿元，同比增长6.37%①，增速上升0.09个百分点，占全国制造业产成品的27.71%。与制造业产成品存货（5.90%）相比，装备制造业产成品存货增速较快，占比较大，这说明装备制造业产能过剩形势依然严峻。

（4）运营风险较高

2017年，装备制造业应收账款为46689.37亿元，同比增长7.45%，增速同比下降2.58个百分点，占制造业应收账款的37.20%，且应收账款增速高于同期装备制造业主营业务收入及利润增速8.20个、6.75个百分点，说明应收账款仍在高位，企业获得的稳定持续现金流较少，面临较大的经营风险，而销售业务相对低迷也会在短期内加重企业的资金负担。

（5）固定资产投资趋缓

装备制造业固定资产投资增速低于全社会及制造业。2017年，累计完成固定资产投资54403.04亿元，同比增加2.53%，增速继续低于全国固定资产投资增速（7.20%）和制造业（3.08%），企业固定资产投资意愿较低。总体看，装备制造企业投资趋于理性，没有盲目扩张，投资多以技术改造为主，主要对工艺技术改造、对生产流水线改造和优化及开展新产品开发（见图24）。但是，装备制造企业在面临融资难、高端技术和管理人才缺乏、长效技术未建立的困难下，技术改造工作有待改善。

（6）市场需求依然低迷

2017年，中国采购经理人指数中的新订单指数基本为53%上下，略高于临界点之上，表明制造业市场需求扩张步伐较缓慢（见图25）。这主要是由钢铁、电力、煤炭、化工、石油等领域仍处于产能调整阶段引起的，装备制造业受这些传统用户影响，市场需求低迷的境况没有改变。影响较大的如

---

① 国家统计局网站，http://data.stats.gov.cn/index.htm。

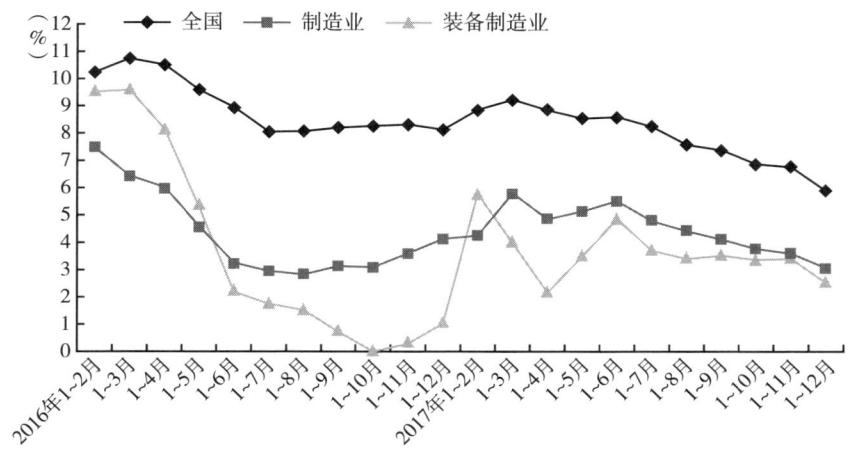

图24　全国、制造业及装备制造业固定资产投资增速比较

海工装备市场，随着国际油价"断崖式"下跌，全球海工装备市场需求骤降，船东接船意愿和能力不足，我国海工企业面临严峻的生存挑战。

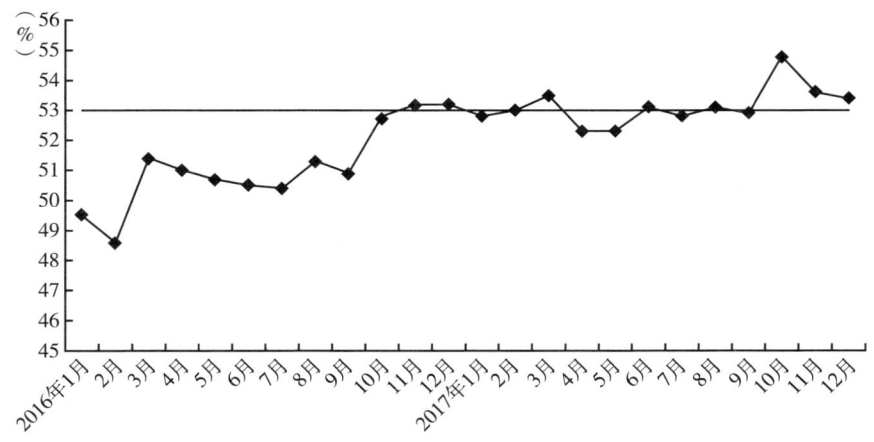

图25　2017年中国制造业采购经理指数和制造业新订单指数比较

2. 经营成本对企业发展制约性有所增加

2017年，由于原材料价格攀升、用工成本上涨、物流成本和融资成本增长等因素影响，经营成本对企业发展的掣肘作用仍明显。

（1）原材料价格攀升

2017年以来以钢铁为代表的原材料价格呈大幅上涨趋势，平均增速11.6%，涨幅明显高于工业生产资料出厂价格（平均增速8.4%），为控制产品成本，原材料库存被大量消耗，因此企业原材料补库需求明显（见图26）。而成本价格传导明显乏力，装备制造业企业运营成本继续承压。分行业市场需求预期不同又导致各行业原材料库存差异明显。其中，工程机械、机械基础件、汽车等行业市场需求预期向好，原材料补库明显；而重型矿山机械、食品包装机械等行业市场预期较差，原材料库存增长不明显。

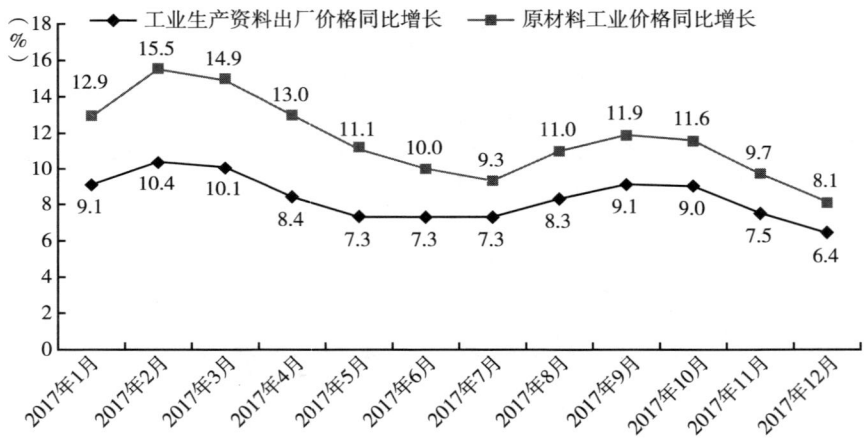

图26　2017年工业生产资料出厂价格和原材料工业价格同比增速

数据来源：国家统计局。

（2）用工成本持续上升

近年来，我国最低工资标准不断上升，工资成本刚性上升，2017年以来，上海、深圳、北京等21个省份和城市宣布已调整或将上调最低工资标准，较2016年（9个）大幅增加。同时，与工资挂钩的各类社会保障待遇标准也随之上调，六险两金等相关费用再次上升，致使人工成本增高，给企业带来较大压力。此外，受用工结构调整升级的影响，企业大幅提高研发人员在总人数中的比例，而研发人员的薪酬约是普通员工薪酬的1.5~3倍，推动企业用工成本持续不断上升。这些都削弱了中国装备制造业的竞争力。

（3）物流成本下降空间大

近年来，我国物流成本水平总体呈下降趋势，2017年，社会物流总费用与GDP的比例为14.6%，比2016年下降0.3个百分点，年均降速3.02%（见图27）。然而我国的社会物流总费用占GDP比例仍比美国（8%）、日本（11%）等发达国家高，还高于印度（13%）、巴西（12%）等其他金砖国家，高出全球平均水平3.6个百分点[①]。目前，我国制造业生产成本中仍有三成左右被物流占去，远高于发达国家的10%~15%，因此我国装备制造业物流成本仍有较大的下降空间。

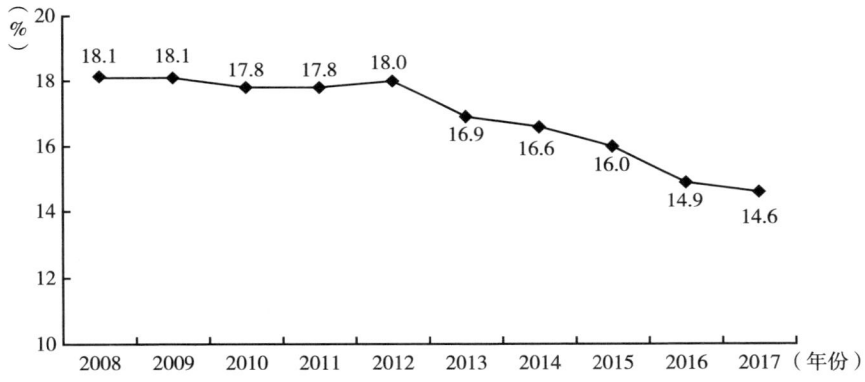

图27　2008~2017年社会物流总费用占GDP的比率

数据来源：中国物流与采购联合会。

（4）企业融资难问题仍严重

截止到2017年，中国短期贷款实际利率（4.35%）[②]高于美国（3.25%）和日本（1.22%）等发达国家。如果加入工业生产者出厂价格（PPI）上升

---

① 《王继祥：中国物流成本占GDP的最佳比例是多少？》，搜狐社会，2018年6月12日，http：//www.sohu.com/a/235432268_649545。

② 《各银行贷款利率查询2018最新各银行贷款利率对比一览》，南方财富网，2018年1月4日，http：//www.southmoney.com/yinhang/boc/201801/1894156.html。

影响，那么中国的贷款实际利率①更高。而且自 2017 年以来，受央行实施宏观审慎评估体系考核、"一行两会"强调金融强监管等影响，货币市场利率和风险溢价逐步上升，推动银行贷款利率上升，企业融资难问题更突出。装备制造业民营企业特别是小微企业融资成本高、借贷时间短、渠道单一，银行惜贷、压贷、抽贷和断贷的情况时有发生。在融资成本方面，民营企业实际融资成本仍过高，贷款利率一般会在基准利率基础上上浮 20% 以上②，从小额贷款公司融资的成本亦高达 20%。在融资渠道方面，面向民营企业的贷款渠道较为单一，金融机构放贷积极性不高，且放贷条件严格，如贷款程序复杂、资产质押比例大、抵押物折扣率高、评估登记收费高。而政府设立的产业投资基金，由于运作能力有限，建立后并未发挥实际效果。在借贷时间方面，企业贷款期限较短，申请到的多为流动资金贷款，期限多为半年期和一年期，企业不得不通过拆借高利贷或过桥贷维持运营，压力巨大。

3. 优质不能优价

（1）产品出厂价格涨幅较小

2017 年，我国装备制造业分行业工业生产者出厂价格增幅较小，其中，仅专用设备行业（1.81%）工业生产者出厂价格涨幅高于 1%，而仪器仪表行业（-0.90%）以及金属制品、机械和设备修理业工业生产者出厂价格呈负增长（-3.37%）（见图 28），这说明我国装备制造业供需不平衡的问题仍存在，一些质优产品不能优价售出。

（2）低价中标制度阻碍质量提升

产品是装备制造业企业的立身之本，只有产品有质量、企业以质量为目标，整个市场才能形成良性发展。但是，一些地方在招投标中存在的"低价中标"现象，已成为企业提升产品质量的突出障碍。这些以低于成本价中标的企业，为获取利润，在原材料采购、生产制造等方面压缩成本，以牺牲产品质量来弥补亏损，从而出现"劣币驱逐良币"现象。如在工程机械

---

① 中国贷款实际利率 = 贷款基准利率 + 工业生产者出厂价格指数。
② 《银行贷款利率调查：已敢向客户要价有的上浮 3 成》，新浪财经，2017 年 5 月 27 日，http://finance.sina.com.cn/china/gncj/2017-05-27/doc-ifyfqvmh9184971.shtml。

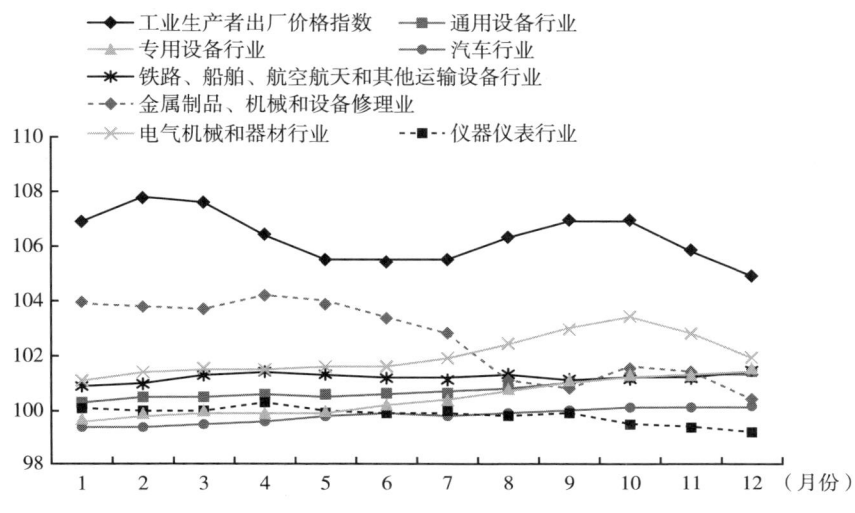

图28　2017年装备制造业分行业工业生产者出厂价格指数

资料来源：国家统计局。

行业，部分企业为获取价格竞争优势，以次充好，偷工减料，埋下安全隐患，影响企业创新的积极性；再如2017年3月发生的西安地铁"电缆门"事件，劣质电缆在多地地铁投标中畅通无阻，导致工程建设质量下降。政府采购采取最低价中标的情况，既助长了行业间的恶性竞争，又恶化了企业科技创新和可持续发展的环境。

为解决该问题，政府采购制度改革围绕结果导向思路不断向纵深推进。2017年7月，财政部发布修订后的《政府采购货物和服务招标投标管理办法》[1]，取消最低价中标规定，要求投标人就有可能影响产品质量或者不能诚信履约的报价提供说明或证明其合理性[2]。这一举措对解决低价中标引发

---

[1] 《政府采购货物和服务招标投标管理办法》（财政部令第87号），中国政府采购网，2017年7月18日，http://www.ccgp.gov.cn/news/201707/t20170718_8540959.htm。

[2] 《政府采购货物和服务招标投标管理办法》第六十条："评标委员会认为投标人的报价明显低于其他通过符合性审查投标人的报价，有可能影响产品质量或者不能诚信履约的，应当要求其在评标现场合理的时间内提供书面说明，必要时提交相关证明材料；投标人不能证明其报价合理性的，评标委员会应当将其作为无效投标处理。"

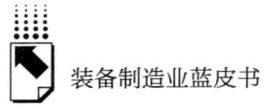

的问题具有重要意义,但是低价竞争对质优企业的影响短时间内还无法解决。

4. 国际产能合作阻碍多

(1) 出口结构不合理

加入世界贸易组织以来,我国外贸规模迅速增长,但是我国装备制造业出口结构不合理,出口的产品在产业结构和生产技术方面与发达国家还有很大差距,尽管部分高附加值装备制造业产品保持良好增势,如出口汽车增长27.2%,医疗仪器及器械增长10.3%,但是出口仍以传统劳动密集型产品为主。而我国装备制造业很多技术密集型和资本密集型的高端产品依赖于进口,如2017年中高端工业品如集成电路、液晶显示板以及汽车、汽车底盘、汽车零配件等高端产品进口超过2000亿元人民币,部分重要设备和关键零配件进口增长加快,尽管这些领域有国家战略支持,但依赖进口的现状短时间内仍难改变①。

(2) 技术性贸易壁垒较多

2017年,共有82个WTO成员提交了召回通报2587次②,欧盟、美国和加拿大扣留(召回)的中国产品分别为1083次、153次和127次,占总批次的59.22%。其中,出口装备制造业的产品因技术性壁垒被召回294次。中国装备制造业产品依然面临很多欧美发达国家的技术性贸易壁垒,发达国家对中国产品设定较高的技术和环保指标,凭借其自身的技术优势来保护本国的装备制造类产品,例如,欧盟针对消费品发布的《化学品的注册、评估、授权和限制》(REACH)③一直在不断更新和提高商品的化学含量标准,2017年欧盟发布的中国制造不符合REACH产品的次数有264项。

(3) 国际化水平低

我国装备制造业企业应对跨国产能合作涉及的各国法律、汇率、财会制

---

① 《从2017年进口数据看中国的软肋》,搜狐财经,2018年6月3日,http://www.sohu.com/a/233920051_481733。
② 广东省WTO/TBT通报咨询研究中心:《2017年TBT通报和欧美召回情况》,2018年3月9日,http://www.gdtbt.gov.cn/noteshow.aspx?noteid=178417。
③ 转引自TBT研究中心《海外法规密集更新,出口产业需密集关注》,新华网,2017年3月21日,http://tbt.testrust.com/react/detail/18420.html。

度等复杂因素的能力不足,导致企业无法在错综复杂的国际市场中做出正确的投资决策。例如,我国汽车企业对各国市场的特征和规则尚待深入了解,在品牌形象维护、知识产权保护、外方违约责任追究、反倾销诉讼等方面自我保护能力不足,"走出去"举步维艰。我国工程机械在海外市场竞争,不但关键技术和关键部件依赖发达国家企业,售后服务亦成为明显的制约因素。

(二)中国装备制造业技术创新方面存在的问题

1. 科技投入与开发力度不足

(1) 发明专利资金投入较少

装备制造业研发投入强度仍待提高。2016年我国规模以上装备制造业研发经费占主营业务收入的比重为1.5%,低于全行业研发经费投入强度(2.11),与OECD国家的平均水平还有距离。而且我国装备制造业创新的层次比较低,专利主要集中在实用型和外观设计方面,发明专利相对较少,2016年授权各类专利申请71.54万件,其中装备制造业发明专利仅11.53万件,占比仅为16.11%。在飞机发动机、燃气轮机、高端泵阀以及集成电路、新型显示等生产线装备方面突破力度不强,产品仍严重依赖进口,需提高对发明专利的资金投入。

(2) 创新成果转化通道不畅

突出表现为科技成果向产业转移转化成功率偏低,目前约为10%,与发达国家30%~40%的科技成果转化率相比有较大差距。一方面,技术研发部门具备较强的研究和设计能力,但缺乏加工、样机试验、检测等相关条件支持,无法检验创新成果的产业化效果和价值;另一方面,原有的行业科研院所转制后,为了自身生存和应付资产保值增值等考核要求,只愿接纳成熟、可靠的技术和产品,而这类创新成果的成熟度和质量不佳,不能达到企业要求。科研院所的科技创新与产业发展难以形成互动局面,致使科技成果成功率较低。

2. 知识产权发展短板明显

（1）各地知识产权发展水平不平衡

据国家知识产权局知识产权发展研究中心公布的知识产权综合发展指数排名表明各地区知识产权综合发展状况的不平衡，东、中、西部地区在知识产权创造、运用、保护和环境等四个方面的发展水平呈逐级递减的态势，并且存在逐渐固化的倾向。其中，知识产权创造的区域分布与专利、商标、著作权等创造数量集中区域保持一致，基本在北京、江苏、广东、上海、山东、浙江、四川、福建等地。我国知识产权水平发展不均衡，具体反映在各地区经济发展和市场发育水平的不平衡，更反映为地区间产业分布的不平衡。但是，全国大部分地区在知识产业保护和运用方面存在短板，而如何突破制约瓶颈是未来需解决的重要议题。

（2）保护知识产权的力度有待提高

2016年，我国法院、检察院等管理专利工作的部门累计结案侵权纠纷19682起，结案率96.71%。其中，发明侵权案、实用新型侵权案、外观设计侵权案分别为1936起、7101起和10645起。表明外观设计领域是我国侵权案高发区，这和我国发明专利少、外观设计仿造相关。同时，查处的假冒专利案件28057起，其中被查处的民营企业有19462起，国有企业、外商独资企业等均未超过1000起，可以看出民营企业是专利侵权的重灾区。由于专利保护创新成果存在局限性，如专利申请周期长，赶不上技术发展的速度，利润来源不是创新成果，是与它配套的生产和销售等，打击企业创新意愿，因此相关部门要不断强化对知识产权保护的水平。

（3）运用知识产权的能力不足

2016年，全年装备制造业专利申请权与专利权转让数量为15926件，占制造业数量的61.78%。但是，专利所有权转让数量仅为345件，占装备制造业专利申请权与专利权转让数量的2.17%。先进制造技术成交融资金额为1441.05亿元，占全国技术市场融资额的12.63%。此外，2017年，全年专利权质押融资金额720亿元，同比增长65%。尽管知识产权质押融资在全国各地蓬勃发展，越来越多的银行开始接触开展业务，但是知识产权质押融资仍面临"评估难、风控难、处置难"三大核心难点。

3. 服务型制造业发展水平较低

（1）服务产出水平较低

我国绝大多数制造企业能够根据客户需求提供必要的安装、维护、保养等服务，并且开始将服务作为一种差异化竞争的手段，设立专门的服务部门，提供与产品密切相关的服务内容，朝着"产品—服务包"的方向转型。但是总体来讲这部分企业的比例不高，制造企业服务化产出水平还比较低。在我国参与调查的企业中，78%的企业服务收入占总营业收入比重不足10%，只有6%的企业服务收入占总营收比超过20%，而发达国家已超过30%；就净利润而言，81%的企业服务净利润贡献率不足10%，其余企业的服务净利润贡献率基本在10%~20%之间徘徊，而全球平均值达到46%[①]。可见，从差异化竞争到利润创造，我国服务型制造发展还有很长的路要走。

（2）政策和制度环境有待完善

面对制造与服务融合创新发展的趋势，我国现有的一些政策和制度环境已经表现出不适应，或者阻碍服务型制造的发展，需要尽快做出调整。一是有些领域因服务业开放程度不高或者进入门槛偏高，使得制造企业跨界延伸服务业务遭遇梗阻。如装备制造企业开展总集成总承包服务就存在审批难，难以获得工程资质等问题。二是制造业与服务业在管理机制上缺乏融合。制造企业开展服务业务时还难以享受到与服务业企业同等的优惠政策。三是服务型制造的标准体系、知识产权管理和保护等有待进一步规范和加强。相比于过去的实物产品，工业设计、应用软件等技术和服务产品更容易被剽窃、复制和模仿；服务的质量也需要通过标准化得以规范和保障。

（3）对服务型制造内涵、模式、路径认识不清

对服务型制造认识理解不清主要体现在：一是多数企业对发展服务型制造的内涵和意义缺乏足够的认识，存在重硬轻软、重制造轻服务、重规模轻

---

① 根据德勤公司2014年的调查，在受访的全球80家制造业公司中，服务收入占总销售收入比重的平均值为26%，服务净利润贡献率的平均值达到46%；有19%的制造业公司的服务收入超过总收入的50%。

质量、重批量化生产轻个性化定制的现象，还有一些企业误认为发展服务型制造就是发展服务业，担心会脱离主业。二是对其发展模式不了解，导致业务模式单一，主要以销售安装和售后服务为主，较缺乏能够通过开展商业模式创新、实现产品与服务融合或提供整体解决方案持续服务的企业。三是对转型路径和步骤不明晰，由生产型制造向服务型制造转型的过程中，制造企业与上下游供应商、与客户的关系都将发生变化，需要对企业原有的业务流程、组织架构、管理模式进行调整和重构，很多企业对转型的步骤，以及在组织上、管理上需要做出哪些重新调整还不是很明确。

4. 人才结构不合理

目前，我国装备制造业人才聚集高地已初步形成，但是并未缓解企业"用工荒"难题，大量与工业机器人、智能制造相关的岗位招不到合适的人才。这主要是装备制造业人才结构性过剩与短缺造成的，传统产业人才素质提高和转岗转业任务艰巨，领军人才和大国工匠紧缺，先进制造技术领域人力不足。同时，装备制造业人才培养和企业实际需求脱节，产教融合不够深入，也是导致装备制造业人才结构失衡的原因。例如宁波市，作为全国首个"中国制造2025"试点示范城市，对装备制造业人才的需求比较旺盛，主要集中在新装备制造、汽车及零部件、电工电器等产业，具体包括中高层技术研发人才、智能制造人才，领军拔尖人才、创新人才。由于受区位优势、产业集聚程度、发展环境及薪资待遇等影响，以及宁波市培养专业技术人才和高技能人才机构不合理，导致当地企业无法招到合适的人才[①]。

（三）中国装备制造业产业结构方面存在的问题

1. 中小企业缺乏长期发展战略

中小装备制造企业与所处行业的大型企业相比，资产规模、人员数量、

---

① 《2017宁波制造业人才紧缺指数发布：这4类人才最缺》，新蓝网，2017年9月22日，http://n.cztv.com/news/12679345.html。

经营规模都相对比较小，相当数量的中小企业居于产业链上游或者是基础支撑部分，是提高产业链整体配套性和协调性的关键，其发展水平在一定程度上决定着装备产业链所能达到的高度。德国就得益于强大的中小企业而成为全球重要的制造强国。但是装备制造类中小企业无法通过简单的管理创新或者模式创新就获得长远发展，因此核心技术与产品才是其生存的根本。由于装备制造业属于典型的资本和技术密集型产业，尤其是高端装备产品，在研发、启动、生产和制造的一次性固定投入巨大，加之其研发周期长、利润率低，多数中小企业更倾向于为大型企业贴牌生产，这样既可以利用国内廉价劳动力和土地成本，又省去了研发创新所需的资本。但这种重复劳动，既不能为企业带来持续盈利，又不能提高行业竞争力。

2. 大型企业转型升级速度慢

大型企业已形成了成熟的业务核心竞争优势，由现有业务向新方向转型本身就需要一个长期的过程。同时，在资金实力等影响的情况下，大型企业的转型较多依靠外部整合，其方向选择具有机遇性和被动性的特点，缺乏战略性和主动性，难以形成明确的主导产业、核心产品和统一品牌，企业转型步伐缓慢。此外，在管理体制上，大型企业的业务模块较多，推动企业转型会影响各部门的业务联系，导致企业资源整合及协同优势较难发挥。

3. 部分产品和零部件质量与国外差距较大

我国装备研发制造能力不足，质量标准体系建设落后，部分关键配套辅机、零部件和原材料虽然实现了国内生产制造，但是产品的可靠性、稳定性不高，质量难以满足需求。如国产五轴联动数控机床连续无故障时间仅为国外的2/3，精冲模寿命一般只有国外先进水平的1/3左右，使得国内企业对购买自主研发产品顾虑重重。此外，民营装备制造业企业缺乏品牌意识和品牌战略，民营企业家缺乏远见，导致在世界上很难找到中国装备制造业的知名品牌。很多企业更倾向于为大型企业贴牌生产，这样既可以利用国内廉价劳动力和土地成本，又省去了创造自身品牌所需的资本。但这种企业运营模式缺乏持续盈利的能力，企业进行重复的劳动，只能分得小部分利益。在世界品牌实验室 2017 年发布的世界品牌 500 强企业中①，中国仅有 37 家企业入选，而美国有 233 家企业入选，并且在中国入选的 37 家企业中，仅海尔集团属于装备制造业。

4. 高端装备和关键部件受制于人

装备制造业重点领域发展急需的专用生产设备、专用生产线及专用检测系统等存在明显短板，五轴超精密机床及高档数控系统、国防军工领域关键件精加工生产线制造和检测装备等产品大部分仍需进口；前沿及新兴领域装备有效供给能力严重不足，如 12 英寸集成电路芯片制造设备、高端医疗 CT 球阀、液晶面板关键生产设备依赖进口；部分关键部件仍未掌握核心技术，如超超临界机组的安全阀、3MW 以上风电机组轴承等受制于进口。这些都说明，我国高端基础制造装备和关键部件受制于人，对战略性新兴产业发展的制约和瓶颈的影响依然存在。

5. 高档工业软件系统水平较低

装备制造业智能化发展的核心是工业软件，它凝聚着装备企业发展所积累的工业知识、方法和数据，通过建模进行设计、工艺及制造，如波音 787 的研制，用了八千多种软件，其中只有 1000 多种为商业软件，其他都是"非卖品"，是该企业几十年工程技术和知识的结晶，这些软件也构成了波音公司核心竞争力的一部分。然而我国的大部分装备制造业并没有认识到工业软件的重要性，还存在制造企业业务流程和信息系统两张皮现象。2017 年，我国软件业人均收入 13.03 万元，在所有行业中为最高②。软件从业人员 600 万人，创造了 5.5 万亿元产值③。但其中工业软件从业人员比例极低④。

---

① 《2017 年世界品牌 500 强：中国仅 37 个品牌入榜》，网易新闻，2017 年 12 月 29 日，http://news.163.com/17/1229/19/D6RJEE57000187V9.html。
② 国家统计局：《2017 年规模以上企业就业人员分岗位年平均工资情况》，2018 年 5 月 16 日，http://www.stats.gov.cn/tjsj/zxfb/201805/t20180516_1599565.html。
③ 《软件产业发展趋势分析行业整体发展态势保持良好》，前瞻网，2018 年 7 月 2 日，https://bg.qianzhan.com/report/detail/459/180702-1b3601f4.html。
④ QMB：《离开高档工业软件，"中国制造 2025"只是梦想》，2017 年 3 月 20 日，https://mp.weixin.qq.com/s/91XukIlifJYXNEWSSBl4ng。

6.政策覆盖范围不平衡

装备制造业领域政策支持力度不均衡。清洁高效发电装备、轨道交通、高技术船舶及海洋工程装备等领域设备价值高、风险大、维保成本高，风险保障需求迫切，目前支持相对充分；大型环保及资源综合利用装备、先进成形加工装备、新型大马力农业装备、电子及医疗专用装备等领域由于设备自主化率低，单台（套）设备价值及保费相对较低，装备制造企业投保及保险公司推广积极性不高，目前支持较少。

B.3 中国装备制造业发展展望

史仲光 李河新[*]

摘 要： 通过对国内外经济形势的分析，随着装备制造业基数不断扩大，预计未来行业整体保持平稳发展，主营业务收入、利润增速或略有回落。未来，装备制造业要紧扣发展不平衡、不充分的主要矛盾，以供给侧结构性改革为主线，坚持创新发展理念，全面开启高质量发展的新征程。2017年装备制造业在投资市场上，装备制造业在创业投资、公开募股、企业并购等方面表现活跃，未来在轨道交通、新能源、送货无人机、工业机器人、挖掘机等领域投资前景广阔；值得注意的是，装备制造业应主动防范在宏观政策、市场、人才、管理、金融工具等方面的风险。

关键词： 投资 风险 装备制造业投资

一 中国装备制造业发展前景展望

（一）国内外经济形势分析

1. 国际经济形势

全球经济增长持续回升。随着全球金融环境的改善和发达经济体的复

---

[*] 史仲光，高级工程师，机械工业经济管理研究院副院长，兼职业发展与评价研究所所长、机械工业职业技能鉴定指导中心执行主任。李河新，博士，机械工业经济管理研究院发展战略研究所所长。

苏,全球经济活动正在持续回升。据国际货币基金组织(IMF)数据显示,2017年全球地区生产总值增长速度上升至3.6%,较2016年上升0.4个百分点。发达经济体经济逐渐回暖[1],美国、欧元区和日本的经济活动增强。2017年,美国随着税改制度的推进和商业投资的持续加强,其国内生产总值增速出现好转,增速达到2.2%,比2016年上升了0.7个百分点;欧元区地区生产总值增速为2.1%,比上年上升了0.3个百分点;日本经济较2016年有所提升,国内生产总值增速上升至1.5%,比上年上升了0.5个百分点。新兴市场和发展中经济体整体复苏,在亚洲发展中经济体,随着中国国内需求的扩大及东亚其他新兴市场外部需求的加强,该地区经济继续保持了强劲增长,其国内生产总值在2017年的增速为6.5%,与2016年相比提高0.1个百分点。在独联体国家,基于俄罗斯和土耳其国内外需求的复苏,该地区国内生产总值实现了快速增长,其增速从2016年的0.4%快速提升至2017年的2.1%。在拉美和加勒比地区,随着巴西和阿根廷两国国内需求收缩步伐的放缓以及对外贸易的强劲回升,使得该地区的经济扭转了负增长态势,其国内生产总值增速从2016年的-0.9%提高到2017年的1.2%。

物价维持温和水平。尽管多数发达经济体国内需求增长加快,失业率较2016年整体向好,但物价水平并未出现明显上涨趋势。其中,美国通胀率仅从2016年的1.3%上升到2017年的1.7%;欧元区的通胀率一直处在0.8%到0.9%低位徘徊;日本出现通货紧缩现象,通胀率为-0.2%;但英国受脱欧和英镑大幅贬值影响,导致CPI出现明显上升,从2016年的0.7%上升至2017年的2.6%。主要新兴市场和发展中经济体的通货膨胀都得到了较好的控制。其中独联体国家物价改善较为明显,CPI从2016年的8.3%下降至2017年的5.8%。亚洲新兴和发展中经济体CPI相对稳定,较2016年减少0.2个百分点,达到2.6%。拉丁美洲和加勒比地区物价水平也得到一定程度的控制,CPI从2016年的5.6%下降至2017年的4.2%。新兴市场中部分国家受战争和地缘政治影响通货膨胀较为严重,如埃及CPI从

---

[1] *World Economic Outlook 2017*, IMF.

2016年的10.2%快速上升至2017年的23.5%；利比亚CPI继续保持高位增长，从2016年的27.1%增长至2017年的32.8%。

全球贸易明显回升。随着全球大部分国家金融条件的逐渐宽松以及国内外需求的持续增长，全球贸易量出现普遍回升。2017年全球贸易量实现8年以来首次回升，达到4.2%，高出世界经济增速1.0个百分点，较同期上升1.8个百分点。其中发达经济体的进口增速持续向好，达到4.0%，较2016年扩大1.3个百分点；出口增长也呈现上升态势，达到3.8%，较2016年扩大1.6个百分点。新兴市场和发展中经济体进口增速持续上升，达4.4%，较2016年扩大2.4个百分点；出口增速也稳步上升，达4.8%，较2016年扩大2.3个百分点。

国际直接投资相对低迷[1]。受地缘政治风险和政策不确定性等因素的影响，2017年全球外商直接投资（FDI）下降了16%，从2016年的1.81万亿美元下降至2017年的1.52万亿美元（见表1）。2017年英、美两国FDI流入量在短期波动增长后出现大幅回落，流量分别回降至194亿美元和3110亿美元，降幅分别达到90.0%和20.5%。其中英国在2016年的三个特大型跨境并购交易的推动下出现了FDI流入量在短期内急剧增长的现象，从2015年的330亿美元快速增长至2016年的1960亿美元，随后在2017年大幅回落；美国则受离岸金融中心反向交易的推动促使FDI流入量出现大幅提升，从2015年的3486亿美元快速增长至2016年的3911亿美元，随后在2017年出现快速下调。[2] 在全球流量下滑的背景下，亚洲发展中经济体FDI流入量占全球的比重从2016年的25%上升到2017年的30%，吸收外资总额从2016年的4480亿美元上升到2017年的4590亿美元，同比增长了2%。其中，吸引外资最多的经济体依次为中国、中国香港和新加坡，其外资流入量分别为1440亿美元、850亿美元和580亿美元。中国外资流入达到历史新高，是吸引外资最多的发展中国家，也是继美国之后的全球第二大外资流

---

[1] *Global Investment Trend Monitor*, No. 28, 联合国贸易和发展会议。
[2] 詹晓宁：《全球国际直接投资回顾与展望2017~2018》，《中国外资》2018年3月5日。

入国。随着拉美和加勒比地区经济的回暖,投资者开始重新在巴西、墨西哥等国寻找投资机会,帮助该地区 FDI 流入量实现五年来的首次回升,从 2016 年的 1390 亿美元上升至 2017 年的 1430 亿美元,同比增长了 3%。非洲地区受商品价格低迷的影响,导致 FDI 略有下降,从 2016 年的 500 亿美元,下降至 2017 年的 490 亿美元,同比下降了 1%。转型经济体的外资流入量下降至 2005 年以来最低水平,为 550 亿美元,较 2016 年同比下降了 17%。在 2016 年强劲复苏之后,2017 年下降了 17% 流入量。

表 1　2017 年全球 FDI 流入量

单位:十亿美元

地区	FDI 流入量		跨境并购		公布新项目总额	
	2017	增长率(%)	2017	增长率(%)	2017	增长率(%)
世界	1518	-16	666	-23	571	-32
发达经济体	810	-27	553	-30	282	11
欧盟	370	-26	127	-65	146	-1
北美	330	-33	295	-21	105	53
发展中国家	653	2	100	44	261	-49
非洲	49	-1	3	-64	41	-57
拉美和加勒比地区	143	3	24	34	61	-17
亚洲发展中经济体	459	2	73	74	158	-54
转型经济体	55	-17	13	157	28	-56

数据来源:UNCTAD。

大宗商品价格维持中低位运行。大宗商品价格近年来大幅下跌,食品和金属产品的价格自 2012 年以来下降了约 20%,石油价格从 2015~2017 年里下降了近 50%(见图 1),2017 年,大宗商品价格仍维持在中低位运行。石油价格中低位波动,后半年有所上升。其中主要驱动因素包括,美国页岩油产量高于预期,利比亚和尼日利亚产量快速恢复,欧佩克(OPEC)国家和一些非欧佩克石油出口国在 2017 年 5 月宣布将石油产量削减期限延长至 2018 年第一季度等。各类非燃料大宗商品价格在 2017 年的走势不一。食物类价格指数和农业原料价格指数在 2017 年 1~9 月,分别下跌了 3.8 个点和

6.5个点。矿物与金属类大宗商品价格指数则在此期间上涨了11.7个点。中国进口铁矿石的平均价格从2016年6月的51.7美元/吨上涨到2017年2月的88.5美元/吨，此后的价格出现震荡回落，至2017年10月约为61.4美元/吨。

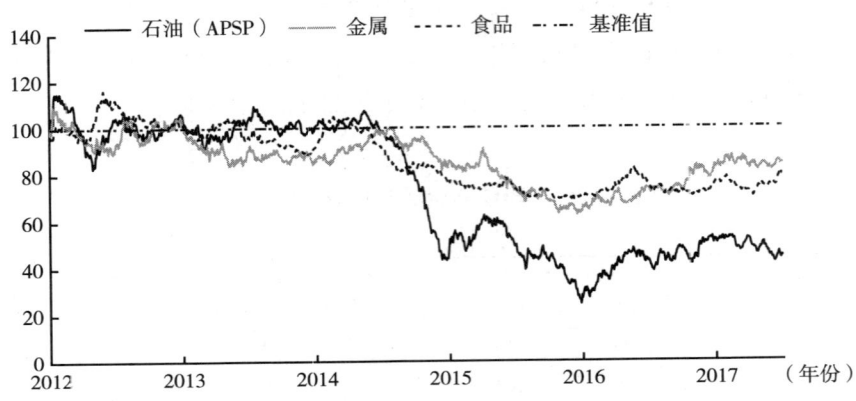

图1　大宗商品价格指数（以2013年1月1日为基准值100）

2. 国内经济形势

我国经济总体健康平稳发展，经济活力、动力和潜力不断释放，稳定性、协调性和可持续性明显增强。随着供给侧结构性改革深入有序推进，成效显著，以及新旧动能持续转换，经济运行中的潜在问题风险逐步稳妥化解。

国内生产总值（GDP）超预期增长。2017年我国经济增速高于社会预期，整体呈现稳定增长态势，GDP达到827122亿元，同比增速为6.9%，增速较2016年增加了0.2个百分点，扭转了连续6年的放缓势头。其中季度GDP增速已经连续10个季度保持在6.7%~6.9%窄幅区间波动，且2017年四个季度的增速仅存在0.1个百分点的波动幅度，分别为6.9%、6.9%、6.8%、6.8%，由此可见我国经济运行情况不仅呈现出整体向好趋势，而且稳定性也在显著增强。

产业结构持续优化。2017年，我国产业结构日趋均衡，三次产业增加值中第一产业增加值为65468亿元，较2016年同比增长3.9%；第二产业增加值 334623 亿元，较 2016 年同比增长 6.1%；第三产业增加值 427032 亿元，较 2016 年同比增长 8.0%，三次产业增加值占 GDP 的比重分别为 7.9%、40.5% 和 51.6%（见图 2）。从对经济增长的贡献率来看，2017 年

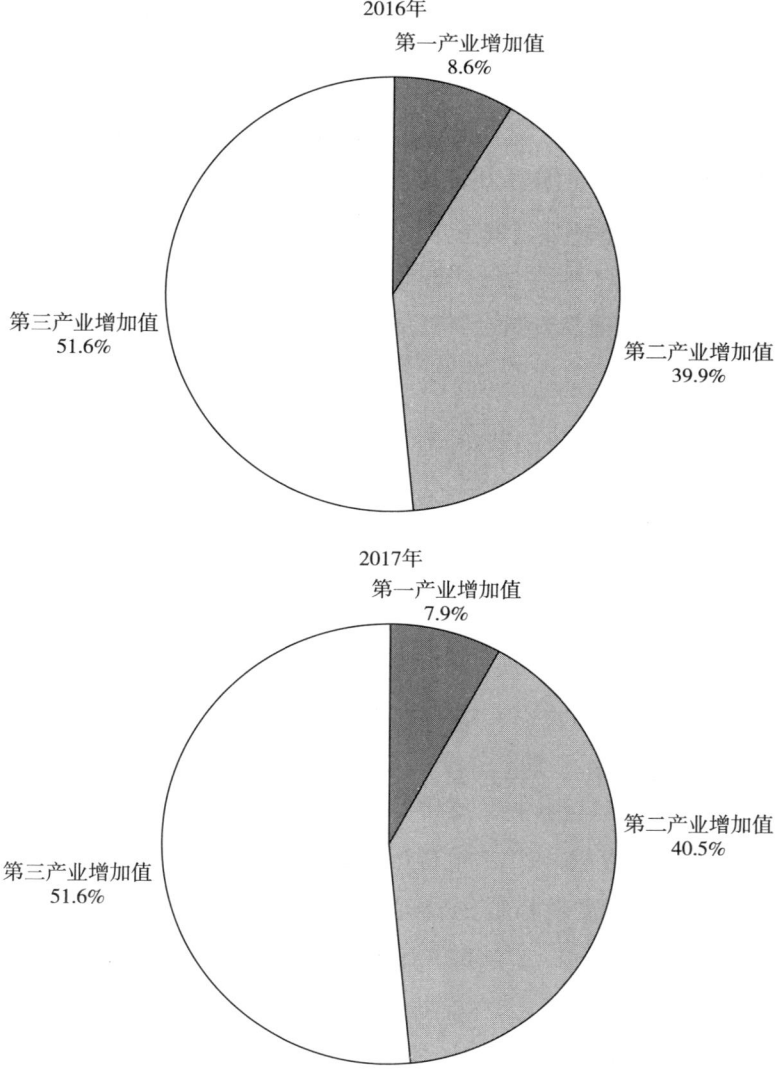

图 2　2016~2017 年三次产业结构变化情况

数据来源：国家统计局。

三次产业的贡献率分别为4.9%、36.3%和58.8%,第三产业对经济增长的贡献率比第二产业高22.5个百分点,比2016年提高1.3个百分点。2017年全年服务业同比增长8%,较2016年加快0.3个百分点,其中第四季度当季增速提高到8.3%,成为拉动经济增长的重要因素。

工业经济平稳向好。从工业增加值看,2017年全国规模以上工业增加值同比增长6.6%,较上年加快0.6个百分点,扭转了自2013年以来增速持续放缓的态势(见图3)。从工业企业效益看,2017年,规模以上工业企业实现利润75187.1亿元,比上年增长21%,增速比2016年加快12.5个百分点,是2012年以来增速最高的一年。从工业结构看,2017年,高技术产业和装备制造业增加值分别比2016年同比增长13.4%和11.3%,增速分别比规模以上工业增速快6.8个和4.7个百分点,工业结构进一步优化。

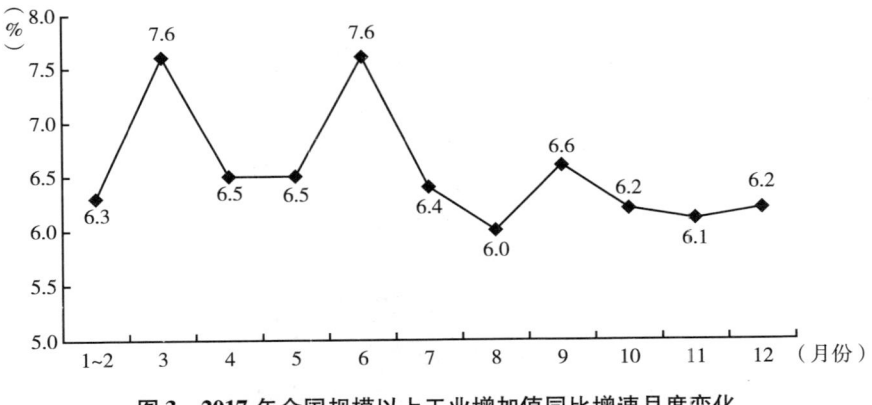

图3 2017年全国规模以上工业增加值同比增速月度变化

物价走势相对平稳。2017年全年CPI仅增加1.6%,涨幅比上年回落0.4个百分点,月度波动幅度也较近几年有所收窄(见图4)。在2月份"春节错月"影响消退后,3月份开始各月CPI保持在0.9%~1.9%的区间波动,呈现温和上涨趋势。其中,食品价格下降是拉动CPI涨幅回落的主要原因。2017年,食品价格下降1.4%,是2003年以来首次出现下降,影响CPI下降约0.29个百分点。主要是由于猪肉、鲜菜、蛋类价格下降所致,三者价格2017年全年分别累计下降8.8%、8.1%和4%,同时非食品价格涨幅有所扩大。2017年，非食品价格上涨2.3%，比2016年扩大0.9个百分点，影响CPI上涨约1.85个百分点。

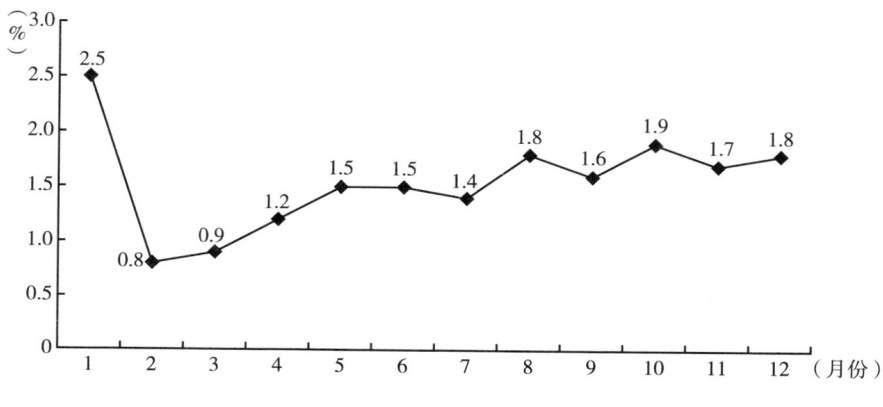

图4　2017年全国居民消费价格指数（CPI）同比涨跌幅

工业生产者出厂价格涨势趋稳。受年初以来供给侧改革带来的部分上游行业供给收缩、价格上涨及下半年环保限产和上年低基数等因素影响，2017年PPI上涨6.3%[1]，涨幅比2016年扩大了7.7个百分点，月度PPI呈现高位缓步回落态势，扭转了近年来的大幅波动和负增长态势，呈现出恢复性上涨特征（见图5）。2017年生产资料价格上涨8.3%，影响PPI上涨约6.13个百分点。其中，涨幅较大的行业有石油和天然气开采业、煤炭开采和洗选业、黑色金属冶炼和压延加工业，分别上涨29.0%、28.2%和27.9%。生活资料价格上涨0.7%，影响PPI上涨约0.17个百分点。较高的PPI涨幅助推企业效益改善，成为激发微观市场活力持续增强的重要驱动力。

外商投资平稳增长[2]。2017年，我国实际使用外资8775.6亿元人民币，同比增长7.9%。外商投资的产业结构持续升级，高技术产业实际吸收外资同比增长61.7%，占比达28.6%，较2016年底提高了9.5个百分点。外商投资的区域布局持续优化，中部地区外商投资增速领跑全国，实际使用外资

[1] 杜秦川：《经济运行稳定性明显增强》，《中国经济时报》2018年1月29日。
[2] 商务部网站，www.mofcom.gov.cn。

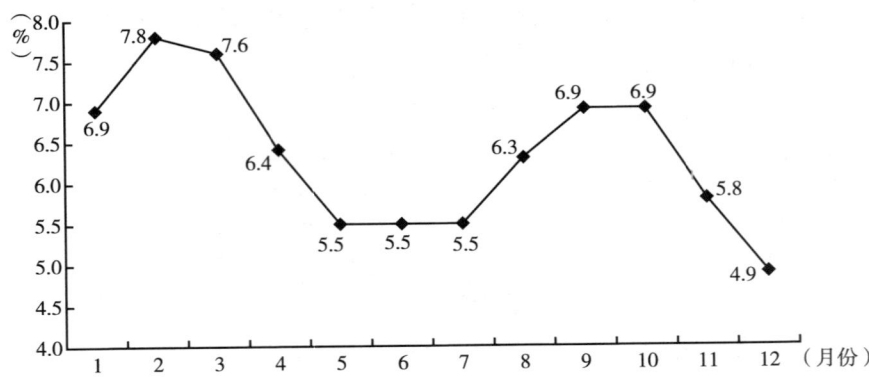

图 5　2017 年全国工业生产者出厂价格指数（PPI）同比涨跌幅

561.3 亿元，同比增长 22.5%；西部地区市场主体活力逐步激发，新设立外商投资企业同比增长 43.2%。11 个自贸试验区新设外商投资企业 6841 家，其中以备案方式新设企业占 99.2%；实际使用外资 1039 亿元人民币，同比增长 18.1%，高于全国增幅 10 个百分点，改革开放试验田作用进一步显现。对外投资趋于理性，2017 年，我国境内投资者共对全球 174 个国家和地区的 6236 家境外企业新增非金融类直接投资，累计实现投资 1200.8 亿美元，同比下降 29.4%，非理性对外投资得到有效遏制。"一带一路"沿线国家投资合作稳步推进。2017 年，我国企业对"一带一路"沿线的 59 个国家新增投资合计 143.6 亿美元，占总额的 12%，比 2016 年增加 3.5 个百分点。与"一带一路"沿线的 61 个国家新签对外承包工程合同额 1443.2 亿美元，占总额的 54.4%，同比增长 14.5%；完成营业额 855.3 亿美元，占总额的 50.7%，同比增长 12.6%。

投资结构深化优化。2017 年全年全国固定资产投资增速较上年回落幅度明显收窄。全国固定资产投资（不含农户）631684 亿元，同比增长 7.2%，较 2016 年回落 0.9 个百分点，2015 年和 2016 年同比增长分别较 2014 年、2015 年回落了 5.7 个和 1.9 个百分点，显示出明显收窄态势。民间投资企稳回升，2017 年，我国民间固定资产投资 232887 亿元，同比增长 6.0%，较上年大幅回升 2.8 个百分点（见图 6），扭转了自 2012 年以来的连续放缓态势。这表明了经过产业调整和企业效益的逐步改善，民间投资信心逐渐恢复，经济运行的内生活力转折性好转。制造业投资向纵深发展，2017年，制造业投资113.3万亿元，同比增长4.8%，较2016年同比增长上涨0.7个百分点，扭转了自2012年以后连续放缓的态势（见图7）。高技术制造业和装备制造业是新动能重要主体，投资继续加速增长，2017年分别增长17.0%和8.6%，较2016年分别加快2.8个和4.2个百分点。

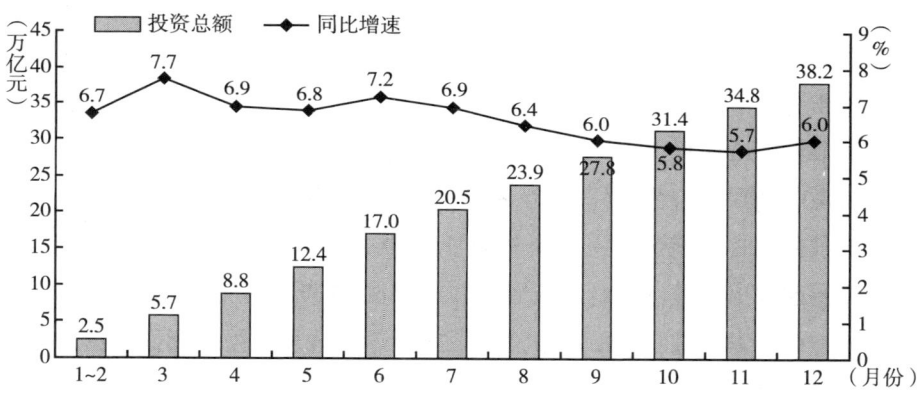

图6　2017年我国民间投资总额及增速情况

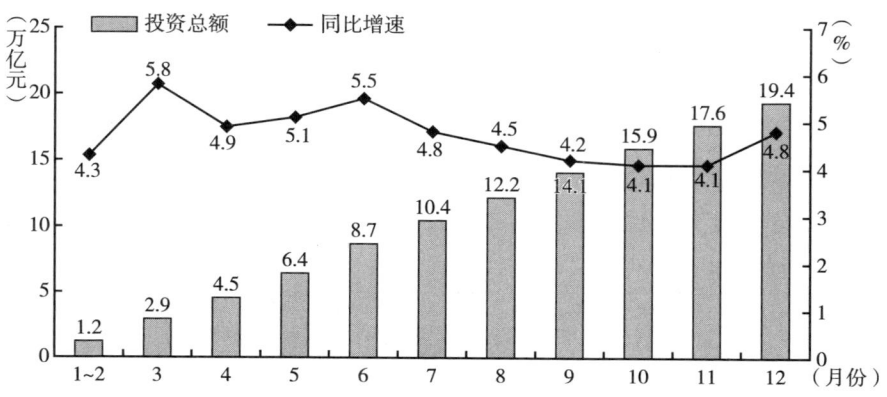

图7　2017年我国制造业投资总额及增速情况

金融市场整体运行平稳①。宏观杠杆率有所下降,从宏观杠杆率 M2/GDP 来看,2017 年,我国宏观杠杆率为 203%,较上年减少 6%。在过去两年,央行建立了宏观审慎框架,通过 MPA 考核,初步约束了银行的扩张速度,中国银行业的总债务虽然从 2016 年的 208.92 万亿元增长至 2017 年的 226.37 万亿元,但增速持续收窄,从 2016 年初的 16.0% 降至 2017 的 8.3%;与银行业债务相似,广义货币(M2)也从 2016 年的 155.01 万亿元增长至 2017 年的 167.68 万亿元,同比增速从 2016 年的 11.3% 降至 2017 年的 8.2%,两项指标均出现增速放缓现象,且与 GDP 名义增速基本接轨,可见金融去杠杆初见成效。债券发行量保持增长,2017 年,在经济基本面总体平稳、美联储加息缩表以及金融体系适度去杠杆大背景下,债券收益率曲线小幅抬升,市场投资者结构进一步多元化,互换利率小幅上行。2017 年,我国债券市场共发行各类债券 40.8 万亿元,较上年增长 12.9%,同年完成现券交易量 108.4 万亿元,较上年同比下滑 18.0%,交易量降幅明显。而债券收益率则出现整体上移,截至 2017 年末,1 年、3 年、5 年、7 年、10 年期国债收益率分别达到 3.79%、3.78%、3.84%、3.90%、3.88%,较 2016 年出现不同程度提升(见图 8)。

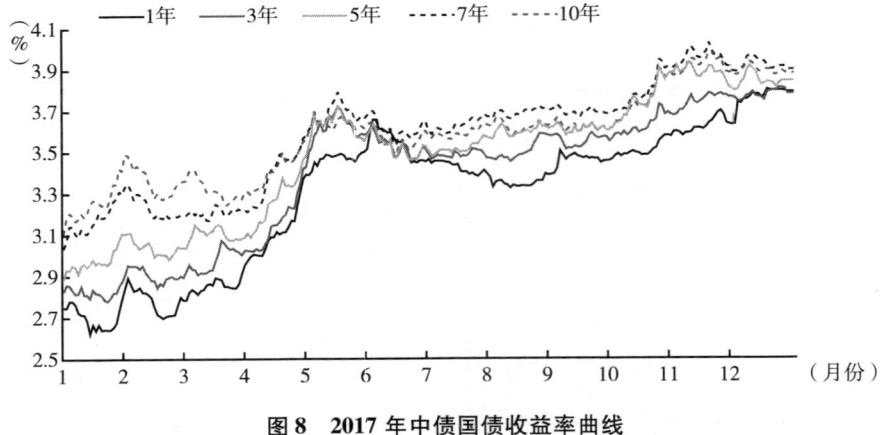

图 8　2017 年中债国债收益率曲线

---

① 中国人民银行网站,www.pbc.gov.cn。

（二）我国装备制造业发展前景预测

装备制造业要紧扣发展不平衡、不充分的主要矛盾，以供给侧结构性改革为主线，坚持创新发展理念，全面开启高质量发展的新征程。由于我国装备制造业已达到年营业收入 26 万亿元的水平，随着基数不断扩大，预计未来行业整体增速将适度回落，预计主营业务收入、利润增速将与 2017 年基本持平或略有回落。

我国装备制造业主要分行业将继续保持平稳增长。2018 年，汽车行业虽然 1.6 升及以下小排量优惠政策退出、我国将逐步放开外资企业股比限制，但我国汽车工业已经进入相对平稳的增长期，2018 年汽车产销量增速将与 2017 年基本持平；电工电器行业中的传统龙头产品——发电设备和输变电设备趋于饱和，运行形势不容乐观，但为智能制造和消费市场服务的光纤光缆、锂离子电池、电力电子等产品近期增长势头良好，成为推动行业增长的新动力；石化通用行业随着高耗能领域节能政策趋紧为行业带来技术改造的市场需求，而国际油价上升也带动行业投资趋向活跃，预计未来一段时间石化通用行业将保持平稳增长态势；仪器仪表行业受产业转型升级和智能制造等政策带动，预计行业整体仍将呈现平稳快速发展态势；工程机械行业将在基础设施建设和存量升级转换的带动下，保持较好景气度，但产销增速将在高位下有所回落；农机行业预计仍难走出低谷。

二 中国装备制造业投资机会分析

（一）2017年装备制造业投资现状分析

1. 创业投资[①]市场表现

根据投资中国统计，2017 年装备制造业在创业投资市场（简称创

---

① VC，即 Venture Capital，国内一般翻译为创业投资、风险投资，本文中简称创投。

投）中共披露投资案例为 307 起，披露投资金额的有 307 起，披露总投资规模达 128.24 亿元，平均投资金额为 4177.20 万元，与 2016 年相比，2017 年披露金额的案例增加了 134 起，但披露总投资规模缩小 18.65%。① 分月度看，2017 年 9 月份单月投资规模为 24.66 亿元，排名第一；11 月份单月投资金额为 23.28 亿元，排名第二。从案例数量看，11 月份案例数量最多，达到 43 起；12 月份案例数量紧随其后，达到了 41 起（见图 9）。

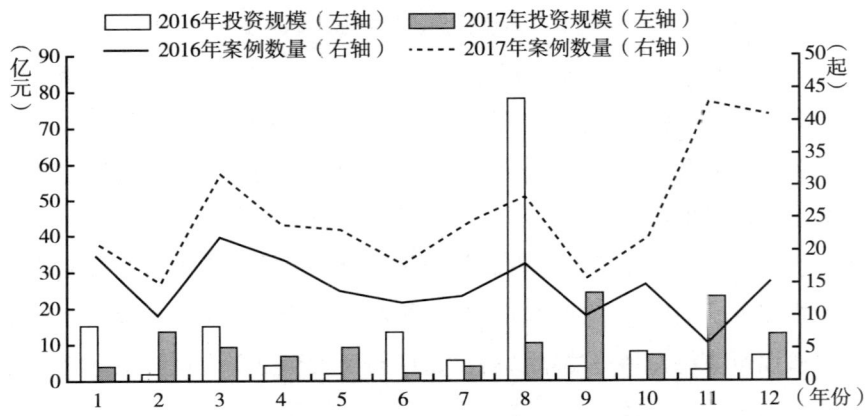

图 9　2016～2017 年我国装备制造业创业投资市场投资规模和案例数

（1）北上广苏投资最活跃

从投资地域分布看，2017 年全年投资最活跃的地区是北京、广东、上海、江苏、浙江。与 2016 年相比，北京地区投资规模提高了 177.41%，2017 年北京投资总额占前 10 名地区投资金额的 32.30%，排名由第五上升至第一；广东、上海、江苏地区案例数量都有不同程度增加，仍然是 2017 年投资最活跃地域（见表 2）。

---

① 如果没有特殊说明，本部分数据均来自 CVSource 投中数据终端，http：//www.cvsource.com.cn/index.jsp。

表2 2017年我国装备制造业创业投资市场融资规模和案例数的前10名

地区	案例数量(起)	融资金额(亿元)
北京	86	29.0966
广东	59	22.137809
上海	44	14.4829
江苏	32	12.8173
浙江	19	5.0892
山东	9	2.244254
天津	4	2.2248
陕西	7	0.7396
四川	5	0.72
安徽	2	0.52

资料来源：CVSource投中数据终端。

（2）首轮融资占主导[①]

从投资轮次看，2017年A轮融资224起，融资规模49.02亿元，B轮融资47起，融资规模为22.70亿元。与2016年相比，除了A轮融资，2017年创投的各个轮次的案例数量均增加；除A轮与E轮融资规模缩小，其他轮次的融资规模分别有不同程度的提高。从披露的创投案例数目来看，种子期的投资案例数目比成长期和成熟期之和还多，投资者仍热衷于投资早期阶段的企业。但2017年A轮融资投资规模同比降低54.24%，说明投资者对早期阶段企业的投资热衷程度有所下降（见表3）。

表3 2017年我国装备制造业创业投资类型分布

VC类型	案例数量(起)	融资金额(亿元)
VC – Series A	224	49.015029
VC – Series B	47	22.7004

---

① VC – Series A：创业投资的A轮融资，主要是种子期，本书种子期包含天使轮融资；VC – Series B：创业投资的B轮融资，主要是种子期融资后，进行二轮融资，可能发生在种子期，也可能发生在成长期；VC – Series C：创业投资的C轮融资，一般发生在成熟期，上市前最后一轮融资；也有个别企业需要进行D轮、E轮融资。

续表

VC 类型	案例数量（起）	融资金额（亿元）
VC – Series C	28	27.9103
VC – Series D	7	27.8163
VC – Series E	1	0.8
总计	307	128.242029

资料来源：CVSource 投中数据终端。

2. 私募股权市场表现

2017 年装备制造业在私募股权市场（简称 PE）共披露的案例 104 起，披露金额的有 104 起，投资规模高达 632.03 亿元，与 2016 年相比，投资案例数量减少 91 起，投资规模提高了 23.77%。分月度看，2017 年 12 月单月披露案例数量为 21 起，位列全投资案例数量之首。2017 年 2 月单月披露投资规模 193.45 亿元，披露投资规模为全年之首；8 月单月披露案例数量 19 起，8 月披露投资规模 186.72 亿元，8 月的披露投资案例数及投资规模都位列全年第二（见图 10）。

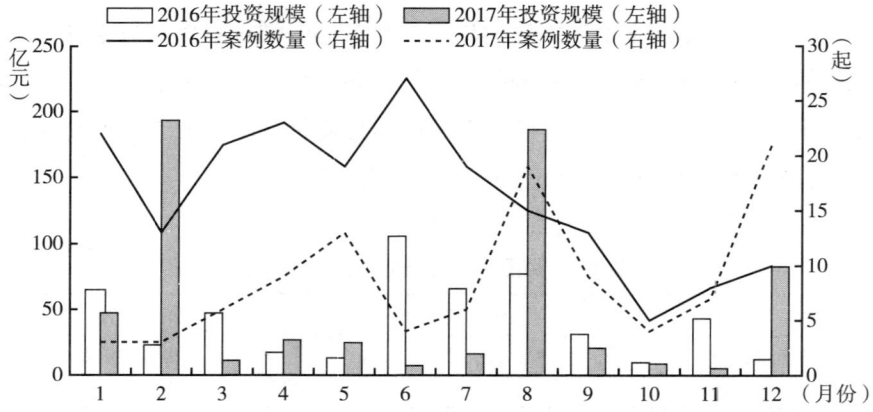

图 10　2016～2017 年我国装备制造业私募股权投资市场投资规模和案例数量

(1) 机械设备行业投资规模最大

从 2017 全年 PE 投资的行业分布看，PE 投资涉及子行业众多，其中机械设备业案例数量最多,制造业其他业的投资规模最大。

从投资规模看,制造业其他业投资规模高达338.08亿元,占全行业投资金额比重的53.49%,居首位,比2016年提高了近106倍;紧随其后的是机械设备业,投资规模为270.67亿元,占全行业投资金额比重的42.83%。

从投资案例看,机械设备业的投资案例为56起,占全行业投资案例比重的53.85%,占首位;制造业其他业紧随其后,2017年达到了39起,占全行业总案例数的37.50%(见表4)。

表4 2017年我国装备制造业私募股权投资市场不同行业的融资规模和案例数量

行业	案例数量(起)	融资金额(亿元)
机械设备	56	270.67
制造业其他	39	338.08
纺织服装	5	14.80
造纸行业	3	3.17
制造业	1	5.31

资料来源:CVSource投中数据终端。

(2)辽宁、江苏投资最为活跃

从投资地区分布看,2017年装备制造业私募股权投资案例最多的地区是广东、江苏、浙江和山东,案例数为21起、17起、8起和8起。与2016年相比,2017年全年的国外投资案例数量增多了10起,加上国内投资案例,总共完成104起;投资规模提高了23.77%,实现投资规模632.03亿元。

从投资规模看,国内投资规模最大的三个地区分别是辽宁、江苏和北京,与2016年相比,投资规模有不同程度的提高。辽宁地区投资规模为87.68亿元,同比提高了1629%,排名由倒数第五上升至第一;江苏和浙江地区投资规模为56.17亿和55.84亿元,分别占国内全年投资规模的12.96%和12.88%(见表5)。

表5　2017年我国装备制造业私募股权投资市场融资规模及案例数前10名

地区	案例数量（起）	融资金额（亿元）
辽宁	4	87.68
江苏	17	56.17
北京	7	55.84
湖北	5	52.06
上海	4	35.90
云南	1	33.00
浙江	8	30.95
广东	21	28.24
陕西	3	11.99
山东	8	8.69

资料来源：CVSource投中数据终端。

（3）即将上市企业[①]成为投资热点

从投资类型看，成长型股权投资（PE–Growth）的投资数量最多，但是控股型投资企业（PE–Buyout）的股权投资规模较大，逐渐成私募投资的主流类型。2017年，装备制造业成长型股权投资披露的投资案例为60起，数量最多，同比减少了39起，但投资规模增加了1012%。控股型投资企业的投资规模最大，为239.31亿元，占装备制造业私募股权投资的37.86%。但投资临上市企业的投资规模同比下降了53.23%，投资规模下降了82.42%，投资者已经对临上市企业不再热衷。从投资类型可看出，投资成长型股权和控股型投资装备制造企业更受投资者追捧（见表6）。

表6　2016年我国装备制造业私募股权市场融资类型分布

PE类型	案例数量（起）	融资金额（亿元）
Buyout	15	239.31
Growth	60	235.85
PIPE	29	156.87
总计	104	632.03

资料来源：CVSource投中数据终端。

---

① PE–Growth：投资扩张期及成熟期企业；PE–PIPE（private investment in public equity）：投资临上市企业；PE–Buyout：企业并购，欧美许多著名私募股权基金公司主要业务，属于控股型投资。

3. 发行情况分析

（1）首次公开募股（IPO）呈上升趋势

2017年装备制造行业IPO发行呈波动上升趋势。根据CVSource投中数据终端统计，2017年装备制造企业上市的数量明显上升。2017年共163家装备制造企业披露上市信息并成功上市，同比增加88家，募集资金669.58亿元，同比增加123.04%。2017年，由于IPO上市节奏恢复正常，全年来看，每个月份上市的企业数基本相同。

由于2016年证监会加大了对发行市场的核查，当年装备制造业IPO上市企业减少。2017年IPO监管恢复正常，2017年开年装备制造业企业争相上市，从月度数据看，1月份与3月份为2017年IPO企业数最多的两个月，1月有22家装备制造业企业上市，3月有19家装备制造业企业上市。从融资金额看，11月单月融资金额达106.07亿元，居全年之首（见图11）。

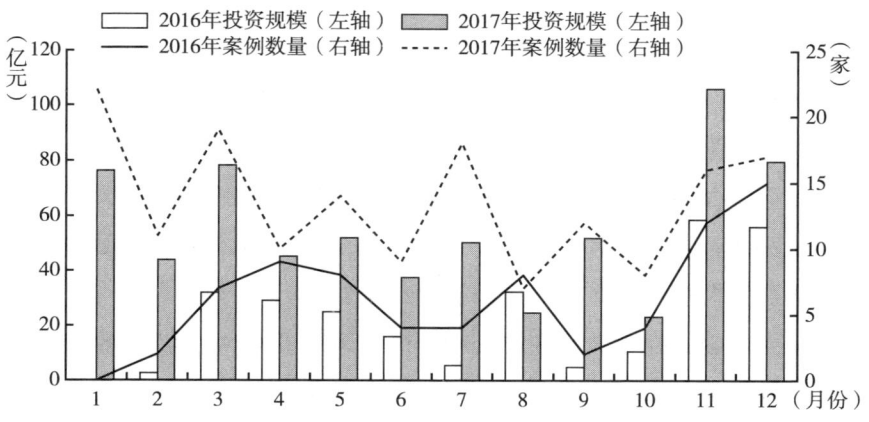

图11 2016~2017年我国装备制造业全球资本市场融资规模及上市企业数

134家装备制造企业在国内A股上市。2017年，装备制造业在A股主板市场共有134家企业上市，募集资金601.54亿元，创业板上市企业达24家，融资金额12.21亿美元，分别占IPO企业融资额的59.96%和31.23%。

从月度数据分析A股市场，1月单月A股企业上市数量达到19家，居全年之首,融资金额为74.44亿元,排全年第二;3月16家企业在A股上市,排名第二,但融资金额排名全年第一,达76.70亿元(见图12)。

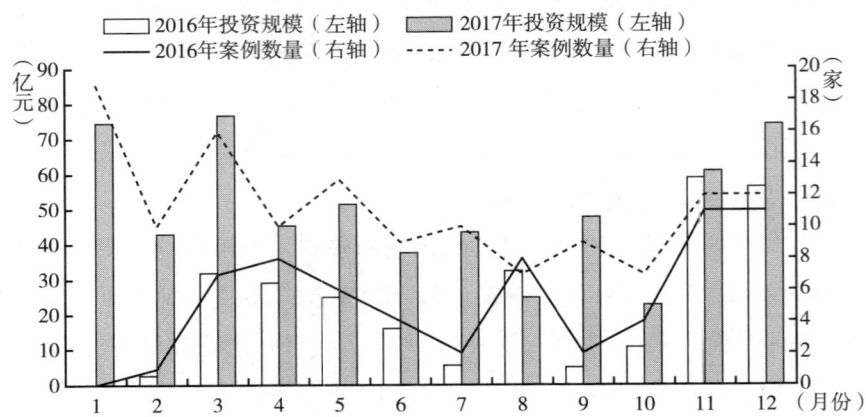

图12 2016~2017年我国装备制造业IPO市场境内新股融资规模及上市企业数

从上市板块看,装备制造企业在主板市场IPO企业数量最多。2016年,共66家企业在上交所上市,募集金额330.88亿元,平均募集金额5.01亿元;共9家企业在深交所主板上市,募集金额55.28亿元,平均融资金额6.14亿元;38家企业在深交所创业板上市,募集金额137.20亿元,平均募集金额3.61亿元。与2016年相比,创业板上市企业成倍增加,募集资金也大幅度增加;主板上市企业及融资金额涨幅也很大。

27家装备制造企业选择在港交所上市。2017年全年共有27家企业在香港上市,募集资金63.97亿元,占IPO企业融资额的9.55%。从月度数据看,与2015年相比,2016年在香港上市的企业较为分散,12月上市企业最多,有3个;而5月融资规模最高,为1.69亿美元。2016年,A股IPO平均募集金额达0.64亿美元,而港交所IPO平均募集金额仅为0.38亿美元,相差0.28亿美元。

从上市板块看,装备制造企业在香港创业版IPO的企业数量最多。2017年,共19家装备制造业企业在香港证券交易所创业版上市,募集金额11亿元,平均募集金额0.058亿元;香港主板共8家装备制造业企业上市,募集金额 52.97 亿元，平均融资金额 6.62 亿元。与 2016 年相比，在香港上市企业数量增加了 17 家，但募集资金大幅增加，同比增加 147.00%（见图 13）。

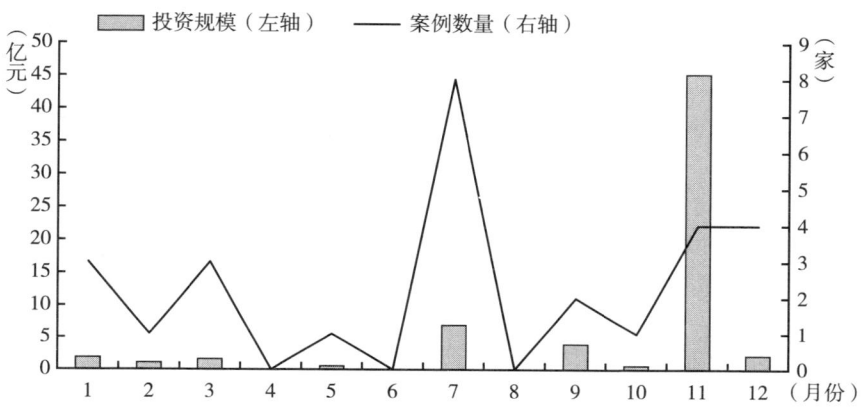

图 13　2017 年我国装备制造业 IPO 市场香港新股融资规模及上市企业数

（2）非公开发行募资有所下降

2017 年，进行了非公开发行募资的装备制造业企业共有 193 家披露了金额，披露金额为 2307.60 亿元，同比下降 16.33%；其中 128 家企业已完成资金募集，7 家企业正在进行中，58 家企业非公开发行失败。已完成的 128 家企业共募集资金 250.90 亿元，占披露金额的 62.8%，企业平均融资金额为 12.30 亿元。与 2016 年相比，2017 年成功进行非公开发行的企业增加了 111 家，全年来看，非公开发行企业数量及募资金额同比均有提高。

从月度数据看，2017 年 4 月与 9 月均有 23 家装备制造企业进行非公开发行募资，是活跃度最高的两个月份。1 月融资金额高达 378.75 亿元，属于投资总额最多的月份。从案例数量上看，紧随其后的是 3 月份，为 20 家，8 月、11 月、12 月以 18 家并列第三。从融资金额上看，4 月份以 264.14 亿元融资额排名第二，10 月排名第三，融资金额为 240.12 亿元（见图 14）。

2017 年 A 股定增募资金额大幅增加。2017 年，106 家已完成募资的装备制造企业在 A 股市场进行非公开发行，融资金额为 1552.30 亿元。与 2016 年相比，A 股定增募资的企业增多，融资金额成倍增加。

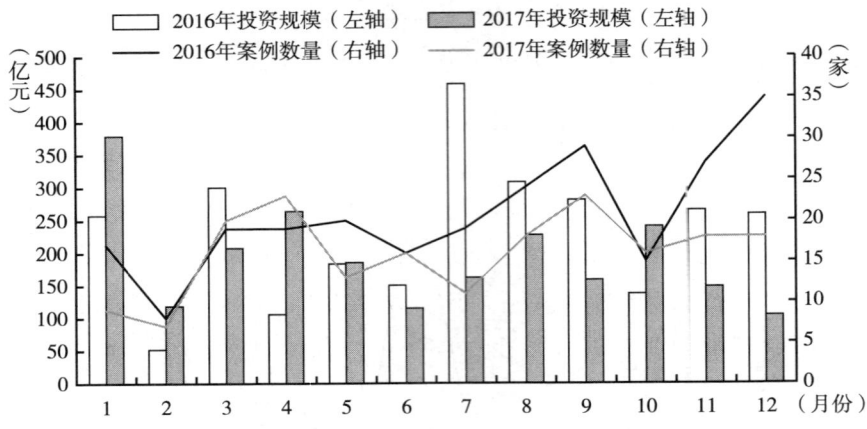

图14 2016~2017年我国装备制造业全球非公开融资规模及发行企业数

在已完成非公开发行市场的板块分布上，装备制造企业选择在深交所进行非公开发行的数量最多，共77家，融资金额也最大，融资金额为983.86亿元。上交所有29家企业进行非公开发行，融资金额为568.44亿元；创业板有30家企业进行非公开发行，融资金额为180.55亿元。

2017年港股市场上，上海电气集团宣布在香港证券交易所进行非公开募资，但以失败告终。与2016年一样，A股市场仍是装备制造企业非公开募资的首选。

4. 装备制造业企业并购情况分析

2017年装备制造业在兼并收购市场（简称兼并）中共披露投资案例1146起中，披露金额的有947起，披露总投资规模达3899.18亿元，与2016年相比，案例数目减少了168起，但投资规模同比增加14.63%。从融资规模来看，3月投资规模达887.32亿元，是融资规模最大的月份，9月以454.17亿元的投资规模排名第二。从案例数量来看，7月排名第一，兼并案例为125起，兼并活跃度位居全年首位，12月以102起位列第二（见图15）。

（1）境内并购交易依旧最活跃

2017年境内并购交易数量及交易规模缩小。2017年有868家装备制造

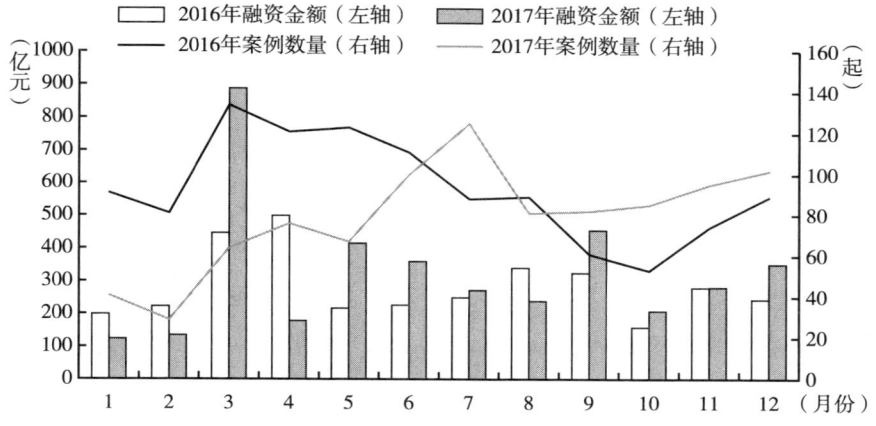

图 15 2016~2017 年我国装备制造业并购市场融资规模及案例数

企业在境内并购，并购规模达 2725.57 亿元，平均募资 3.14 亿元。与 2016 年相比，并购数量减少了 14.57%，募资总额下降了 4.64%。

从月度数据来看，9 月并购规模最大，共投资 398.40 亿元，并购事件共 74 起。5 月以 357.44 亿元排融资规模第二，并购事件为 60 起。从并购事件数量来看，7 月以 113 起企业并购排名第一，12 月排名第二，有 97 起企业选择在这个月进行并购（见图 16）。

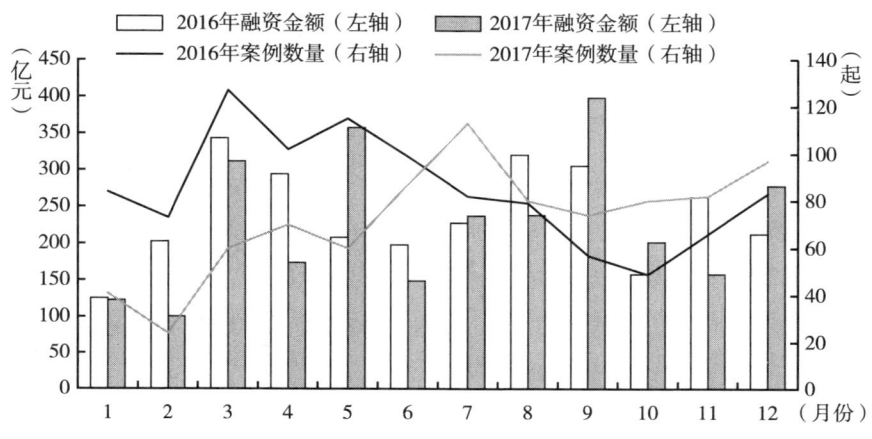

图 16 2016~2017 年装备制造业并购市场境内并购资金规模及案例数

79家装备制造企业选择跨境并购。2017年全年装备制造业发生79笔跨境并购交易，并购金额达1173.61亿元，与2016年相比，跨境并购数量减少20起，并购金额同比提高115.95%。其中，共有57笔出境并购交易，并购金额为875.65亿元，在总量中分别占比为72.15%和74.61%，同比均有下降。从月度数据来看，3月份跨境并购交易规模最大，达575.47亿元，交易数量为4起，平均交易额143.87亿元。6月份以211.40亿元交易额紧随其后，11月份排名第三（见图17）。2017年入境并购交易22笔，并购金额297.96亿元，在总量中分别占比为27.85%和25.39%，同比均大幅上升。

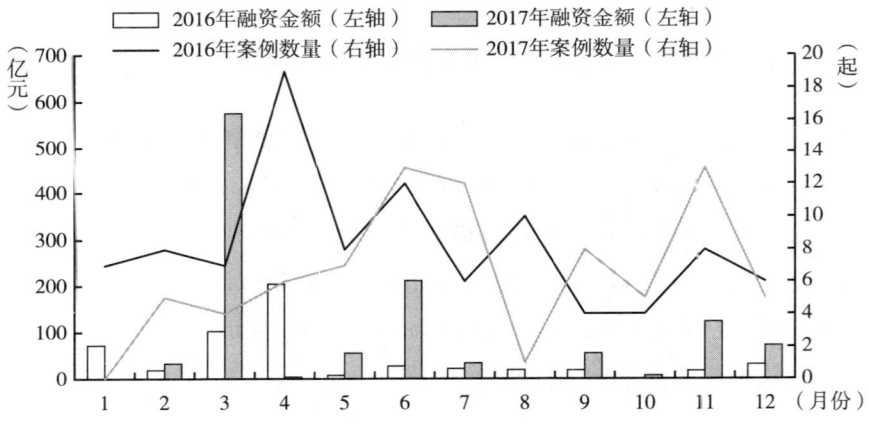

图17　2016~2017年装备制造业并购市场跨境并购资金规模及案例数量

（2）并购市场交易多数案例为进行中状态

2017年装备制造业并购市场交易完成案例数量为439起，同比增加10.3%，约占2017年全部披露并购案例的46.36%，同比大幅度提升。2017年装备制造业并购市场交易完成金额为1784.63亿元，同比提高26.55%；进行中的案例479起，同比减少30.88%，投资规模为1254.44亿元；已失败的案例29起，同比增加5起。

从实际完成的并购案例来看，2017年11月，国电南瑞科技股份有限公司历时数年逐步完成资产重组，类似的国电南瑞资产重组的步伐一直没有停止过，2011年，国电南瑞已完成收购国网电科院下属的安徽继远电网技术有限公司、安徽南瑞中天电力电子有限公司。2012年初，国家电网对产业和科研重新整合，原属中国电科院和国网信通公司的部分产业划拨到国网电科院。2013年，国电南瑞再度进行重大资产重组，公司收购了南瑞集团所持的北京科东100%股权、电研华源100%股权、国电富通100%股权、南瑞太阳能75%股权和稳定分公司整体资产及负债，旨在解决在电网调度自动化、配电自动化及相关领域的同业竞争。就在2017年的这次重组中，国电南瑞出资收购中电普瑞电力工程有限公司、中电普瑞科技有限公司、上海南瑞实业有限公司、南京南瑞继保电气有限公司和云南南瑞电气技术有限公司。这次收购体现了政府推进国企改革与解决国企同业竞争的决心。

表7　2017年装备制造业并购市场不同交易状态融资规模

交易状态	案例数量（起）	融资金额（亿元）
进行中	479	1254.44
已失败	29	860.10
已完成	439	1784.63
总计	947	3899.180

资料来源：CVSource投中数据终端。

从已失败的并购案例看，2017年3月，青岛双星旗下星微基金与锦湖轮胎的债权团——韩国产业银行等签署了股权买卖协议，拟以约折58亿元人民币收购韩国锦湖轮胎42.01%股权。该案例是2017年度最大的一起失败收购案，受到了市场高度关注，如能并购成功，青岛双星借并购登顶中国第一大轮胎企业的宝座、跻身全球十强之内。2017年韩国部署"萨德"事件发酵，这场令世人瞩目的并购案就在复杂的国际政经环境下显得命运多舛——先是遭到锦湖轮胎工会的抵制，尔后韩国社会各界、甚至多名政界高层公开反对，直到锦湖会长朴三求又抬高商标使用费，试图阻挠并购，在重组方反复降价后，锦湖轮胎债权团召开股东大会研究决定，拒绝青岛双星的要求。这次并购案功败垂成，但即使青岛双星贸然入主，在日后的企业经营

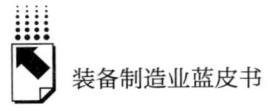

上难免陷于被动，盈利的难度也会大大增加，适时放弃并购也是理性的选择。

（二）装备制造业投资机会展望

1. 轨道交通行业凸显投资良机

（1）铁路货运行业迎来发展新机遇

经济高质量发展提出货运改革新目标。近年来，综合运输体系结构不合理，大宗物资运输中公路运输占比过高，铁路、水路货运能力不足，没有充分发挥铁路、水路运输低成本、低能耗的优势。2018年7月2日，在国务院政策吹风会上，交通部相关负责人介绍，将推进大宗货物运输"公转铁、公转水"，近期将着力推进大宗物资运输"公转铁"，实施铁路运能提升等行动，[1] 这将大大提振铁路货运行业。

中铁总发布货运增量行动方案。为配合预计未来三年的铁路货运增量，2018年7月，中国铁路总公司发布《2018—2020年货运增量行动方案》，预计到2020年，全国铁路货运总量将达47.9亿吨，比2017年增长30%。中铁总深入挖掘运输潜力，计划新购置货运列车车厢21.6万节、火车头3756台。[2] 这将超过历年货运列车的最高招标数量，铁路运送货物也将从黑货（煤、矿等）扩展到白货（生鲜、医药、机械品、农副、电子品等）。随着采购方案的实施以及货运范畴的扩展，铁路货运行业将大大受益，迎来发展新机遇。

（2）城市轨道交通行业投资增长稳健

国内各地大力建设城市轨道交通。近年来，为缓解交通压力，引领城市发展，以及提升城市土地价值，国内各大中城市加快建设城市轨道交通项

---

[1] 《今年起在全国范围实施六大行动——推进大宗货物运输"公转铁、公转水"（在国务院政策吹风会上）》，人民网 - 人民日报，2018年7月3日，http：//politics.people.com.cn/n1/2018/0703/c1001 - 30106551.html。

[2] 《铁路部门开展三年货运增量行动》，中国公路网，2018年7月2日，http：//www.chinahighway.com/gongxw/25917.html。

目。截至2017年底，中国城市轨道交通运营规模再创新高，全国轨道交通运营车辆28125辆，同比增长18.2%。① 中国内地34个城市开通了轨道交通，其中2017年新增4个，内地共56个城市在建城市轨道交通，在建线路254条，长度达6246.3公里，同比增幅10.8%。② 在建的城轨项目未来几年将陆续通车，会带来巨大的城轨装备需求。

海外市场打造新增长点。除国内市场外，在中国中车的带领下，越来越多的城轨装备企业走向海外市场。中国中车获得大量海外订单，地铁车辆业务获得全球认可。未来，我国城轨装备将打开新的增量空间，有望在"一带一路"的沿线国家发力。城轨国内在建的城轨项目以及海外出口需求，这确保了城轨装备未来具有充足的成长空间。

2. 新能源汽车前景看好

（1）新能源汽车产销量持续大幅增长

从2012年至2016年，我国新能源汽车销量实现大幅增长，销量分别为1.2万辆、1.76万辆、7.47万辆、33.1万辆和50.7万辆。2017年，我国新能源汽车产量和销量分别为79.4万辆和77.7万辆，同比分别增长53.8%和53.3%。根据预测，到2020年新能源汽车销量预计接近180万辆，新能源汽车行业未来仍将维持快速增长。③

（2）政策利好新能源汽车

2017年9月，工信部及财政部等五部门联合发布《乘用车企业平均燃料消耗量与新能源汽车积分并行管理办法》，从政策方面确定了整车厂商电动化的方向。2018年7月31日财政部发布《关于节能、新能源车船享受车船税优惠政策的通知》，对节能汽车，车船税征收减半；对新能源车船，免征全部车船税。这将刺激消费者更多地选择购买新能源汽车，新能源市场提升空间巨大。

---

① 《2017年交通运输装备数据：地铁运营车辆增长18.2%》，中国城市轨道交通网，2018年4月3日，http://www.chinametro.net/index.php?m=newscon&id=451&aid=43508。

② 中国城市轨道交通协会：《城市轨道交通2017年度统计和分析报告》，《城市轨道交通》2018年第4期。

③ 《2017年中国新能源汽车产销量统计分析》，中国产业信息网，2018年3月22日，http://www.chyxx.com/industry/201803/621913.html。

(3) 新能源汽车行业投资机会

一是新能源车充电设备前景看好。根据充电联盟的数据显示，截至2018年6月，通过联盟内成员整车企业采样车桩相随信息数据478604条，整体未配建率约33.03%，① 全国新能源汽车的充电设备覆盖率低，影响了新能源汽车的发展，未来新能源汽车增多，势必将会对充电设备产生更多的需求。2018年7月，北京市发改委发布《关于对本市部分环保行业实施用电支持政策的通知》，指出2018年8月1日至2025年12月31日，对电动汽车集中式充换电设施等执行两部制电价企业，免收需量（容量）电费。地方政府对充电领域的支持将会对新能源充电设备产生正向刺激作用。

二是新能源车零部件领域有很大发展空间。目前，整车企业电气化已是不可逆转的趋势，中国作为世界上增速最快的新能源汽车市场，新能源汽车的产业链亟须完善。国际和本国新能源汽车零部件供应商在技术实力上并不像内燃机时代那样相差甚远，在高速响应市场需求和政府扶持，已经培养出了诸多优秀的电机及电池企业。快速增长的新能源汽车增长需求，给更多国内新能源汽车零部件供应商提供了发展空间。

3. 送货无人机行业高速发展

(1) 送货无人机应用前景广阔

2016年物流相关政策、规划密集出台，倡导以科技为导向，软硬件结合降本增效。2017年7月发布的《新一代人工智能发展规划》指出：加快推进智能物流，加强智能化装卸搬运，分拣包装、加工配送等智能物流装备研发和推广应用，建设深度感知智能仓储系统等送货无人机的应用将有效地提高配送效率，降低人力成本及运送成本。因不受地形约束，无人机适用于偏远地区及紧急件的派送，送货无人机的应用将大大加快农村等偏远地区电商的发展速度。因传统地面运输受到约束以及中国人口红利即将消失，传统快递物流出现瓶颈，这将对送货无人机产生巨大的市场需求。

---

① 《充电联盟：6月新增公共充电桩5520个，同比增长58.4%》，第一电动网，2018年7月11日，https://www.d1ev.com/news/shuju/72192。

(2) 国内外巨头纷纷布局送货无人机。

无人机以大幅降低物流配送成本、高物流配送效率的优点得到了快递与电商企业的青睐。目前，已有亚马逊、谷歌、DHL、顺丰、京东、阿里巴巴等在内的行业巨头或加紧测试无人机配送快件，或进入实际应用。① 在 2012 年，亚马逊就收购了 Kiva，该公司专门生产仓库无人机，2013 年，亚马逊正式进军无人机送货领域。2013 年，DHL 成功完成首个无人机快递运送，成为欧洲大陆史上首次获得官方授权的送货无人机品牌。2016 年，京东成功完成首单无人机配送，已获得 4 个省份的无人机空运许可。② 一场送货无人机的革命正在兴起，势必对传统物流产生深远影响。来自技术、效率、服务、数据收集及品牌的驱动，越来越多的企业会为送货无人机的研发推广给予资本和人力投入。③

4. 工业机器人行业投资空间大

（1）多项政策利好工业机器人行业

随着制造业自动化水平的提高以及人工智能技术的成熟，工业机器人产业的重要性日益提高。国家先后发布《关于推进工业机器人产业发展指导意见》《中国制造 2025》等多项政策，明确了"十三五"期间的工业机器人产业的发展目标，预示工业机器人即将迎来广阔发展前景。

（2）我国工业机器人行业发展总体向好

根据《中国机器人产业发展报告 2018》显示，我国已成为全球最大的工业机器人应用国，约占全球市场三分之一的份额。2017 年中国工业机器人销量保持高速增长，达 13.6 万台，较 2016 年增长 56%。④ 在应用类型方面，搬运/上下料/码垛、机械加工、焊接、喷涂等种类的机器人是主流机

---

① 《无人机在快递物流行业应用的优劣》，《中国物流与采购》2018 年 1 月 16 日。
② 《长江计算机"海外视野"系列报告（之 12）－亚马逊 Prime Air 测试引关注，国内外巨头争先布局物流无人机》，长江证券，2016 年 7 月 18 日。
③ 圆通研究院物流信息互通共享技术及应用国家工程实验室：《无人机在快递物流行业应用的优劣》，《中国物流与采购》2018 年第 2 期，第 42~45 页。
④ 《工业机器人行业跟踪：一般制造业需求快速增长，看好国产机器人表现》，太平洋证券，2018 年 8 月 5 日。

型,其中搬运/上下料机器人占比最高。从应用领域来看,工业机器人主要应用在食品饮料烟草、电子及家电、车辆/零部件制造、金属加工等行业,约占80%的市场,其中,车辆/零部件制造行业占比最高。①

(3)工业机器人产业链上游市场投资机会多

目前,我国工业机器人主要集中在本体和集成端,出现了一部分细分市场的"小巨人"企业,但在一部分关键核心零部件如减速器、伺服电机控制器等领域和国际水平仍有差距。因此,我国工业机器人关键核心零部件领域有很大发展空间,投资潜力大。一是中国工业机器人精密减速器技术不成熟,精密减速器不能自给自足。近年来国内工业机器人整体市场的发展让企业看到了减速机发展前景,加大了投入力度。二是在伺服电机的相关技术上,国内企业已经取得了一定的突破。但我国伺服电机主要市场集中在中低端领域,国内企业还需要加快技术攻坚,才能实现国产替代。三是在控制器方面是机器人产业链中国内外差距最小的零部件,但这需要对运动控制领域进行长期深入的研究,需要大量资金投入以及长时间的市场验证。未来中国国产机器人将会快速发展,国产机器人关键核心零部件将会受益于产业的发展需求,逐步进行技术积累,实现国产替代。未来有机会看到我国本土将涌现出一批具有自主研发能力,可以生产关键零部件或机器人产品的企业。

5. 挖掘机行业持续向好

(1)基建投资回暖,刺激挖掘机行业

从2016年下半年起,国内基建房产、矿山资源需求综合增长,又有环保标准趋严催化,再加来自乡村市场与来自海外市场尤其"一带一路"沿线国家的新增增量需求,导致了自2017年起至今,挖掘机械、混凝土机械、起重机械等工程机械设备销售持续强劲增长。② 中国工程机械工业协会的数

---

① 《工业机器人发展红红火火,哪些领域潜力大?》,《电子工程世界》2018年8月19日,http://www.eeworld.com.cn/qrs/2018/ic-news081950797.html。
② 《挖掘机新周期》,同花顺财经,2018年8月17日,http://field.10jqka.com.cn/20180817/c606560173.shtml。

据显示，从 2017 年开始，挖掘机械销量每月同比累积增速保持在 100% 左右，呈现高位增长的趋势。

（2）政策边际加强，促进行业需求

受贸易摩擦叠加消费略显疲软影响，未来半年经济下行压力将持续存在，依靠基建托底经济的重要性愈发明显。2018 年 7 月 26 日，国务院总理李克强在川藏铁路考察时表示，中西部基础设施建设较为落后，要加快补齐短板；7 月 31 日，中共中央政治局召开会议，提出"把补短板作为当前深化供给侧改革的重点任务，加大基础设施领域补短板的力度"，同时特别提出要"实施好乡村振兴战略"。① 由于挖掘机行业与基建投资紧密相关，受益于基建政策的利好消息，未来一段时间，挖掘机行业将保持景气状态。

三　中国装备制造业发展风险分析

（一）国际宏观风险

海外政治不确定因素。目前，我国越来越多的企业"走出去"开拓国际市场。但由于政治、政体的不同，海外投资面临很多不确定的因素，尤其在第三世界国家中，其中政治风险产生的不确定性最大。政策变动、社会治安、政府信用以及为政治目的服务的一些限制性政策等都成为我国企业开展海外业务的政治不确定因素。如果不能识别政治不确定性，不能预判所在国家的政治走向，则不能建立完善的保障机制，将会为之后的业务开展埋下隐患，造成无法估计的损失。

全球宽松货币政策转向。2018 年下半年，全球宽松货币政策开始转向，但全球主要央行间的政策分歧仍将继续存在。美联储在货币政策正常化的道路上处于领先位置，美联储仍将继续逐步推进取消宽松货币政策的计划。英

---

① 《基建投资预期触底反弹，挖机销量保持高增长——7 月份挖掘机销量点评》，国泰君安证券，2018 年 8 月 13 日。

国央行也在逐步实施货币紧缩计划，2018年8月初，英国央行将利率提升至0.75%。欧洲央行的货币紧缩政策速度要缓慢得多，计划在2018年12月结束债券购买计划，并表示"至少在2019年夏天"之前不会采取利率政策。全球货币政策收紧，将会对全球的经济、金融市场带来重要的外溢影响，消费和投资会将受到一定的抑制，我国企业已持有的境外资产将会遭受一定的损失，工业品价格和原材料价格将会受到影响，此外全球货币紧缩将会增加维持中国跨境资本双向流动基本平衡的难度。

全球债务问题依旧严峻。2018年8月，土耳其债务危机引起土耳其货币里拉暴跌。自2008年国际金融危机爆发以来，全球债务水平不断快速上升。据国际清算银行的数据显示，全球非金融部门信贷占GDP的比重，由2008年9月的197.2%上升至2017年9月的244.7%，10年间上升了近50个百分点，其中新兴市场国家债务水平提升显著高于发达国家债务水平的提升。随着全球货币政策紧缩，利率上升，将会加剧债务国家的还债压力，高杠杆率会对经济增长和金融稳定产生冲击。

全球贸易冲突不断发生。2018年以来，由美国发起的贸易保护在全球范围内逐步扩大。中美贸易冲突不断升级，美国与欧盟、加拿大等的贸易摩擦也有不断加剧的倾向，日本、俄罗斯、墨西哥、韩国、印度等国家也加入贸易战，以关税为主要手段，破坏了全球自由贸易体系。其中，钢铝产品、机电产品、农产品成为贸易战针对的重点商品。国际贸易的紧张局势会加剧新兴市场的资本外流，如果贸易冲突继续升级，将会给三大驱动经济增长的引擎：制造业、贸易和投资带来值得担忧的负面影响。

（二）国内宏观风险

国内经济存在下行压力。改革开放以来的40年，我国经济持续快速增长，近年来，我国投资和需求增速放缓，经济发展进入新常态，由高速增长向高质量中高速增长转换。中国处于优化经济结构、转换经济增长动力、转变经济发展方式的攻关时期。供给侧结构性改革和去杠杆仍然是经济转型阶段的主线，但经济转型不是一蹴而就的，这意味着距离经济转型完成尚有距离，中国经济仍具有下行压力。

金融条件收紧力度加大。2017年底以来，政府"去杠杆"力度明显加大，在资管新规、对非标资产的清理等多项"去杠杆、防风险"政策的叠加效应下，社会融资同比增速由2017年11月的14.7%下降到2018年5月的11.6%。金融条件过快收紧将会导致信用债市场波动加大，信用风险"蔓延"的风险将会上升，并且企业资金来源渠道将会明显收窄，这对实体企业发展产生负面影响，将会导致2018年以来投资增速不及预期。

中美贸易摩擦持续升级。中美贸易摩擦引起宏观环境的不确定性，将会直接影响到进出口增长率和贸易顺差。中美贸易争端一直不断，2018年以来，美国政府的贸易保护主义势头更盛，对中国进行了301调查、提高关税等举动，中国则采取了对等的关税予以回应。美国提高关税，我国出口企业将受到一定冲击，其中电气设备、机器、光学医疗仪器以及铁道及电车道机车等"中国制造2025"高精尖技术产品出口将会遭受直接冲击。2018年上半年，我国贸易顺差为1477亿美元，比2017年同期收窄23%。由于中美贸易磋商未有实质性进展，贸易摩擦升级将会对我国出口贸易产生较大挑战，我国贸易顺差将有进一步收窄的趋势。

通货膨胀初现上行压力。进入2018年以来，随着国内外经济和政策环境的变化，我国通货膨胀明显出现上行压力，而中国目前宽松的货币政策不利于抑制上行的通货膨胀。2018年7月份以来，国内住房和消费品等价格短期快速攀升，2018年7月份，国内CPI（消费品）同比上涨2.1%，呈中速上涨；同期，PPI（工业品）同比上涨4.6%，呈快速上涨。短期来看，我国经济不会出现恶性通货膨胀，但是仍有三方面的通胀压力加大经济风险。一是经济后周期中，从PPI的生产资料向生活资料再到CPI的传导，快速增长的PPI会进一步加快通货膨胀上行。二是以基建为代表的投资需求在扩张，但对经济的贡献却在降低，这形成了经济通胀基础。三是中美贸易摩擦和油价上升带来输入性的通胀压力。

债务高企提升系统风险。2017年，中国居民债务/GDP为49%，但居民债务企业/可支配收入为112%，比世界上绝大多数国家都要高；中国企业的真实债务水平为175%，明显偏高，国企的负债水平更高；我国政府总负债为44.63万亿元，2017年中国GDP为82.71万亿元，政府负债/GDP为53.95%，总体来看中国政府债务比率并不高，但地方政府的债务负担严重。企业与个人债务累积将会对经济增长产生负面影响，降低政府对经济的干预及调节能力，形成债务累计及经济低速增长的恶性循环。企业债务水平过高，将会产生债务违约的风险。中国政府债务规模虽然较为乐观，但是地方政府存在大量与政府行为直接相关的隐形债务，包括建设性债务、消费型债务以及地方政策性融资担保形成的债务，一旦出现偿债危机引发连锁反应，中央政府势必要承担对其进行救助的义务。如果地方政府债务的增长速度高于收入的增长速度，将会大幅度提升经济系统性风险。

环保"严监管"成为新常态。2017年，国家颁布多项与环保有关的政策，垃圾分类、环保税、"十三五"规划、生态保护红线、"蓝天保卫战"、PPP等。2018年，中国环保政策保持高压势态，政府通过环保督察、绿色税收、法律、法规监管体系等措施形成严格的制度体系。短期看，环保"严监管"淘汰具有落后产能的企业，限制低质量的工业生产，减少供给改善供求关系，使工业品价格上升。但长期看，这将促进具有规模经济、技术创新的企业不断获得技术进步，优化资源配置，提高生产效率。环保"严监管"势必会加快促进消费升级、制造业高端化和中国经济的转型升级。

（三）市场风险

一段时期以来，需求不足、市场疲软困扰着装备制造业的发展，装备制造业的投资依然需要谨慎。装备制造业企业大规模的固定资产投资在2010~2012年前后已完成，固定投产的投资依旧持续低位。目前，装备制造业企业的投资多以技术改造为主，主要围绕先产品优化布局、数字化改造、智能制造业等。而企业数据显示，装备制造业的订单在2017年回升向好后，2018年以来再次波动下行。

在保护主义和逆全球化升温的背景下，全球装备制造业产业竞争格局发生调整，我国装备制造业面临巨大挑战。发达国家重塑装备制造业竞争优势，出台了一系列"再工业化"战略措施，重振装备制造业政策框架，如《重振美国制造业框架》《美国制造业促进法案》《美国先进制造伙伴计划》《先进制造业国家战略计划》《美国制造创新国家网络战略计划》等。当前，美国高度重视全球供应链的安全问题，通过减税等各种政策吸引制造业回归本土，并压制中国制造业的市场份额甚至逐步将中国制造业排斥在全球产业链之外。同时，部分发展中国家也在谋划全球产业链分布，积极承接全球产业分工及资本转移，拓展国际市场。在主要发达国家的市场趋于饱和及国际产业分工格局重塑的背景下，我国装备制造业正面临来自发达国家和其他发展中国家的"双向挤压"。

目前，各国都在不断加大科技创新力度，但我国仍处于工业化进程中，自主创新能力弱，在关键核心技术与零部件上同发达国家有较大差距，目前，我国高端装备对外依存度高，产业国际化程度不高，装备制造业企业全球化经营能力不足。中国装备制造业进入了转型的关键时期，在装备制造业特定细分领域，中国缺乏单项冠军企业去引领该领域发展并占据市场领先地位。中国应引导专业化的公司引领行业发展，提升本国装备制造业核心竞争力，并实现装备制造业向高质量发展。

（四）人才风险

装备制造业是劳动密集型产业，除了需要科技创新人才以及管理人才以外，还需要高级技工工人等。而目前，我国人口红利正在逐渐消减，人力成本及人力管理成本上升。并且，我国装备制造业产品附加值低、科技含量不高并且低水平重复建设多，导致企业盈利能力较弱，运营压力加大，装备制造业的从业人员面临着工作辛苦、回报低等问题。装备制造业发展遇到了人才缺乏的瓶颈，高技能人才总量短缺，技术工人的技能偏低，人才队伍结构不合理，人才素质亟待提高，高技能人才的流动性也在上升，人才流失现象严重。此外，装备制造业的高技能人才培养缓慢且晋升难，我国装备制造业缺乏对高技能人才的规模化、系统化及制度化的科学培养体系。目前，我国装备制造面临人才短缺的压力。

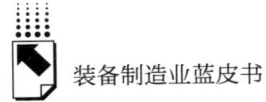

此外，很多装备制造业企业开始走出国门，力争在国际市场上占据一席之地，而招募国际化人才是装备制造企业"走出去"的关键，但很多企业在很长一段时间内无法找到合适的国际化人才，而派驻的中国员工进驻国外并购企业，与原管理团队在沟通、经营等很多方面存在障碍，国际派遣还要符合签证、劳动与雇佣、行业准入等多领域的规则，很是繁杂。国际化人才的缺乏是我国装备制造业打开国际市场的一大障碍。

（五）管理风险

近年来，中国装备制造业管理体系不够科学，产生了成本过高、效率不高、存量过剩、产业同构等问题。一是原材料、零部件以及产成品的购销、库存等供应链管理体系需要提升。装备制造业企业对上游企业的依赖性较高，供应商的变动、供应商生产状况的变动、市场供求及替代材料的可获得性等都会对装备制造业企业经营产生影响，没有科学的采购、运输、库存、使用等会使企业成本增加。2018年，钢材等原材料及部分零部件的短缺造成价格波动对装备制造业公司的生产经营构成一定压力。另外，如果企业产成品的订单管理、库存管理等不合理，将会增加企业经营的风险。二是生产过程管理需要优化，生产效率及质量需要进一步提升。"中国制造2025"提出，引导企业将信息技术融入传统制造业，促进中国制造业转型升级，中国装备制造业的自动化程度有一定的提升，但与发达国家相比还有很大的差距。如果装备制造业企业不能跟上生产过程智能化与自动化的浪潮，企业的生产率和竞争力将会降低。三是装备制造业产业间协同发展。我国制造业产业间同质化问题严重，以低价恶性竞争为主要竞争手段。同时，各企业没有认清自身的优势，不注重企业之间的协调与合作造成产业内的恶性竞争。四是装备制造业的研发管理体系需要进一步提升。产品研发是先进装备制造业企业竞争的主战场，而良好的研发管理体系对企业获得持续竞争力和高速运营具有强大的支撑作用。但中国装备制造业由于其体量过大，产品研发周期长等特性，普遍存在多项目过程监管不力，项目结点过多，资源调配不合理，研发过程改进缺乏数据支持，进度延期，难以及时获取项目数据报表等问题。以上管理问题等都会造成领导决策不及时、不科学等，影响装备制造业企业的发展。

（六）金融工具风险

装备制造业是资本密集型行业，企业发展需要大量的资金，且资金的使用周期长。装备制造业企业采取租赁、贴息、担保以及保险等金融工具保障企业的运营，金融工具的使用具有一定的风险。近年来，中国加大"去杠杆"力度，对金融市场的限制较多，这导致市场上资金融通程度较低，债券市场的发展速度较缓慢，因此装备制造业融资成本较高并且其融资的难度加大。不少装备制造企业面临着严重的资金困难，其资金需求得不到及时的满足。另外，金融工具受宏观政策影响很大，金融工具的使用会因汇率、利率的波动产生风险。

B.4
中国装备制造业发展政策建议

吕汉阳　卜天舒*

摘　要： 本章主要针对我国装备制造业的科技创新、金融服务、人才和体制机制等方面的问题，向我国政府及相关决策机构提出政策建议。在科技创新方面，强化企业创新主体地位，加强产学研协同创新，推进科技成果转化，加大知识产权保护力度。在金融服务方面，继续深化金融体系改革，通过大力发展科技金融、加快发展普惠金融和积极发展绿色金融增强金融服务装备制造业发展的能力。在人才方面，加快实施人才战略，健全由企业家、高端人才、高技能人才、经营管理人才、创业人才构成的人才网络体系，以筑牢人力资源的支撑能力。在协同创新方面，从深化"放管服"改革、放宽市场转入限制、健全市场要素退出机制、强化财税激励约束机制以及加快国有企业人事制度改革着手，加快构建促进协同发展的体制机制和政策体系。

关键词： 科技创新　人才战略　协同发展

---

* 吕汉阳，副研究员，法学博士，机械工业经济管理研究院产业经济研究所执行所长、采购研究中心副主任，主要从事宏观政策、产业经济、政府采购、PPP项目研究；卜天舒，格拉斯哥大学硕士，研实员，现任职于机械工业经济管理研究院产业经济研究所。

一 深入实施创新战略，强化科技创新的引领作用

（一）强化企业技术创新主体地位

装备制造业具有技术含量高、产业链长、技术内在关联大、技术衔接性强等特点，企业只有作为技术创新的决策、投入、利益和风险承担主体，才能发挥科技创新核心作用，产生持续创新动力，推动科技成果商业化、社会化。建议从以下几个方面强化企业技术创新主体地位。

完善政策支持导向体系。确立装备制造企业在创新中的主体地位和主导作用，完善政策支持导向体系，激发企业技术创新内生动力，重点支持研发和市场培育，在研发费用、专利转让、鼓励风险投资、中小企业创新等方面进一步加大税改力度，出台兼具普惠性和灵活性的税收优惠政策，以降低企业创新成本，发挥政策支持作用。

发挥大型企业引领作用。装备制造业的大型企业尤其是国有企业因其强大的经济实力、行业地位和人才储备，在创新体系中往往发挥着引领作用。重点鼓励国有企业提升原始创新能力，以内部研发机构和创新资源为依托，加强企业与国家重点实验室体系和重大创新基地等平台合作，与高校和科研机构联合共建研发实体，利用国有企业的开放性创新生态系统与平台，发挥其技术创新引领作用。

财政助力中小企业创新。中小装备企业正以其独特的优势，在促进科技创新、提高资源配置效率等方面发挥越来越重要的作用，应提高政府科技投入资金使用效率，发挥政府公共投入对装备制造中小企业创新的激励作用。创新财政支持方式，如实行普惠性财政科技资金补贴等。同时，探索以风险资本为主导的投资机制，从根本上破除中小企业创新发展困境。

创新服务科技创新企业方式。着力构建亲、清的新型政企关系，建立政府多部门联动、服务企业的工作机制，开展服务科技创新企业工作。开展科创交流会，邀请装备制造行业专家、企业高管等行业领军人物，共同探讨技

术创新发展趋势、企业发展困难及问题、推进投融资对接,以及提供业务合作机会。鼓励各地政府有针对性地加强政策辅导,及时协调解决企业在发展中遇到的困难。以现有创新企业联盟为依托,促进政府、企业、科研机构等多组织碰撞与交流,汇聚更多创新元素,抱团发展。

(二)继续推进"产学研"协同创新

装备制造业尤其是高端装备制造,因具有技术含量高、产品附加值高的特性,只有持续的技术创新才能保障装备制造业产业稳定发展,而"产学研"能够为协同创新提供知识和技术支持,降低企业创新成本。建议从以下几个方面推进"产学研"协同创新。

建立协同创新绩效评价机制。在宏观层面上,以市场需求为导向,以考核创新价值的市场化应用成效、对创新链整体价值贡献以及有效协同度等为核心,建立创新绩效评价机制。在微观层面上,以精细化、客观化为原则,设计创新项目评价指标体系,使装备制造企业和高校向建立组织间长期的、全方位的战略伙伴关系方向发展。

发挥协同创新联盟集聚作用。新常态下协同创新合作需要多种学科交叉融合,多个团队协同创新,经过多个主体的合作,形成丰富的技术集成成果,表明科技创新正不断向网络化、集群化方向发展,构建有效的协同合作机制,能够实现多学科融合、多团队协同、多技术集成,发挥协同创新效用。依托现有装备制造业协同创新中心等平台,组建创新中心、高校、科研院所、企业、行业协会等广泛参与的协同创新合作联盟[1],建立合作网络和合作机制,加强创新主体间互动共享与开放协作,形成协同创新合力。

加强协同创新联盟知识转移[2]。一是健全知识转移制度,定期举办装备制造学术研讨会、技术培训会、专业技能培训和参观访问等活动,以增强创

---

[1] 薛万新:《德国产学研协同创新驱动机制及其对我国的启示》,《创新科技》2017年第1期,第4~8页。
[2] 刘春艳、王伟:《产学研协同创新联盟知识转移的策略研究》,《学习与探索》2015年第3期,第110~113页。

新联盟成员的知识水平和能力经验，提高装备制造协同创新联盟成员认知信任。二是建立联盟沟通机制，充分利用现代化信息和网络技术形成多渠道沟通网络，加速信息、知识、技术高效流通；组建跨组织产学研咨询团队，协调各方关系，以获取、整理、存储和扩散联盟中有价值的知识资源。三是建立联盟学习机制，培育有利于知识获取、学习和转移的环境和氛围，增强成员知识吸收意愿和能力。四是通过物质奖励、产权激励、职位提升等奖励政策，增强联盟成员知识转移意愿和能力，加速创新知识的转移。

协同解决关键技术和共性技术供给问题。推进关键技术和共性技术攻关，鼓励装备制造企业 R&D 中心、高等院校、科研机构围绕各行业技术自立程度和创新阶段，着力解决关键技术和共性技术供给问题。对出现重大技术变化的产业，进行引导支持企业间合作开发以分担成本、降低创新风险，降低装备制造企业转型升级的难度；对处于技术依赖的行业，可以通过调整外资政策和政绩考评导向破解技术依赖，政策通过限制和瓦解跨国公司在中国市场和经济中的"先行者优势"，以打破技术依赖所依附的既得利益结构，同时细化政府采购制度，针对技术依赖行业制定以强化学习为导向、激励技术依赖企业学习投入的采购政策；对处于技术自立和创新阶段的行业，政府应积极引导产学研联合开展关键技术和共性技术研发，加强研究力度实现快速突破，缩短企业消化吸收引进技术的周期，尤其是新兴产业领域，创造条件引导产学研加强基础研究，鼓励以此为源头的技术创业。

解决阻碍高校协同创新关键问题。一是完善科研评价激励机制，以促进科研成果应用转化为导向，建立健全科研评价体系，从学术价值、经济效果和社会影响等方面对科研人员和科研组织进行分类评价，建立规范的激励机制。二是实施研究生分类培养，建立多元化培养模式，专业硕士类研究生突出社会实践环节考核。三是完善科研人员分类考核，根据创新性研究、基础研究、应用研究、技术转移和科技服务、技术支撑和服务等领域特点，确定考核重点。四是开展多元化办学，调整办学思路，从被动适应、应势向主动协同、借势发展转变，广泛吸纳社会潜在办学资源，扩大发展空间。

（三）健全科技成果转化机制

建立政策落实评估机制。鼓励各级政府指定第三方机构对促进装备制造业科技成果转化政策落实进行评估，包括国家出台有关科技成果转化的文件、地方出台的综合性文件以及专门针对促进科技成果转移转化作出的规定等，通过督查与评估，找出政策设计与政府部门、科研院所、高校、企业等落实科技成果转化政策之间存在的问题，有针对性地完善政策，提高政策有效性。

理顺科技成果转化政策。理顺国务院和地方人民政府及其组成部门、科技部、最高人民法院、最高人民检察院等机构出台的支持装备制造业科技成果转化政策，加强科技、财政、税收、投资、金融、人才、产业等政策的协同，提高与各相关部门的实际操作、管理、监督、检查、巡视的衔接性，避免出现政策打架的现象。

提高政府机构政策服务能力。鼓励各级政府组织组建政策咨询服务平台，通过现代信息化方式接受高校、科研院所、企业以及科技人员的咨询，统筹多部门解决政策疑问。同时，加强科技成果转化政策宣讲，重点对高校、科研院所及企业在科技成果转化中存在的疑虑和问题、遇到的困难进行解答，避免引起误解误读。

建立工业应用技术研究机构。依托我国工业类研究院，以支撑装备制造业发展为核心，探索建立应用技术研究机构，以为市场提供具有相当产品成熟度的科研创新服务，使科技成果能够迅速转化为市场成熟产品为方向，向装备制造业企业、服务性产业以及政府部门提供科研服务。

创立产学研协同技术转移模式。依托政府、机械工业联合会等装备制造行业协会，重新整合专业资源，组建技术转移促进机构，搭建高校等研究机构和企业之间的纽带，以充分利用高校和科研机构中未转化为经济价值的知识和技术潜力，根据开放、灵活、扶持、引导的原则，放开市场准入门槛，引入市场化竞争机制，鼓励各类科技中介机构积极参与技术转移活动，鼓励高校、科研院所、企业各方联合起来进行技术创新，形成合力，产生协同效应，共同推动科技成果产业化。

提升高校技术转移服务能力。支持高校科研院所申请设立科技成果转化服务机构，鼓励有条件的高校和科研院所建立健全专业化、市场化的科技成果转移转化机构，统筹科技成果转移转化与知识产权管理职责和市场运营。探索科技成果转移转化有效机制与模式，建立职务科技成果披露与管理制度，培育一批提供专业的价值判断、专利保护、需求对接、法律和财务谈判等服务的国家技术转移服务机构。

完善区域技术转移服务体系。鼓励地方政府推进金融服务、政务服务、法律服务改革，为装备制造业科技成果转化营造良好环境。鼓励地方构建区域技术交易网络平台，加强不同服务平台间的资源对接，实现信息共享、成果共用、效益共享。在区域技术交易网络平台上，探索建立装备制造业科技创新信息共享板块，充分汇聚科技政策、需求和资源，以及研发导向、交流项目、科技成果等信息，实现产业资源、技术项目金融资源、创新服务资源的整合。①

（四）加快重大科技创新平台建设

发挥政府统筹作用。完善协调推进机制，充分发挥政府统筹规划能力，加强重大规划、重大政策等全局性工作的谋划指导，协调多方资源协同推进装备制造业重大科技创新平台建设。建立供需对接协调机制，协调落实。加大重大科技研究投资力度，发挥国家财政主导作用。

推动发展战略咨询常态化。加强国家层面的装备制造业重大科技创新发展战略研究和决策咨询工作，协助推进平台建设工作。以现有咨询委员会为基础，适时构建具有固定任期的常设咨询机构，形成常态化的咨询工作机制，定期对全国重大科技创新平台发展状况及管理运行工作进行评估，及时对存在的问题提出改进建议；适时对平台建成后的后续发展需求，提出建

---

① 申轶男、李岭、李宪振：《基于多主体协同创新的科技成果转化模式研究》，《科技与创新》2017年第19期，第22~25页。

议；组织开展新建重大科技创新平台的规划论证和评审，提供咨询意见和建议。

（五）构建多层次区域创新体系①

加大区域创新生态体系建设。通过分析区域装备制造领域创新发展不平衡不充分的现实表现，以问题为导向，结合区域装备制造业发展着力点，构建开放式合作网络和创新体系。探索市场化的区域创新体系模式，发挥企业或民间中介组织等市场力量推动区域创新体系发展。地方政府应在创新基础设施和科技平台建设、科技专项攻关等方面给予适当政策倾斜。

依据区域创新水平制定技术进步路径。依据区域创新水平制定装备制造业技术进步路径，以应对该产业创新增长与发展表现出的区域非均衡性问题。鼓励东部地区装备制造企业走自主研发之路，通过整合全球创新资源和高端要素，强化关键技术研发和基础研究，提升创新产出的国际竞争优势；对于中部地区装备制造企业来说，技术进步路径应以外商直接投资与模仿为主；西部地区装备制造企业应以国内技术引进与模仿为主；中西部地区装备制造企业继续加强技术引进和吸引外商直接投资，同时整合有限的创新资源，增强技术消化、吸收能力，充分发挥追赶效应，以积极支持有条件的企业逐步走上自主创新之路②。

（六）加大知识产权保护力度

目前，我国知识产权保护环境不优是阻碍装备制造企业创新的一大因素，高投入实现的创新成果很快被模仿，致使原创企业损失巨大，而加大知识产权保护力度，发挥政府政策扶持与引导作用，能够为企业创造良好创新环境，增强企业发展动力。

完善知识产权政策体系。深入实施知识产权战略行动计划，完善知识产

---

① 《构建有利于新兴技术突破的区域创新体系》，《中国发展观察》2018年第13期。
② 刘冬冬、董景荣、王亚飞：《行业特征、要素禀赋结构与技术进步路径选择——基于中国装备制造业的实证检验》，《科研管理》2017年第38卷第9期，第132~141页。

权管理体系，提高知识产权创造、运用、保护和管理能力。例如，重点调整使用新型专利制度，取消实用新型专利数量激励政策，降低实用新型专利在国家专利制度体系中的比例和数量①。完善知识产权转让制度规定，避免企业拥有的知识产权被用户企业或者外部聘用的研发人员"侵权"，鼓励装备制造企业知识积累和声望积累。

加强知识产权监测审核。强调科研原创性和独特性，特别是核心关键技术研发。强化专利评价质量导向，通过专利申请质量实时监测、完善知识产权统计体系，及时掌握政策导向效用，以适时调整方向，引导创新主体创造更多技术含量高、市场效益好的高质量专利。建立专利高质量审查制度，实现专利高水平创造、高质量申请、高标准审查以及高规格授权，不断提高专利质量。

切实提高侵权成本。在全社会牢固树立知识产权保护意识。进一步完善和推广知识产权法院试点，特别要提高对反复侵权、恶意侵权行为的处罚力度，以发挥知识产权司法保护的主导作用。提高装备制造类侵权案件处理效率，做到违法必究。

提高知识产权服务能力。支持地方政府强化知识产权基础能力建设，支持建设知识产权公共服务平台，开展"互联网＋知识产权"服务，完善可以开展专利技术展示交易中心和专利信息服务平台的公共服务网络，提升知识产权服务业集聚区综合服务能力。

二 深化金融体系改革，增强金融服务实体经济能力

（一）大力发展科技金融

为助力装备制造中小企业科技创新发展，解决其融资难问题，落实中央

---

① 毛昊、尹志锋、张锦：《中国创新能够摆脱"实用新型专利制度使用陷阱"吗》，《中国工业经济》2018年第3期。

鼓励科技金融促进装备制造业中小企业技术创新融资新发展的政策，建议在以下几个方面加快改革。

创新科技金融服务方式。顺应当前国家科技、金融与产业加速融合的发展趋势，鼓励科技金融服务企业整合区域内外金融资源，在推动行业资源整合、产业升级、创新商业模式探索方面，形成品牌影响力，打造科技创新投资孵化品牌服务，服务实体经济发展，助推装备制造中小企业科技创新，加快产业转型升级。

建立创投产业集聚发展环境。发挥股权融资和风险资本助推科技型装备制造中小企业创新作用。研究出台促进股权投资业发展的政策办法，完善促进股权投资机构注册和发展的便利机制和优惠措施。依托政府引导基金和重大创新平台或科技园区，吸引行业经验丰富的优秀投资管理机构合作设立基金，促进创投业集聚发展。引入政策性银行资金等引导基金适时增资机制。完善政府引导基金利益让渡政策。

构建科技保险制度体系。推行政策性科技担保，加强科技保险建设，健全风险共担机制。研究出台关于支持科技保险发展的工作意见。支持知识产权保险、产品研发责任险、关键研发设备险、成果转化险、"首台套"产品质量保证保险、重大装备产品责任保险等产品创新。推出"领军人才保险计划"，建立科技保险奖补机制。①

（二）加快发展普惠金融

加快发展普惠金融，为广大中小装备制造企业创造同大型企业同等的金融服务权力、机会，为其提供价格合理、反应及时的金融服务。

完善监管体制和征信体系。立足当前我国市场发展形势和金融市场环境，完善普惠金融法律体系，适应普惠金融业务未来发展，以发展政府积极引导激励作用。同时完善征信体系，利用互联网与大数据推进信息共享机制

---

① 吴妍妍、刘言、徐声浩：《科技金融发展实证分析与政策研究——以合肥与长三角若干城市的比较为例》，《中国经贸导刊》（理论版）2018年第11期。

建设，助推各征信机构间加强合作和交流，实现征信平台间信息共享，提高信息采集和处理的效率，推进普惠金融健康的发展。

制定差异化普惠金融发展战略。根据我国不同地区经济发展和资源禀赋情况，因地制宜制定适宜装备制造业中小企业的普惠金融发展规划。其中，东部地区可以通过增加融资渠道和降低融资门槛来扩大金融市场规模，通过开发新产品、新服务，提高普惠金融的受众及便利性。中部和西部地区则应加强金融基础设施的建设，通过增加金融基础设施，丰富金融产品和服务，提升金融普惠度[1]。

继续推进数字普惠金融发展。在数字普惠金融发展呈现出从东到西逐渐递减的区域格局的基础上，支持各地政府部门因地制宜，制定数字普惠金融差异化发展政策。鼓励运用数字技术推动普惠金融持续发展，改变金融服务方式，提高金融的可普及性，让金融服务辐射到更多的地方，覆盖到更多的装备制造企业。同时，促进金融和互联网知识普及，加强宣传，提高互联网金融知识的普及程度，使更多的企业愿意参与到普惠金融活动中，也提高人们防范金融风险的意识。

（三）积极发展绿色金融

完善绿色金融运行政策体系。探索提高绿色 GDP 在地方政府政绩考核中的权重，激励各级地方政府根据当地实际情况，发展绿色金融，支持绿色技术创新，激发装备制造企业活动。发挥财政引导作用，通过对开展绿色金融的金融机构和装备制造企业给予税收减免、财政贴息等优惠政策，引导资金流向。加强监管执法，严格落实绿色金融业务细则，通过信息公开和舆论监督来强化约束，保证绿色金融有序发展。

推进绿色金融评估标准化。金融监管部门应系统梳理现有绿色金融标准，在全国范围内建立统一的绿色金融界定标准，制定获取国内外投资者广

---

[1] 钟润涛：《中国区域普惠金融发展实测及经济影响研究》，《技术经济与管理研究》2018 年第 2 期，第 85~89 页。

泛认可的绿色金融认证机制，以降低因标准不清增加的绿色金融工具发行成本。从涵盖装备制造项目全过程着手，完善投融资主体环境审查评估及风险管理程序性标准。同时，根据装备制造行业特征，制定环境风险评估标准和操作指南，提供量化指标依据。

鼓励绿色金融业务全面化发展。规范绿色信贷业务，完善信贷业务体系和风险管理框架，以调控装备制造领域投资重点和方向，实现产业结构调整；加强绿色信贷风险动态评估与分类，切实将绿色信贷落到实处。支持绿色基金发展，鼓励地方政府设立企业绿色投资引导基金，重点加强先进装备制造领域绿色产业发展，为其提供充足的融资手段支持。加快绿色保险市场发展，在险资金资本存量大、现金流稳定、存续期长的前提下，向重点绿色项目提供优质资金。依托深圳、北京、天津、上海等碳排放权交易试点，逐步建立全国统一的碳交易市场，推进碳金融产品和融资模式创新，促进低碳经济发展。

实现绿色金融风控常态化。建立绿色金融风险防范机制，加强绿色金融发展监管。制定绿色融资审查体系，严格监督资金的使用方向和影响结果，确保绿色融资资金投向真正的绿色项目上。依法建立绿色项目投资风险补偿制度，通过保险体系分散金融风险。依托绿色金融信息交流平台，解决市场信息不对称问题，提高防范信用风险和流动性风险的有效性，加快绿色金融助力装备制造业绿色发展的进程。①

三 加快实施人才战略，筑牢人力资源的支撑能力

目前，我国装备制造业一批关键技术和装备实现突破、企业竞争力不断增强、产业集群逐渐壮大，以及产业生态体系不断完善，但是，装备制造业客观上仍存在经营运行下行压力大、技术创新有待突破、产业结构不平衡等问题，究其根本原因，仍源于人才不强，要加快实施人才战略，健全由企业

---

① 安国俊、敖心怡：《中国绿色金融发展前景》，《中国金融》2018年第2期，第47~49页。

家、高端人才、高技能人才、经营管理人才、创业人才构成的装备制造业人才网络体系，以筑牢人力资源的支撑能力。

（一）保护企业家精神

健全公平公正的产权保护制度。健全激发和保护企业家精神的制度基础，通过产权保护制度切实维护企业家产权权益。建立产权保护体系，强化法律责任认定，提高判决和仲裁的执行效率。以切实保护创新成果为方向，不断提高知识产权保护水平，如缩短专利申请周期，根据装备制造业各行业发展规律和技术特征施策，通过公布典型案例加强司法和执行的透明度等。加强与国际法律法规体系衔接，更好地维护我国装备制造企业家"走出去"。

建构多方保护企业家产权权益的协同治理体系。将政府、企业和社会组织等机构纳入产权保护框架，以开放合作的形式共同构建多组织协同治理体系，依靠更多社会和市场力量形成企业家合法产权事前保护机制。发挥行业协会、商会和企业家联合会等民间组织力量，探索行使公共服务职能可能性，开展产权保护法律法规宣传、解决等事宜，协助解决企业产权纠纷问题、保护企业家产权利益，提高企业家对产权事前保护的认知和实践能力。鼓励行业自治组织开展产权纠纷解决业务，以及时有效的解决装备制造业企业的产权纠纷问题。

（二）加强高端人才激励

健全人才评价体系。建立和完善人才分类评价体系，突出中长期目标导向，注重研究质量、原创价值和实际贡献，如突出高端人才创新的评价标准和制度，细化对一线关键技术研发骨干创新价值评价标准、创新激励力度等。完善职位体系，建立与职务晋升通道相匹配的专业技术职务晋升通道，形成多渠道高端人才分类培养机制。同时，鼓励装备制造企业在创新考核方面要宽容失败，由于装备制造类技术创新充满不确定性，短时间内难以出成果，宽容失败有利于企业开展技术领域的探索。

构建多元化激励政策。推进科研人员薪酬制度改革，在收益分配上充分体现知识和创新的价值。通过实行稳定工作制度及建立合理工资增长机制激励从事基础研究的科研人员；重点从提高科研人员对科研成果转化收益的分配权着手，通过提高分配力度激励从事应用技术研发的科研人员；引入市场评价的分配方式更适用于激励从事科技服务的专业技术人员。还可以探索建立协议工资制、项目工资制等多种收入分配形式。落实股权激励政策，明确职务科技成果股权与激励对象、方式、条件和程序，特别是要细化落实国有企业和公立研究机构的股权激励政策。此外，要积极发挥地方政府作用，完善有关高端人才户籍居住、上学就医等激励政策。

（三）大力培育高技能人才

进一步深化教育体制改革。以培养创新型人才、专业技能人才为目标，深化教育体制改革，加强产教融合、校企融合培养适合装备制造企业发展的人才。依托公共实训基地、知名企业和职业院校实训基地等平台，鼓励社会各方资源建立多层次实训体系。其中，政府依托校企合作公共实训基地，发挥专项资金支持作用，推进职业教育培训与岗位开发相结合，加强高技能人才和复合型技能人才的培养。支持符合条件的企业设立技师工作站，实现高技能人才、专家及其创新团队与企业的对接，有效发挥高端人才在企业重大研发项目、高技能人才培养方面的作用。支持职业院校建设优质资源共享的现代化装备制造业实验实训基地，实现教学、科研、技能鉴定等资源的整合。

完善高技能人才培养激励机制。一是建立多元评价机制。进一步加强对高技能人才培养的规划指导，依托装备制造业大中型企业，结合市场需求，探索建立符合高技能人才成长规律的多元评价机制，形成社会化职业技能鉴定、企业高技能人才评价、行业协会制定专项职业能力考核办法的评价体系。二是发挥技能竞赛促进人才培养质量提升的作用。一直以来，世界技能竞赛、全国职业院校技能竞赛为社会和企业培养、锻炼高技能人才提供了重要平台，装备制造产业应以此为契机，联合行业、装备制造企业、高职学校共同打造装备制造业高技能人才选拔平台，尤其是针对高端装备制造业开展技能竞赛，引导和鼓励广大企业职工和院校学生积极参加岗位练兵和技能竞赛活动，助力优秀高技能人才脱颖而出。

（四）鼓励青年人才创新创业

发挥资本支持作用。以先进制造产业投资基金、国家集成电路产业投资基金为依托，结合资助、股权、债权、可转债等多种形式，为进一步迈向成熟的青年企业家提供支援，帮助初创企业成长。此外，在发挥国有产业基金资助杠杆价值的基础上，引导更多风险资本进入装备制造业投资领域。鼓励基金协会为资助者搭建装备制造业伙伴协创平台，为过往受资助企业以及企业界、学术界、金融界等领域专家搭建关系网络，加强与国内外标杆"孵化器""加速器"等交流与合作，并给予获资助项目全方位支持。

分担青年人才创新创业风险。探索建立多主体参与、共担风险的机制，形成可持续合作模式，通过资本金补充、担保费补助、风险补偿、贷款贴息等方式对金融机构担保青年人才贷款发生的风险给予合理补偿，引导和支持青年人才创新创业活动。支持保险机构创新保险产品，如通过投资创业投资基金、设立股权投资基金或者与国内外基金管理公司合作等方式，分散青年人才创业风险。

（五）加大企业经营管理人才培养力度

加大培训力度，提升企业经营管理人才队伍综合能力。依托培训机构和大型企业，建立市场化运作、企业化运营、政府补助相结合的运营模式，为企业家学习交流提供平台。整合企业家培训各类资源，依托党校、行政学院、重点高校等培训机构，支持建设一批有影响力的企业家培训基地。并与国内外著名高校、专业机构和知名企业建立合作，定期选派优秀企业管理人员进行学习研修与高层次、国际化系统培训，以培养和提高企业家创新发展、决策管理、资本运作、市场开拓和国际竞争能力。突出抓好青年企业家培养，实行青年企业家培养"导师制"，依托导师所在企业建立青年企业家培育中心,为优秀青年企业家到国内外卓越企业考察、学习和实践锻炼创造条件。

四 加快构建促进协同发展的体制机制和政策体系

(一)深化"放管服"改革

加强产品质量监督。应充分发挥机械工业联合会等行业组织作为第三方的监管力量,严格规范质量、安全、环保、能耗等行业质量标准,使质量标准管理更符合资源环境变化和消费升级需求。探索建立"政府+市场"协同的标准制定模式,通过构建装备制造业发展质量标准体系,发挥标准在产业转型升级、迈向中高端的引领作用。强化企业质量主体责任,支持企业开展"品质革命",实施以质取胜战略,实现从产品制造向精品制造转变。

推进企业诚信体系建设。诚信是企业立足之本,通过推进企业诚信体系建设,营造规范的经济秩序、良好的投资环境和诚实守信的经营氛围。加强信用法制建设,全面建立守信激励和失信惩戒制度,加强执法力度,坚决打击制售假冒伪劣行为。健全企业信用信息的征集和披露,培育和发展信用服务市场。鼓励和支持企业加强信用管理,促进企业间开展公平竞争。

建立政务服务考评制度。通过对政府政务服务工作进行考评,切实落实"放管服"改革。将考评业务分为办理审批服务事项、网上政务服务工作、政务服务管理工作等以增强考评的可操作性、准确性和客观性。同时,委托第三方机构开展服务对象满意度调查工作,对政府工作人员履职情况和管理服务进行评价,以此改进政务服务质量,为装备制造业企业提供高效便捷的服务。

(二)放宽市场准入限制

深化重点产业部门的对外开放。从长期来看,装备制造业中高技术产业对外资的吸引力仍然较强。各地方政府应在对外开放指导性文件的规范下,根据地方产业部门特色优势出台本区域产业深化开放的新政策，根据产业结构升级的特点，调整外资准入目录，扩大高技术产业市场准入。一是要升级装备制造业传统制造环节，鼓励外资投入航天、船舶、数控机床、新能源汽车等技术含金量高、具有高附加值的高技术制造业环节；二是要鼓励外资向生产性服务业流入，优化产业发展格局，为装备制造业发展提供高质量保障服务。

加强外资安全审查。在现有对外资并购交易安全审查范围的基础上，增加外资安全审查范围兜底条件，增强制度弹性，以应对科技进步和产业链延长出现的新兴行业对国家安全的冲击。优化外资安全审查部际联席会议机制，实行责任落实到位的工作机制，解决现有的双部门牵头机制容易导致分工模糊、互相推诿的问题。增加专家咨询委员会模式，根据对外并购案件所属行业的性质聘请专家，对并购交易潜在安全问题进行深入分析，提出咨询意见，提高审查质量。

（三）健全要素退出机制

通过优胜劣汰竞争机制，使劣势装备制造企业要素退出而流向优势企业，提升整个行业发展效率。放开市场竞争，防止地方保护和行政干预主义，建立劣势企业正常退出机制。建立强制退出机制，强制将严重违法失信企业清退出市场，依法取缔节能环保、安全生产、工程质量不达标的企业，吊销相关证照。完善破产制度，鼓励劣势企业通过兼并重组、债务重组、破产清算等方式进行资产重组，寻找新的发展机遇。

（四）强化财税激励约束机制

不断提高财政税收透明度。破除制度阻碍，健全法律法规。在现行制度的基础上，结合我国国情，进一步制定并细化《预算法》等相关法律法规，增加政策落实依据。以立法形式界定保护国家机密和财政信息公开之间的"度"，规范政府行为，减少政府部门互相扯皮和推脱的可能性，避免出现冲突。同时，健全政府预算公开载体，继续加大政府门户网站的建设与规范，运用新媒体加大政府信息公开力度。制定财政透明度评估框架，由独立第三方负责具体运行，定期评估，将形成的评估报告向社会发布。从而推进"阳光财政"的建设。

探索建立地方财政破产和追责制度。建立地方政府破产制度，明确政府决策责任分级模式，限制政府过度举债谋发展，在财力允许范围内开展工作，助力城市可持续发展，也实现风险的局部隔离。完善干部考核和选拔制度，探索加入财政管理绩效指标，以约束政府财政运营。此外，探索建立通过金融市场提高地方政府财务信息透明度的制度，在地方政府破产和财务重组的过程中实现利益分配和责任分担，也助推政府重视风险信用评级，以提高融资能力，确实发挥市场约束作用。

（五）加快国有企业人事制度改革

加快推进国有企业人事制度改革。坚持公开、竞争、择优原则，健全完善岗位设置、竞争上岗、动态调整等管理办法，形成权责明确、机制灵活、监管有力的人事管理制度体系。探索构建国有企业经营管理人才胜任力模型，为选拔使用和交流调整明确标准，提供依据。完善国有企业职业经理人制度，全面引入竞争机制，新出缺经理层人员原则上实行市场化选聘，加快推动现有经理层人员转换为市场化身份。健全经营管理者聘任制、任期制和任期目标责任制，全面实行契约化管理。畅通国有企业人员退出机制，使企业员有序进退、正常更替。强化对各级经营管理者绩效考核结果的运用，促进经营管理人才合理流动、优化配置。注重加强对优秀后备经营管理人才的使用。

行 业 篇

Industry Reports

B.5
电工电器行业研究

聂喜荣 李 鹏*

摘 要: 本章梳理了2017年国际电工电器行业的发展现状与趋势,研究分析了我国电工电器行业的技术水平、发展规模、产业结构、运行情况以及进出口贸易,总结了电工电器行业主要问题和发展前景。分析表明,2017年我国电工电器行业规模总体呈稳步增长态势,国际与国内市场均表现良好,但盈利能力略有下降。虽然在部分领域取得技术突破,但是电工电器行业在部分高端技术装备领域与国外先进技术依然存在差距,高科技人才不足,行业集中度较低。因此,本章建议加强行业监督,制定行业发展相关政策,强化行业发展规划、信息

---

* 聂喜荣,硕士,助理研究员,现任职于机械工业经济管理研究院工业工程所,主要从事工业工程方面研究。李鹏,副研究员,机械工业经济管理研究院工业工程所所长,主要从事工业工程方面研究。

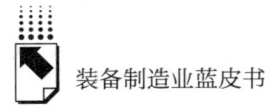

收集管理,增加技术研发投入,建立完善的管理机制,促使我国电工电器行业稳步健康发展。

关键词: 电工电器行业　运行情况　发展前景　发展建议

一　电工电器行业定义和分类

(一)定义

电工电器行业涵盖国民经济装备制造业重要的支柱行业,如发电、变电、输电、配电、用电设备和电工器材以及各种特殊用途电气设备等行业。产品有关能源的利用与开发,电能的生产、输送、转换及电能的使用等整个电能流程系统①。

(二)分类

按照目前机械工业信息中心统计系统的分类,电工电器行业分为25个子行业,与《国民经济行业分类与代码》(GBT 4754 – 2011)中对应的行业代码及类别名称如表1所示。

表1　电工电器行业分类

中类代码	类别名称	小类代码	类别名称
307	陶瓷制品制造	3072	特种陶瓷制品制造
309	石墨及其他非金属矿物制品制造	3091	石墨及碳素制品制造
341	锅炉及原动设备制造	3411	锅炉及辅助设备制造
		3413	汽轮机及辅机制造
		3414	水轮机及辅机制造
		3415	风能原动设备制造
		3419	其他原动设备制造

---

① 赵霞:《电工电器工业行业现状分析》,《机械工业标准化与质量》2011年第12期。

续表

中类代码	类别名称	小类代码	类别名称
342	金属加工机械制造	3424	金属切割及焊接设备制造
346	烘炉、风机、衡器、包装等设备制造	3461	烘炉、熔炉及电炉制造
		3465	风动和电动工具制造
356	电子和电工机械专用设备制造	3561	电工机械专用设备制造
381	电机制造	3811	发电机及发电机组制造
		3812	电动机制造
		3819	微电机及其他电机制造
382	输配电及控制设备制造	3821	变压器、整流器和电感器制造
		3822	电容器及其配套设备制造
		3823	配电开关控制设备制造
		3824	电力电子元器件制造
		3825	光伏设备及元器件制造
		3829	其他输配电及控制设备制造
383	电线、电缆、光缆及电工器材制造	3831	电线、电缆制造
		3832	光纤、光缆制造
		3833	绝缘制品制造
		3839	其他电工器材制造
384	电池制造	3849	其他电池制造

资料来源：国家统计局《国民经济行业分类与代码》（GB/T4754-2011）。

二 国际电工电器行业发展概况

（一）国际电工电器行业发展现状

1. 市场现状

（1）电工电器行业市场发展平缓，新增装机量小幅增加

2017年，我国全社会用电量同比增长6.6%，且超过6.3万亿千瓦时。全国各类电力装机量基本保持平稳，总体有小幅增加。火电、风电、水电、核电装机量与太阳能发电分别为11.06亿千瓦、1.64亿千瓦、3.41亿千瓦、3582万千瓦与1.30亿千瓦，占比分别为62.24%、9.21%、19.20%、

2.01%与7.33%,太阳能及风电发电装机量同比小幅增长,核电装机量与上年基本持平,火电和水电装机量有小幅下降(见表2)。

表2 2017年中国电力市场装机情况

发电方式	装机量(亿千瓦)	装机量占比(%)	装机量同比变化(%)
水电	3.41	19.20	-1
火电	11.06	62.24	-2
核电	0.36	2.01	基本持平
风电	1.64	9.21	0.2
太阳能发电	1.30	7.33	2.6

数据来源:国家能源局。

截至2017年,我国新能源发电总体装机容量和单项装机容量(即风电、水电及太阳能发电等)均位于全球榜首。2017年,全国发电能力不断持续高速上升,有1.34亿千瓦新增产能。据中电联统计,年度产能增量在2017年创下历史新高,成功突破2015年年增1.32亿千瓦的纪录。

2017年,欧洲发达经济体及日本等地区电力需求呈现小幅萎缩,美国电力需求小幅增长,直接导致发达经济体对电力生产设备需求下滑。新兴经济体的中国、东盟正在进行的城市化及偏远地区、农村地区电力基础设施建设推动电工电器行业产品需求的增长;印度、孟加拉国、土耳其等国正大力发展国内经济,年均增长在4%以上,推动国内电力需求增长在5%以上,直接拉动对电工电器行业产品的需求增长;非洲大陆2017年经济增长在3%左右,推动电力需求稳步增长。新兴经济体电力需求的持续增长,拉动了与电力供应紧密关联的全球电工电器行业增长。

(2)太阳能发电装机高歌猛进,其他装机增长普遍收缩

太阳能发电装机量在2017年增长5394万千瓦,相比2016年装机增量高出2000万千瓦以上,优于火电成为单一发电增长最大的品种。

对于其他种类装机量普遍是在收缩。风电曾经与太阳能发电同样"风光无限",然而在2015年达到装机量历史高峰3139万千瓦后,装机量逐年下降,且装机量不到1/3的同年太阳能发电增量。核电则同样进入愈来愈低

速增长通道，全国核电装机在所有发电种类中增量最小，合计过去十年新增2600多万千瓦，不及太阳能发电2016年一年的增量，2017年仅218万千瓦投产容量，为2012年以来新增发电能力最小的年份。

（3）全球风电得到快速的发展

在全球将风能作为可再生能源，并进行大规模开发利用的背景下，全球风电得到快速的发展。风电市场的大规模、迅速的发展，推动了风电整机商的发展。2017年全球风电整机商新增装机容量达51.6GW，其中前15强企业市场占比达到了90%，全球风电整机市场集中度正呈现进一步提升的趋势。

从企业具体情况来看，2017年SGRE（西门子歌美飒）创建新增装机容量峰值，通过新增装机容量含8.8GW从而拔得头筹。在四个市场（即德国、英国、印度及美国市场）收获超过1GW新增装机容量，充足应用歌美飒在陆上与新兴风电市场的优势以及西门子在海上风电市场的霸主地位，再次反映兼并带来的竞争优势。在多数区域市场SGRE名列前茅，由此在世界排行上超越Vestas。

我国风机制造龙头企业金风科技在本土市场仍保持领先地位，尽管海外新增装机容量不足330兆瓦，但整体表现优异，赶超通用电气（GE），位列第三。在2017年全球风电整机商前15强中，中国共有7家风电企业入围。分别为金风科技、远景能源、联合动力、明阳智能、海装风电、上海电气和华创风能，中国风电整体企业竞争力进一步增强。

（4）电线电缆行业迅速发展

前瞻产业研究院发布的《电线电缆行业市场需求预测与投资战略规划分析报告》数据显示，2017年中国电线电缆行业规模达到1.2万亿元，较2016年同期增长6.30%，行业市场规模保持快速稳定增长，电线电缆的产销量超越美国达到世界第一。

以"高能效、低损耗"为主要特征的高压、超高压输电方式已成为电力行业发展的必然方向，由于其"大容量、高可靠、免维护"等方面的众多优势而被大量应用在长距离、大跨度的输电线路中，高压、超高压电力电缆逐渐替代中低压电力电缆是行业发展的必然趋势。

2. 技术现状

（1）发电设备

①化石能源发电设备

超超临界燃煤发电机技术作为燃煤发电的先进技术，在国内外都得到了快速发展。超临界发电技术最早在美国诞生，19世纪60年代全球第一台超超临界参数机组在美国投入运行，最大单机容量1300MW。日本的超临界机组技术来自欧美，超临界机组占高于60%的常规火电机组装机容量，容量机组超过45万千瓦都采用超临界参数。超临界机组在俄罗斯有200多台，超过50%的总装机容量，其中采用超临界参数为超过30万千瓦的容量机组。俄罗斯的超临界技术主要为独立自主研发，通过长期技术积累，初步构建了比较完善的产品体系与超临界技术。

②清洁能源发电设备

水力发电方面。混流式水电机组适宜于中高水头，且运行稳定，结构紧凑，平均效率较高，是超大容量水力发电机组主要的选择样式。目前世界上单机容量最大的混流式水电机组在中国向家坝水电站，单机容量80万千瓦，转子直径18.97米，重1976吨，额定电压23千伏，额定电流22.313安，定子机座外径21.073米，内径19.488米，高6.325米。

核能发电方面。核电技术的开发与核电站的建设开始于20世纪50年代，核电技术目前已经发展到第四代。世界上商业运行的四百多座核电机组绝大部分采用第二代核电技术。第三代核电技术安全性和经济性均较第二代有所提高，核电站反应堆堆型有多种，但在技术上都必须满足美国URD文件或者欧洲EUR文件对安全性能的要求，第三代核电技术正被越来越多的国家采用。在防止核扩散方面第四代核电站标准更高，处于原型堆技术研发阶段。

其他再生能源发电方面。风力发电发展迅速，全球风电累计装机前三名分别是中国、美国、德国。风力发电机组的发展呈现大型化的趋势，单机容量不断增大，目前最大的风力发电机组是三菱维斯塔斯生产，最大输出功率8.25兆瓦。据全球风能理事会统计，2015年，全球风电产业新增装机达到

63013兆瓦,同比增长22%。全球风电累计装机容量达到432419兆瓦,同比增长17%[①]。太阳能发电技术在安全性和环保性方面比其他发电技术更有优势,太阳能已成为增长最快的清洁能源。太阳能发电技术分为太阳能光伏发电和太阳能光热发电。

(2) 输配电设备技术稳定发展

输配电技术作为电力输送及使用的重要组成部分,受到各国政府及相关企业的重视,输配电技术得到了稳定持续发展,新技术不断涌现,推动行业整体技术进步。近年来,对电力供应能力提高越来越强的增长需求,推动产生对长距离、跨地区、大容量输送电技术的需求,助推高压、特高压输电技术不断发展,带动了相关专利技术的不断涌现,催生远距离高压、特高压输电技术日益成熟,目前特高压输电网已经在我国建成。

(3) 电线电缆行业加快整合

2017年,我国质检部门加大了对电线电缆行业的监管,电线电缆行业加快整合,行业并购将继续深入,此外,铜、铝等主要原材料价格的上涨,使中小企业常常受限于企业现金流不足,资金管理难度和套保需求进一步增加,管理水平落后的企业会被加速淘汰。"一带一路"倡议为电线电缆行业带来难得的机遇,相关国家的电力建设需求将持续增长。

目前,国内市场亟须发展的产品品种是特种架空线、核电站电缆、低烟低卤和低烟无卤阻燃电缆、汽车用配线和高阻燃电缆。

(二)国际电工电器行业的发展趋势

1. 市场趋势

(1) 与可再生能源发电相关的设备生产将会持续增长

2016~2017年,诸多国家都在推动可再生能源行业的发展,各国政府积极制定本国的可再生能源发展规划,同时推出奖励政策推动本国可再生能

[①] 董骏城:《风电场超短期风电功率多步预测及可预测性研究》,东北电力大学硕士学位论文,2017年5月1日。

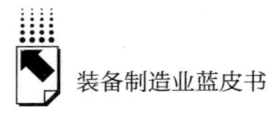

源行业发展。以欧盟为代表的西方发达国家，计划提升可再生能源在整个能源消费中的比重，将推动与可再生能源发电相关的设备生产持续增长。

（2）新兴经济体发展成为电工电器装备新引擎

新兴经济体经济处于起步阶段，电力基础建设相对落后，随着经济发展对电力需求会持续增长，缺电现象会越来越严重，会产生很强的电力基础设施建设的需求，亟待增加发电设备和加快电网建设，可新兴经济体国家由于经济和技术原因，一般电工电器行业没有很强的本土企业，这些需求就会转化为其他国家电力设备企业的市场。随着"一带一路"建设的推进，沿线国家大部分是新兴经济体国家，电力基础不能满足经济发展需求，同时经济合作中的跨境电力输送工程等都会给电工电器行业带来新增长点。

（3）发达经济体电网升级智能化改造产生新需求

欧美日等发达经济体政府对于环境保护和发展经济的考虑，积极制定可再生能源发展计划，大力发展可再生能源行业，这一方面增加与可再生能源发电相关设备需求，另一方面由于风能、太阳能等可再生能源提供电能的特殊性，原有的输配电网络不能很好吸纳产生的电能，需要对原有配电网络进行智能化升级改造，原有的输配电网络设备不符合智能电网技术要求均需更换，这会产生新的设备采购需求，推动与智能电网建设相关的电工电器产品需求持续增长，预计将是电工电器行业发展的新增长点。

2. 技术趋势

（1）清洁能源将会成为能源供应的重要组成部分

地球环境日益受到人类活动的干扰，气候多变、恶劣天气现象频繁、环境恶化现象加重等是世界各国经济社会发展面临的重大问题，能源危机和气候危机的来临，世界各国基本达成使用清洁能源代替目前占主导地位的化石能源，从根本上解决化石能源污染和温室气体排放。太阳能、风能等再生能源发电将会在整个能源体系中的比重越来越大，安全可靠的核能发电技术日益重要，使用清洁能源发电将是发展趋势。

（2）技术进步使光伏发电成本快速降低

2017年光伏发电在发电总量和质量上均有提升，弃光量和弃光率均有所下降，分布式光伏装机比例上升，光伏发电形式和光伏发电不断提升产品结构，显著改善高效组件比例。技术进步迅速降低了光伏发电成本，国内多晶硅片、电池片和组件的价格在 2017 年分别同比下降了 26.1%、25.7% 和 33.3%，光伏发电成本与组件成本已分别降至约 7 元/瓦、3 元/瓦，预计随着光伏技术发展，成本仍将不断下降。

三 我国电工电器行业规模分析

（一）工业增加值稳步增长

2017 年，我国电工电器行业大部分子行业的工业增加值增速稳步增长，其中陶瓷制品制造、锅炉及原动设备制造、电子和电工机械专用设备制造、输配电及控制设备制造和电池制造的增加值同比增速超过两位数，尤其是电池制造增加值同比增长 24.70%，比 2016 年同期增速提高 7.70 个百分点，是子行业中同比增幅最大和增速差最大的。石墨及其他非金属矿物制品制造及电线、电缆、光缆及电工器材制造的增加值增速放缓，分别同比增长 1.80% 和 2.40%，比 2016 年同期增速下降 11.20 个百分点和 6.30 个百分点（见表3）。

表3　2017 年电工电器行业增加值增速对比

单位：%

行业名称	2016 年	2017 年	增速差
陶瓷制品制造	9.00	12.80	3.80
石墨及其他非金属矿物制品制造	13.0	1.80	-11.20
锅炉及原动设备制造	10.20	11.00	0.80
电子和电工机械专用设备制造	9.40	16.10	6.70
电机制造	1.80	5.10	3.30
输配电及控制设备制造	11.70	12.50	0.80
电线、电缆、光缆及电工器材制造	8.70	2.40	-6.30
电池制造	17.00	24.70	7.70

资料来源：根据中国机械工业联合会机经网数据库数据整理。如无特殊说明，以下数据均来自机经网。

（二）资产规模先增加后降低

2017年，电工电器行业资产规模达到53791.68亿元，同比增加8.17%，按月份来看，总体前三季度保持平稳增长，第四季度有所下降，最大值为1～10月的54199.69亿元。每个月的资产规模同比增速前三个季度比较稳定，在第四季度同比增速下降（见图1）。

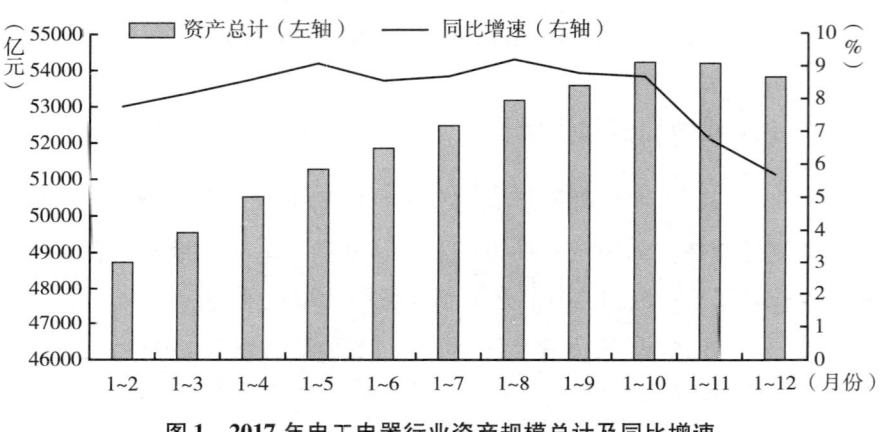

图1　2017年电工电器行业资产规模总计及同比增速

（三）电工电器大部分产品产量规模呈增加趋势

2017年，我国电工电器行业主要产品产量中大部分呈增加趋势，其中，燃气轮机、交流电动机、电焊机、电动手提式工具的同比增速超过两位数，燃气轮机产量增速最快，同比增速为23.43%，产量达3294236千瓦，而发电机组、工业锅炉和电站用汽轮机的产量同比下降（见表4）。

表4　我国电工电器行业主要产品产量及同比增速

产品名称	计算单位	2017年产量	同比增减（%）
发电机组（发电设备）	千瓦	118326964	-7.28
水轮发电机组	千瓦	11766743	-15.13
汽轮发电机组	千瓦	82129500	-5.77
风力发电机组	千瓦	17690137	-4.2

续表

产品名称	计算单位	2017年产量	同比增减(%)
工业锅炉	蒸发量吨	433675	-0.79
电站锅炉	蒸发量吨	388130	6.46
电站用汽轮机	千瓦	63127607	-18.63
电站水轮机	千瓦	2190239	5.03
燃气轮机	千瓦	3294236	23.43
交流电动机	千瓦	279181887	10.04
变压器	千伏安	1593501976	2.59
电力电缆	千米	49335983	5.01
电焊机	台	7948392	18.51
电动手提式工具	台	255971678	11.63

四 我国电工电器行业的运行情况

（一）总体运行情况分析

1. 主营业务收入上半年增长，下半年下降显著

2017年，电工电器行业累计实现主营业务收入56755.55亿元，同比增长9.40%。按月份来看，电工电器行业各月主营业务收入在11月份最低，为2840.80亿元，6月份最高，达6278.78亿元（1~2月为累计值）。各月主营业务收入同比增速上半年呈平稳增长趋势，下半年呈下降趋势，11月份同比增速最低，为-48.68%，5月份同比增速为全年最高，达到13.83%（见图2）。

2. 主营业务成本上半年缓慢增长，下半年下降迅速

2017年，电工电器行业累计主营业务成本48686.10亿元，同比增长9.54%。按月份来看，电工电器行业各月主营业务成本11月份最低，为2313.89亿元，6月份达到最高值5435.60亿元（1~2月为累计值）。各月主营业务成本同比增速的波动趋势和主营业务收入同比增速的波动趋势一

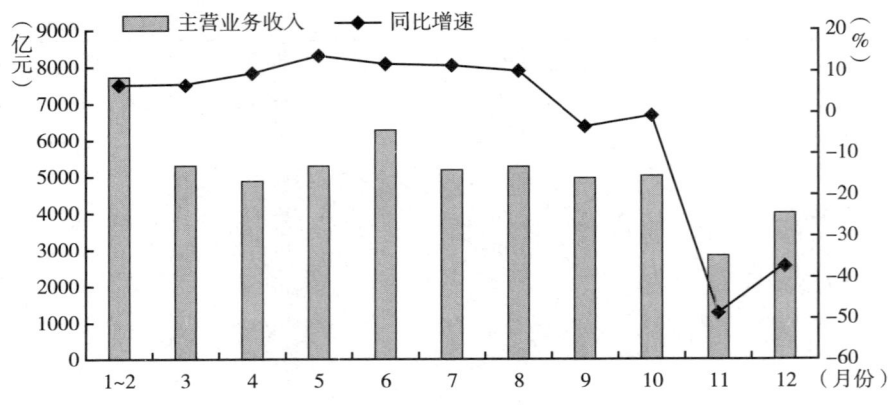

图2　2017年电工电器行业主营业务收入及同比增速

致,上半年呈缓慢增长,下半年呈下降趋势,11月份同比增速最低,为-50.66%,5月份同比增速为全年最高,达到14.05%(见图3)。

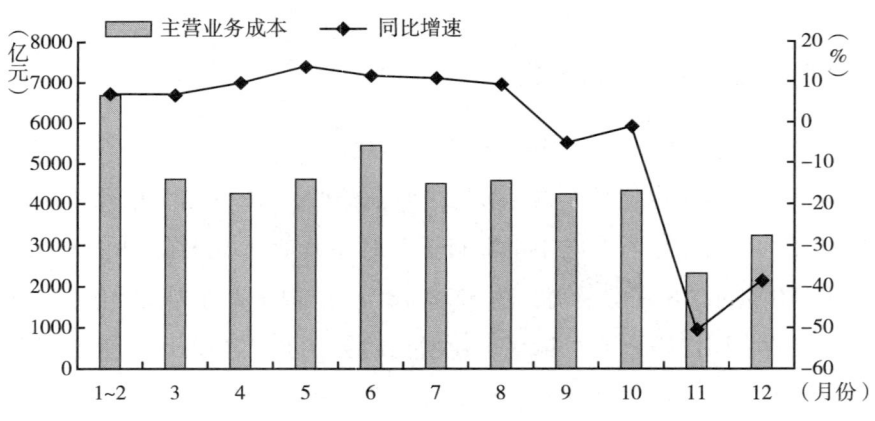

图3　2017年电工电器行业主营业务成本及同比增速

3. 各月利润总额同比增速波动较大

2017年,电工电器行业实现累计利润总额为3440.72亿元,同比增长7.66%。按月份来看,电工电器行业各月利润总额上半年有缓慢增长,下半年下降迅速,其中11月份最低,为209.13亿元,6月份达到最高值403.59

亿元。上半年各月利润总额同比增速比较平稳，前两个季度缓慢增长，下半年波动较大，其中8月份达到了全年最高的19.21%，最后一个季度持续下降，11月份达到全年最低的-50.50%（见图4）。

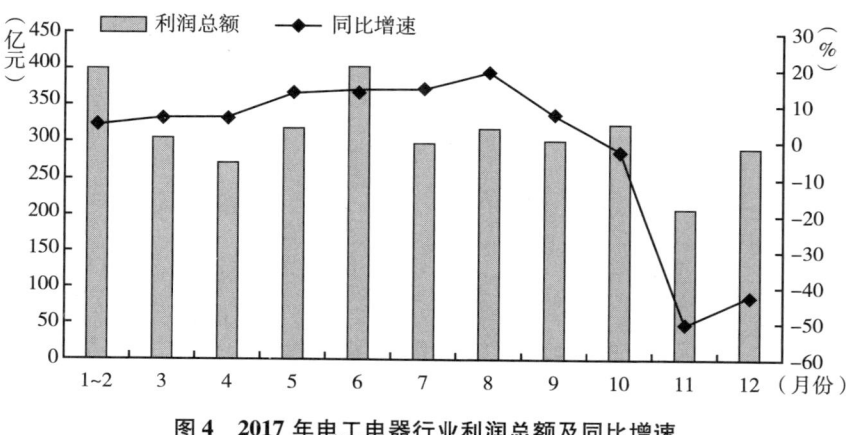

图4　2017年电工电器行业利润总额及同比增速

（二）营运能力略有降低

2017年，电工电器行业总资产周转率为1.06次，比2016年下降了0.09次。按月份来看，电工电器行业各月总资产周转率与2016年趋势一致，波动幅度比较大，最低达0.05次，最高为0.16次（见图5）。

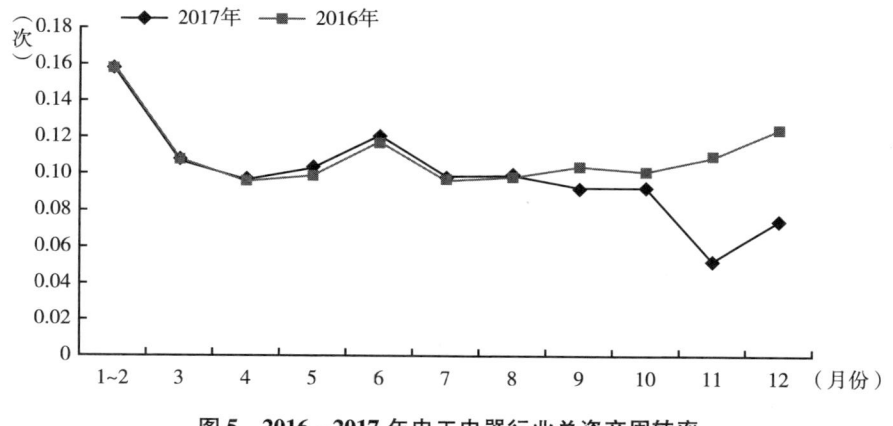

图5　2016~2017年电工电器行业总资产周转率

（三）盈利能力

1. 总资产利润率略有下降

2017年，电工电器行业的累计总资产利润率为6.40%，同比下降0.73个百分点。按月份来看，各月的资产利润率波动幅度小于2016年同期，前半年先下降后回升，4月份降为0.54%，全年的总资产利润率最高为1~2月的0.82%，最低为11月的0.39%（见图6）。

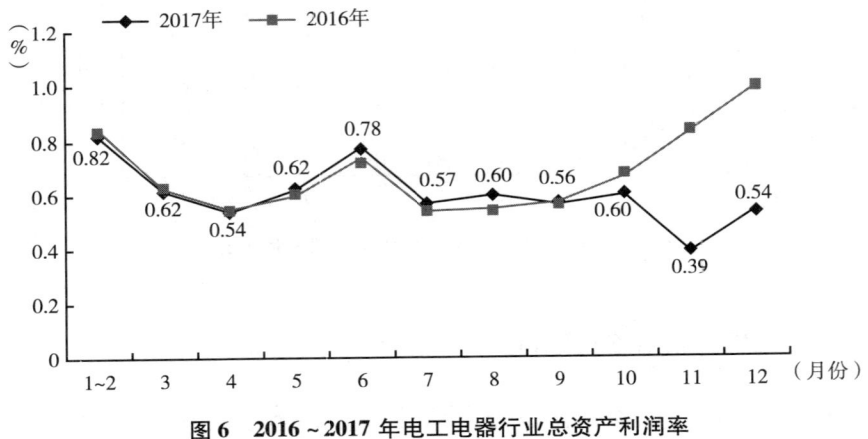

图6 2016~2017年电工电器行业总资产利润率

2. 主营业务成本率同比增加

2017年，电工电器行业的累计主营业务成本率为93.23%，同比增长了1.14个百分点。按月份来看，各月的主营业务成本率呈下降趋势，12月份更是达到了最低值93.23%，各月的主营业务成本率6月份前略高于2016年同期，6~9月，均低于2016年同期（见图7）。

（四）偿债能力略有提高

2017年，电工电器行业的资产负债率为54.12%，同比增长0.28个百分点。分月份来看，2017年1~10月的资产负债率低于2016年同期，电工电器行业各月的资产负债率比较平稳，11月份最大值为54.52%，12月份最低为54.12%（见图8）。

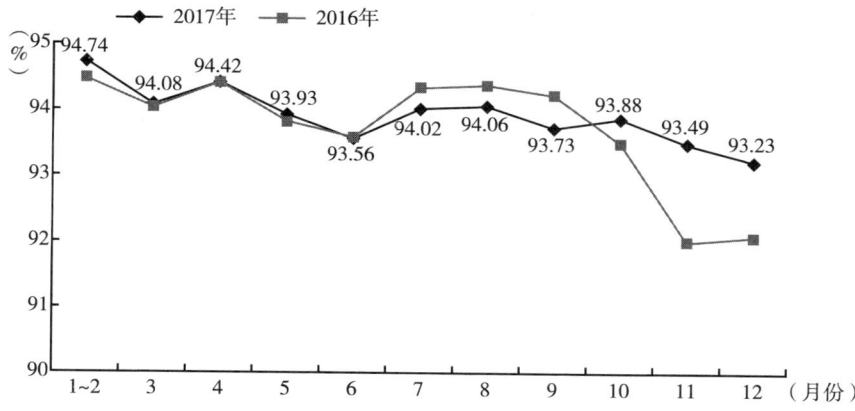

图7 2016~2017年电工电器行业主营业务成本率

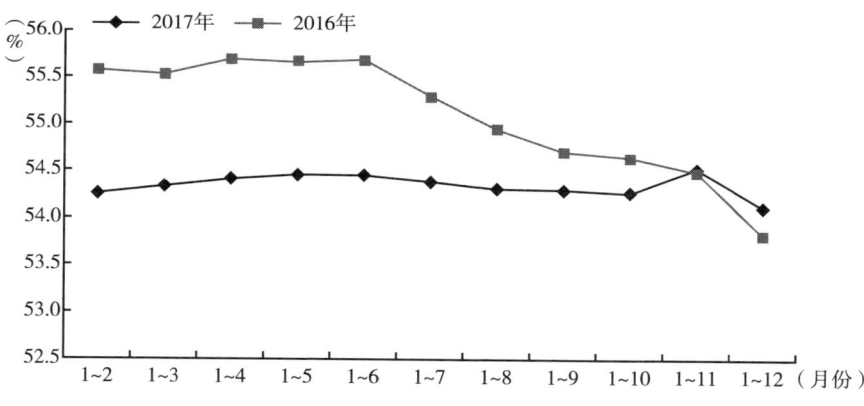

图8 2016~2017年电工电器行业资产负债率

五 我国电工电器行业产业结构分析

(一)细分行业结构

1. 主要子行业资产规模呈增长趋势

2017年,我国电工电器行业主要子行业资产规模与2016年同期相比均有显著增长。从占比看,电线电缆制造在我国电工电器行业中的比重最大,资产累计达8023.10亿元,占全行业的14.92%;其次为配电开关控制设备制造,占比为11.94%。从增速看,我国电力装备主要子行业中,发电机及发电机组制造同比降低0.04%,其他主要子行业均同比增加(见表5)。

表5　2017年我国电工电器行业主要子行业资产

细分行业	资产额(亿元)	同比增长(%)
风能原动设备制造	713.56	6.32
发电机及发电机组制造	4759.92	-0.04
变压器、整流器和电感器制造	4200.96	6.32
配电开关控制设备制造	6420.28	8.79
电线电缆制造	8023.10	6.45

2. 主要子行业主营业务收入有增有降

从占比看,2017年电线电缆制造在我国电工电器行业主要子行业中主营业务收入最高,占全行业的21.46%;其次为配电开关控制设备制造行业,占比11.02%。从增速看,电线电缆制造行业在我国电力装备行业子行业中主营业务收入增长最快,同比增长11.19%。风能原动设备制造和发电机及发电机组制造出现显著减少,同比分别下降9.78%、4.39%(见表6)。

表6　2017年我国电工电器行业主要子行业主营业务收入

细分行业	金额(亿元)	同比增长(%)
风能原动设备制造	435.40	-9.78
发电机及发电机组制造	3542.33	-4.39
变压器、整流器和电感器制造	4572.25	8.31
配电开关控制设备制造	6256.56	7.54
电线电缆制造	12179.83	11.19

3. 风能原动设备制造利润额下降显著

从占比看,2017年电线电缆制造在我国电工电器行业主要子行业中实现利润额最高,占全行业的16.99%。从增速看,风能原动设备制造利润额显著减少,同比下降36.54%,发电机及发电机组制造同比下降6.76%(见表7)。

表7 2017年我国电力装备行业主要子行业利润额

细分行业	利润额(亿元)	同比增减(%)
风能原动设备制造	20.20	-36.54
发电机及发电机组制造	172.87	-6.76
变压器、整流器和电感器制造	290.41	4.14
配电开关控制设备制造	479.37	5.96
电线电缆制造	584.58	3.56

六 我国电工电器行业贸易分析

(一)进出口规模同比增加

2017年,电工电器行业累计进出口总额1717.73亿美元,同比增长14.26%,占机械工业进出口比重的23.24%。其中,进口总额597.25亿美元,同比增长20.74%,占机械工业进口比重的18.33%。出口总额1120.48亿美元,同比增长11.08%,占机械工业出口比重的27.11%(见图9)。2017年电工电器行业进出口顺差523.23亿美元。

(二)一般贸易及加工贸易进出口均同比增加

2017年,电工电器行业一般贸易进出口总值864.68亿美元,同比增长12.77%,规模占全行业的18.37%。其中进口总额263.83亿美元,同比增长13.28%。出口总额600.85亿美元,同比增长12.54%。一般贸易累计实现顺差337.02亿美元。

2017年,电工电器行业加工贸易完成进出口总额71.05亿美元,同比

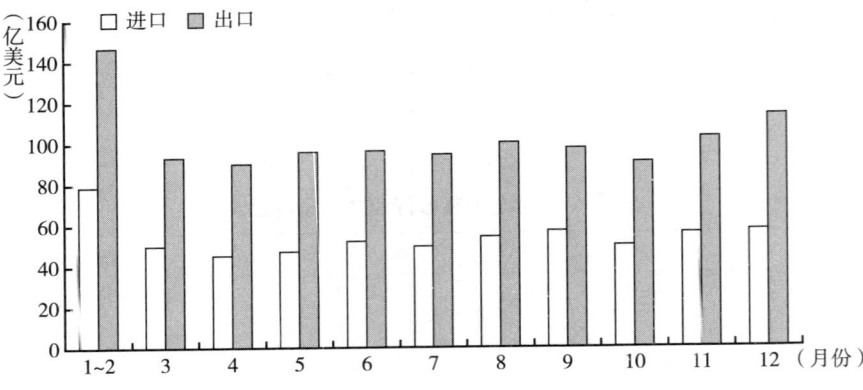

图9 2017年电工电器行业进口额及出口额

增长31.06%。其中累计进口总额20.65亿美元,同比增长21.40%,出口总额50.40亿美元,同比增长35.48%。加工贸易累计顺差29.75亿美元。

(三)进出口产品结构

2017年,电工电器行业主要产品累计进口额情况如下:高于100亿美元的有电力电子元器件及静止变流器和低压电器,电动工具进口额最小,仅为1.35亿美元(见表8)。

电工电器行业主要产品累计出口额如下:高于100亿美元的有电动机、电力电子元器件及静止变流器、低压电器、电线电缆,低压开关零件出口额最少,为36.78亿美元(见表8)。

表8 电工电器产品进出口情况

产品名称	进口金额（亿美元）	同比增长（%）	出口金额（亿美元）	同比增长（%）	贸易差额（亿美元）
变压器、互感器	29.86	0.64	40.63	5.07	10.77
电动机	45.83	2.90	115.96	5.19	70.13
中小电机	10.44	6.42	41.27	5.12	30.83
微分电机	27.42	3.71	59.75	5.21	32.33
电力电子元器件及静止变流器	109.48	—	130.15	—	20.67
低压电器	153.89	—	145.89	—	-8.00

续表

产品名称	进口金额（亿美元）	同比增长（%）	出口金额（亿美元）	同比增长（%）	贸易差额（亿美元）
低压开关板、柜	48.13	—	64.19	—	16.07
低压开关零件	40.36	—	36.78	—	-3.58
电动工具	1.35	—	74.27	—	72.92
电线电缆	52.46	5.72	221.21	5.76	156.24

（四）主要省份进出口贸易额均同比增加

2017年，广东省、上海市、江苏省、山东省、天津市、北京市、河南省、辽宁省、浙江省、福建省是电工电器行业中累计进口排名前十的省市。其中广东省累计进口总额最高，为197.33亿美元，同比增长21.75%，其次为上海市，累计进口总额为103亿美元，同比增长10.74%（见表9）。

表9 电工电器行业2017年部分省市进口情况

省市	累计进口额（亿美元）	同比增长（%）
广东省	197.33	21.75
上海市	103.00	10.74
江苏省	96.13	21.07
山东省	26.37	10.10
天津市	22.34	26.72

从出口来看，2017年，电工电器行业累计出口排名前十的省市分别是：广东省、江苏省、浙江省、上海市、山东省、福建省、北京市、辽宁省、天津市、重庆市。其中广东省累计出口总额为371.16亿美元，为所有省市中最高，同比增长3.79%；其次为江苏省，累计出口总额为219.66亿美元，同比增长24.45%（见表10）。

表10 电工电器行业2017年部分省市出口情况

省市	累计出口额(亿美元)	同比增长(%)
广东省	371.16	3.79
江苏省	219.66	24.45
浙江省	157.01	9.32
上海市	83.37	3.53
山东省	56.50	10.39

（五）主要贸易国家

1. 最大进口来源国的进口额呈增加趋势

2017年，我国电工电器行业进口共来自193个国家和地区，比2016年增加5个。排名前九的进口来源地分别是：中国台湾、日本、德国、韩国、美国、墨西哥、越南、马来西亚、泰国。其中日本是我国电工电器行业最大的进口来源国，进口金额109.33亿美元，同比增长10.97%。近三年，我国从日本的进口额逐年增加。德国是第二大进口来源国，进口为71.70亿美元，同比增长9.58%（见图10）。

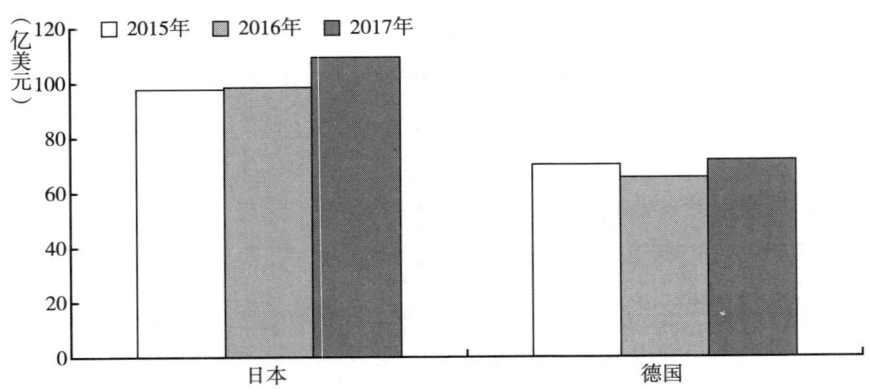

图10 2015～2017年我国电工电器行业主要进口来源地

2. 向美国出口额逐年增加

2017年，我国电工电器行业共向231个国家和地区进行了出口。排名前十的出口目的地分别为：中国香港、美国、日本、韩国、德国、越南、印度、泰国、新加坡、马来西亚。其中美国是我国电工电器行业最大的出口目的地国家，2017年我国电工电器行业向美国出口金额达到189.28亿美元，同比增长10.43%。中国香港是第二大出口目的地，出口金额为174.76亿美元，同比增长8.83%。向日本出口69.70亿美元，同比增长3.91%。近三年来我国向美国出口额逐年增加，而向中国香港和日本的出口额有所波动（见图11）。

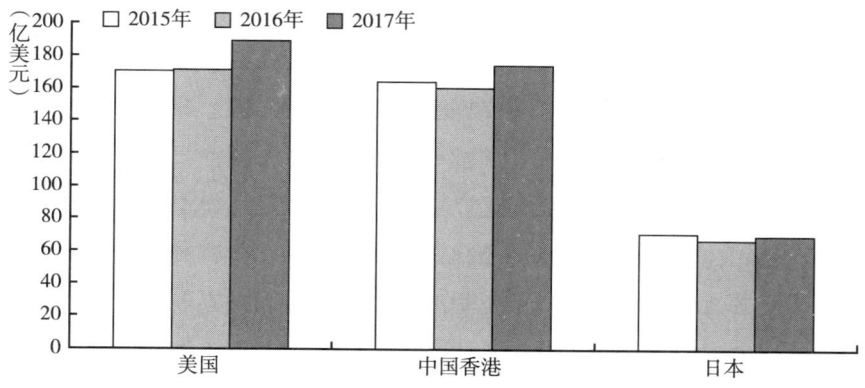

图11 2015～2017年我国电工电器行业主要出口目的地

七 我国电工电器行业技术水平分析

（一）主要产品技术水平

1. 发电设备

国内经济的高速发展对电力的需求快速增长，巨大的需求推动发电设备的技术快速发展。目前发电设备在我国重大装备领域中与国际水平差距最小，且是率先获得突破的领域。

（1）化石能源发电设备

我国在燃煤发电机组制造方面已经进入世界先进行列，可批量生产60

万千瓦级及100万千瓦级超临界、超超临界火力发电机组,在一些重大装备领域已经达到全球领先,高技术产品所占比重不断提升,产品结构得到优化,国际竞争力显著提高。但是,我国燃煤发电机组技术也存在不足,核心技术没有完全掌握,没有实现完全自主、完全国产化。一些已经突破的技术还不成熟,设备运行的故障率偏高。

燃气发电机组技术落后于西方发达国家,国内具备完全自主知识产权的燃气机组和装备的水平在国际上并不处于绝对领先的地位,在世界上排中游。天然气发电机组几乎完全使用国外公司的产品,国内生产厂家没有掌握核心技术。

(2) 清洁能源发电设备

我国的常规水电技术基本上同国外一流水电公司处于相当水平,我国已生产三峡混流式机组,即容量84万千伏安、转轮直径10.6米及推力轴承负荷达5500吨力;二滩混流机组,即单机容量最大出力61万千伏安、最大水头189.2米及空冷每极容量达转轮直径6.247米与14.57兆伏安;水口电站轴流机组,即额定容量20万千瓦、水头最高、世界单机容量最大、推力轴承负荷达4100吨力及转轮直径8米;冶勒电站冲击式机组即最大水头637.2米、转轮直径为2.6米与额定出力12万千瓦。应用的三峡地下电站水轮发电机为世界最先进的蒸发冷却技术含70万千瓦单机容量[①]。

截至目前,我国有五种第三代核电技术拟投入应用,分别是AP1000、"华龙一号"、CAP1400、法国核电技术(EPR)以及俄罗斯核电技术(VVER)。其中"华龙一号"是我国拥有完全自主产权的核电技术,由中核集团ACP1000和中广核ACPR1000+等技术融合而成。我国还核电技术实现了向海外输出,与英国、阿根廷、巴基斯坦等国家签署了多项核电合作协议。2017年7月,中广核与中核建、中船重工、中国一重、东方电气、上海电气等10家核电、工程建造及装备制造企业在中广核防城港核电基地召开华龙一号项目高层峰会,签署了联合宣言,表示共同为"华龙一号""走

---

① 于海江:《水电设备商转向海外扩市场》,《中国电力报》2014年5月29日。

出去"创造条件,推动国内核电产业链抱团出海。

我国光伏发电设备企业缺少对核心技术的掌握,光伏电池组件中的大量专利掌握在日本企业和美国企业手中。国内光伏企业通常是从国外购买原料硅,在国内加工成硅片、太阳能电池,最后组件封装后再出口或在国内销售。如此使国内光伏企业承担了产业链中高污染、高耗能的环节,抗风险能力弱、生产成本高。

我国虽然风电装机排名世界第一,但是没有掌握风力发电机的核心技术,国内的风电设备生产厂家掌握的几乎都是风电机的技术含量不高的硬件技术,风力发电机的核心部件和电控软件几乎都来自国外。

2. 特高压装备制造领域

由于我国存在着明显的能源资源与电力消费分布矛盾,能源资源超过80%分布在西部和北部,然而电力消费超过70%以上集中在中部与东部。所以,聚焦特高压特高装备制造,输电技术需要发展大容量、高效率与远距离,是提高能源跨区域输送能力,解决能源供需矛盾与优化资源配置的必然选择。

特高压±800千伏直流输电项目的输送容量是±500千伏直流工程的2~3倍,它提升2~2.5倍经济输送距离,提高8倍运行可靠性,下降45%单位输送距离,降低30%单位容量线路走廊占地,减少28%单位容量造价,能够带来极大的社会效益与经济效益。

中国在特高压直流输电技术领域世界领先,是世界上唯一全面掌握该项技术,并开始大规模应用的国家。截至2017年底,全国共建成包括向家坝-上海、酒泉-湖南、云南-广东工程在内的12项特高压直流输电工程,年输送电量超过4500亿千瓦时,其中清洁能源占比超80%,相当于每年减少东中部地区标煤消耗1.7亿吨,减少二氧化碳排放4.5亿吨,[①]是"大气污染防治行动计划"的主要输电通道。目前中国运营中的1000千伏特高压

---

① 《科技进步奖特等奖:从跟跑到引领,特高压输电技术再获国家科学技术进步奖特等奖》,2018年9月6日,http://www.sohu.com/a/215331498_390536。

交流输变电工程有 6 个，±800 千伏特高压直流输电工程有 8 个。

3. 智能电网装备

智能电网是新时期输变电装备发展的新方向。智能电网以特高压电网作为骨干网架，将传感技术、信息技术、通信技术和控制技术与物理电网进行集成，从而允许不同发电形式的接入，实现电网的自愈、监测和控制功能，更加充分地满足用户用电需求，并优化资源配置。

2017 年 4 月，国家电网公司印发了《世界一流城市配电网建设工作方案》，完成编制《世界一流城市配电网专项规划》，围绕电网安全、清洁、协调、智能发展的总体要求，选取北京、天津等 10 座大型城市，着力提升配网网架结构、设备技术、精益运维和智能互动服务水平，结合国际先进经验，坚持"全面覆盖、双创驱动、统筹推进、差异实施"原则，全面提高城市配电网可靠性和供电质量，计划用 4 年左右时间，打造"安全可靠、优质高效、绿色低碳、智能互动"的世界一流城市配电网。①

（二）重大技术突破

1. 中国西电研制容量最大的升压变压器

经济的快速发展对发电厂发电效率提出了更高的要求，而 1000 千伏级电力变压器产品由于它的特点，如输送容量大与输电距离远，而得到了广泛应用。2017 年，中国西电集团成功研制出了 1000 千伏、250 兆伏安发电机变压器，随后又研制了 1000 千伏电压等级容量最大的 400 兆伏安发电机变压器。中国西电的升压变压器产品实现了一系列技术突破，具有结构紧凑、体积小、节能环保的特点，各项指标均满足或优于国家技术标准要求，并达到国际领先水平。

2. 自主轨道直流断路器打破国外垄断

我国城市轨道交通建设处于快速发展阶段，而在轨道交通机车通常所采用的直流牵引供电系统中，直流快速断路器属于核心保护设备，但目前国内

---

① 董谷媛：《配电网之"梦"》，国家电网，2018 年 4 月 5 日。

的直流断路器仍严重依赖进口。河南平高集团于2017年研制出了能够应用于轨道交通领域的PGDB-1800/D4000-80型高端直流断路器,并顺利通过指标测试,弥补了我国在这一领域的空白,有利于降低国内轨道交通的建设成本,对提高我国轨道交通装备国产化水平具有重要意义。

八　我国电工电器行业存在的主要问题

(一)技术与国际先进水平有差距

1. 技术发展不均衡,部分技术落后差距较大

电工电器行业部分技术水平已经接近世界先进水平,但一些行业的技术水平与世界水平差距较大。如我国60万及100万千瓦级超临界、超超临界火力发电机组整体技术已经达到国际先进水平,第三代核电技术与国际先进水平相当,超高压输电技术整体在国际上领先,但是燃气发电机技术远落后于国际先进水平,跨国企业西门子、三菱和通用电气几乎占据我国燃气轮机市场。

2. 锂电池隔膜技术成为我国动力电池业痛点

目前,我国已经形成了比较完善的动力电池产业链,但部分关键核心技术依旧缺失,部分产品依赖进口。其中,我国动力电池业的一个短板就是锂电池隔膜制备技术。2017年我国隔膜行业国产化率达到90%,虽然国产化率在不断提升,但基本实现国产化的主要是干法隔膜,而湿法隔膜技术则依然不足。因此高端动力电池用隔膜与3C类电池依旧大量依靠进口,虽然我国在低端3C类电池隔膜市场中占较大份额。

当前锂电材料中技术壁垒最高的一种高附加值材料为隔膜,占锂电池成本的15%左右,其造孔的工程技术、基体材料,以及制造设备为技术难点。国内隔膜当前一致性不高是普遍存在的问题,主要反映在孔隙率不达标,不规律的缺陷,孔径分布及孔隙、厚度分布不均等方面。单向拉伸的国产PP隔膜在孔隙率和孔径分布方面与国外产品比较接近;双向分步拉伸的PE隔

膜孔隙率通常与国外产品相比较低，孔径分布情况也不理想。这些问题都是行业"受制于人"的潜在风险。①

3. 产品硬件技术发展较快，控制软件成为软肋

现在电工电器行业生产的设备智能化程度在提高，设备控制软件保证设备安全、经济、高效运行。我国电工电器行业许多企业通过技术引进，提升自身技术水平，但重设备硬件生产技术引进，轻软件技术引进比较普遍，产品的控制软件需要从国外厂家购买。

（二）人才不足阻碍行业快速发展

1. 技术研发人才缺乏，企业发展底气不足

我国电工电器行业许多的技术都是从国外引进，使许多企业对研发人才队伍的建设重视不够，研发资金的投入也远不如国外企业，研发人员的待遇等也与国外企业存在较大差距。带来的直接后果是研发人才缺乏，技术开发动力不足，技术发展缓慢，企业技术储备严重不足，企业的创新能力严重落后，企业的竞争力得不到提升，企业发展底气不足。

2. 熟练技术工人不足，产品质量不能保证

熟练技术工人不足，不仅是电工电器行业存在的问题，我国许多行业都缺乏技术过硬的技术工人。许多岗位的工人技术水平不能够适应岗位需要，带来的直接后果是产品的合格率达不到要求，产品的无故障运行时间及使用寿命下降。技术工人的不足，会导致企业研发的新产品不能尽快投入生产，影响企业发展。

（三）行业集中度低、抵御风险能力弱

1. 中小企业占主导，行业技术水平不均衡

电工电器行业包含许多大型装备制造子行业，大型装备制造涉及的技术门类较多，资金占用较大，对生产企业的资金、技术、人才集中度要求比较

---

① 金东：《锂电池高端隔膜技术亟待突破》，《电动自行车》2018年6月1日。

高。国内电工电器行业中小企业众多，中小企业的销售额占整个行业的72%以上，大型企业的销售额不足整个行业28%。说明我国电工电器行业中小企业占主导，产业集聚度低；大型企业整体规模偏小，技术研发能力不足，缺乏创新能力，整体技术水平与国际水平差距大小不一。如我国的大型发电设备制造行业，除了在超临界、超超临界60万千瓦级、100万千瓦级机组整体技术是世界一流，其他发电机组整体水平与国际一流水平还是有一定差距，有些如大型天然气发电机组与世界水平差距还比较大。

2. 产品覆盖面窄，抵御市场风险能力弱

国内电工电器行业占主导地位的是中小企业，行业大多数企业产品规格品种偏少、技术含量低、产品销售市场准入门槛低，市场竞争激烈，企业获利难度较大，盈利能力普遍薄弱。

九 我国电工电器行业发展前景分析

（一）我国电工电器行业发展前景预测

1. 传统能源发电设备需求下降，新能源设备需求增加

我国大气环境污染比较严重，环境治理任务重，政府非常重视环境治理，随着国家大力提倡绿色发展，大力开展环境保护，节能环保的新能源成为社会热点。调整能源构成结构成为政府工作重点，国家出台多项政策，强调环境保护、气候异常变化，提出要实现可持续发展，必须大力发展新能源在整个能源消费中的比重。传统燃煤发电机组让位于超超临界燃煤火电机组和天然气燃气火电机组，水电、风电、太阳能等可再生能源发电设备需求持续增长，核电设备将迎来新一轮发展机遇。

2. 输配电设备发展迎来新机遇

经济发展使我国电力需求快速增加，许多城市电网建设时间较久，一方面需要更换老旧设备，另一方面需要进行电网扩容改造，保证城市经济发展及居民生活正常用电。国家对城市电网改造扩容，提升电网的容量和技术含

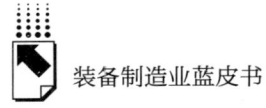

量，对输配电设备需求呈现增长态势。此外，农村电网改造升级，智能电网的建设等都对输配电设备市场带来增长拉动。

我国东部沿海地区，经济发展使电力需求持续增长，但经过多年经济发展，环境承载能力趋于饱和，不适合再建设新燃煤电厂。我国中西部地区，煤炭及风能资源丰富，适合建设大型能源基地，目前已经建成多个大型风电场、坑口燃煤电厂，项目所在地经济发展缓慢，电能的供应远超当地需求，多余的电能需要通过输电网络输送到电能供应缺口较大的东部沿海地区，电能供需双方相距较远，为减少电能在传输过程中的损耗，跨地区、长距离、大容量特高压输电线路建设就成为必要。

3. "一带一路"带来新需求

我国政府提出"一带一路"倡议，其中包含推进跨境电力与输电通道建设，积极开展区域电网升级改造合作等内容，而"一带一路"沿线的新兴经济体国家居多，对经济发展有非常迫切的需求，经济发展必将带动电力需求增加，电力基础设施建设将有巨大的需求，未来几年"一带一路"沿线国家包括电力生产、输变电工程在内的电力基础设施建设投资将会快速增长，电工电器行业将会迎来一个新发展机遇。

（二）我国电工电器行业投资机会

1. 可再生能源（除水电）发电设备

全球气候异常、环境恶化导致各国政府日益重视新能源开发，2015年巴黎全球气候大会加快了各国开发可再生能源步伐。欧洲国家为了推动可再生能源的发展，政府提供上网电价补贴、配额制、资本财政拨款和补贴等支持政策助推欧洲可再生能源行业增长。欧洲国家对相关发电设备的需求将会日益增加，国际市场的规模将会进一步增长。国内政府也在通过政策杠杆，推动风电、太阳能发电等可再生能源在整个能源消耗中的比重，来缓解国内经济发展对环境恶化压力，增加经济发展新增长点。

2. 新能源中水电、核电发电设备

风电、太阳能等可再生能源较高的使用成本，抑制了新兴经济体国家发展的步伐。但由于经济发展落后，许多国家和地区水电开发程度不高，开发水电资源成为部分国家发展新能源的首选。中国、印度等发展中大国，由于资源条件的限制，核电与可再生能源一起成为替代传统能源的选项。随着核电安全技术的提升，核电发展将步入快速发展时期。国内目前已经重新启动核电项目，未来还会在沿海地区新建新的核电站，核电站建设及配套输变电工程的建设，会带来对相关设备的新需求，产生新投资机会。

3. 天然气发电设备

使用煤炭提供能源，通常伴随环境污染的加剧，我国 2015 年使用煤炭生产的电力占整个电力比重为 74.94%，对大气产生的污染非常严重。据规划 2020 年底，全国将建成天然气分布式能源项目 147 个，装机容量将达到 1654 万千瓦。预计到 2020 年，集中式天然气发电项目装机总量将达到 1.5 亿千瓦，占全国发电装机总量的 8%。[①] 两项合计，预计未来 5 年将需要新建 9000 万千瓦左右天然气发电设备，市场需求旺盛。

4. 输变电设备

我国经济发达用电量大的地区主要分布在华东及华南沿海地区，电力生产大户分布在西部及西北部地区，需求与供应双方相距太遥远，为尽量减少传输损失，需要建设特高压输变电工程。我国政府推行新农村建设、小城镇建设，加快城市建设步伐，加快城市电网、农村电网升级改造，智能电网建设，规划建设数千公里跨地区、长距离、大容量、超高压远程输变电工程，这些都需要大量的输变电设备及线材，为输变电设备制造行业，电线、电缆生产行业创造新需求，将会使得输变电设备行业及其相关行业得到持续的稳定增长。

5. 燃气锅炉

北方冬季取暖季节，燃煤锅炉是城镇居民集中供暖主要热源供应者，供暖季节北方空气污染非常严重。为了治理大气污染，中央及地方政府出台相关政策，全面整治燃煤小锅炉，加快推进工商业"煤改气"进程，推进北

---

① 嵇海清：《"十三五"分布式项目天然气消费量将达 65 亿方》，《中国能源报》2016 年 5 月 23 日，第 13 页。

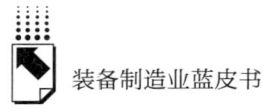

方城市集中供暖燃煤锅炉改燃气锅炉工程，全面淘汰燃煤锅炉，这些工作的开展一方面可以减少对环境的污染，另一方面也为锅炉及辅助设备制造行业创造新需求，促进相关行业的发展。

十　我国电工电器行业发展建议

（一）政府

1. 加强行业监督，重点行业提高技术门槛

电工电器行业部分产品涉及人身安全，如住宅楼使用的低压开关柜、家用小型开关柜等，对这些产品的生产企业，需要设置必要的技术门槛，用高技术标准提高产品的安全性，保障使用者及他人人身安全。同时应当加强市场监督，对该类产品不定期进行市场抽检，对不合格产品予以公示，对生产厂家进行重罚，对屡犯者予以关停。

2. 制定奖励政策，鼓励企业自主创新

我国的电工电器行业整体技术水平已经有了较大进步，但与国际先进水平还存在差距。许多产品整体达到国际先进水平，但核心部件等还需要从国外进口，而且产品的运行稳定性、故障发生率都高于国外同类产品，凸显我国电工电器行业在核心竞争力方面还存在不小差距。目前，我国电工电器行业企业以中小企业为主体，政府可通过制定奖励政策，鼓励企业单独或联合研发新技术，提高企业技术水平，缩短与国际先进技术的差距。

3. 通过政策导向，引导企业做大做强

电工电器行业部分子行业属于重型装备制造业，生产设备及配套工程之间一体化设计非常重要，企业规模及对上下游产业渗透程度对企业获取竞争优势非常重要，我国的相关企业与国外企业相比规模上存在差距，综合实力上存在差距。重型装备的自主知识产权开发需要企业有较强的经济实力和技术研发实力，同时还需要有大批技术过硬的技术工人，这些都需求企业有足够的规模才能支撑。

（二）行业

1. 加强行业发展规划调查、研究、制定，引导企业发展

电工电器行业各级各类行业协会作为本行业自律组织，在市场经济中应当发挥积极作用，积极向政府反映行业发展中存在的问题，反映本行业企业正当的集体诉求，为政府制定和实施行业发展规划、产业政策、行政法规和有关法律等提供协助。同时，也应当督促协会所属企业，根据国家产业政策及行业发展规划调整企业自身发展战略，适应市场未来可能产生的变化；同时也应当积极宣传与企业经营活动有关的行政法规和相关法律，督促所属企业在日常经营过程中遵纪守法，确保协会所属企业不因违规经营被政府处罚。

2. 强化本行业信息收集、管理、分布，加强企业信息交流

电工电器行业协会应当对本行业的基本情况进行统计、分析并发布相关统计数据，为所属企业正确决策服务。积极开展对行业国内外发展情况的调查研究，梳理总结行业发展中所面临的问题，通过提出建议、出版刊物的方式，为企业和政府提供参考。开展教育与培训服务、咨询服务、举办展览、组织会议等，加强本行业企业间的交流，为企业提供信息交换平台，提高企业间合作几率。行业信息对本行业内企业非常重要，掌握了足够的信息才能在企业决策中少走弯路，降低企业运行成本。

3. 增强桥梁纽带功能，促进行业健康发展

电工电器行业的各级各类行业协会作为连接政府与所属企业之间的桥梁，一方面代表协会所属企业与政府部门沟通协调，确保本协会所属企业的正当诉求得到政府部门的积极回应；另一方面也需要督促所属企业遵从国家整体产业发展规划要求，积极发展符合国家产业发展需求的产品，停产国家产业发展规划中列入淘汰名单的产品。电工电器行业的各级各类行业协会应当积极介入各级政府部门的各类调研活动，积极反映所属企业的正当诉求，确保有关部门在制定行业发展规划、制定产业政策、法律法规时了解本协会所属企业的正当诉求，促进电工电器行业稳定健康有序发展。

（三）企业

1. 建立规范的、适应企业现状、符合发展规律的管理体系

企业管理归根到底是对人的日常管理，每个人的时间、精力、能力、知识都是有限的，不可能所有的事都亲自处理。因此，管理体系就显得非常重要，好的管理体系能保证每个员工在各自的不同岗位上，能相互协调、团结一致完成各自的不同任务。企业管理具有艺术性的一面，管理模式不能生搬硬套，需要根据企业具体情况灵活调整，管理模式没有高低之分，只要符合企业发展要求，能促进企业发展进步的管理模式就是最好、最适应的模式。电工电器行业企业众多，企业的情况千差万别，只要企业的管理体系既不阻碍企业发展，又能促进企业各项日常工作井然有序，推动企业发展进步，这种管理体系就是最适宜本企业发展壮大的管理体系。

2. 加强员工培训，保证员工能力适应本岗位要求

电工电器行业许多装备技术含量较高，需要生产制造的员工有一定的技术素养，有比较多的操作技能积累，才能保证产品的质量和使用寿命。企业的发展说到底是人才的竞争，企业不可能所有的岗位都可以招聘到各方面都合适的员工，但员工的岗位素质是产品成败的关键，低合格率的产品、低工作效率会导致企业竞争力落后，产品成本上升，企业可能产生亏损。员工岗位培训是提高岗位素质的重要方式，设计规范的操作流程是员工培训的首要目标。员工培训不是培训员工的全面素质，只是培训员工岗位操作规范，使员工尽快适应岗位操作，从而达到提高产品合格率、提高生产效率。

3. 增加技术研发投入，提升企业竞争力

企业竞争反映在产品上就是技术竞争，企业通过产品技术创新推动产品差异化战略实施，技术创新成果通过降低产品成本增加企业盈利，通过增加产品新功能开拓新市场扩大市场占有率等等。通过产品差异化竞争，企业能实现产品人无我有、人有我精、人精我专，保证企业有足够能力应对产品市场无情竞争，并能在市场竞争中获胜。产品技术研发不仅包括对原有技术等级升级，还包括产品功能创新、产品外观的创新等。

B.6 工程机械行业研究

徐静冉 高婷婷[*]

摘　要： 本章梳理了2017年国际工程机械行业的发展现状与趋势，研究分析了我国工程机械行业的发展规模、运行情况、产业结构、贸易规模、技术水平与存在的主要问题，并总结我国工程机械行业的发展前景与发展建议。分析表明，2017年我国工程机械行业处于快速发展阶段，在国际、国内市场均表现活跃；部分产品水平已达到国际先进水平，但行业总体技术水平依旧处于中低端，缺乏关键核心技术。未来我国工程机械行业要坚持创新驱动发展战略，积极推进智能制造、绿色制造，加强产品质量品牌的建设，提高产品的国际化水平，向高性能、高可靠性、高附加值的方向发展。

关键词： 工程机械　运行情况　发展前景　发展建议

一　国际工程机械行业发展概况

（一）国际工程机械行业发展现状

1. 市场现状

2017年，全球工程机械市场规模扩大，销量高达894067台，同比增

---

[*] 徐静冉，副研究员，经济学博士，机械工业经济管理研究院产业经济研究所副所长，主要从事宏观经济、发展规划、产业经济研究；高婷婷，英国雷丁大学金融学硕士，主要进行金融市场、国际证券银行投资方向的研究。

长27%（见表1）；销售额880亿美元，同比增长25%，实现了2012年以来的最高水平[①]。具体来看，全球大多数国家的工程机械销量都有不同程度的增长，最为强劲的地区为亚洲发展中国家，中国市场出现大幅反弹，印度市场持续走强。2017年中国市场履带挖掘机销量同比增长1倍以上，2017年印度工程机械销量增长10%。同时，欧洲市场的需求也在不断增加，美国市场也从2016年总统选举不确定性造成的销售放缓中恢复过来，伴随经济增长和新旧设备的更替，销量有所回升（173188台）。[②]

根据英国KHL集团旗下《国际建设》（International Construction）发布的2018年全球工程机械制造商50强排行榜，卡特比勒（Caterpillar）依然占据榜首，徐工集团在中资企业中排名第一，全球排名从第八名升至第六名，连续几年成为跻身全球前十强的中国企业（见表1）。

表1 2018年全球工程机械制造商50强

2018年	2017年	企业名称	国别	2018年营业收入（百万美元）	2018年市场份额（%）
1	1	卡特比勒	美国	26637	16.4
2	2	小松制作所	日本	19244	11.90
3	3	日立建机	日本	8301	5.10
4	5	沃尔沃建筑设备	瑞典	7810	4.80
5	4	利勃海尔	德国	7398	4.60
6	8	徐工集团	中国	6984	4.30
7	6	斗山工程机械	韩国	6232	3.80
8	11	三一重工	中国	5930	3.70
9	7	约翰迪尔	美国	5718	3.50
10	12	杰西博（JCB）	英国	4611	2.80

资料来源：《国际建设》杂志，《Yellow Table 2018》。

[①] 《2018年全球工程机械销量预计增长6%》，中国投资咨询网，http://www.ocn.com.cn/touzi/chanjing/201805/fwcgh14103206.shtml，2018年6月8日。
[②] 《2018年全球工程机械销量预计增长6% 四年后或超100万台》，中国工程机械信息网，http://www.6300.net/info/detail_200528.html，2018年6月8日。

2. 技术现状

（1）小型化、微型化

基于小型化和微型化产品的灵活性好、适应性强的特点，工程机械产品逐步实现小型化和微型化。在近几十年的发展进程中，74.6~298 千瓦的中等工程机械呈现出下滑趋势，发展也较为缓慢，但是微型化、小型化产品仍然呈现高速的发展趋势，特别是在发达国家和地区，如欧洲和北美等。目前国际上主要的小型化的工程机械产品有：小型装载机、小型挖掘机、小型推土机等。

（2）特大型化

特大型工程机械是在大型工程建造中不可缺少的重要设备，如大型的水电工程基地和大型的露天矿山基地的建设，在社会发展建设中处于重要地位。但是，由于这些产品的研发与生产周期较长、科技含量较高、投资较大、市场需求有限，市场集中度较高。如特大型的装载机，目前只有卡特彼勒、小松·德雷塞及马拉松·勒图尔勒三家公司生产。

（3）一机多用，作业功能多样化

随着工程机械应用范围的扩大，传统机械的特点已逐步从单一作业转向多功能。通过合理设计液压系统，令液压软管自动连接到各种附属作业装置，实现操作手柄就可完成更换附属作业装置的工作。比如，SD15-9 小型挖掘机具有挖掘、破碎、钻孔、推土、抓料等多种功能，可以更换附件，设备利用率大大提高。

（4）电子化

随着时代的发展，电子化的工程机械技术已成为主流，大部分国外工程机械产品采用了智能化控制技术和全电子控制技术。电子化的工程机械产品与传统产品相比，可保障机械的动力输出处于最优状态，实现无人驾驶、自动驾驶与遥控功能，在一定程度上提高作业效率。

（二）国际工程机械行业的发展趋势

1. 市场趋势

（1）全球工程机械将温和而持续增长

全球经济复苏势头稳健和发展中国家产出持续高速增长将有效带动工程机

械温和而持续增长。根据国际货币基金组织（IMF）公开的《世界经济展望》2018年1月最新预测显示，2017年全球产出同比增长3.7%，比2016年增长0.5个百分点；绝大部分地区2018~2019年产出增速将小幅增加或保持不变，其中新兴和发展中亚洲、中东、北非、阿富汗和巴基斯坦、撒哈拉以南非洲以及低收入发展中国家产出将持续高速增长。同时，依据英国工程机械咨询有限公司的预测，2018年全球工程机械市场销量约增长6%，未来几年，全球市场仍将保持温和而持续的增长，至2022年销售量或许会超过100万台。

（2）全球工程机械销售将集中在美洲和发展中国家

随着全球各国积极投资建设基础设施，特别是美洲和发展中国家，将会是工程机械主要的销售地区。一方面，美国政府出台的万亿美元基础设施建设计划，英国工程机械咨询有限公司预见未来四年北美地区将迎来大幅增长，2022年北美工程机械销量或达267350台，预计增长54%（见表2）。另一方面，发展中国家积极投资基础设施建设。其中，印度和巴西经济都出现明显回暖，将有效带动工程机械需求。随着印度2017年"十二五"计划的完成，经济高速增长，新一轮基建投资势在必行；随着巴西在2017年GDP增速再次回正，一、二、三、四季度环比增速分别为1.3%、0.6%、0.2%、0.1%，经济出现复苏态势，将有效带动工程机械需求。

表2 工程机械全球销售和销售预测（2017~2022）

单位：台

地区	2017	2018*	2019*	2020*	2021*	2022*
欧洲	160551	161958	160238	152316	150790	149953
北美洲	173188	193250	217525	238515	255325	267350
日本	67810	59330	61700	65285	71845	66845
中国	217110	245232	225965	201945	212520	222700
印度	60485	67560	66410	72460	78310	83960
其他	214923	222336	222377	220420	230980	236678
总计	894067	949666	954215	950941	999770	1027488
同比增速	27	6	—	—	5	3

注：带"*"为预测年份。
资料来源：英国工程机械咨询有限公司。

（3）工程机械的全球合作是发展新动向

随着合资企业在创新方面逐步表现出优势，通过建立合资企业和跨国并购的方式获取关键技术、实现弯道超车，成为工程机械企业不断提高自身能力的主要选择。合资企业可以连接国内外企业，共享营销渠道和技术知识，加强人才交流和项目合作，加深交流与集团内部的创新互动，成为行业中最具创新力的领军者。企业可以控制被并购企业的资源和管理权、整体资源的流动和创新合作拓展战略，使得企业品牌效应放大。随着2017年科尼集团与特雷克斯物料搬运与港口解决方案完成合并，科尼将在港口解决方案领域和工业起重领域全面提升为全球领先者，并在工业服务业务取得实质性增长。

2. 技术趋势

（1）向智能化方向发展

通过智能化、网络化、数字化制造标志着新一轮产业变革和科技革命正在崛起。目前，无线遥控技术、工程机械产品有线；智能化控制面板；车身稳定系统；自动作业系统等技术逐步发展和推广。

（2）向人机交互方向发展

工程机械产品的操纵系统、驾驶室内部舒适性以及外观造型逐渐接近汽车行业，最大化满足人性化需求。未来电子技术运用在工程机械上将提高机器的技术性能，并大大使司机的操作程序简化，进而真正实现"人机交互"效应。如今，我国工程机械逐步向产品的可靠性、舒适性、外观质量、技术性能、安全性能及智能化技术等方面发展，在节能、环保、排放、噪声等方面的研发与创新也在逐步加强。

（3）向高能效方向发展

随着世界各国越来越重视对资源的利用效率尤其是发达国家，以及环保设计理念的兴起，工程机械的绿色化、高能效发展已成为行业共识。工程机械节能技术的发展重点有几大方向：基于清洁能源技术、系统节能技术以及混合动力技术等。目前，"绿色循环计划"（Green Cycle Planning，GCP）融合了工程机械和互联网相关技术，旨在建设一个清晰、透明、诚信的高品质二手工程机械交易新局面，提高工程机械能源利用率。

二 我国工程机械行业规模分析

（一）增加值实现较快增长

2017年我国工程机械行业承接2016年下半年走势，呈现恢复性增长态势。2017年，增加值同比增长9.70%，比2016年上涨5.90个百分点。分月来看，工程机械行业增加值增速均高于2016年同期水平，但各月增速呈缓慢下降态势（见表3）。

表3 2016~2017年我国工程机械行业增加值增速

单位：%

月份	2016年 本月	2016年 累计	2017年 本月	2017年 累计
1~2	-0.2	-0.2	11.8	11.8
3	0	-0.1	13	12.3
4	1.4	0.3	11.6	12.1
5	1.5	0.5	8.5	11.4
6	5	1.4	10.4	11.2
7	2.6	1.6	8.9	10.9
8	5.5	2.1	8.3	10.6
9	6.1	2.6	5.8	10
10	7.1	3.1	10.5	10.1
11	7.6	3.6	9.7	10.1
12	5.6	3.8	5.7	9.7

数据来源：机经网。以下无特殊说明数据均来自机经网。

（二）资产规模温和增长

2017年，我国工程机械行业资产规模达6572.91亿元，同比增长5.05%，较2016年上涨2.9个百分点，可见行业内多数企业投资趋于理性，没有盲目扩张。分月来看，全行业资产规模涨幅在0.89%~5.33%之间，

1~6月工程机械行业资产规模实现较快增长,6~9月增速虽然有所回落,但依旧呈现温和增长态势(见图1)。

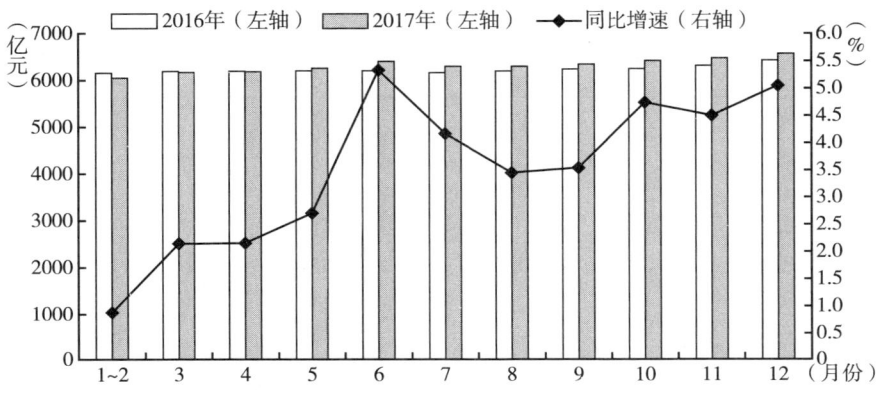

图1　2016~2017年我国工程机械行业资产规模和同比增速

(三)主要产品产销量大幅增加

2017年,随着国Ⅲ标准实施、"一带一路"建设不断推进以及行业整体进入设备更新周期,挖掘机、装载机、压实机械等产品产量均大幅增加。2017年挖掘机、装载机、压实机械产量分别为19.46万台、14.29万台、5.6万台,同比分别上涨74.69%、27.48%、77.78%(见表4)。

表4　2015~2017年我国工程机械行业主要产品产量及增速

单位:万台,%

主要产品	2015年		2016年		2017年	
	产量	同比增长	产量	同比增长	产量	同比增长
挖掘机	9.26	-23.4	11.14	20.3	19.46	74.69
装载机	12.85	-28.14	11.21	-12.76	14.29	27.48
压实机械	3.47	-22.39	3.15	9.22	5.6	77.78

2017年,工程机械产品销量也实现超预期增长。其中,最具代表性的产品为各类挖掘机产品,2017年全年累计销售各类挖掘机械产品140303

台，同比涨幅达99.5%，成为继2011年、2010年之后的历史第三高点（见表5）。

表5 2016~2017年我国工程机械行业主要产品销量及增速

单位：台，%

主要产品	2017年	2016年	同比增速
装载机	97659	67375	44.9
推土机	5707	4061	40.5
平地车	4522	3184	42
汽车起重机	20434	9554	113.9
随车起重机	10867	7877	38
工业车辆	496738	370067	34.2
压路机	17421	11959	45.7
摊铺机	2390	1971	21.3
挖掘机	140303	70320	99.5

三 我国工程机械行业运行情况

（一）总体运行情况分析

1. 主营业务收入稳步回升

2017年，我国工程机械行业实现主营业务收入5522.72亿元，同比增长15.63%，总体呈现企稳回升、稳中向好态势。分月来看，1~8月工程机械行业主营业务收入实现快速增长；随后，增速有所趋缓，因季节因素导致12月份增速出现显著回落（见图2）。

2. 成本费用略有增长

2017年，我国工程机械行业成本费用额为5167.50亿元，同比增加12.82%。分月来看，1~6月行业成本费用相对较高，平均为553.87亿元，同比增速在7.41%~11.17%之间；6~12月，行业成本费用相对较低，平均为399.69亿元，同比增速在-35.54%~10.11%之间。成本费用额与主

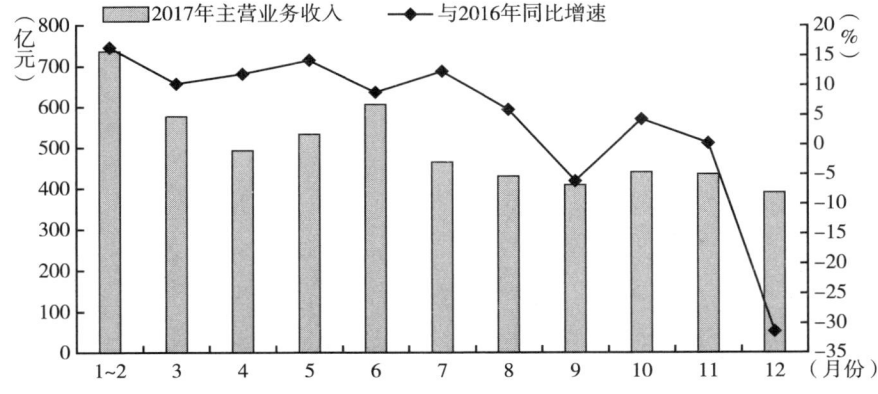

图 2　2017 年我国工程机械行业主营业务收入及增速

营业务收入变化趋势相同，说明该行业经济效益主要受社会经济环境的因素影响，受行业变动影响不大（见图 3）。

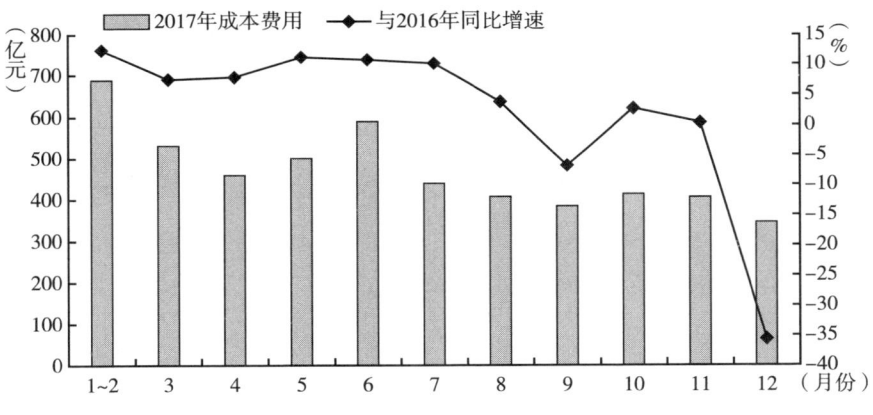

图 3　2017 年我国工程机械行业成本费用及同比增速

3. 利润总额大幅增长

2017 年，我国工程机械行业实现利润 401.50 亿元，同比上涨 120.03%；行业利润呈"W"形发展态势。分月来看，1~6 月，工程机械行业利润迅猛增长；6~12 月，利润总额增加相对温和，12 月达到全年最高为 67.92 亿元，同比上涨 116.93%（见图 4）。

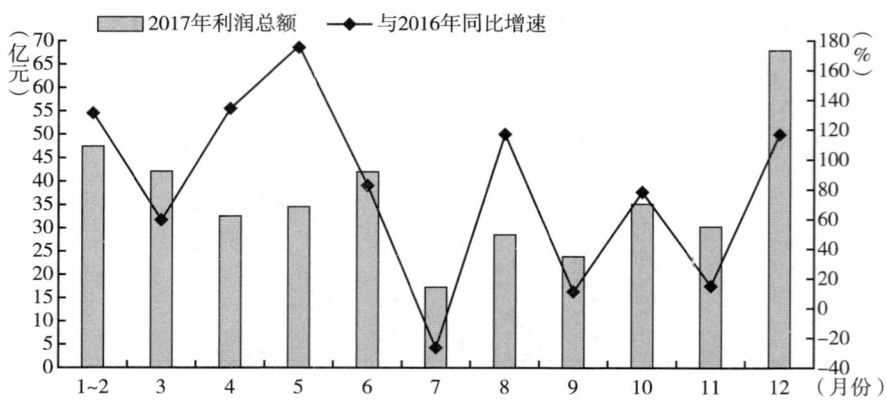

图4　2017年我国工程机械行业利润总额及同比增速

（二）营运能力略有增强

2017年，我国工程机械行业总资产周转率为0.84，较2016年上升0.01，但低于全国工业（1.04）0.20个点。分月来看，总资产周转率变化趋势与2016年基本相同，1~2月工程机械行业总资产周转率达到最大值0.12，随后呈现下滑趋势，6月份小幅回升后，总资产周转率基本趋于平稳（见图5）。

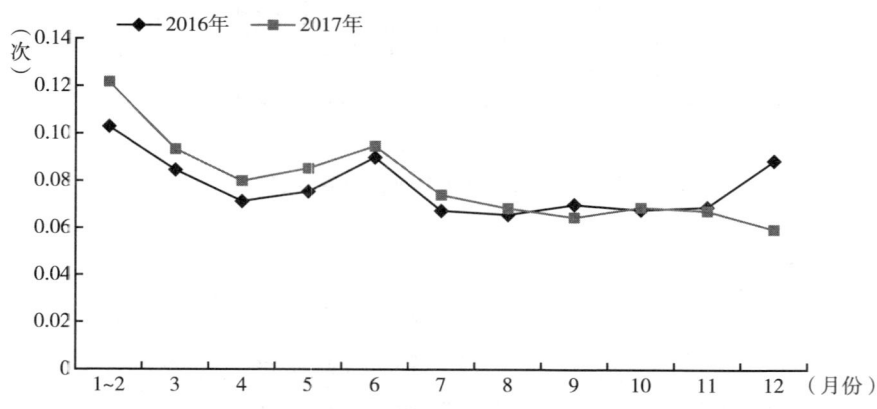

图5　2016~2017年我国工程机械行业总资产周转率

（三）盈利能力有所上升

2017年，工程机械行业总资产利润率为6.11%，较2016年上涨2.51个百分点，但仍低于全国工业（6.70%）0.59个点。分月份来看，总体呈"W"形震荡上涨趋势；1~7月，行业总资产利润率呈连续震荡状态，波动幅度较小，在0.27%~0.78%之间；7~12月，行业总资产利润率呈现恢复性上涨，震荡幅度较大，在0.27%~1.03%之间（见图6）。

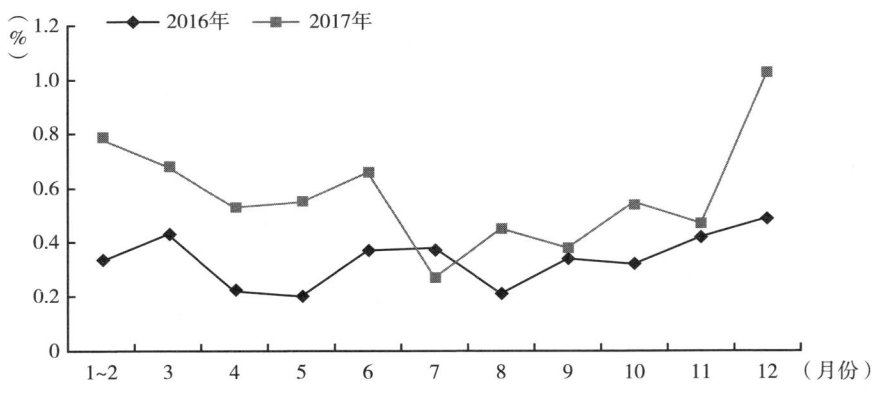

图6　2016~2017年我国工程机械行业总资产利润率

2017年，我国工程机械行业成本费用利润率为7.77%，比2016年（4.57%）提高3.20个百分点，且高于全国工业（6.96%）0.81个百分点。分月份来看，1~11月，成本费用利润率缓慢振荡增加，12月份达到最高值19.65%，较2016年（5.84%）多13.81个百分点（见图7）。

（四）偿债能力显著增强

2017年，工程机械行业资产负债率为55.45%，较2016年降低1.57个百分点，但高于全国工业水平（54.38%），说明行业偿债能力有所增强。分月份来看，1~8月，工程机械行业资产负债率高于2016年同期水平；随后，资产负债率明显低于2016年同期值（见图8）。

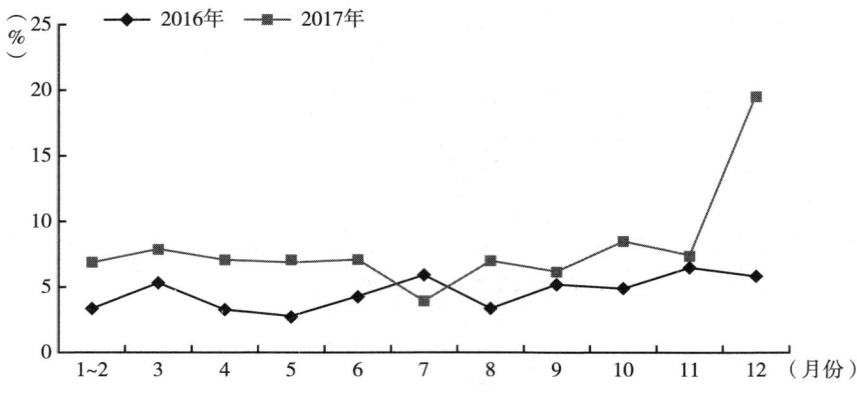

图7　2016～2017年我国工程机械行业成本费用利润率

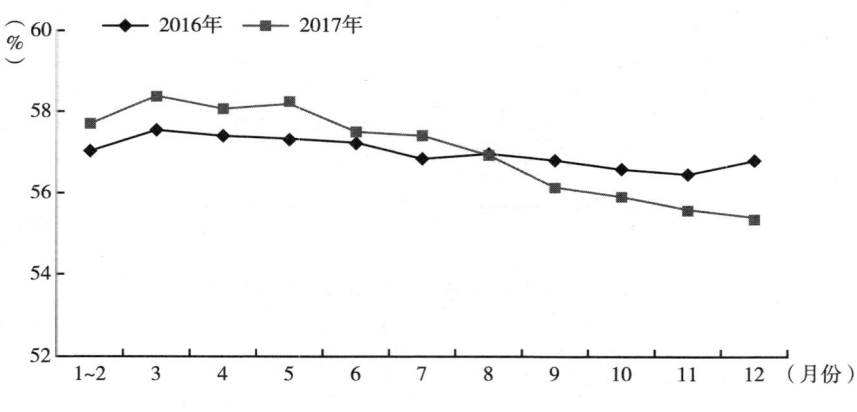

图8　2016～2017年我国工程机械行业资产负债率

四　我国工程机械行业产业结构分析

（一）建筑工程用机械资产规模温和增长

2017年，建筑工程机械制造资产规模达5572.76亿元，同比上涨5.03%，增速较2016年增加5.43个百分点；建筑材料生产专用机械制造资产规模1000.15亿元，同比下跌10.94%，增速较2016年下降17.6个百分点（见图9）。

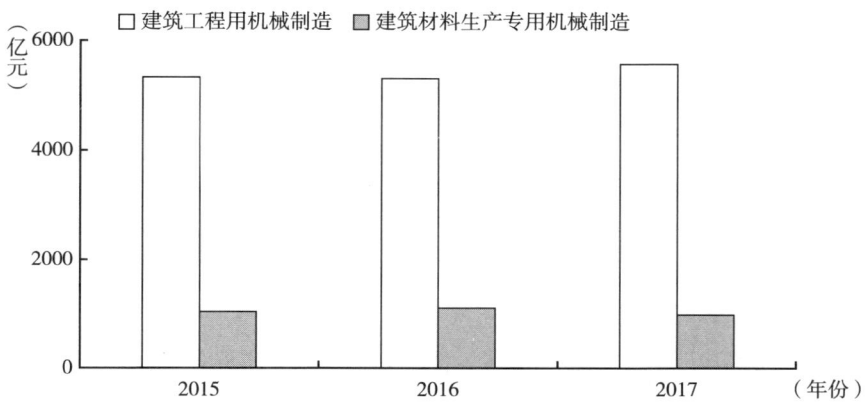

图9 2015～2017年我国工程机械行业分行业资产规模

（二）建筑工程用机械制造收入快速增长

2017年，建筑工程用机械制造的主营业务收入额为4336.78亿元，同比上涨9.00%，较2016年增加9.48个百分点；建筑材料生产专用机械制造的主营业务收入下跌至1185.94亿元，同比下降10.94%，较2016年减少17.00个百分点（见图10）。

（三）建筑材料生产专用机械成本费用大幅下降

2017年，建筑工程用机械制造成本费用为4064.93亿元，同比增长6.05%；建筑材料专用机械制造成本费用为1102.56亿元，同比下降10.52%，与主营业务收入下降幅度基本相同（见图11）。

（四）两大子行业利润总额分化发展

近三年，建筑工程用机械制造和建筑材料生产专用机械制造的利润总额

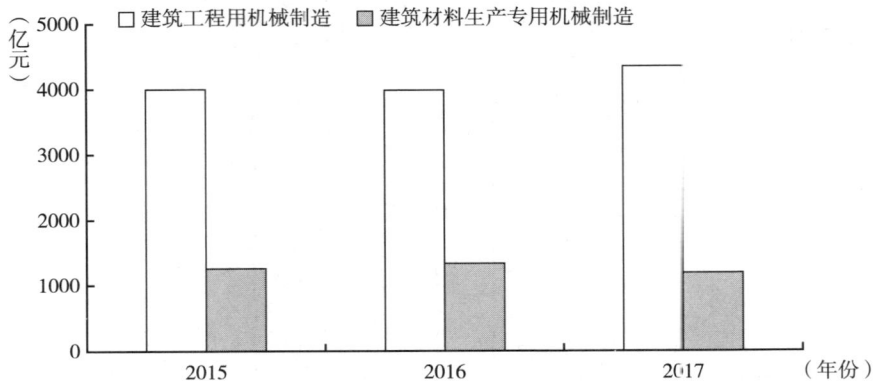

图10 2015~2017年我国工程机械行业分行业主营业务收入

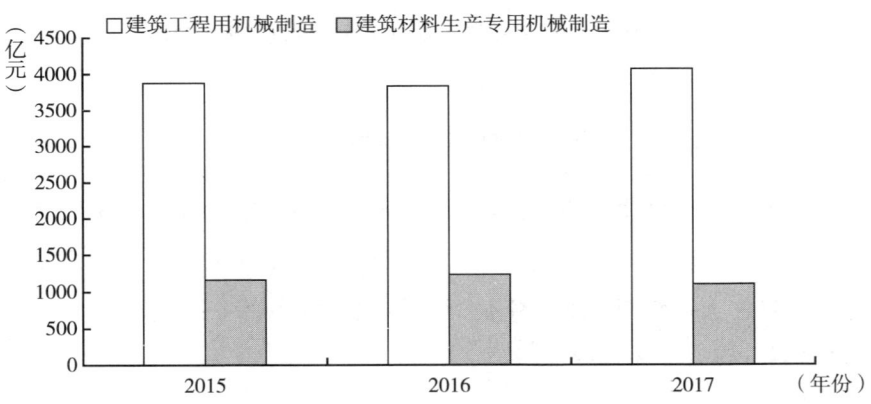

图11 2015~2017年我国工程机械行业分行业成本费用

呈分化发展趋势，建筑工程用机械制造的利润总额急速上涨，建筑材料生产专用机械制造的利润总额缓慢下跌。2017年，建筑工程用机械制造的利润总额达到323.12亿元，增速较2016年（10.97%）增加122.98个百分点；建筑材料生产专用机械制造的利润总额仅为78.37亿元，同比增速较2016年（-16.20%）减少25.45个百分点（见图12）。

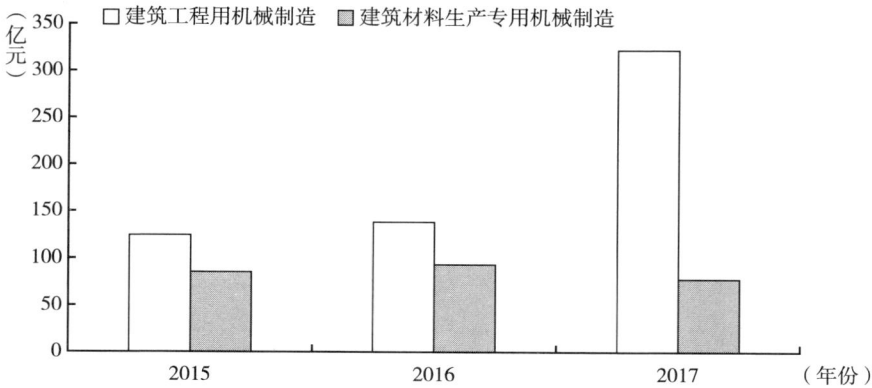

图 12　2015~2017 年我国工程机械行业分行业利润总额

五　我国工程机械行业贸易分析

（一）进出口规模高速增长

面对海外市场，"走出去"是中国工程机械企业近年来的主基调；面对中国市场，外资工程机械企业的"引进来"的步伐从未停歇。尤其在 2017 年市场整体回暖之后，工程机械进出口规模呈现高速增长态势。2017 年，我国工程机械行业累计进出口总额 228.13 亿美元，同比增长 20.83%。其中，出口总额为 187.25 亿美元，同比上涨 18.81%，进口总额 40.88 亿美元，同比上涨 31.06%。从月度数据来看，1~8 月，进出口额增速呈温和波动上涨趋势；8~12 月，进出口额增速在急剧上升后有所下降（见图 13）。

（二）进出口产品均显著增长

装载机出口额增长显著。2017 年，中国工程机械企业借助 "一带一路" 建设与沿线国家开展多种项目合作；同时，海外投资建厂也成为企业加快开拓海外市场的重要举措。2017 年，除工程用起重机外，我国工程机械行业

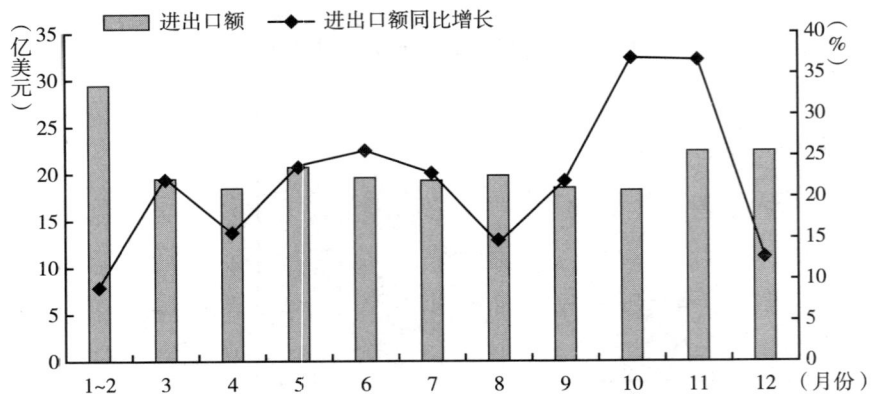

图 13 2017 年我国工程机械行业进出口额及同比增速

主要产品均实现增长。其中，叉车及工程搬运车辆出口额更是高达 22.62 亿美元，出口额最大，同比增长 19.30%；装载机的出口增加值最多，出口额为 15.31 亿美元，同比增速达到 62.01%。其他主要工程机械产品出口与 2016 年相比：推土机、挖掘机和混凝土机械均实现正向增长，同比增速依次为 60.63%、28.17% 和 9.77%；工程用起重机出口额减少，同比降低 26.96%（见表6）。

表6 2017 年我国工程机械行业主要产品出口额及同比增速

单位：亿美元，%

主要产品	出口额	同比增速
推土机	2.57	60.63
装载机	15.31	62.01
挖掘机	14.65	28.17
工程用起重机	5.39	-26.96
混凝土机械	4.83	9.77
叉车及工程搬运车辆	22.62	19.3

挖掘机进口额快速增长。2017 年，受采矿业复苏、城镇化和新农村建设持续拉动，以及庞大存量设备更新的影响，我国工程机械市场整体回暖，

带来进口产品数量显著提升。其中,挖掘机进口额最大,达11.27亿美元,同比增加82.66%(见表7)。

表7 2017年我国工程机械行业主要产品进口额及同比增速

单位:亿美元,%

主要产品	进口额	同比增速
推土机	0.23	4.55
装载机	0.44	100.00
挖掘机	11.27	82.66
工程用起重机	0.95	-18.80
混凝土机械	0.82	5.13
叉车及工程搬运车辆	2.12	18.44

(三)主要贸易国家

美、日、俄为工程机械行业主要产品主要出口目的地。2017年,我国工程机械行业出口目的国家和地区共217个,排名前十的出口目的国家地区分别为美国、日本、俄罗斯联邦、澳大利亚、印度尼西亚、印度、韩国、泰国、德国和越南。其中,美国是我国工程机械行业最大的出口目的国,2017年我国向美国出口累计金额达到25.95亿美元,同比增长36.01%;日本是第二大国,累计出口金额11.77亿美元,同比增长25.61%;累计向俄罗斯联邦出口8.15亿美元,同比增长60.75%。

日、韩、德为主要进口来源国。2017年,我国工程机械行业进口来源国家和地区共87个,排名前十的进口来源国和地区分别为日本、韩国、德国、美国、意大利、瑞典、奥地利、荷兰、中国台湾和法国。其中,日本是我国工程机械行业最大的进口来源国,2017年我国从日本进口累计金额达到14.50亿美元,同比增长49.18%;韩国是第二大国,累计进口金额6.80亿美元,同比增长113.84%;累计从德国进口6.34亿美元,同比增长15.48%。

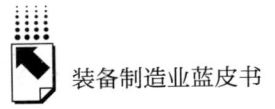

六 我国工程机械行业技术水平分析

（一）主要产品技术水平

1. 挖掘机技术逐步与国际技术水平看齐

随着我国挖掘机企业在技术、品质和服务等方面的全面提升，国内挖掘机产品已经具备走向国际市场的基本条件，突破了国际绝大多数核心技术的限制，打破外国产品的垄断。例如，矿用液压挖掘机（XE4000）具备高可靠性、舒适性、安全性、智能化等特点，性能达到国际先进水平；超大型矿用液压挖掘机（700吨级）的自主研制，标志着中国成为全球第四个具备700吨级以上液压挖掘机研发制造能力的国家，仅次于德国、日本、美国；挖掘机（SY215）成功应用自主开发的数字化施工系统，标志着中国在新一代数字化施工技术领域达到国际先进水平。

2. 装载机技术水平满足国际高端要求

我国装载机行业整体技术水平、制造水平已经完全可以满足国际高端市场的需求，正在逐步完成行业产品大升级。装载机行业产品的大升级主要体现在对污染排放控制方面的高标准，使得工程机械行业进入全新的"国Ⅲ"（环保部2016年第5号公告《关于实施国家第三阶段非道路移动机械用柴油机排气污染物排放标准的公告》）标准时代。目前，我国装载机行业不仅基本完成主导产品的更新换代，代表前沿技术的新产品也满足最新的排放标准。V系列装载机不仅符合"国Ⅲ"排放要求，还配备了"APD"自动功率分配节能系统，具备国际化水准的重载电控定轴式变速箱、大功率湿式驱动桥。

3. 压实机械技术与国际先进技术差距变小

经过多年积极推进的技术引进、消化吸收与创新发展的工作，我国压实机械行业不仅增加了产品系列和品种，也逐步注重提升产品的性能和可靠性，与国际先进水平的技术差距正在逐步缩小。例如，E系列全液压单驱压路机采用柳工无冲击激振技术、ECO节能技术等行业领先的核心技术，具有高可靠性、高施工效率、高施工质量、高舒适度、高性价比、低油耗、低维护成本等特点。

（二）重大技术突破

1. SY395H型履带式挖掘机解决油耗高、效率低、可靠性差的共性问题

2017年，我国成功研制的SY395H型履带式挖掘机，使用独创动态寻优功率匹配控制系统、高压区域增功率控制技术，逐步优化了结构、材料、焊接工艺，解决了国产挖掘机重载工况下三大共性问题（三大共性问题即油耗高、效率低、可靠性差）。

2. VL80A垂直举升装载机攻克设计与制造的技术难题

2017年，国家重大技术装备内刊将垂直举升装载机VL80A列入。该装载机在研发制造过程中，采用交互式设计理念，先后攻克了工作装置机构设计、结构设计、专用工装模具设计与制造等技术难题。VL80A首次使用四杆机构的连杆作为装载机的动臂，通过优化铲斗运动轨迹，将铲斗举升过程中的载荷力臂缩短了30%（使装载机的倾翻载荷提高了30%）。此外，VL80A在六吨装载机的平台上开发，虽然只拥有六吨机的配置，但却能实现八吨机的作业能力。

3. XCA1200型全地面起重机是全球唯一8轴1200t全地面起重机

2017年，我国成功研制出全球唯一8轴1200吨全地面起重机即XCA1200型全地面起重机。它采用独创多柔性体整机优化与L形风电专用臂架技术、超长臂架大载荷吊载精准控制技术，以及全球首创的风电臂自翻转技术、双动力分时驱动技术。自2017年7月上市，圆满完成5个风场150多台风机吊装及检修工作，首次实现全地面起重机安装百米高2MW风机作业，创造一个月安装23台风机的奇迹。

4. 世界首台纯电动正面吊XCS45正式获准上市

经过两年的技术突破和调试，纯电动正面吊XCS45在2017年获得国家相关部门颁发的特种设备制造许可证和型式试验合格证，象征着世界首台纯

电动正面吊正式获准上市。纯电动正面吊拥有200千瓦大扭矩驱动电机匹配AMT变速箱，可输出350千牛牵引力，使车辆在瞬间即可达到25KM/H的速度。同时，它采用235KWH大容量免维护动力电池，拥有智能化的能源管理系统，辅以回收率可达30%能量回收技术，可以达到8小时连续重载作业。

5. 高铁救援起重机的成功研制填补了我国高铁救援起重机研究空白

中国铁路总公司在2017年通过了对高铁救援起重机的试用评审，填补了我国在高铁救援起重机研究上的空白。该设备具有完全自主知识产权和多项技术创新，创新采用了许多关键技术，如多支腿承载和支腿载荷智能控制等，解决了高速铁路线路和桥梁承载能力限制的问题；采用圆弧形吊臂等结构，降低自重，满足了高铁救援起重机高速回送和安全高效救援的要求；同时，首次采用专家故障诊断系统，全面提高了高速铁路救援起重机的可靠性和可操作性，实现了高铁救援适用、安全、高效及智能控制的目标。

6. 首台国产绝缘斗臂车亮相"2017中国带电作业技术会议"

XZJ5151JGKZ5绝缘斗臂车的问世，填补了国内绝缘斗臂车的空白，为中国电力企业解决了供货周期长、成本高、服务不及时以及备件依靠进口的难题。XZJ5151JGKZ5绝缘斗臂车，最大作业高度21米，整车绝缘等级达到35千伏（美标46千伏），不限幅作业，最大作业幅度达13米。它采用研制的光纤通讯装置，解决了在绝缘环境下信号可靠传输问题；采用液压发电装置，为斗内操控系统供电，实现了智能充电，有效解决了上装绝缘段不能传输电能的问题；应用悬点式绝缘臂滚轮支撑机构，延长臂架的使用寿命，并配备了工作斗升降功能和工作斗液压接口，满足不同带电作业工况需求。

7. 国产首台常压换刀超大直径盾构机下线

首台常压换刀式超大直径泥水平衡盾构机"沅安号"，是具有完全自主知识产权的国产产品，在长沙顺利验收下线。这一装备的诞生，填补了我国国产盾构机常压换刀技术领域的空白，也创造了盾构机史上最美"桃花"刀盘。设备开挖直径11.75米、整机长度132米、总重约3000吨，装机功率 6100 千瓦。"沅安号"泥水平衡盾构机采用自主首创的常压换刀技术，大大降低了泥水盾构人工带压换刀作业的风险，有效提高了换刀作业效率，降低了常压条件下的换刀成本。

七 我国工程机械行业存在的主要问题

（一）产品同质化问题严重

在工程机械国际市场中，我国产品的同质化问题比较严重，竞争力较弱。在国内，大多的工程机械公司不具有核心技术，主要依靠产品的模仿生产，造成产品同质化问题严重，依附价格战抢占市场份额。在国外，工程机械产品技术日益成熟，呈现出差异化，主要以高端和高技术含量产品为主，抢占国内工程机械市场。如，国内履带吊的技术源头高度统一，小企业生产履带吊大都是买现成的图纸，而这些图纸几乎有着相同的母板。但是，国外履带吊技术高端化发展，德马格、利勃海尔、马尼托瓦克几家企业的产品无论性能还是质量都位于世界前列。

（二）产品可靠性差

由于技术水平的落后，我国工程机械产品在可靠性与产品寿命周期方面，距离发达国家差距很大。根据海关总署统计局统计，在 1000 小时可靠性试验中，国际水平长达 500~800 个小时，而我国机械工程产品无故障间隔的平均时间仅为 150~300 个小时；在不采用进口发动机条件下，国际水平可以达到 8000~10000 个小时，而国内产品的大修期寿命仅为 4000~5000 个小时。

（三）产品配套服务体系不完善

我国工程机械产品相关配套服务体系不完善，建设速度远远落后于海外市场的开拓速度，多数企业仅能实现短期的售后服务，部分中小企业甚至难以实现配套服务，使得用户体验不佳、市场遭受影响。例如，中国交通进出口总公司向斯里兰卡出口400辆大型客车，由于经验不足，为用户的技术培训不到位，造成当地司机出现不规范操作，导致车辆无法正常运营，最终公司失去了整个斯里兰卡市场。[1]

（四）再制造业务技术水平落后

由于对再生资源回收利用的技术认识不足，我国工程机械企业在再利用和再制造方面的水平有限，再制造业务技术水平落后，市场接受程度低。首先，工程机械行业总体回收利用率低，资源和能源严重浪费。其次，再制造业务操作工人技术水平不足，使零部件没有进行有效分离，一些回收价值高的材料严重流失。此外，工程机械回收再制造的法律法规体系、政策支持体系、技术创新体系、经济评价指标体系和有效的激励约束机制的不完善，导致市场秩序紊乱，对再制造产品接受度低。

（五）行业标准与国际脱节

目前，我国逐步提升工程机械行业标准，但是与国际标准相比仍然存在差距，主要体现在行业未形成科学完整的标准体系，以及国内标准更新速度落后国际标准进度。例如，截至2017年4月底，有关非道路机械的柴油发动机，我国执行"国Ⅲ"[2]排放标准，仅相当于"欧洲Ⅲ号"排放标准；而欧洲标准委员会（CEN）的《发电机组的2016版欧盟通用安全标准最新标准ENISO8528-13：2016》在2016年12月31日正式发布相较于"欧洲Ⅲ号"排放标准更为严格，并于2017年7月1日起强制执行。

（六）关键零部件制造技术落后

目前，我国工程机械行业绝大部分关键零部件都需要从国外进口，导致

---

[1] 金国辉：《交通工程机械如何"走出口"》，《中国公路》2014年第13期。
[2] 国家环境保护总局公告2016年第5号《关于发布达到国家机动车排放标准第二阶段和第三阶段排放限值的新机动车型和发机型的公告》。

企业生产成本高,缺乏国际竞争力。如整体式多路阀门、湿式制动驱动桥、液压泵与液压马达、动力换挡变速箱、回转支承等高端核心配件技术,都掌握在国外企业手中。国内工程机械品牌多采用国外的核心零部件,如柴油发动机多选择康明斯、五十铃等,液压件多采用日本川崎、德国力士乐,而变速箱则选择采埃孚等品牌。

八 我国工程机械行业发展前景分析

(一)我国工程机械行业发展前景预测

1. 工程机械行业设备需求量稳步上升

未来几年我国工程机械行业设备需求量将保持一个稳步上升的态势。国家统计局数据显示,2017年我国基础设施投资140005亿元,增长19.0%,比上年加快1.6个百分点[1]。同时,"一带一路"相关国家(地区)基础设施投资将为我国工程机械行业设备提供广阔的市场增量。此外,工程机械行业进入设备淘汰轮换期,未来国内将有250万台左右的工程机械设备需要更新[2],进一步扩大了市场。中国工程机械工业协会预计2018年行业增长率大约为10%[3]。未来几年,将是工程机械行业提质增效、转型升级发展的机遇期,是国际化发展的机遇期,也是中国工程机械行业迈向工程机械强国的重要阶段。

2. 工程机械行业设备将迎来涨价潮

生产成本的上涨,设备需求量的上升,工程机械行业设备将迎来涨价潮。作为工程机械行业最核心原材料,2017年钢材综合均价比2016年上涨了42.4%,均价创下近五年以来新高[4];依赖进口的机械设备核心部件也在上涨;此外,人力成本、物流成本和节能环保成本的大幅增长,为工程机械

---

[1] http://www.stats.gov.cn/tjsj/zxfb/201801/t20180118_1574917.html.
[2] https://www.sohu.com/a/213789495_715923.
[3] http://ep.ycwb.com/epaper/gdjs/html/2017-12/11/content_220562.htm.
[4] http://www.zhongyi9999.com/chanye/gt/547821.html.

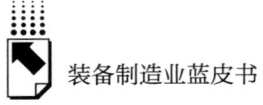

生产企业制造成本带来巨大的压力。随着未来工程机械设备市场需求量的上升，这些成本上涨的压力最终将转化给终端用户。

3. 工程机械行业将迎来海外并购热潮

随着工程机械行业形势一片大好以及我国工程机械企业的国际化发展，未来会有更多的中国工程机械企业选择海外并购。近年来，我国工程机械企业在国际化发展过程中，为了提高自己市场、品牌、技术等方面的竞争力，进行了大量的海外并购：三一集团在2012年收购了具有58年历史的德国混凝土泵制造商普茨迈斯特[1]；同年徐工集团收购了德国混凝土设备制造商施维英[2]；从2013年起，中联重科先后并购了德国M–TEC、荷兰Raxtar、意大利LADURNER和全球排名前列的混凝土机械制造商意大利CIFA等[3]。通过并购，这些企业获得了更多与国外企业竞争的优势。未来在"一带一路"倡议的引领下，我国越来越多的工程机械企业选择走出国门，同国外的企业竞争，因此，工程机械行业将会出现越来越多的海外并购。

4. 工程机械行业智能化升级势在必行

随着互联网、大数据、人工智能等技术的推广普及，任何一个产业都在和这些科技建立关系。中联重科通过建立大数据物联网工业云平台、智能化改造和大数据应用，降低自身服务成本，提升了售后市场服务收入，也借此帮助客户提升自身经营管理的能力，为客户降低包括人力、燃油、维修、设备管理等设备运营主要成本，还可以根据采集到的数据对宏观经济运行态势、客户经营情况及市场未来走势进行相应的分析和预判，引起国家高度重视[4]。互联网、大数据、云计算等技术在工程机械行业的应用可以降低企业成本，带来实际收益。未来这些技术也会越来越多的应用到工程机械的其他企业。

---

[1] http://news.d1cm.com/special/sanysgpms/.
[2] http://money.163.com/12/0419/17/7VFKRPH900252605.html.
[3] http://www.zoomlion.com/about/introduct.html.
[4] http://www.nyjx.cn/n/2017/05/11/141701245994.shtml.

（二）我国工程机械行业投资机会

1. 挖掘机械行业市场需求预计增长

尽管挖掘机行业未来难以维持高速增长态势，但预计2018年仍将呈持续平稳增长，其中小挖和微挖将成为增长主动力。一方面，大规模基础建设、"一带一路"建设以及产品更新换代带来的需求，都将会持续影响挖掘机行业的增长；另一方面，随着乡村振兴战略的逐步落实，农村城镇化改造将进入高峰阶段，小型挖掘机以作业灵活、适应性好、价格低等特点，可以被广泛运用在农业建设和新农村建设等方面，将成为未来挖掘机行业增长的主要动力。

2. 混凝土机械行业预计进入缓慢盈利区间

随着宏观政策不断深化和市场状况的进一步改善，未来混凝土行业将扭转增速不断下滑局面，逐步进入缓慢盈利区间。宏观来看，基础设施建设、"一带一路"的建设和环保政策的强化，都将持续带动混凝土机械行业的发展。同时，装配式建筑给整个行业带来了新的契机。2016年全国建筑业产值19.7万亿元，按照国家的战略规划，到2025年，装配式建筑的比例要达到30%，至少每年6万亿元。[①] 微观来看，行业存量设备持续出清，市场需求逐步好转，存量设备及在贷设备投资回收期缩短，设备产能利用率正逐步提升。产品的供给量持续减少，新机销售持续下滑，全社会有效产能供给开始收缩；而PPP拉动的基建投资和地产投资韧性十足，需求仍然保持较快增长，致使混凝土机械逐步呈现好转局面。

3. 装载机行业未来将呈温和上涨趋势

经过近半个世纪发展，我国已成为全球第一大装载机制造国，装载机行业相对较为成熟，未来预计呈温和上涨态势。随着基础设施建设有望长期增长，以及城市化率持续上升，国内装载机的需求依然不会降低。同时，国际

---

① 《未来三年混凝土机械市场有望持续增长》，慧聪工程机械网，2018年6月8日，http://info.cm.hc360.com/2017/12/210956690621-2.shtml。

市场还有很大发展空间,将会给装载机的增长带来新动力。但是,由于我国装载机基数和保有量较大,而且我国经济进入经济新常态,装载机未来将会缓慢而平稳地向前发展。

九 我国工程机械行业发展建议

(一)提供政策引导

着力优化工程机械发展的经济环境与市场秩序,加大国家宏观调控政策力度和深入供给侧改革,完善工程机械市场的监督与管理。政府可以出台一系列关于深入推进"一带一路"项目建设的相关政策,加强国际产能合作,落实京津冀协同发展规划纲要,加快长江经济带发展,实施新一轮东北地区老工业基地振兴战略以及棚户区改造、内河航道、城市地下管网建设等重大项目。出台与工程机械生产作业安全的相关监管政策,积极落实推动国家及行业标准,建立操作人员持证上岗、工程机械登记和技术装备安防措施,整治工程机械无证作业、违章操作等行为。建立并完善工程机械回收再制造管理制度,加强工程机械再制造企业管理,规范工程机械再制造行为和市场秩序。

(二)规范行业标准体系

逐步建立科学完整的标准体系,提高国内标准的严格程度,提高标准国际化水平,强化标准的实施与监督机制。在标准制定方面,可以借鉴发达国家标准化管理的先进经验和做法与我国发展实际相结合,建立完善的与国外标准一致,甚至更严格的国内标准。在标准国际化方面,政府可以着力创建中国标准品牌,争取承担更多国际标准组织技术机构和领导职务,鼓励产业技术联盟、企业和社会组织积极参与国际标准化活动,推动与主要贸易国之间的标准互认,促进特色、优势领域标准国际化。在标准实施监督方面,政府可以建立完整的标准评价体系,完善对强制性标准实施的监督功能,强化企业对内部标准监督的基础地位。

（三）促进产业集群发展

推进工程机械行业集群发展，加大产业集群的资源整合力度，促进核心企业与其他中小型企业协同发展。整合外部创新资源与整合内部的创新资源，加强核心企业与研究机构之间、核心企业与院校之间的协作，强化企业间协作，核心企业的经济、技术溢出。搭建中介服务平台，引导知识产权与科研成果吸引金融机构等资金投资，促进科技创新成果商业化。构建产业集群发展的体制机制，加强中小企业与大型企业的联系，探索大型企业向中小企业进行技术和零配件产品扩散分包。

（四）改善中小企业发展环境

着力改善中小企业政策环境，加大财税支持力度，进一步改善融资环境，推进中小企业创新转型。建立财税支持研发投入的制度，对具有一定科技含量和知识产权的中小企业按一定比例予以税收减免。充分发挥政府公共服务职能，加大企业与金融机构的协作，着重发展中小企业信用担保机构，完善担保和融资支持网络。政府可以加强技术创新产权和知识产权的保护，建立技术创新保护机制，改善中小企业技术创新环境。

（五）大力推动配套产业发展

构建工程机械产业链，完善配套产业体系的搭建，着力工程机械配套零部件的精细化发展。鼓励大型主机企业发展和扶植自己的配套企业，向工程机械产业链的上下游发展。强化现有配套企业的发展，协调主机企业将该类附属业务及技术转移到现有配套企业中，提供相关的信息或技术帮助。鼓励零部件企业形成专业化生产规模，避免同质竞争，淘汰效率低、能耗大、质量差的落后产品，巩固提高现有优势产品的技术水平和可靠性。

（六）加强核心技术创新投入

加强企业技术创新，着力提高产品可靠性、稳定性和安全性，提升产品

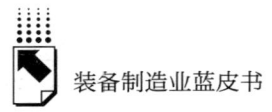

智能化水平。与国外先进工程机械制造企业合作，借鉴先进科学技术与制造经验，从使用可靠性提高、整机寿命延长、产品质量提升与信息化技术等方面进行产品创新。依托行业内技术创新联盟，联合有条件有需求的高校、科研院所、企业，共同投入组建共性关键零部件研发基地，解决行业共性技术问题。立足企业内部现有技术优势，设立专项技术资金，吸引海内外人才及科研项目，突破个性化技术难题。

（七）搭建完整的服务体系

强化企业产品的附加价值，完善服务体系的搭建，优化售前、售中与售后提供多元、完善的技术指导服务。建立健全工程机械技术推广队伍，以实际演示、跟踪服务等方式去对最新且使用的产品进行推介，提升产品的利用效率。优化技术支持服务体系，提供符合施工环境的操作培训，及时有效处理产品故障。构建健全的针对工程机械产品的质量监督保障体系，鉴定产品的安全性、可靠性和稳定性，定期评价产品是否环保，提供关键技术支持与制度保障。

（八）开拓海外市场

深入推进国际化战略，进一步开拓工程机械海外市场，扩大海外市场的布局，紧密国外企业合作关系。基于现有国际业务提升品牌国际影响力，构建国际化专业营销渠道，构建与企业自身经营理念相符合的代理商和经销商团队。将市场、服务、制造等前移，在海外市场进行品牌整合，建立组装工厂。借助海外工程项目，将设备、项目的总体承包、服务等推向海外市场。通过并购重组国外领先企业等多种合作方式，整合行业内优势资源，补充自身短板业务，加速技术转移与规模扩张，开拓海外市场。

（九）注重环境保护

全面推行绿色制造，加强工程机械节能环保技术、工艺和装备研发，提高资源利月效率。将绿色环保作为发展的理念，注重低耗能产品的研发与设计，并提高每一位员工和消费者节约资源、环境保护方面的意识。进一步优化工程机械油品加注、储存环境，根据工程机械作业特点以及对应发动机作业工况特征，有针对性的研发与工程机械发动机所匹配的工程机械专用油品，降低发动机排放、工程机械燃油消耗率等指标，实现发动机与工程机械油品匹配。

B.7 重型机械行业研究

郭文娜 杨建华*

摘 要： 本文在概括重型机械在国际市场发展现状和趋势的基础上，从矿山机械、冶金专用设备、物料搬运设备等子行业的角度，结合数据重点分析了2017年我国重型机械的总体运行情况和发展趋势。数据显示，2017年，重型机械行业运行总体处于平稳增长态势，主要经济指标表现良好，研制出一批重大技术装备和升级换代的新产品。基于市场需求不足、行业产能过剩、创新能力不足、技术水平存在差距等问题，我国重型机械行业应进一步优化产业结构，推进兼并重组，加强企业自主创新能力，提高产业综合竞争实力。

关键词： 矿山机械 物料搬运设备 结构优化

一 重型机械行业定义和分类

（一）定义

重型机械行业是装备制造业的重要子行业之一，是冶金机械制造业、重型锻压机械、矿山机械制造业和物料搬运机械制造业以及大型铸锻件制造业的合称。

---

* 郭文娜，硕士，助理研究员，现任职于机械工业经济管理研究院研究部，主要从事产业经济、企业管理方面研究。杨建华，高级经济师，现任职于机械工业经济管理研究院研究部，主要从事产业经济、产业组织方面研究。

（二）分类

按照《国民经济行业分类与代码》（GB/T 4754－2011）新标准的规定，重型机械行业归口的行业小类包括冶金设备、矿山机械和轻小型起重设备、起重机、生产专用车辆、连续搬运设备、电梯自动扶梯及升降机、其他物料搬运设备八个行业小类。（见表1）。

表1 重型机械行业分类

代码	行业名称
343	物料搬运设备制造
3431	轻小型起重设备制造
3432	起重机制造
3433	生产专用车辆制造
3434	连续搬运设备制造
3435	电梯、自动扶梯及升降机制造
3439	其他物料搬运设备制造
351	采矿、冶金、建筑专用设备制造
3511	矿山机械制造
3516	冶金专用设备制造

资料来源：《国民经济行业分类与代码》（GB/T 4754－2011）。

本文根据行业特点和数据的可获得性，以及相关子行业在重型机械行业中的重要性和代表性，选取专用设备、矿山机械制造、起重机制造和连续物料搬运机械四个子行业作为分析的主要对象。

二 国际重型机械行业发展概况

（一）国际重型机械行业发展现状

1. 市场现状

经过长期的发展和各种方式的竞争，国际重型装备制造市场的竞争格局已经形成，各个发达国家的装备工业根据各自的国情形成了一定的产业分工和产品分工，并在2~3个主导领域形成了比较大的竞争优势。发达国家的这种装备制造领域的优势是通过组建大型的国际跨国公司、集团来实现的。韩国的斗山重工、日本的三菱重工、德国的西马克公司等都是本国装备制造优势的集中所在。这些国际跨国公司的资产规模巨大，技术水平领先，占有相当的国际市场份额从而能够进行规模化的生产，盈利能力较强。

在20世纪40~80年代，当今世界上成熟工业化国家就已经分别建立了各自完整的重型机械制造工业体系。目前，德国、美国、日本等工业发达国家仍然是重型装备制造业强国。

20世纪60~90年代，德国是世界上重型机械制造强国，尤其以出口大型成套矿山设备和冶金设备著称，20世纪末期，德国逐渐向"大制造业"方向发展，西马克公司在冶金设备的竞争中处于绝对优势地位。

美国认为重型机械制造业虽然属于高技术密集型制造业，但也是高能耗、劳动密集型产业，因此，在推进知识经济过程中，美国最早将重型制造业转移到其他国家。

日本重型机械制造业，也在向"大制造业"方向整合。日本的三菱重工、日本制钢所、日立造船、日本铸锻钢、石川岛播磨等公司的技术水平、工艺装备以及规模、效益都处于世界先进水平。

2. 技术现状

（1）智能化

随着信息工作与材料科学技术的发展，科学家和工程师们提出了力图从根本上解决工程结构在全生命周期内的安全，全面提高结构性能的新思路，引入智能结构和系统的概念。例如，在矿山机械结构自检测及自诊断系统采用集成传感器、控制器及执行器为一体的智能结构，实现重大矿山机械产品在线监测。

（2）环保化

国际上，重型机械设备企业越来越注重对高效、节能、环保设备的研发和生产。例如，矿山机械采用减轻重量、低能耗及长寿命的设计原则。冶金专用设备在设计、生产中更加注重其环保节能性能指标,简化生产工序和工序连续化,大大节省能源消耗。

(3) 综合解决方案化

国外跨国公司已经改变了传统的以产品营销为主的经营模式,采用以工程总承包、技术总负责或设备总成套为主,结合技术转让,本地化生产等方式,积极拓展全球市场。超强的系统集成能力,能够提供综合解决方案是重型机械行业综合技术水平的体现。

(二)国际重型机械行业的发展趋势

1. 市场趋势

国际重型机械消费市场将总体趋于平稳,并呈现温和增长态势。欧美国家经济逐渐复苏,重新确立实体经济在国家经济中的地位,作为装备制造业重要分支领域,重型机械产品的发展空间可能进一步加大。亚洲市场仍然是重型机械的主要市场。大多数发展中国家基础设施建设相对落后,工业发展的替代作用逐步显现,产业转移为重型机械行业提供了较大市场需求。

从下游行业发展来看,钢铁、矿山、石化等行业的发展也主要集中于亚洲、非洲国家,这些行业的转型升级和发展将拉动重型机械行业进入平稳发展期。

2. 技术趋势

(1) 冶金设备

国外先进技术发展趋势为高品质新工艺冶炼技术、环保余热利用的烧结焦化设备、高效连铸薄板坯连铸连轧、高精度薄带冷轧及精密管棒轧制矫直技术、高效涂镀层等新技术装备,实现多品种、多规格、高强度、高品质建筑桥梁、能源、船舶及海洋工程、汽车与轨道交通、特殊钢等冶金产品。

(2) 矿山机械

从世界矿山机械行业发展趋势来看,装备使用的高效、节能、安全、可靠已经成为企业的主要考核指标。帮助企业建立完善的生产、营销、管理等体系，包括矿山方案设计、矿山设备及安全设计、制造生产成套化、设备运营服务化、工程管理等"一揽子服务"的能力，是当今世界潮流。煤炭工业的发展趋势是安全、高效、绿色开采，煤炭重大装备的技术发展趋势是自动化智能化采掘成套装备、复杂难采煤层自动化综采成套装备、深部开采装备，逐步向少人无人工作面发展。大型露天矿半连续开采成套装备、全连续开采成套装备，金属矿的深部开采和千万吨级洗选成套设备等。

（3）物料搬运设备

起重机械在国际发展趋势是向更大吨位单个提升器承载力不断加大、整机结构轻量化、整机控制智能化发展。重大产品大型化、高速化和专用化；系列产品模块化、组合化和标准化；通用产品轻型化、低净空；产品316性能自动化、智能化和集成化；产品构造美观化、人性化。

散料装卸机械将以新一代智能化散货装卸码头成套设备的方向发展，主要技术表现为以下几点：散货装卸设备大型化、远程控制、特殊用途多功能装卸设备和全自动智能化技术（含料堆3D扫描）。

三　我国重型机械行业规模分析

（一）工业增加值平稳增长

2017年，我国重型机械行业的主要子行业中，物料搬运设备制造业，采矿、冶金、建筑专用设备制造业和铁路运输设备制造业均为正增长（见表2）。2017年重型机械行业工业增加值增速增加：物料搬运设备制造业增加值同比增加7.50%，增速较2016年提高5.90个百分点，采矿、冶金、建筑专用设备制造业增加值同比增加9.70%，增速较2016年提高5.90个百分点，铁路运输设备制造业增加值同比增加7.60%，增速较2016年提高9.90个百分点。

表2 2017年重型机械行业主要行业增加值增速对比

单位：%

月份	物料搬运设备制造业		采矿、冶金、建筑专用设备制造业		铁路运输设备制造业	
	本月	累计	本月	累计	本月	累计
1~2	0.00	7.90	0.00	11.80	0.00	-0.60
3	6.50	7.30	13.00	12.30	2.50	0.80
4	6.00	6.90	11.60	12.10	12.10	3.90
5	9.50	7.50	8.50	11.40	7.90	4.80
6	8.00	7.60	10.40	11.20	9.50	5.90
7	4.90	7.20	8.90	10.90	2.20	5.40
8	3.10	6.70	8.30	10.60	13.40	6.50
9	8.00	6.90	5.80	10.00	9.50	6.90
10	6.20	6.80	10.50	10.10	5.40	6.70
11	8.90	7.00	9.70	10.10	10.10	7.10
12	11.90	7.50	5.70	9.70	12.00	7.60

注：数据来自机经网，以下如果没有特殊说明，数据均来自机经网。

（二）资产规模稳定增长

2017年，重型机械行业资产规模达到13239.57亿元，同比增长4.36%，资产规模总体呈现增长态势。分月来看，资产规模年内波动较大，1~8月资产规模稳步上升，9月出现较大下滑，10~12月恢复稳步增长。资产规模同比增速整体呈上升趋势，1~2月增速最低，为3.31%，10月增速最高，达到4.94%（见图1）。

（三）产品产量恢复性增长

从主要产品产量来看，2017年重型机械行业完成矿山专用设备产量812.66万吨，同比增加7.34%；完成金属冶炼设备产量56.39万吨，同比增加7.72%；完成起重机产量1133.92万吨，同比增长16.00%；完成输送机械（输送机和提升机）产量261.50万吨，同比增长7.09%；完成金属轧制设备产量62.17万吨，同比增加17.51%。

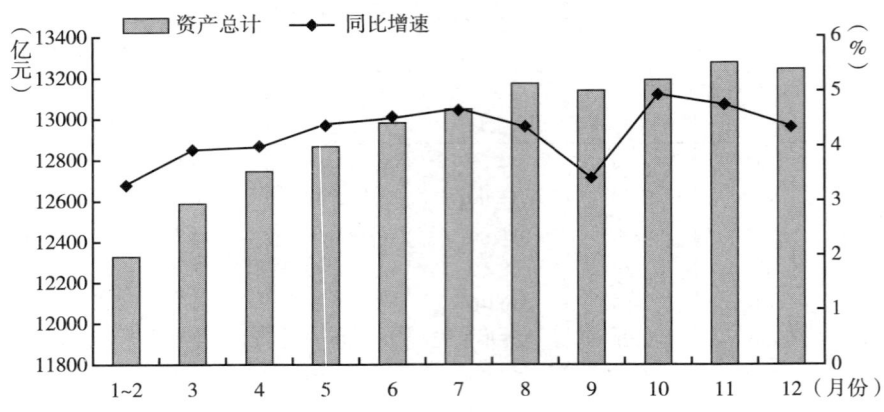

图1 2017年重型机械行业累计资产总计及同比增速

四 我国重型机械行业的运行情况

(一)总体运行情况分析

1. 主营业务收入呈恢复性增长

2017年,我国重型机械行业主营业务收入12100.74亿元,同比增加8.25%,增速比2016年上升6.54个百分点。分月来看,各月主营收入增速均围绕10%上下波动。有4个月份增幅在10%以上,7个月份增幅在7%~10%之间。其中6月份的11.42%为全年的最高点,9月份的7.27%为全年最低点,至12月份全年主营业务收入增速为8.25%(见图2)。

2. 主营业务成本增速与收入增速持平

2017年,我国重型机械行业主营业务成本为11427.97亿元,同比增长8.60%。增速较2016年上升6.72个百分点。分月来看,重型机械行业主营业务成本9月增速最低,为7.71%,6月增速最高,达11.97%(见图3)。

3. 利润实现大幅增长

2017年,我国重型机械行业实现利润654.01亿元,同比增长

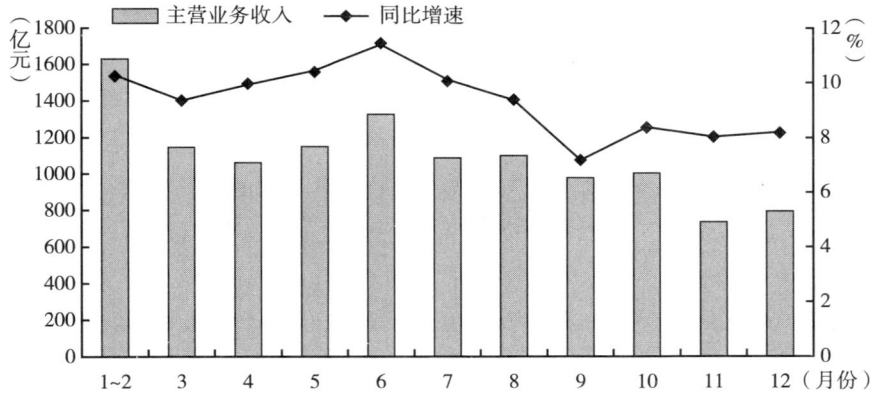

图2　2017年重型机械行业主营业务收入及增速

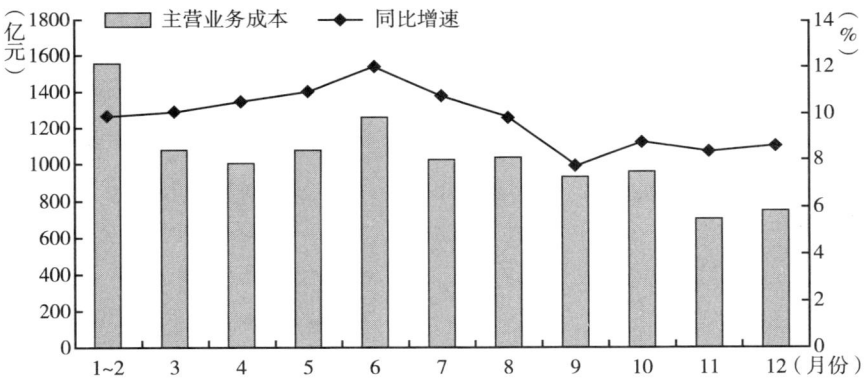

图3　2017年重型机械行业主营业务成本及增速

104.42%，增速较2016年上升202.87个百分点，利润增速远高于主营业务收入增速，重型机械行业总体运行良好。分月来看，1~8月增速持续增长，9月略有下降，10月开始高速增长，12月达到单月最大增速（104.42%）（见图4）。

（二）营运能力有待提高

总资产周转率有所下降。2017年，我国重型机械行业总资产周转率为

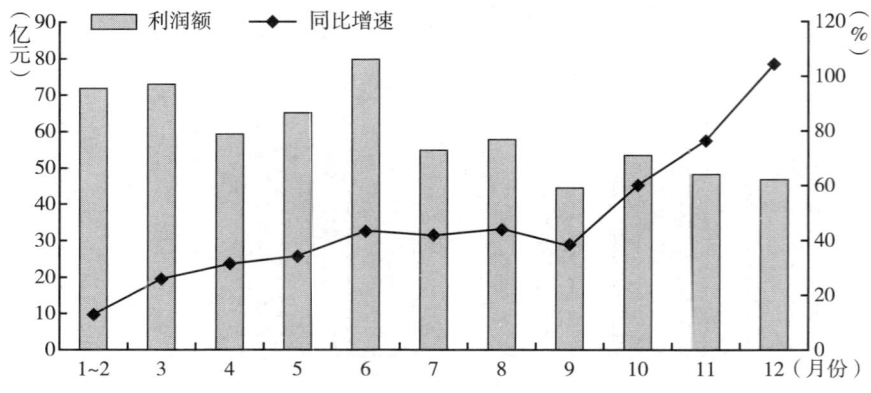

图 4　2017 年重型机械行业利润额及增速

0.91 次，增速比 2016 年下降 0.26 个百分点。分月份来看，1~2 月重型机械行业总资产周转率达到最大值 0.13 次，之后呈现下降趋势，从 3 月开始逐步稳定，12 月份总资产周转率为 0.06 次（见图5）。

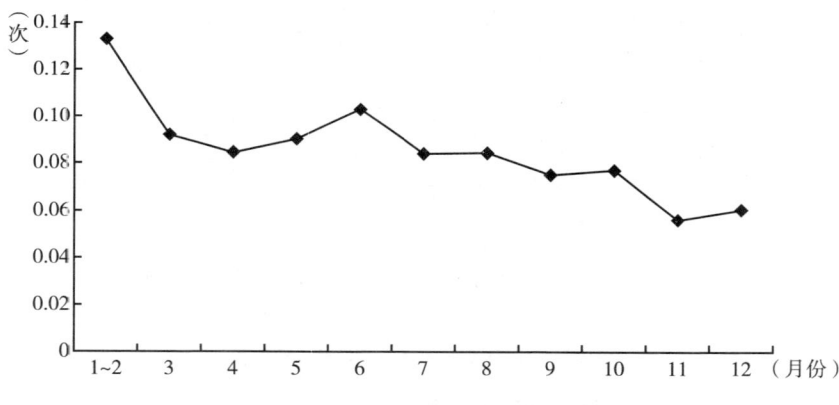

图 5　2017 年重型机械行业总资产周转率

（三）盈利能力增强

1. 总资产利润率逐步回升

2017 年，我国重型机械行业总资产利润率为 4.94%，同比降低

0.96%，增速较2016年增加19.67个百分点，总资产利润率较2016年有了较大提高。分月来看，重型机械行业总资产利润率6月达到年度最高值，为0.61%，之后有所下降，9月为年度最低值，为0.34%（见图6）。

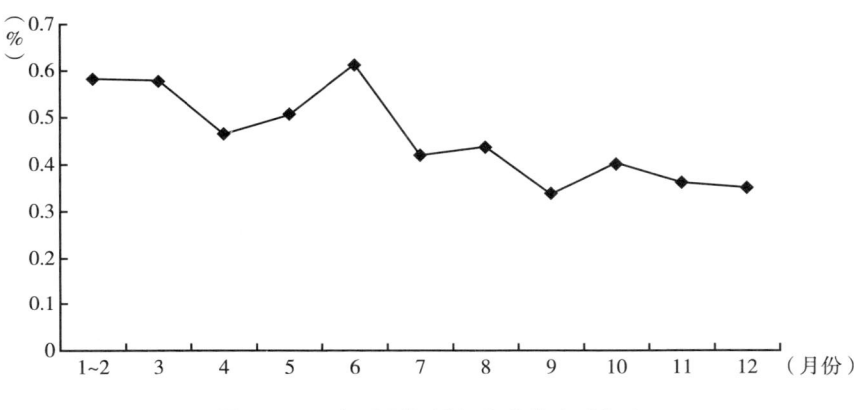

图6　2017年重型机械行业总资产利润率

2. 主营业务成本率变化不大

2017年，我国重型机械行业主营业务成本率为94.44%，比2016年增加0.58个百分点。分月份来看，重型机械行业主营业务成本率在93.5%和95.5%之间波动，1~2月最高，为95.38%，8月份最低，为93.69%（见图7）。

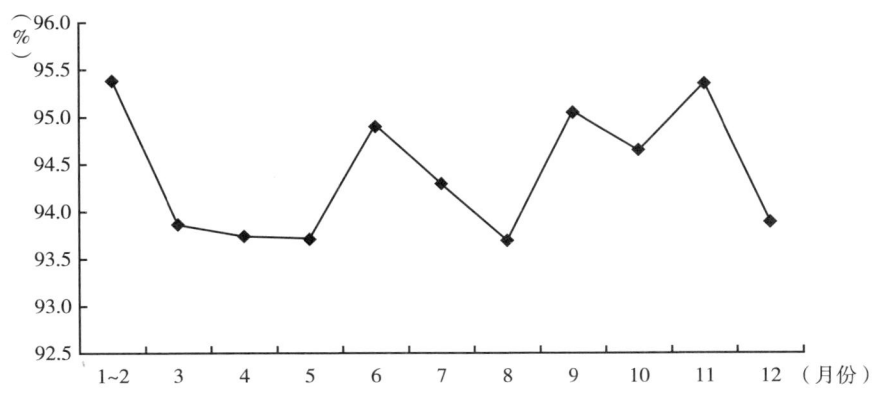

图7　2017年重型机械行业主营业务成本率

（四）偿债能力持平

2017年，我国重型机械行业总资产负债率为58.36%，比2016年上升0.54个百分点。总资产负债率上半年有所上升，6月份达到峰值（59.14%），随后呈下降趋势，12月达到最小值（58.36%）（见图8）。

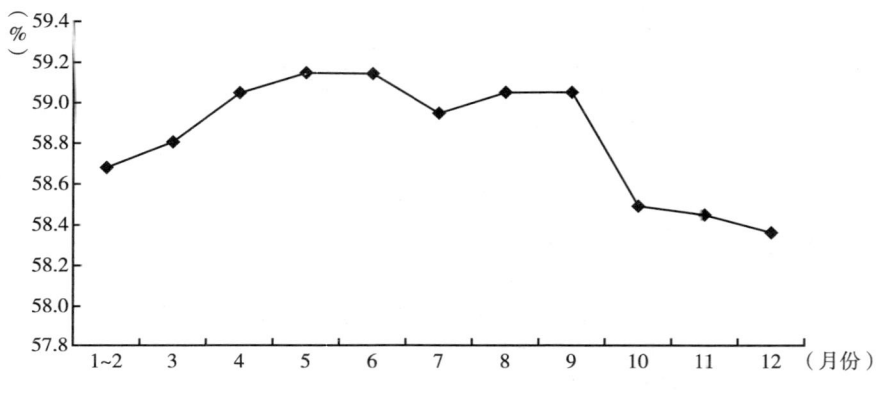

图8 2017年重型机械行业总资产负债率

五 我国重型机械行业产业结构分析

（一）各细分行业资产规模有所增长

2017年，起重机制造业资产规模为3118.71亿元，同比增长0.54%，增速较2016年降低5.44个百分点；连续搬运设备制造业资产规模为367.35亿元，同比增长5.11%，增速较2016年增加3.42个百分点；矿山机械制造业资产规模为4025.36亿元，同比增长0.44%，增速较2016年降低1.91个百分点；冶金专用设备制造业资产规模为1896.943亿元，同比增长2.84%，增速较2016年降低11.64个百分点（见图9）。

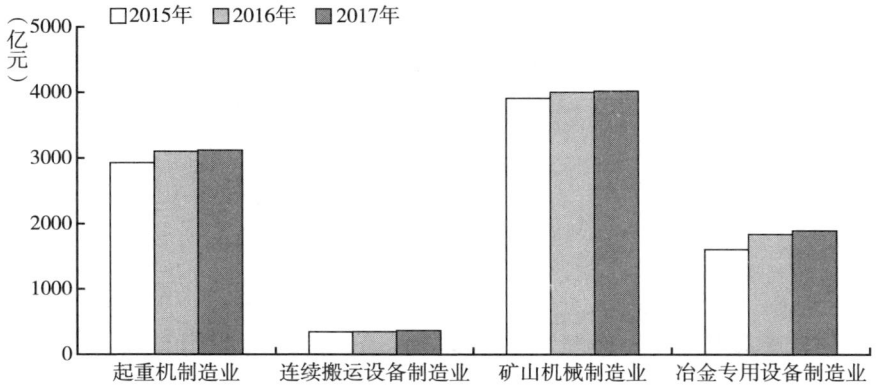

图 9　2015～2017 年重型机械细分行业资产规模对比

（二）各细分行业主营业务收入出现分化

2017 年，起重机制造业主营业务收入为 2568.24 亿元，同比减少 2.62%，增速较 2016 年降低 5.10 个百分点；连续搬运设备制造业主营业务收入为 448.20 亿元，同比增长 5.88%，增速较 2016 年增加 2.90 个百分点；矿山机械制造业主营业务收入为 3982.84 亿元，同比减少 3.86%，增速较 2016 年降低 3.13 个百分点；冶金专用设备制造业主营业务收入为 1214.98 亿元，与 2016 年持平（见图 10）。

（三）各细分行业主营业务成本相应分化

2017 年，起重机制造业主营业务成本为 2421.63 亿元，同比减少 2.29%，增速较 2016 年降低 4.32 个百分点；连续搬运设备制造业主营业务成本 426.30 亿元，同比增长 6.64%，增速较 2016 年增加 3.46 个百分点；矿山机械制造业主营业务成本为 3781.26 亿元，同比减少 3.49%，增速较 2016 年降低 2.79 个百分点；冶金专用设备制造业主营业务成本 1170.51 亿元，同比减少 3.21%，增速较 2016 年降低 5.55 个百分点（见图 11）。

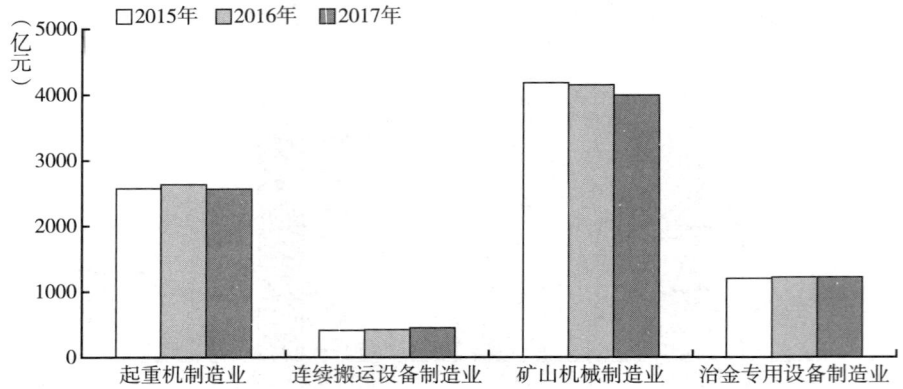

图10 2015~2017年重型机械细分行业收入对比

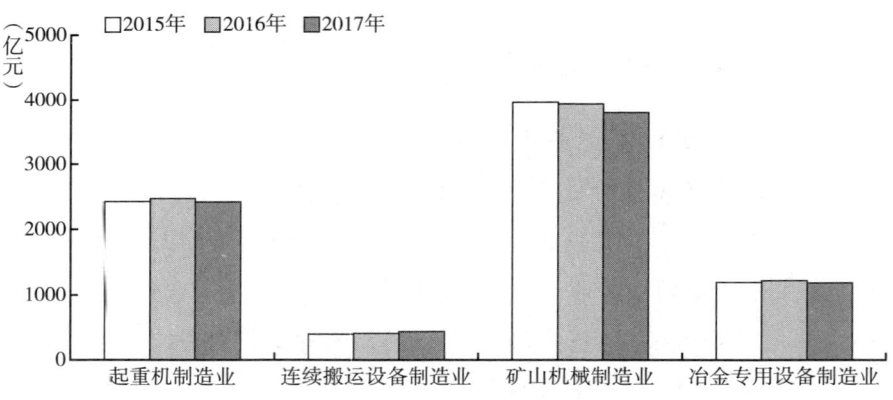

图11 2015~2017年重型机械细分行业成本对比

（四）大部分行业利润实现小幅增长

2017年，起重机制造业实现利润121.81亿元，同比减少9.48%，增速较2016年降低4.54个百分点；连续搬运设备制造业实现利润23.19亿元，与2016年基本持平；矿山机械制造业实现利润181.88亿元，同比增长21.21%，增速同比增加47.11个百分点；冶金专业设备制造业扭亏为盈，实现利润46.69亿元，同比增长270.42%（见图12）。

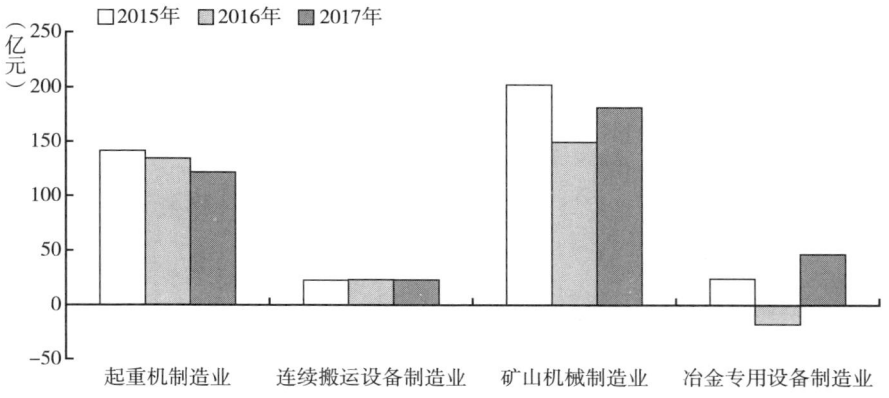

图 12　2015~2017 年重型机械细分行业利润对比

六　我国重型机械行业贸易分析

（一）进出口规模

2017 年，重型机械行业累计进出口总额 162.78 亿美元，同比增长 3.48%，其中，进口总额 52.02 亿美元，同比增长 10.63%，出口总额 110.76 亿美元，同比增长 0.44%。

1. 一般贸易占据主要地位

从贸易形式来看，2017 年，我国重型机械行业进出口主要是以一般贸易方式为主。重型机械行业一般贸易进出口总值 109.91 亿美元，同比增长 10.38%，规模占重型机械行业的 67.52%。其中进口总额 38.92 亿美元，同比增长 10.51%。出口总额 70.99 亿美元，同比增长 10.32%。加工贸易共完成进出口总额 0.88 亿美元。同比下降 29.60%。加工贸易进出口总额仅占重型机械行业进出口总额的 0.54%。其中累计进口总额 0.06 亿美元，同比下降 66.67%，出口总额 0.82 亿美元，同比下降 23.36%。

2. 进出口贸易主要集中在东部沿海省市

从贸易地区来看，2017 年我国重型机械行业进出口贸易主要集中在东部沿海省市。

进口方面,重型机械行业进口总额排名前十的省市分别是:江苏省、上海市、广东省、福建省、山东省、天津市、陕西省、浙江省、四川省、北京市。其中江苏省进口总额 8.54 亿美元,同比增长 3.39%。上海市进口总额 7.85 亿美元,同比增长 17.51%。广东省进口总额 6.13 亿美元,同比增长 7.73%。福建省进口总额 3.38 亿美元,同比增长 37.96%。山东省进口总额 3.28 亿美元,同比下降 2.96%(见图 13)。

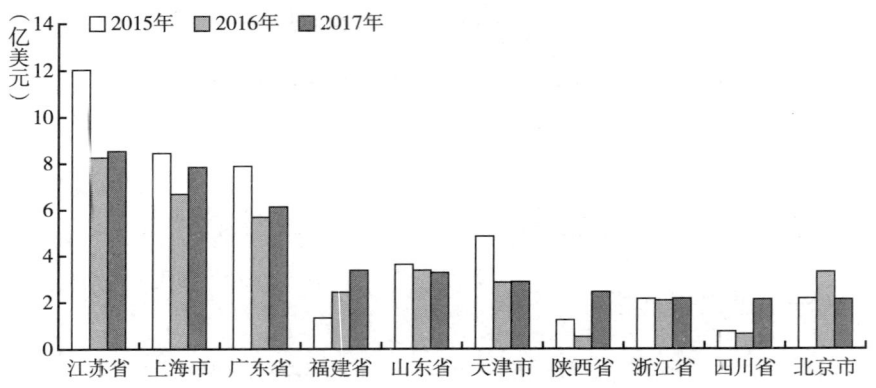

图 13　2017 年进口额排名前十的省份进口情况对比

出口方面,重型机械行业出口总额排名前十的省市分别是:江苏省、上海市、浙江省、广东省、山东省、辽宁省、河南省、河北省、北京市、福建省。其中江苏省出口总额 24.87 亿美元,同比下降 0.20%。上海市出口总额 22.85 亿美元,同比下降 18.68%。浙江省出口总额 12.01 亿美元,同比增长 9.28%。广东省出口总额 10.08 亿美元,同比增长 12.88%。山东省出口总额 6.16 亿美元,同比增长 9.03%(见图 14)。

(二)进出口产品结构

2017 年,物料搬运机械在进出口贸易中所占比重较大,其他重型矿山机械在贸易中占比相对较少。重型机械行业主要产品进口情况如下:在物料搬

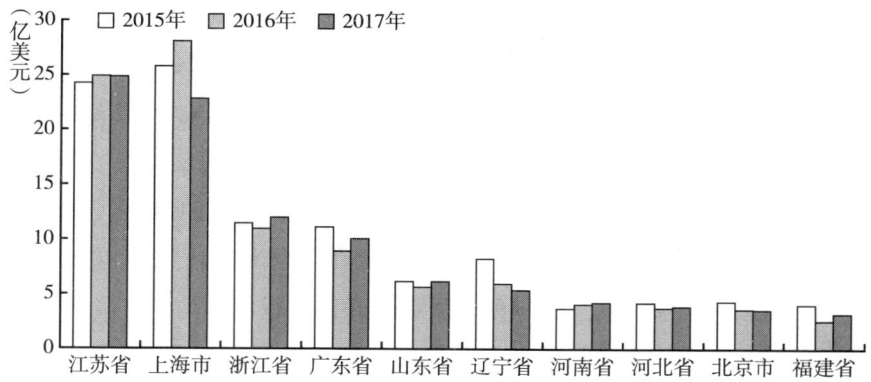

图14　2017年出口额排名前十的省份出口情况对比

运设备制造业进口方面，起重机、跨运机、装卸船机进口额1.50亿元，同比下降37.24%，占比2.88%。输送、升降、搬运、装卸机械进口额36.44亿元，同比增长23.11%，占比70.04%。在矿山机械制造业进口方面，矿山采掘设备进口额1.33亿元，同比增长47.78%，占比2.55%。在冶金专用设备制造业进口方面，金属冶炼设备进口额0.16亿元，同比增长6.67%，占比0.31%。

在物料搬运设备出口方面，起重机、跨运机、装卸船机出口额27.70亿元，同比下降20.56%，占重型机械行业出口比重25.01%。输送、升降、搬运、装卸机械出口额23.26亿元，同比增长6.70%，占重型机械行业出口比重21.00%。在矿山机械制造业出口方面，矿山采掘设备出口额5.78亿元，同比增长27.59%，占重型机械行业出口比重5.22%。在冶金专用设备制造业出口方面，金属冶炼设备出口额1.20亿元，同比增长64.38%，占重型机械行业出口比重1.08%。

（三）主要贸易国家

1. 日韩德成为进口主要来源国

2017年，我国重型机械行业进口来源国家和地区共72个。我国排名前十的进口来源地分别是：日本、韩国、德国、中国台湾、美国、意大利、新加坡、瑞士、瑞典、法国。其中，日本是我国重型机械行业最大的进口来源国，我国从日本进口金额达到9.67亿美元，同比增长35.06%。韩国是第二大进口来源国，进口金额9.65亿美元，同比增长4.32%。德国排名第三，进口金额9.62亿美元，同比下降2.34%。

2. 美印越成为出口主要目的国

2017年，我国重型机械行业出口目的国家和地区共214个。我国排名前十的出口目的国分别是：美国、印度、越南、印度尼西亚、新加坡、日本、马来西亚、俄罗斯联邦、伊朗、阿拉伯联合酋长国。其中，美国是我国重型机械行业最大的出口目的国，我国向美国出口金额达到12.76亿美元，同比增长1.03%。印度是第二大出口目的国，出口金额7.03亿美元，同比下降0.28%。越南排名第三，出口金额5.68亿美元，同比下降2.91%。

七　我国重型机械行业技术水平分析

（一）主要产品技术水平

1. 冶金装备及成套产品

研制成功拥有自主知识产权和具有当代国际先进水平的鞍钢2130毫米冷连轧机、330毫米×2500毫米宽厚板坯连铸机成套技术装备、2150毫米热连轧机以及中宽带钢轧机、宽厚板轧机、冷轧带钢酸联轧机组成套设备、高精度单机架六辊可逆冷轧机组、1050四辊平整机、铝合金十二辊型材矫整机、2250毫米（四辊）铝带四连轧精轧机组、810毫米扁钢可逆热连轧机组、450吨电渣重熔炉，初步具备冶金工程总承包能力。

2. 压力成型产品

研制成功拥有自主知识产权和具有当代国际先进水平165MN自由锻造液压机，800MN模锻压力机和168MN热模锻压力机。研制快速自由锻造液压机系列与全液压轨道式锻造操作机系列成套装备、500MN黑色金属立式挤压机组、360MN黑色金属立式挤压机组、多功能液压翻边机、SCH-350A卧式挤压铸造机、120MN航空级铝合金板材张力拉伸矫平机装备以及新型双动短行程铝挤压机等。

3. 矿山设备及成套产品

研制成功拥有自主知识产权和具有当代国际先进水平矿井提升智能恒减速电液制动系统、年产千万吨综采工作面运输系统及成套设备、年产1200万吨综采工作面超重型成套输送设备、大采高电牵引采煤机、永磁高梯度预选磁选机、永磁旋转磁场干式预选机、MFH3610风扇磨煤机、HS系列反击式破碎机、JC系颚式破碎机、GLL－300高效盘式过滤机、SJ1000圆锥式制砂机、WK系列（斗容20－75立方米）大型矿用机械正铲式挖掘机以及200吨、300吨、363吨电动轮自卸车产品等。

4. 起重机械方面

研制成功拥有自主知识产权和具有当代国际先进水平核电站用数控遥控吊车、全自动控制垃圾搬运起重机。480/80－100吨铸造起重机和550/125/150/50吨×33米A6锻造起重机取得新突破。ND型低净空单轨运行式电动葫芦、集装箱空箱堆高机、无齿轮起重机卷筒、QD型（50＋70＋50）吨新型桥式起重机、全自动冶金上料桥式起重机以及国内首台360t核电环形起重机、亚洲最大的520吨冶金起重机研制成功。

5. 输送机械方面

研制成功拥有自主知识产权和具有当代国际先进水平14400吨/时取料机和14500吨/时堆料机、环形堆取料机、302 SKGD管状带式输送机、大倾角高落差下运行势能发电曲线带式输送机，长距离大型空间曲线U形带式输送机和DQLK2000/7500.55型斗轮堆取料机，高速大运量客运索道磷石膏输送管状带式输送机、新型三车翻车机卸车系统、带式输送机栈桥实现一体化。

6. 重型容器方面

煤直接液化反应器、锻焊结构加氢反应器、核反应堆压力容器的制造技术以及筒节直接轧制工艺技术与装备已达到国际先进水平。

7. 大型铸锻件方面

具备大型新材料锻钢支承辊和铸钢支承辊制造能力，具备大型半组合式船用柴油机曲轴制造能力，研制了百万千瓦核电转子大型开合式热处理成套设备。研制成功 300~600 兆瓦亚临界、超临界机组，百万千瓦级超超临界机组铸锻件，700 兆瓦水轮机不锈钢铸造叶片、上冠，实现了"二代半""三代"百万千瓦级核电设备铸锻件制造和掌握 CAP1400 反应堆能力等。

（二）重大技术突破

1. 矿用挖掘机填补国内空白

太重生产国内首台 45 立方米挖掘机，填补国内空白。这台挖掘机高 17.4 米，重 1380 吨，拆卸后需要 28 节火车皮才能运走。它不仅汇集了太重多年来设计、工艺、制造的成功经验，还采用了大量国内外先进技术，可适用于大型露天煤矿、铁矿及有色金属矿山的剥离和采装作业。

2. 硬岩掘进机技术取得重大突破

我国自主研制的国内最大直径硬岩掘进机在昆明下线，将用于中国第一铁路长隧、亚洲第一长铁路山岭隧道——大（理）瑞（丽）铁路高黎贡山隧道建设。该设备填补了国内 9 米以上大直径硬岩掘进机的空白，将改写我国铁路长大隧道项目的机械化施工长期受制于人的历史。这也是国产硬岩掘进机首次应用于铁路的建设隧道，标志着我国硬岩掘进机技术已经达到了世界领先水平[①]。

3. 锻造操作机技术打破国外垄断

中国重型机械研究院股份公司研制成功并出售 3000KN/7500KNM 超大型锻造操作机，标志着该项国际领先技术已经由研发阶段走向成熟产品，打破了该领域国外技术的垄断。

3000KN/7500KNM 超大型锻造操作机研制项目是从 2010 年开始，在国家科技重大专项资金支持下，由中国重型机械研究院牵头，联合江苏国光重

---

① 《国内最大直径硬岩掘进机下线将用于中国第一铁路长隧》，《中国产经》2017 年 8 月 15 日。

型机械有限公司、西安交通大学、燕山大学和重庆大学 5 家单位，历经数年共同完成。该操作机长 25 米、宽 10.9 米、高 8.6 米，重量约 1160 吨，满负荷工作时移动重量约 1500 吨。目前国际上锻造操作机最大可夹持重量为 250 吨，而该操作机可夹持重量达到 300 吨。

八 我国重型机械行业存在的主要问题

（一）市场需求不足

下游行业去产能持续推进，重型机械市场需求仍然不足。自 2008 年我国出台了一系列刺激政策后，煤炭、钢铁等下游产业掀起投资热潮，对重型机械的需求快速增强，进而带动重型机械行业产能的扩张。但是自国内经济进入新常态后，钢铁、煤炭、有色金属行业持续低迷，2017 年政府工作报告明确提出，全年要再压减钢铁产能约 5000 万吨，退出煤炭产能 1.5 亿吨以上，淘汰、停建和缓建煤电产能 5000 万千瓦以上。上游产业的持续"去产能"对重型机械需求影响很大。市场需求不足，加之行业生产能力较大，企业间的低价竞争现象严重。

（二）产品同质化现象未明显改变

行业产品同质化现象未得到明显改变，中低端市场竞争仍然激烈。以大型铸锻件为例，从装备情况来看，整个大型铸锻件行业的综合生产装备能力比较大，但是，装备不均衡、不配套、不成系列，重复装备情况严重，而且低水平、低档次的设备较多，高水平的设备所占比例较小，特别是具有高精度的计算机控制的设备和一些关键设备很少。目前国内配有操作机的大型液压机只有两台，绝大部分仍旧是锻造吊车辅助操作。机械化水平低、液压操作系统落后、热处理条件差以及冶炼能力不匹配等问题，在行业内普遍存在。

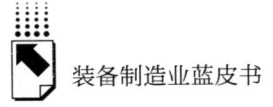

（三）企业债务负担沉重

由于大型企业资产扩张较快，资产负债率普遍较高，债务负担沉重。重型机械行业是典型的资本密集型产业，行业特点决定了企业的资产负债率普遍较高。由于前几年企业过快扩张，但近年来市场需求低迷，企业难以通过自身的盈利来偿还债务，只能通过"借新偿旧"的办法，加之行业整体现金流紧张，大型企业海外投资力度加大等因素，全行业的资产负债率都很高，企业债务负担沉重。

（四）企业自主创新能力不高

企业创新能力与国外跨国公司相比明显不足，首先技术创新投入少，绝对数量与跨国公司相差甚大，而技术投入占销售收入的比例也低于3%，跨国公司该比例大多在5%左右。其次，企业的技术投入大部分用于人员工资和设备更新改造方面，真正用于产品研发、技术提升方面的较少。再次，与国外相比，高素质创新人才缺乏，发展后劲不足。高素质的科技人员数量与先进国家差距大，科研力量分布极不均匀，企业普遍缺乏高学历人才和技术骨干，缺乏学术和创新带头人。另外，企业尚未成为技术创新的主体。创新意识、内在动力不足，研发创新机制弱化。最后，体制性障碍仍然存在。企业技术创新模式长期存在科技、经济、教育相分离和技术资源分散的状况，大批研发机构游离于企业之外，彼此缺乏充分的信息交流与合作研究，产、学、研难以互动。

（五）同国际企业存在技术差距

重型机械企业在发展过程中，一直处于跟随学习过程中，与国际跨国公司存在着较大的技术差距，表现在：一是对于高、尖端产品的研发和制造没能完全掌握，缺乏核心技术，整体的技术能力低，企业的信息化水平低，工艺和设计落后，尚未形成相对竞争优势；二是制造能力较强，而对引进技术的后续研发能力薄弱；三是单机制造技术强而技术总包以及工程总包能力弱;四是具有较强研发能力的高级科技人员比重较低。重型机械企业专业技术人员占员工总数的13%,与跨国公司相比较低,而且在结构上差异很大。企业的技术人员大部分为生产一线的普通技术人员,具有较强研发能力的高级技术人员的比重很小。

九 我国重型机械行业发展前景分析

(一)我国重型机械行业发展前景预测

1. 行业分化继续加剧

工程总承包能力是重型机械企业产业链的核心。相较于其他重机产品,未来具备技术总负责、成套设备供给能力优势和采购优势的公司将具有较高的行业景气度和盈利空间;同时,拥有工程承包能力的重型机械企业可充分发挥产业链协同效应,缓解制造业务下滑的冲击,提高企业的抗风险能力。

2. 工业4.0战略促使重机行业信息化、自动化、智能化

工业4.0是当今发展的潮流和趋势:信息化和数字化贯通各个环节,打破产品设计和制造之间的分割,实现产品生命周期中的设计、生产、制造、组装等各个方面的功能,降低从设计到生产制造环节之间的不确定性,从而缩短产品设计到市场的转化时间,并且提高产品的可靠性与成功率。重型机械产品属于定制化生产,作为非标设备的代表,在工业4.0战略的实施下,将促使重型机械设备不断信息化、自动化、智能化。

3. 重型机械行业步入整合时代

受国家政策调整、宏观经济下行等因素影响,重型机械行业下行风险逐步加大。从近几年的运行数据可以看出,传统产品市场逐渐萎缩,订货合同有所减少,资金压力不断加大,行业企业业绩逐步下滑。整个行业景气度不高,收购成本较低将促使重型机械行业步入整合时代。对重型机械行业内的企业进行整合,不仅可以提升企业的综合竞争实力,加快"走出去"的步

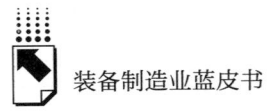

伐，响应国家"中国制造2025"战略及"一带一路"倡议，而且可以提升整个重型机械行业的实力和能力，使整个行业逐步步入良性发展。

（二）我国重型机械行业投资机会

1. 多用途、微型化的矿山机械产品将会有较大的市场空间

矿山机械产品的大型化、高端化曾经是发展的主流，但是当大规模基础设施建设期过后，多用途、微型化的矿山机械产品就将会有较大的市场空间。一方面，多用途机械更会获得市场的青睐。多用途体现在工作设备通用性能的提高，这样可以使终端用户在不增加投资的前提下充分发挥机械设备本身的用途与效力，从而完成更广泛的工作。另一方面，各种小型微型机械将具有广阔的市场空间。人工成本的不断增加，促使尽可能地利用机械代替人力，从而提高专业化生产效率，因此，适应各种工作场所（例如在矿山、码头、仓库、建筑物层内和地下矿山）作业环境的微小型机械市场空间可期。从而能够满足这两点需求的专业化的矿山机械生产企业，将具有更长期的、更具潜力的投资机会。

2. 下游产业发展将为行业带来新的发展机遇

近几年，新能源发展势头强劲，核电设备、风电设备及风机吊装和检修设备、水电设备前景可期。发电设备中重点发展核电装备，完全消化三代核电关键技术，关注四代核电技术发展，向设备成套化、国际供货发展。海上风电的发展给风电安装和运维平台以及多功能辅助作业平台等产品带来新机遇。水电设备，随着"十三五"后半程白鹤滩、乌东德等大型水电站铸锻件采购需求逐步释放，叠加三峡水电动力设备步入检修期，水电产品有望触底反弹。

石化领域迎来新的发展契机。随着我国大型炼化基地和炼化一体化项目的陆续开建，相应的建设投资正逐步落实为采购订单，意味着炼化设备行业近十年内首度迎来大规模集中采购。目前国内15大炼化一体化项目总计规划投资额近8000亿元，加上中石化四大炼化基地投资项目，"十三五"行业总投资将接近万亿元，规模远超以往。由目前各大项目投建进程来看，我们预计万亿元投资额的绝大部分将集中在2018~2020年落地。

十 我国重型机械行业发展建议

（一）积极推进企业通过并购重组方式发展壮大

并购重组是企业发展壮大的有效途径之一。首先，并购重组是提高企业系统集成能力的快速有效的方法。从企业近几年的发展情况可以看出，制约企业发展的根本问题是集成技术能力弱，表现在工程总承包能力不足，自动化技术多数依靠引进，自主能力不强，无法提供金融等配套服务等。进而导致我们与国外跨国公司的经营模式不同，我们主要是销售单一的产品，无法提供系统的方案与服务，从而市场竞争力不强。因此，提高企业的系统集成能力，实现由单一产品制造商向系统成套服务商的转变是提高企业国际竞争力的核心。例如，一重、二重在冶金工艺上的短板，使得其在工程总承包方面竞争力较弱，通过并购的方式引入钢铁设计院，组建冶金工程公司，弥补重型机械企业在冶金工艺及冶金工程服务上的弱项。

其次，并购重组是解决企业产品结构单一的有效途径。重机企业产品、业务机构单一，对市场的敏感性强，抗风险能力弱，受国家宏观调控政策的影响比较大。无疑形成多元化的产品、业务结构就可以分摊风险，扩大企业的抗风险能力。

推进企业并购重组是一项长期、复杂的系统工程，企业的联合重组要以行业的发展战略为依据，清晰目标、统筹规划、分步实施。以重组为目标，以联合为手段，以业务重组、组织重组和资源重组为核心内容，以剥离企业负担、解决企业遗留问题为保障，积极、稳妥地推进重型机械企业联合重组工作。

（二）加大产品（业务）结构调整力度

面对传统产品（冶金设备、电力设备、石化设备）市场萎缩的局面，应从两方面进行应对。

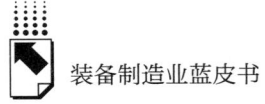

一方面，企业应着重进行传统产品的升级换代。例如，面对钢铁企业的升级改造，企业应根据钢铁企业新的需求，加大冶金设备方面的研发投入，提高产品档次，尽快替代进口。基于一定的技术基础，进行产品的升级研究从某种程度上来说比研发新产品更容易，客户群也更熟悉。

另一方面，应加快新产品的选择与进入。这几年，客观由于下游市场的超速发展，重型机械企业在新产品开发方面严重滞后，支撑企业发展的新产品创新能力不足。企业产品结构中一支独大的局面非常明显。据此，企业应着力于新产品的创新与研发，找到新的产品（业务）支撑点，形成相关多元化的格局，以分摊市场风险。

（三）积极推进企业开拓国际市场

重型机械行业参与国际竞争的程度较低，国际竞争力较弱。要提高企业的国际竞争能力，就必须积极推进企业开拓国际市场。而且面对目前国内市场的情况，开拓国际市场也是企业生存发展的必选之路。

开拓国际市场主要包括海外目标市场选择、进入方式选择和竞争战略选择三方面。

在海外目标市场选择方面，目前行业产品能够更好地满足广大发展中国家市场的需求，在技术的适用性上也更强。同时，从动态的角度看，在国内企业实力和国际竞争力得到积累的前提下，企业就可以将目标转向发达国家，去满足更高层次的需求。因此，先以周边的印度、巴基斯坦、越南、新加坡入手，逐步向发达国家市场进军，可以说是海外目标市场筛选过程中的首选之策。

在进入方式选择方面，缺乏对于海外市场竞争情况的了解以及资金和人力资源的匮乏是困扰企业海外扩张的主要瓶颈。因此，企业在海外市场进入方式的选择上，需采用渐进性的策略，从低风险、低控制的进入方式，逐渐向高风险、高控制的进入方式过渡。企业可由国际贸易（产品出口）为先导，然后再分阶段、分步骤的将生产、销售和研发环节逐步向外拓展。其中，对于在海外建立子公司，可采取新建投资的方式，也可采取跨国并购的方式。

在竞争策略选择方面,要着力改变为跨国公司提供部件这一现实,争取独立接受订单,在进一步搞好产品出口的基础上,重点发展系统集成及工程总承包能力,进而争取通过项目出口带动装备出口。

(四)提高企业自主创新能力

自主创新能力是国家竞争力的核心,提升企业自主创新能力是实施国家创新战略的着力点和突破口。

在全球经济一体化的背景下,企业竞争日益激烈,技术创新已经成为企业核心竞争的支柱。企业能否进行高水平的技术创新活动将直接关系到他们的生死存亡,企业要想与国外公司比高低,必须在自主创新方面寻求出路,只有拥有了高新技术,具备了较强的核心竞争力,才能在激烈的竞争中最终立于不败之地。

企业技术创新体系建设是企业推动科技发展的充分必要条件,其主要工作包括:企业技术组织体系的建设,决策体系、管理体系的建设,配套协作关系的建设等。企业技术创新体系的构建,要坚持"以市场为龙头、以技术为核心、以生产为保障"的原则,妥善处理好技术系统与生产系统、营销系统有效结合的问题。在协调合作方面,技术系统要积极承担在市场营销及生产运营中技术问题的解决工作。营销系统要优先落实有长远市场发展前景,对企业技术进步带动大的项目。生产系统要优先安排研发的新品及实验件的排产及保障工作。

B.8
能源装备行业研究

黄磊 武通*

摘 要： 本章梳理了2017年能源装备行业的发展现状与趋势，研究分析了我国能源装备行业的运行情况、产业结构、贸易规模、技术水平与存在的主要问题，并总结我国能源装备行业的发展前景与发展建议。分析表明，2017年我国能源装备行业处于稳定增长阶段，在国际、国内市场均表现活跃；部分产品水平与国际先进水平差距逐渐变小，但行业总体技术水平依旧处于中低端，缺乏关键核心技术。未来我国能源装备行业要完善"政产学研用"协同创新体系，积极推进智能制造、节能制造，提高产品的国际化水平，大力实施"走出去"的发展模式。

关键词： 能源装备行业 稳定增长 "走出去"

一 能源装备行业定义和分类

（一）定义

能源装备行业是技术密集、关联度高的战略性产业，依托着能源产业的

---

* 黄磊，经济学硕士，机械工业经济管理研究院产业经济研究所副所长，产业园区（地产）研究中心副主任，主要从事产业园区、产业经济研究；武通，英国谢菲尔德大学高级机械工程硕士，机械工业经济管理研究院研实员，主要从事机械工程、装备制造业研究。

发展，是支撑大幅提升能源供应水平和利用效率、不断优化能源结构、提高能源普遍服务水平的重要基础，是现代工业体系的重要组成部分，是装备制造业的重要和核心部分，为国民经济各部门、基础设施建设和国防建设提供装备。

（二）分类

本章将能源装备行业依据能源的生产、运输及储存过程进行分类，分为能源探测、钻采设备，能源转换设备，能源运输、储存设备三大类，具体包括煤炭采掘设备、油气勘探开发装备、火力发电装备、核电装备、水电装备、风电装备、光伏发电装备、燃气轮机、储能装备、电网装备及煤炭深加工装备等（见表1）。

表1 国民经济行业分类

代码	类别名称	分类说明
3411	锅炉及辅助设备制造	指各种汽化、蒸汽锅炉，以及各种核反应堆的制造（不包括同位素分离器）
3413	汽轮机及辅机制造	指汽轮机和燃气轮机（蒸汽涡轮机）的制造
3414	水轮机及辅机制造	
3415	风能原动设备制造	指风能发电设备及其他风能原动设备制造
3441	泵及真空设备制造	指用以输送各种液气混合体、液固混合体、液体及其真空、循环、增压等用途的设备制造
3511	矿山机械制造	指用于各种固体矿物及石料的开采和洗选的机械设备及其专门配套设备的制造
3512	石油钻采设备	指对陆地和近海天然气、石油（除深海天然气、石油以外）等专用开采设备的制造
3513	深海石油钻探设备制造	指专用开采设备的制造是对于万米以上海洋的天然气、石油等（不包括万米以下浅海和陆地天然气、石油）
3521	炼油、化工生产专用设备制造	指炼油、化学工业生产专用设备的制造，但不包括包装机械等通用设备的制造
3737	海洋工程装备制造	指海上工程、海底工程、近海工程的专用设备制造，不含港口工程设备以及船舶、潜水、救捞等设备制造
3821	变压器、整流器和电感器制造	指变压器、静止式变流器等电力电子设备和互感器的制造

续表

代码	类别名称	分类说明
3825	光伏设备及元器件制造	指太阳能组件（太阳能电池）、控制设备及其他太阳能设备和元器件制造；不包括太阳能用蓄电池制造
3849	其他电池制造	

资料来源：国家统计局《国民经济行业分类与代码》（GB/74754-2011）》。

二 国际能源装备行业发展概况

（一）国际能源装备行业发展现状

1. 市场现状

2017年，随着全球经济逐渐步入稳步复苏的发展态势，能源利用方式进入转型升级阶段，能源装备产业呈区域分布式特点。在《能源企业全球竞争力评估报告2017》一书中发布的关于"能源装备制造与服务企业全球竞争力前20强"中，中国企业有8家，超过总数的三分之一；美国、德国、日本分别有2家公司；法国、卢森堡、西班牙、丹麦、韩国、印度则各有1家公司。

表2 能源装备与服务企业全球竞争力前20强

排名	企业名称	国家或地区	得分
1	西门子	德国	681.17
2	通用电气	美国	654.90
3	协鑫集团	中国	471.87
4	京瓷集团	日本	469.10
5	维斯塔斯	丹麦	460.58
6	佳友电工	日本	450.70
7	国电南瑞	中国	423.32
8	金风科技	中国	422.07
9	恩德能源有限公司	德国	412.09
10	歌美飒风电公司	西班牙	405.90
11	上海电气集团	中国	400.94

续表

排名	企业名称	国家或地区	得分
12	湘电股份	中国	363.38
13	中国西电电气股份公司	中国	355.74
14	韩国斗山重工业集团	韩国	334.71
15	哈尔滨电气股份公司	中国	333.36
16	东方电气股份公司	中国	295.51
17	阿海珐集团	法国	294.66
18	苏可兰能源有限公司	印度	243.66
19	SEBVION 公司	卢森堡	228.54
20	B&W 公司	美国	214.78

资料来源：《能源企业全球竞争力评估报告2017》。

随着油价的回升，以及勘探开发投资的增加，钻井设备的产量持续增加。2017年，全球石油勘探开发资本总体恢复上涨8.3%至3790亿美元，而全球海上勘探开发支出规模下跌至1040亿美元。[1] 全球石油钻采设备仅产自20多个国家。在这些国家之中，美国、中国、俄罗斯和罗马尼亚等少数国家具有较强的竞争能力，并拥有高水平的生产技术与优质的石油（天然气）勘探和生产所需要的成套石油钻采设备产品。美国和中国在国际陆地钻机市场占主导地位，美国石油钻机的年生产能力为400~500台，产品远销世界50多个国家和地区。2017年北美地区动用钻机数大幅增长76%。

表3 国外主要钻采设备企业

	主要企业
1	美国国民油井(National Oil Well)
2	美国(Varco)
3	美国钻井系统公司(MSP/DRILEXINC)
4	ABB 美国维高格雷石油设备有限公司

资料来源：中国产业信息网，网址 www.chyxx.com。

---

[1] 中国产业发展研究网，http://www.chinaidr.com/tradenews/2018-04/119365.html，2018年8月2日。

随着新能源发电方式的快速崛起，全球新能源发电装备发展迅猛，而传统能源发电装备不断下跌。例如，截至2017年7月16日，全球在运核电机组装机容量为392.12GW，其中压水堆272.86GW，沸水堆75.32GW，轻水堆（包括压水堆和沸水堆）装机容量占比达88.79%；重水堆装机容量24.63GW，占比为6.28%。然而，从1997~2016年，风电装机从7.64GW增长到468.99GW，光伏装机从0.23GW增长到301.47GW，分别增长了60倍和1284倍。①

近年来，随着全球输电工程的建设，输配电设备市场需求总体呈上升趋势。2017年，全球输配电及控制设备市场规模突破1.4万亿美元，达到14390亿美元。从地域来看，2017年亚太地区输电、控制和配电市场规模达到6000亿美元，占全球市场总额的41.7%，北美洲占24.3%，欧洲占22.8%。其中，中国是亚太地区最大的市场，规模达到2863亿美元，占比19.9%。②

近年来，由于储能技术的研究对于发展新能源产业具有重大意义，储能市场一直呈现较快的增长。2017年，全球已投运储能项目累计175.4GW装机规模。其中，电化学储能项目的累计功率规模为2926.6MW，占比1.7%，较2016年增长0.5个百分点；抽水蓄能的累计装机占比最大，为96%，与2016年相比下降1个百分点。从地域分布上看，美国新增投运项目的装机规模最大，为210.3MW，澳大利亚的同比增速最大，为1277%。从应用分布上看，集中式可再生能源并网领域的功率规模和同比增速均是最大的，分别为300.8MW和119%。③

2. 技术现状

（1）通用化

能源装备行业是全球新兴战略性产业，基于各国自主研发能力的逐步提升，呈现出通用化的特点。油气开采装备和技术开始逐渐取代传统钻采技术

---

① 中国产业信息网，http：//www.chyxx.com/industry/201801/600024.html，2018年8月2日。
② 北极星输配电网，http：//shupeidian.bjx.com.cn/html/20180502/895162.shtml，2018年8月2日。
③ 同花顺财经，http：//stock.10jqka.com.cn/20180306/c603251202.shtml，2018年8月2日。

方法，包括液压驱动、智能化技术、人工自动化技术和交流变频技术等，基本可以满足不同地质环境与钻采条件的要求。新能源发电设备已经进入或接近产业化发展阶段，适用的环境条件越来越广泛。其中，美国 1×10^4 kW 塔式和 $5\sim 25$ kW 盘式太阳能发电系统处于示范阶段；菲律宾的地热发电装机容量高达 1050MW；日本磷酸型燃料电池（PAFC）发电机已经超过 30MW。

（2）标准化

在全球化发展的背景下，能源装备产业技术体系标准化特点突出。国外钻井、采油技术装备已呈现出标准化、系列化、配套齐全的特点。API 标准体系基本上覆盖石油钻采装备产品的所有方面，在标准项目之间有较好的配套套箱和综合标准，而我国海洋石油水下钻采设备的标准还没有进入实质性研究。同时，国外液化天然气运输装备已经形成完整的技术标准体系。ASME 规范是针对 LNG 罐箱的标准要求，是被世界上公认的技术最完整、应用最广泛的罐箱标准，而我国国内 LNG 罐箱适用的法规和技术标准与 ASME 规范差距较大。

（3）多样化

随着世界高技术产业的发展，新材料、新工艺、新技术的不断融合，能源装备产业产品呈现出多样化、功能性增强的特点。LNG 储罐储存容量通常按照液化装置的液化能力、长距离运输所需求总容量或冬季燃气调峰储备，在 $3.4\sim 30$ KPa 的工作压力之间进行选择。其中，储罐形式可以依据容量大小、投资费、安全因素及当地建造条件进行选择。例如，英国、法国、日本等 LNG 的主要输入国都建有大量大型常压 LNG 储罐。同时，国际天然气管道设备的技术水平不断提高，融入各种新工艺、新材料、新技术，功能不断增强，输气成本降低。例如，俄罗斯巴法连科—乌恰天然气管道压力 11.8MPa、管径 1420mm、材质 X80，输气能力为 $500\times 10^8 m^3/a$；美国阿拉斯加—加拿大阿尔伯达的天然气管道设计压力为 17.2MPa、管径 1219mm、材质 X80，输气能力为 $450\times 10^8\sim 590\times 10^8 m^3/a$。

（4）高效化

随着世界能源需求日趋紧张和环保要求的提高，发达国家积极开发高效、低耗能、低污染、低造价的能源装备和技术，呈现出高效化的特点。全球火电设备主要以大容量超临界火电机组为主，单机容量超过600MW，被大多数发达国家选定为高效机型。同时，全球水电设备以混流式水轮机为主，使用水头已到734米，最大单机容量700MW，最大直径7.7米，效率最高达96.27%。此外，国外煤机装备在自动化、智能化控制等方面具有先进性、高效性。例如，采煤机最大装机功率近3000kW，单截割功率1100kW，单牵引功率200kW，最大开采高度达到7米，最大牵引速度超过30m/min，设备生产能力达5000t/h以上。

（二）国际能源装备行业发展趋势

1. 市场趋势

石油装备将会实现快速发展。油价的走势与全球经济增长率、石油装备上游（勘探开发油田服务）、勘探开发投资、钻井口数、钻机动用量等成正相关关系。虽然油价进入相对稳定期，但是对石油装备来说有非常大的潜在空间的。从已经公布的欧美一些石油公司的资本性支出来看，全球资本性支出差不多同比增长10%左右。可以预计，未来两年可能是一个持续的正向发展阶段，带动石油装备产业链进入一个新的向上周期。

清洁能源装备产业的市场潜力较大。美国页岩油气的产量增产将促进LNG生产基础设施建设。同时，随着美国Argo与中国宏华海PLNG项目的筹划，以及美国获得关于浮式LNG出口项目Delfin的批准。另外，随着清洁能源消费的发展，浮式储存及其再气化装置市场也将持续呈现活跃发展的形式，浮式LNG发电站和浮式LNG加注站等装备订单也可能进一步得到释放。

输电设备市场未来增长可观。随着发展中国家配电网建设的快速增长以及各国在智能电网领域的试点和计划，使输电设备市场预计在未来五年实现增长。从区域市场角度，北美、西欧、东南亚输配电市场总量较大，但增速相对平缓，而印度、非洲等增长率较高，这对市场具有很强的吸引力。其中美国的输配电设备市场占北美市场将近70%，主要的未来增长来自旧设备更新、新能源及智能电网建设。远东及东南亚地区市场规模相对较为可观，未来将呈现稳定化增长，以及一些新兴市场会有较快速的增长。

储能装备市场将会实现增长。随着 2014 年加利福尼亚州的自我激励计划（SGIP）中 1118 个储能项目逐步开发完成，以及全球太阳能、光伏和风能等可再生能源技术的提升，预计储能装备市场将会实现增长。根据锡安市场研究（Zion Market Research）公司的一份最新的调查报告，2017 年全球储能系统市场收入约为 1943 亿美元，预计到 2024 年底将产生约 2960 亿美元的收入，2018～2024 年的复合年增长率约为 6.2%。[①] 同时，由于能源需求的增加，亚太地区的储能装备将在预测期内实现最高增长率。

2. 技术趋势

（1）高技术、高附加值将成为未来发展重点

随着能源装备行业产能过剩的加剧，未来全球市场竞争将更趋激烈，低端产品将逐渐被淘汰出局，高技术高附加值产品将迎来市场契机。其中，全球各国对深海资源开发逐步重视，运用于水下作业的工程船舶需求和深远海开发复杂工程所需的海洋工程船舶日渐活跃。例如，适用于深水油气田开发的浮式液化天然气装备（FLNG），结合了开采、处理、液化、储存及装卸天然气的功能，并且可以与液化天然气（LNG）船相匹配，实现海上天然气田的开采和天然气运输，已经可以达到 30 万吨级。半潜式钻井平台已经发展到第五代，作业深度可达 1 万米。

（2）成套化、尖端化将成为未来发展趋势

目前，全球产业结构调整的趋势是废物减量化、无害化和资源化，与此相适应，节能环保技术将在能源装备行业广泛应用，能源装备将向成套化、尖端化方向发展。其中，燃煤发电是电能来源的主要动力，但是传统的燃煤发电设备的煤炭利用率低，环境污染大。各国将逐步重视火力发电设备技术的提升，着重提升能源利用率和降低空气污染排放。例如，美国找到了高效利用煤炭发电技术，即在一个系统中结合煤炭气化和燃料电池技术，降低热

---

① 中国储能网，http://www.escn.com.cn/news/show-540519.html，2018 年 8 月 2 日。

损失。在混合系统中，气化炉产生的气体燃料被导入一个分离的燃料电池堆，和氧气进行电化学反应产生电能，减少灰分和其他气体污染物的生成。

(3) 新能源装备将成为未来发展方向

随着全球认识到不可再生资源的重要性，各国逐步注重新能源的发展，新能源装备将是未来能源装备产业发展的主要方向。目前，太阳能发电装备、风力发电装备以及生物质能发电装备是最有前景的新能源装备，也是新能源发电装备的主要发展方向。太阳能发电装备的趋势将会是非晶质（薄膜）太阳能发电装备，这种装备把能够吸收太阳能的液体喷涂在薄金属片上。这种成本较低的太阳能电池薄膜，在早晚、阴天等弱光条件下仍可生产电能，发电量比晶体硅太阳能发电装备高出10%～15%。同时，风力发电装备将以变桨变速的双馈异步发电型、低磁永磁同步发电型为主，将朝着大容量、低风速、高效率的机型发展。其中，由于永磁直驱风力发电机组具有较大的变速范围和较高的转换效率，便于运输、安装、维护，使故障率降低，且特别适用于海上和低风速区，将成为未来风能发电装备开发的重点。此外，生物质能发电装备中的生物质联合循环发电装备（BIGCC）将是未来发电装备的重点，包括生物质气化、气体净化、燃气轮机发电机、蒸汽轮机发电装备。当气化炉的出口温度超过800℃且压力又足够高时，BIGCC 的总效率可以达到40%。

三 我国能源装备行业运行情况

（一）主营业务收入稳定增长

2017年，我国能源装备行业主营业务收入45249.73亿元，同比增加9.42%，增速比2016年上升4.76个百分点。分月来看，各月主营收入增速均围绕9%上下波动。有7个月份增幅在9%以上，其他月份增幅在7%～9%之间。其中7月份的10.40%为全年的最高点，1～2月份的7.10%为全年最低点，至12月份全年主营业务收入增速为9.42%（见图1）。

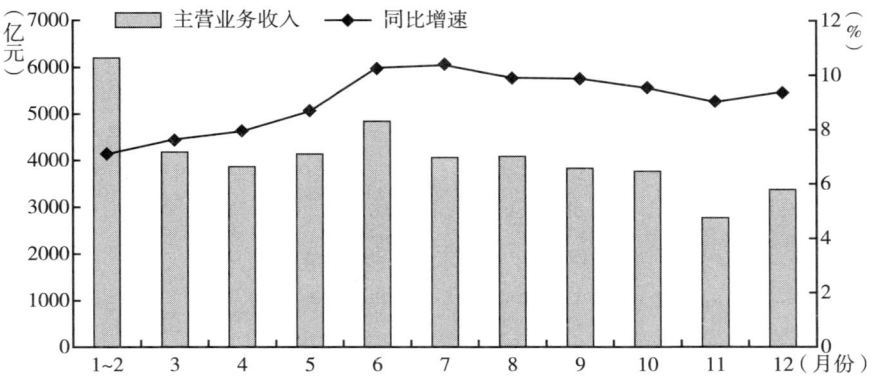

图 1　2017 年能源装备行业主营业务收入及增速

数据来源：机经网。以下如无特殊说明，数据均来自机经网。

（二）利润增速大幅增长

2017 年，我国能源装备行业实现利润 2571.02 亿元，同比增加 12.17%，利润增速略高于主营业务收入增速，总体运行良好。分月来看，1~10 月增速持续增长，11 月略有下降，12 月恢复增长，12 月达到单月最大增速（12.17%）（见图 2）。

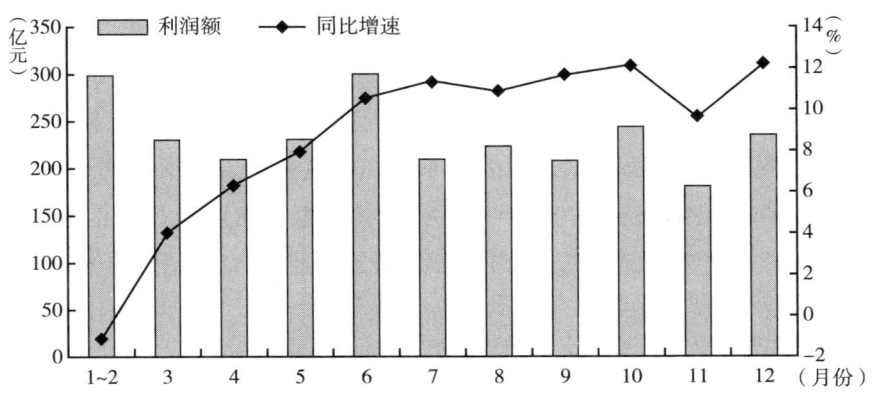

图 2　2017 年能源装备行业利润额及增速

（三）主营业务收入利润率稳中有增

2017年，我国能源装备行业主营业务收入利润率呈现上升趋势，相较2016年同期提高了0.13个百分点。分月来看，各月主营业务利润率均围绕6%上下波动，1~6月主营业务利润率呈上升趋势，7月有所下降，8月开始持续增长，12月达到全年最高点，为6.96%，1~2月最低，为4.81%（见图3）。

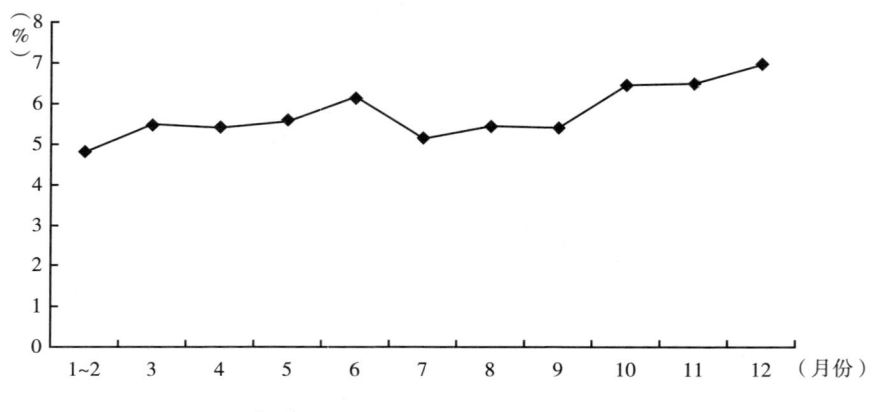

图3　2017年能源装备行业主营业务收入利润率

（四）主要产品产量整体呈现上涨趋势

2017年，能源装备行业主要产品产量整体呈现上涨趋势，涨幅较2016年有所下降。能源装备行业主要产品包括：变压器、太阳能电池、风力发电机组、矿山专用设备、燃气轮机、水轮机、工业锅炉和石油钻井设备。能源装备行业主要产品产量较2016年同比增长的包括：太阳能电池、矿山专用设备、燃气轮机、水轮机和石油钻井设备，同比增速依次是23.08%、2.24%、23.44%、0.02%和28.24%，其中，石油钻井设备同比增速最大；能源装备行业产品产量较2016年同比下降的包括：变压器、风力发电机组和工业锅炉，同比跌幅依次是4.28%、32.15%和5.33%，其中,风力发电机组设备同比跌幅最大。能源装备行业产品产量增速较2016年有所上涨的仅包括燃气轮机和石油钻井设备,涨幅分别是42.48%和37.32%;其他产品产量增速均有不同程度的放缓,其中,风力发电机组设备产量增速的下降幅度最大,跌幅达21.31%,这与"弃风限电"政策的落实息息相关(见表4)。

表4 2017年能源装备行业主要产品产量及同比增速

产品	单位	产量	同比(%)	增幅变化(%)
变压器	千伏安	1593501976	-4.28	-4.93
太阳能电池	万千瓦	9454	23.08	-7.93
风力发电机组	万千瓦	1769	-32.15	-21.31
矿山专用设备	吨	8126578	2.24	-6.63
燃气轮机	千瓦	3294236	23.44	42.48
水轮机	千瓦	2190239	0.02	-6.95
工业锅炉	吨	433675	-5.33	-9.71
石油钻井设备	台	274106	28.24	37.32

资料来源:国家统计局、中国机械工业联合会发布的相关数据整理所得。

四 我国能源装备行业产业结构分析

(一)能源输送、储存设备制造业收入增速最高

2017年,我国能源装备行业三大子行业主营业务收入均有所增加,与其他子行业相比,能源输送、储存设备制造业主营业务收入规模最大,增速最快。能源探测、钻采设备制造业的主营业务收入额为7631.67亿元,同比增加6.98%;能源转换设备制造业的主营业务收入额为6961.59亿元,同比增加5.68%;能源输送、储存设备制造业的主营业务收入额为30656.47亿元,同比增加12.72%(见图4)。

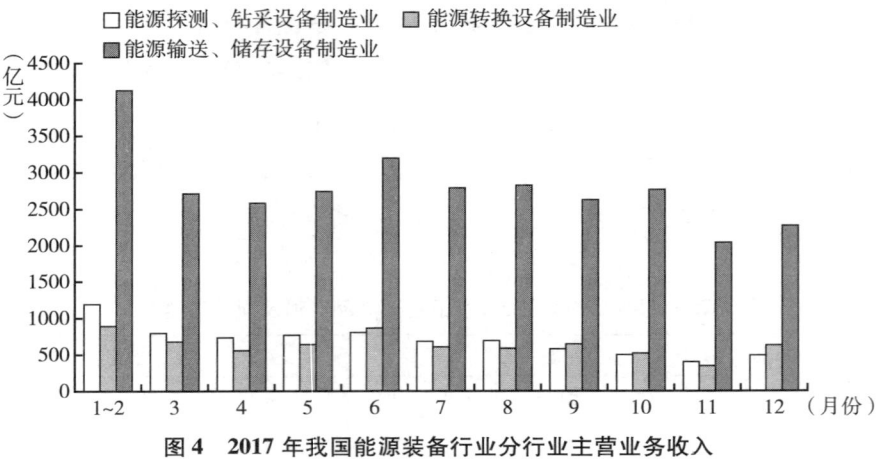

图4　2017年我国能源装备行业分行业主营业务收入

（二）能源探测、钻采设备制造业利润总额增速最高

2017年，我国能源装备行业三大子行业利润总额均有所增加，与其他子行业相比，能源输送、储存设备制造业利润总额规模最大，能源探测、钻采设备制造业利润总额增速最快。能源探测、钻采设备制造业的利润总额为384.43亿元，同比增加48.11%；能源转换设备制造业的利润总额为333.67亿元，同比增加8.63%；能源输送、储存设备制造业的利润总额为1852.92亿元，同比增加7.39%（见图5）。

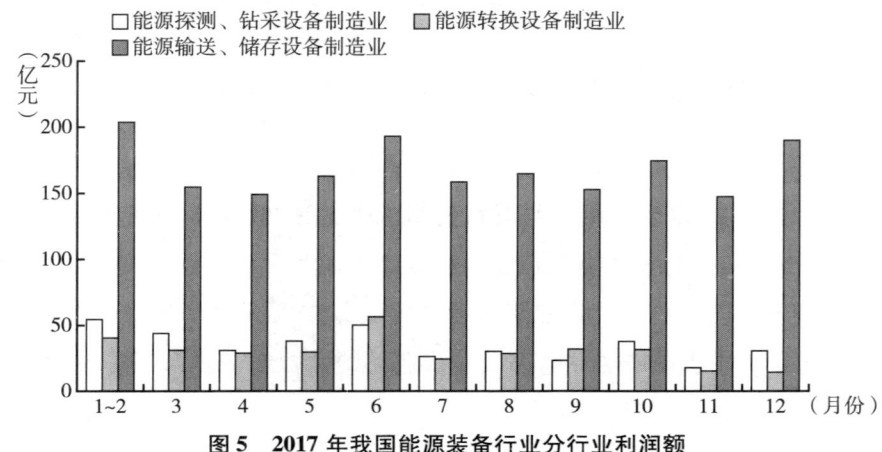

图5　2017年我国能源装备行业分行业利润额

（三）能源输送、储存设备制造业主营业务利润率增速为负

2017年，我国能源装备行业三大子行业主营业务利润率均较为稳定，与其他子行业相比，能源输送、储存设备制造业主营业务利润率最高，增速为负。能源探测、钻采设备制造业的主营业务利润率为5.04%，同比增加1.37个百分点；能源转换设备制造业的主营业务利润率为4.79%，同比增加0.21个百分点；能源输送、储存设备制造业的主营业务利润率为6.04%，同比降低0.27个百分点（见图6）。

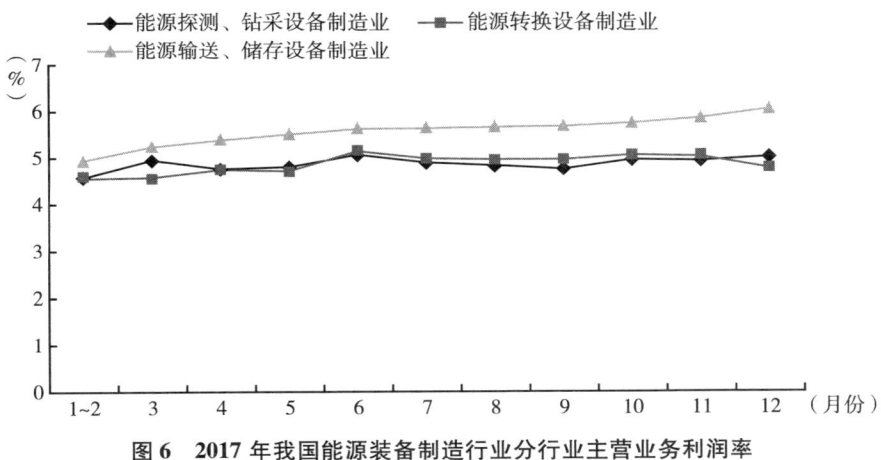

图6　2017年我国能源装备制造行业分行业主营业务利润率

五　我国能源装备行业贸易分析

（一）进出口规模下降

2017年，我国能源装备行业进出口总额共计99.98亿美元，同比下降3.59%，与2016年相比，降幅收窄6.73个百分点。其中，出口总额73.07亿美元，同比下降4.36%，与2016年相比，降幅收窄4.18个百分点；进口总额26.91亿美元，同比下降1.42%，与2016年相比，降幅收窄13.54个百分点。我国能源装备行业出口贸易额远大于进口贸易额，处于贸易顺差。

从月度数据来看，4~9月，进出口额环比增速呈波动上涨趋势；9~12月，进出口额环比增速下降后又有所回升（见图7、图8）①。

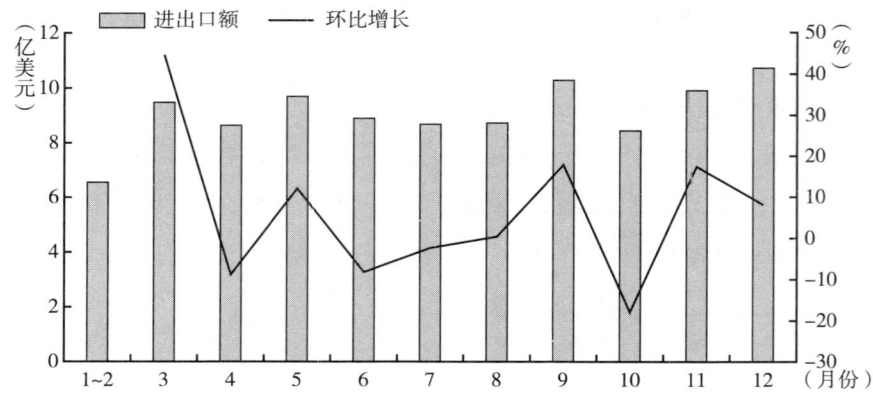

图7 2017年我国能源装备行业进出口额及环比增长

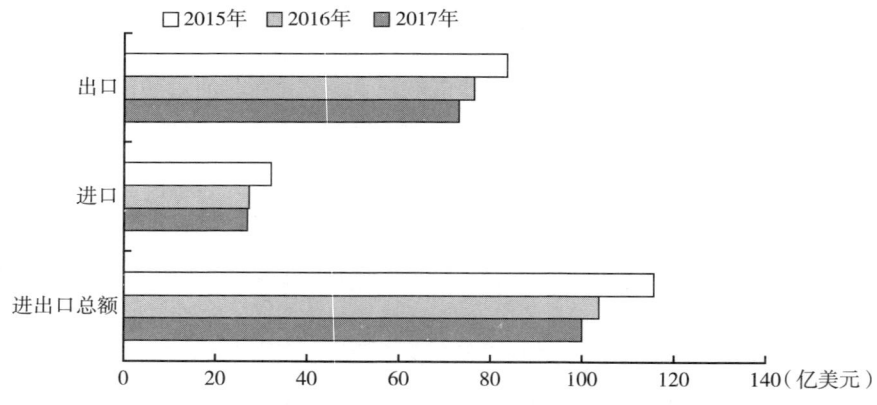

图8 2015~2017年我国能源装备行业进出口总额

① 本文中的能源装备制造业数据均来自机经网，包括固体矿物物质的分类、筛选、分离或洗涤机（HS码：84741000）；自推进石油及天然气钻机，钻探深度≥6000米（HS码：84304111）；装压缩气体或液化气体的零售包装钢铁容器（HS码：73110010）；未列名蒸汽锅炉，包括混合式锅炉（HS码：84021900）；水轮机及水轮，P≤1000千瓦（HS码：84101100）；风力发电机组（HS码：85023100）；未列名发电机组（HS码：85023900）；其他自推进的钻机，钻探深度<6000米（HS码：84304129）；其他燃气轮机，P≤5000千瓦（HS码：84118100）；电镀、电解或电泳设备及装置（HS码：85433000）；未列名静止式变流器（HS码：85044099），基本已覆盖能源装备制造业的主要产品。

（二）进出口产品增幅差异较大

电镀、电解或电泳设备及装置出口增速显著。2017年，电镀、电解或电泳设备及装置出口增速位居首位，同比增长34.4%，未列名静止式变流器出口额位居首位，为63.06亿美元，同比增长0.1%。与2016年相比，其他主要能源装备制造业产品出口情况：固体矿物质的分类、筛选、分离或洗涤机，其他自推进的钻机（钻探深度<6000米），未列名蒸汽锅炉（包括混合式锅炉），装压缩气体或液化气体的零售包装钢铁容器和水轮机及水轮均实现正向增长，同比增速依次为31%、27.8%、5.5%、6.2%和0.5%；风力发电机组、未列名发电机组和其他燃气轮机出口增速下降，同比下降幅度依次为30.2%、21.8%、39%（见表5）。

表5 2017年我国能源装备行业主要产品出口额及同比增速

名称	出口（亿美元）	同比增速（%）
未列名静止式变流器	63.06	0.1
风力发电机组	4.09	-30.2
固体矿物质的分类、筛选、分离或洗涤机	3.03	31.0
电镀、电解或电泳设备及装置	1.97	34.4
其他自推进的钻机（钻探深度<6000米）	1.42	27.8
未列名蒸汽锅炉（包括混合式锅炉）	1.09	5.5
未列名发电机组	0.73	-21.8
装压缩气体或液化气体的零售包装钢铁容器	0.51	6.2
其他燃气轮机（P≤5000千瓦）	0.09	-39.0
水轮机及水轮（P≤1000千瓦）	0.03	0.5

风力发电机组进口额增速显著。2017年，风力发电机组进口增速位居首位，同比增长29.8倍，这主要是由于福建省"平海湾风电项目"的大力推进，促使福建省大量进口海上风电设备所致。未列名静止式变流器进口额位居首位，为20.75亿美元，同比下降1.88%。与2016年相比，其他主要能源装备制造业产品进口情况：固体矿物质的分类、筛选、分离或洗涤机，未列名蒸汽锅炉（包括混合式锅炉），未列名发电机组，电镀、电解或电泳

设备及装置和水轮机及水轮均实现正向增长，同比增速依次为 13.23%、17.13%、66.43%、20.55% 和 435.51%；装压缩气体或液化气体的零售包装钢铁容器、其他自推进的钻机（钻探深度＜6000 米）和其他燃气轮机进口增速下降，同比下降幅度依次为 38.60%、58.63% 和 32.47%（见表 6）。

表 6　2017 年我国能源装备行业主要产品进口额及同比增速

名称	进口（亿美元）	同比增速（%）
未列名静止式变流器	20.75	-1.88
电镀、电解或电泳设备及装置	3.86	20.55
未列名发电机组	0.96	66.43
其他燃气轮机（P≤5000 千瓦）	0.81	-32.47
固体矿物质的分类、筛选、分离或洗涤机	0.72	13.23
风力发电机组	0.54	2980.41
未列名蒸汽锅炉（包括混合式锅炉）	0.28	17.13
其他自推进的钻机（钻探深度＜6000 米）	0.08	-58.63
装压缩气体或液化气体的零售包装钢铁容器	0.06	-38.60
水轮机及水轮（P≤1000 千瓦）	0.001	435.51

（三）主要贸易国家

美、日、印为主要出口目的国。2017 年，我国能源装备行业出口目的国家和地区共 204 个，排名前十的出口目的国家依次为美国、日本、印度、德国、越南、马来西亚、澳大利亚、韩国、英国和巴基斯坦。其中，美国是我国能源装备行业最大的出口目的国，2017 年，我国向美国累计出口金额达到 12.81 亿美元，同比增长 13.11%；日本是第二大出口国，累计出口金额达 3.95 亿美元，同比增长 4.29%；印度是第三大出口国，累计出口金额达 2.86 亿美元，同比增长 39.22%。

德、美、日为主要进口来源国。2017 年，我国能源装备行业进口来源国家和地区共 86 个，排名前十的进口来源国家依次为德国、美国、日本、印度、韩国、泰国、法国、英国、意大利和新加坡。其中，德国是我国能源装备行业最大的进口来源国，2017 年，我国从德国进口累计金额达到 4.1

亿美元，同比下降 3.75%；美国是第二大进口来源国，累计进口金额达 2.61 亿美元，同比增长 15.33%；日本是第三大进口来源国，累计进口金额达 2.56 亿美元，同比下降 13.25%。

（四）主要贸易方式

一般贸易是我国能源装备行业出口的主要贸易方式。2017 年，一般贸易出口总额位居首位，达 37.92 亿美元，占出口总额的 52%，与 2016 年相比，同比增长 2.80%，一般贸易已成为我国能源装备行业出口的主要贸易方式；租赁贸易出口增速位居首位，同比增长 4.84 倍。与 2016 年相比，其他能源装备制造业出口贸易方式情况：进料加工贸易、保税仓库进出境货物、对外承包工程出口货物，保税区仓储转口货物，来料加工装配贸易，国家间、国际组织无偿援助和赠送的物资出口增速均下降，同比下降幅度依次为 0.50%、2.18%、0.78%、25.59%、15.25% 和 86.69%；边境小额贸易出口增速同比增长 35.84%（见表 7）。

表 7　2017 年我国能源装备行业各贸易方式出口累计金额及同比增速

方式	金额（亿美元）	同比增长（%）
一般贸易	37.92	2.80
进料加工贸易	23.03	-0.50
保税仓库进出境货物	3.19	-2.18
对外承包工程出口货物	2.81	-0.78
保税区仓储转口货物	1.77	-25.59
来料加工装配贸易	1.31	-15.25
边境小额贸易	0.99	35.84
租赁贸易	0.02	484.04
国家间、国际组织无偿援助和赠送的物资	0.007	-86.69
易货贸易	0.0002	—

一般贸易进口额居首位。2017 年，一般贸易进口额位居首位，达 13.80 亿美元，占进口总额的 51%，与 2016 年相比，同比增长 9.0%，一般贸易已成为我国能源装备行业进口的主要贸易方式；来料加工装配贸易进口增速

位居首位，同比增长1.13倍。与2016年相比，其他能源装备制造业进口贸易方式情况：进料加工贸易、保税仓库进出境货物和租赁贸易进口增速均下降，同比下降幅度依次为5.9%、13.8%和53.9%；保税区仓储转口货物进口增速同比增长6.0%（见表8）。

表8 2017年我国能源装备行业各贸易方式进口累计金额及同比增速

方式	金额（亿美元）	同比增速（%）
一般贸易	13.80	9.0
进料加工贸易	9.66	-5.9
保税区仓储转口货物	2.35	6.0
保税仓库进出境货物	1.18	-13.8
来料加工装配贸易	0.63	112.6
租赁贸易	0.005	-53.9

（五）进出口地区结构

能源装备行业出口地区分布集中度较高。2017年，我国能源装备行业出口金额排名前十的地区依次为广东、江苏、上海、北京、浙江、山东、天津、江西、湖南和河南。其中，广东是我国能源装备行业最大的出口地区，2017年广东能源装备行业出口额达42.19亿美元，同比下降6.87%，占我国能源装备行业出口总额的57.74%；江苏省是我国能源装备行业第二大出口地区，2017年江苏省能源装备行业出口额达7.25亿美元，同比增长18.4%，占我国能源装备行业出口总额的9.92%。上海市是我国能源装备行业第三大出口地区，2017年上海市能源装备行业出口额达3.76亿美元，同比增长39.2%，占我国能源装备行业出口总额的5.15%（见表9）。我国能源装备前三大出口地区出口额占总出口额比重达72.8%，前十大出口地区出口额占总出口额比重达88.41%，由此可见，我国能源装备行业出口地区分布集中度较高。

表9　2017年我国能源装备行业各地区出口累计金额及同比增速

地区	金额（亿美元）	同比增速（%）
广东	42.19	-6.87
江苏	7.25	18.4
上海	3.76	39.2
北京	2.83	1.5
浙江	2.80	7.5
山东	1.64	9.7
天津	1.49	-42.5
江西	1.13	78.8
湖南	1.05	160.0
河南	0.47	7.03

能源装备行业进口地区分布集中度较低。2017年，我国能源装备行业进口金额排名前十的地区依次为广东、上海、江苏、北京、湖南、山东、福建、天津、浙江和广西。其中，广东是我国能源装备行业最大的进口地区，2017年广东能源装备行业进口额达7.09亿美元，同比下降7.37%，占我国能源装备行业进口总额的26.35%；上海是我国能源装备行业第二大进口地区，2017年上海能源装备行业进口额达4.02亿美元，同比下降5.96%，占我国能源装备行业进口总额的14.94%；江苏省是我国能源装备行业第三大进口地区，2017年江苏省能源装备行业进口额达3.60亿美元，同比增长19.60%，占我国能源装备行业进口总额的13.38%（见表10）。我国能源装备前三大进口地区进口额占总进口额比重达54.67%，前十大地区进口额占总进口额比重达77.29%，进口地区分布集中度较低。

表10　2017年我国能源装备制造业各地区进口累计金额及同比增速

地区	金额（亿美元）	同比增速（%）
广东	7.09	-7.37
上海	4.02	-5.96
江苏	3.60	19.60
北京	1.54	9.44

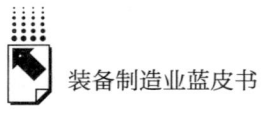

续表

地区	金额(亿美元)	同比增速(%)
湖南	1.06	-8.95
山东	0.80	27.55
福建	0.77	188.00
天津	0.68	-20.99
浙江	0.64	22.95
广西	0.60	17.25

六 我国能源装备行业技术水平分析

(一)主要产品技术水平

1. 石油天然气钻井设备技术逐步与国际技术水平看齐

我国一些主要石油天然气钻井设备已经基本实现国产化,如修井机、井口装置、固井压裂设备、成套钻机等,基本接近国外水平。钻机装备研发、制造和服务一体化能力不断提升,自动化水平逐渐提高,与国外差距不断减小,已经具备生产1000~9000米系列成套的能力,形成机械、直流、交流变频、复合驱四大系列。例如,7000米及以下钻机生产已形成规模;9000米钻机正在现场试验;12000米钻机的研制工作已经启动,电控系统也已经研制成功。

2. 特高压输电设备技术满足国际高端要求

我国特高压输电技术基本可以达到国际先进水平,一些关键设备的制造技术国际领先。

在特高压交流输变电技术领域,我国成功制造出一系列具有国际领先水平的产品,如多种规格特高压电力变压器、可控电抗器、并联电抗器,包括全球首台单柱容量高达500兆伏安的特高压电力变压器,全球首台特高压可控电抗器，全球首台 320 兆乏特高压并联电抗器等。在特高压直流输电技术领域，通过平波电抗器和对换流变压器关键技术、关键工艺和工艺过程开展研究和设备升级，掌握 ±800 千伏高端平波电抗器和换流变压器的设计、制造技术等。

此外，我国在特高压直流输电技术领域的一些关键设备（换流阀和换流变压器）的制造技术国际领先。我国成功研制出世界首个特高压柔性直流换流阀，实现了电容部件集成的功率、开关器件模块单元，并以"搭积木"的方式构造大型 800 千伏阀塔。我国自主研发的 ±800kV 特高压直流换流变压器，创造了世界单体容量最大（493.1MVA）、技术难度最高、产出时间最短的世界纪录，突破了变压器的绝缘、散热、噪音等技术难题。

3. 核电装备与国际先进技术差距变小

随着 CAP1400 示范工程的筹备及开工、具有我国自主知识产权的三代核电技术"华龙一号"，表明我国核电装备将完成"制造国产化"转向"设计自主化"，并最终走向国际市场，占据全球核电市场竞争中的重要地位。"华龙一号"是我国核电集成创新和自主创新的代表，装备国产化率超过85%，核心装备堆内构件、反应堆压力容器等均实现国产，代表着我国先进的装备制造业。其以"能动与非能动相结合的安全措施"、"多重冗余的安全系统"及"177 组燃料组件堆芯"为主要技术特征，采用最新技术标准和世界最高安全要求，符合国际原子能机构的安全要求，满足美国、欧洲三代技术标准，充分运用我国近 30 年来核电站设计、建设、运营所积累的技术、人才优势和宝贵经验并充分借鉴了先进核电技术（含 EPR、AP1000）。

（二）重大技术突破

1. 掌握容量最大、电压最高、经济输电距离最远的输电技术

目前，我国完全掌握特高压 ±800 千伏直流输电技术，也就是世界上最大输送容量、最高电压等级、最远送电距离、最先进输电技术水平，是解决我国电力负荷与能源逆向分布问题、落实国家"西电东送"战略的核心技术。特高压 ±800 千伏直流输电技术的输送容量可达 500 万~1000 万千瓦，

传输距离超过 2000 公里,比 ±500 千伏直流输电技术的运行可靠性提高 8 倍,单位输送距离损耗降低 45%,单位容量线路走廊占地减小 30%,单位容量成本降低 28%。

2. 8.8米超大采高综采智能装备填补国内特厚煤层综采工作面的技术空白

8.8 米超大采高综采智能装备的成功研发,是我国高端采煤装备国产化进程中的重要突破之一,填补了国内乃至世界特厚煤层综采工作面一次性采全高的技术空白。这套 8.8 米超大采高智能综采装备液压支架总重 100 吨、宽 2.4 米、采高达 8.8 米,其工作阻力、支护高度、支撑中心距均是世界之最。8.8 米综采装备将用于上湾煤矿 12 个 8.8 米超大采高工作面的开采,正式投产后,上湾煤矿工作效率将超过 85%,增加的成本将降低 30%,资源回采率将提高 30%,在提升煤炭回采率的同时,可打造出 1600 万吨全世界单井单面产量最高、效率最优的特级安全高效矿井。

3. 我国成功研发出大地电磁探测仪

我国自主研发出大地电磁探测仪,通过不断试验,缩短与国际上先进大地电磁探测系统的技术差距,成功地打破国外的技术垄断,可广泛应用于地质勘探、能源勘探、深海探测等领域,为国产大地电磁探测系统的产业化发展创造了新契机。我国不仅研制出了工程化、实用化的大地电磁探测仪整机,还开发出高性能磁传感器、高稳定低噪声接收机、小功率便携发射机等核心部件,所有技术指标超过或达到湖北省科技计划项目任务书要求,且展开了市场销售并获得了较好的经济效益。

4. 我国自主研发出最大吨位最高等级极地油船"白鲸"AT110

"白鲸"AT110 成功研发,标志着我国极地油船自主研发取得重要突破,为我国极地船型研发打下坚实基础。"白鲸"AT110 目前是世界上吨位最大,拥有 PC4 冰级的极地油船,货舱容量 13 万立方米,载重达 11 万吨,配备 30MW 双吊舱电力推进系统,具备 1.5 米连续破冰能力,设计满足零下 40 摄氏度环境温度要求,同时,该船采用系列减排技术和系统,满足国际最新的环保要求。

5. 我国首台核能发电机"华龙一号"研制成功

"华龙一号"首台核能发电机通过"型式试验",所有指标达到和超过设计要求,象征着我国首台核能发电机——"华龙一号"自主研发成功,为打造"中国核电"品牌、铸就国之重器迈出了坚实的一步。通过 30 余项测试,"华龙一号"核能发电机顺利通过为期四天的真机旋转测试,性能指标不低于标准要求。同时,"华龙一号"在结构材料、计算方法、绝缘技术、结构布置等方面进行了多项设计创新,采用新型通风冷却技术、自主开发的电磁计算程序、绝缘系统以及整体式定子结构等,发电机效率达到 99%。

6. 我国波浪发电装置成功突破关键技术

我国波浪发电装置成功突破波浪能液压转换与千伏级动力逆变器及控制装置模块关键技术,实现波浪稳定发电,而且还可以频繁地存储在小于 0.5 米浪高的波浪下,奠定了波浪发电工程化在我国应用的基础。这款波浪发电装置前期装机 5 千瓦,采用浮体重构模块化设计理念,通过并网可以提供标准电力供给,后续可以扩大波浪能发电系统装机容量。

7. 我国太阳能热发电储能技术取得新突破

青海省太阳能热发电储能技术达到国内领先水平,标志着我国距离塔式光热储能系统自主研制又迈进一步。经过近 4 年的研发,我国成功攻克了太阳能热发电中高温蓄热设备的技术,并在德令哈 10MW 塔式光热发电站的基础上,研发出有效储热时间超过两小时的塔式光热熔盐储热系统,并且可以 24 小时内熔盐罐降温不超过 10 摄氏度,实现了单套总容量 5 兆瓦时中高温熔盐储热系统的正常运行,成为我国首座具备熔盐储热的太阳能热发电站。

8. 我国液化天然气(LNG)用大型开架式气化器达到国际领先水平

我国 LNG 用大型开架式气化器的成功自主化研制,击碎了国外技术垄断,实现了国家重大装备的自主研发,成为日本之外第二个国家可以生产 LNG 用大型开架式气化器。其总体性能达到国际先进水平,其中腐蚀与防护技术、气化器换热效率和抗振动技术处于国际领先水平。LNG 用大型开架式气化器的核心设备是一种以海水为热源、将液态天然气转为气态天然气的换热器。气化器在运行时，海水分配后自上而下喷淋在换热板片管束外表面上；零下162摄氏度条件下的LNG经液相分配系统增压后进入气化器换热板片内管，在换热管内自下而上流动；在LNG与海水对流过程中，通过海水将热量传递给温度相对低的LNG，使LNG气化并升温超过1摄氏度，最后进入外输管线。经现场考核及性能标定，该产品各项数据均达到设计指标，设备性能全面处于国外产品水平，部分性能更是优于国外产品。

9.7MW级风电机组整机和部件的关键技术全面突破

我国实现了7MW级风电机组整机和部件关键技术的全面突破，有利于促进低成本规模化风电开发，使得大功率风电机组及其关键部件的设计开发技术进入国际先进水平行列。其中，"5MW高速励磁风电机组"的开发，实现了满功率发电；完成LZ75-5.0MW型和LZ68-6.0MW型碳纤维叶片、38m-1.5MW试验型分段式叶片、77.7m-6.0MW型超长叶片的研发；完成7MW蒸发冷却永磁半直驱风力发电机的设计和研制；完成7MW高功率密度永磁直驱风力发电机的设计；研制了7.5MW、7MW、5MW中压风电变流器；研制完成6MW轻量化海上风电齿轮箱及单支撑主轴轴承。

七 我国能源装备行业存在的主要问题

（一）能源装备制造行业技术差距问题

目前，我国大多数能源装备制造技术落后于国际先进水平，整体技术水平有待提高，基础零部件及基础材料领域偏弱。其中，钻采设备中的特种钻机的设计和生产能力落后，配套的关键件仍依赖进口，如液压、顶驱、电气控制装置；测井设备、石油勘探总体技术水准与国外有相当大的差距。电力设备中零部件（阀门、轴承等）以及材料（优质钢、铜等），配套能力相对较弱，与国际先进水平有一定差距。比如，60万、100万等级锅炉管材P92、

HR3C、Super 304 及各类阀门大部分需进口，汽轮机阀门、主汽管、高中压转子、高中压内缸等需大量进口，电机转轴、护环等主要材料依赖进口。

（二）电力装备产业发展结构失衡

目前，我国电力装备产业发展的结构失衡，城乡配电网建设滞后于主网建设，输配电建设严重滞后于电源建设，负荷中心受端电网建设滞后于送端电网建设。由此造成"弃风""弃水""弃光"现象极其严重，新疆、内蒙古、甘肃等地区这些问题更加突出。全国弃风电量从 2015 年的 339 亿千瓦时，上升到 2016 年的 497 亿千瓦时，弃风率增加至 17% 左右。弃光电量由 2015 年的 49 亿千瓦时增加到 2016 年的 70 亿千瓦时，弃光率提高了 6%。2016 年仅四川省弃水电量就达 142 亿千瓦时，同比增长约 39%，创近 5 年新高。

（三）能源装备制造业国产化能力不足

目前，我国能源装备制造业的国产化取得重要进展，但是部分能源装备制造业的国产化能力依然不足。例如，在火电领域，我国三大主机锅炉、发电机和汽轮机的国产化取得重大的进展，然而在电站辅机方面，国产化一直是薄弱环节，特别是炉水循环泵、四大管道（主蒸汽管道、再热蒸汽热段、再热蒸汽冷段、主给水管道以及相应旁路管道）等还依赖进口，增加了电力建设成本。

（四）石油装备产业市场不成熟

目前，我国石油装备行业市场不成熟，产品附加值率低。一方面，石油装备产业市场不规范。通过有效的知识产权保护到市场运作，仍存在着不按市场规律办事、恶意竞争、操作不规范、行政干预较多等诸多现象，阻碍着石油装备制造企业的快速发展。另一方面，我国石油装备制造业处于低端市场，产品的增加值率与国际先进水平有近一半的差距。主要以吨计价的石化装备产品，并没有体现知识以及服务的价值。

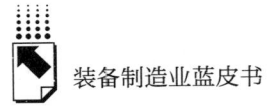

（五）储能产业经济回报差

目前，我国储能行业成本偏高，经济效益无法量化，限制了行业的进一步发展，尤其是化学储能行业。一方面，过高的化学储能行业的技术投资。根据中国电科院就张北风测算光储输的示范项目，设计 20MW 储能电池的投资就高达 4 亿元。如果我国现有风电装机都配备储能设备，则需要一次性投入 2000 亿元，这远超我国每年因弃风造成的近百亿元经济上的损失。另一方面，化学储能行业的运行时间短，技术不成熟，储能价值短期难以完全体现或由于各种原因没有体现。例如，化学储能技术在解决弃风和可再生能源并网方面仅为设想，在可再生能源并网方面发挥的作用有限，全部价值还没有充分发挥。

八 我国能源装备行业发展前景分析

（一）我国能源装备行业发展前景预测

1. "一带一路"建设中，能源装备企业海外市场广阔

在"一带一路"建设的带动下，我国能源装备制造企业充分发挥其技术优势，为"一带一路"沿线国家建设高压电网，输送清洁能源，实现全球互联互通。不断地"走出去"为能源装备制造企业开拓了广阔的海外市场，不仅加快了我国过剩产能的消纳，同时也为我国能源装备制造企业海外市场占有率的增加提供了机遇。在"一带一路"建设背景下，能源装备制造业的出口贸易额将会有显著的提升。

2. 能源装备制造业整体业绩将得到改善

近年来，受国际贸易和国际油价下跌的不利影响，能源装备制造业业绩总体处于低位。随着国际油价的回升以及我国清洁能源的投入和使用，市场对于能源装备的需求量将会不断增加，能源装备制造企业的业绩将会有明显的提升。未来能源装备制造业市场前景较好，整体业绩将得到改善。

3. 能源装备行业建立工业互联网平台成必然趋势

随着大数据、人工智能、云计算等技术的推广普及，传统工业云平台也逐渐融合这些技术，发展成为工业互联网平台。工业互联网平台通过构造数据采集体系，以工业 APP 形式为制造企业提供各种的创新应用。能源装备制造企业通过打造工业互联网平台，设计出适合自身运作的工业 APP，以实现生产优化和产业链的全面升级。目前，国外有多家先进的能源装备制造企业已引入工业互联网平台，随着工业 4.0 时代的到来，以智能制造和智慧工厂为主题的第四次工业革命已拉开序幕，国内能源装备制造企业建立工业互联网平台已成必然趋势。

（二）我国能源装备行业投资机会

1. 天然气产业链设备迎来发展机会

天然气产业链分为上游勘探开采、中游储运和下游应用三个部分。随着国家对清洁能源越来越重视、"煤改气"的持续推进，使得未来几年国内天然气需求量将会强力增长，而目前国内天然气产量无法满足全部消费量，对外依存度较高。国家发改委发布了《天然气发展"十三五"规划》，规划天然气产量增速、储气库工作气量增速的年平均值分别达到 8.9% 和 21.9%，这将会带动天然气产业链中上游设备需求量的明显增加，天然气产业链设备迎来政策利好机会。

2. 风电设备业绩将明显好转

2017 年全国平均弃风率均有明显改善，未来全国弃风量和弃风率将会继续下降，弃风限电进入长期改善局面，现有存量装机的盈利水平将得以提高。"红六省"[①] 中的部分省有望在 2018 年实现"解禁"。解禁后，全国新增风电装机规模将超过 25GW[②]，新增风电装机需求量增大，生产风电设备

[①] 国家能源局发布《关于 2017 年度风电投资监测预警结果的通知》，内蒙古、黑龙江、吉林、宁夏、甘肃、新疆等六省区被划定为红色预警区域，2017 年不得核准建设新的风电项目，被称为"红六省"。

[②] 《电力设备新能源行业 2018 年投资策略：乘飞驰电车，赏大好风光》，光大证券，2018 年 1 月 2 日。

企业业绩将会有明显提升。风电行业装机量将在 2018 年实现高增长，随着"配额制＋强制绿证"政策的落地，弃风限电有望得到持续性改善，开发运营风电设备企业的 ROE 水平将会稳步提升。

3. 油气设备与服务行业步入上行周期

经过产业链调研及相关企业订单验证，2017 年我国油气设备与服务行业企业订单量明显上升，下游景气度回暖趋势明显。随着国际油价的不断回升，全球油气设备与服务行业开始逐渐复苏。OPEC 有望适度增产，全球油气供需格局向好，全球油气资本开支有望增加，油气设备与服务行业已迈过 2014～2016 年的行业低谷，步入了上行周期，未来油气设备与服务行业的企业业绩有望大幅提高。

4. 输变电设备出口贸易额将显著增长

"一带一路"建设中，国内高端装备制造进入国际市场，电力基础建设率先受益。与国内市场相比，海外市场电力基础设施投资需求巨大，具备巨大的市场增长空间。我国电力设备行业具备全球竞争力，电源—电网设备完整，全产业链装备制造技术领先，在"一带一路"倡议的推动下，未来我国输变电设备企业出口贸易额将会明显上升，海外市场占有率将不断提高。

九　我国能源装备行业发展建议

（一）建立健全节能的管理制度

我国应当建立健全节能的管理制度，实施能源装备产业全员节能管理，确定节能降耗的指标，加强对节能目标管理。围绕可持续节能环保的主题进行能源装备的开发，加大技术设备的不断更新。针对能源勘探开发过程，建立分析能耗的项目体系，找到解决问题的途径，达到节能的要求。通过合理的与能源勘探和开发相关的施工设计，优化设备的管理，提高设备的运行效率，降低各种能量的消耗，实施节能技术措施。

（二）大力实施"走出去"的发展模式

针对我国电力装备制造业成本优势和技术优势，大力实施"走出去"的发展模式。依托"一带一路"建设，推进电力装备出口和国际产能合作，在设备制造、技术输出 EPC 总承包等方面发挥协同效应，充分利用我国的优势，如煤电、核电、特高压、智能电网等领域，在装备供应、工程设计、建设施工等方面实现全新的突破。同时，推动中国标准在"一带一路"重大工程建设，推进"中国技术＋中国标准＋中国装备＋中国建设"的全链条"走出去"，建设基础设施示范工程、精品工程，扩大中国标准国际影响力。

（三）完善"政产学研用"开放协同创新体系

应当建设加快完善以企业为主体、市场为导向、政产学研用相结合的技术研发创新体系。建立能源装备产业"政产学研用"创新联盟，推进能源装备关键共性技术研发，包括清洁高效煤电技术、核电共性技术、燃气轮机技术、大型先进水电装备技术、可再生能源发电装备技术、智能电网关键共性技术和重大应用技术等。同时，在专业化分工基础上协同创新，从基础理论、产业化、市场开拓、成果转化、配套集成、工程运维等方面深度合作，围绕产业技术创新链，整合资源，成果、优势互补和利益共享，实现跨专业、跨学科、多系统的集成创新。探索建立更紧密的资本型协作机制，建立核心技术研发投资公司，利用龙头企业优势，推动中小企业发展，不仅解决上游企业技术推广上的应用问题，同时也解决下游企业核心技术上缺乏的问题。

（四）实施标准国际化战略

我国可以大力实施标准国际化战略，积极与国际标准化组织（ISO）、国际电工委员会（IEC）、电气和电子工程师协会（IEEE）、国际电信联盟（ITU）等国际权威组织合作，将中国标准推广为国际标准。推动与"一带一路"沿线国家签署标准化合作协议,在电力装备制造业和产能合作领域加大标准互认力度。支持"一带一路"沿线国家标准化能力建设,依托我国具有优势的技术标准,共同推动国际标准的制定,加强与沿线重点国家的合作,有针对性地组织标准化援外培训。此外,鼓励我国企业在"走出去"的过程中采取中国标准,对成功施行中国标准的企业给予政策支持和资金补助。

B.9
工业机器人行业研究

孙颐 刘怀兰 郭一娟*

摘　要： 本文根据2017年工业机器人行业的现状，描述了其行业发展的趋势，着重分析了我国工业机器人行业的发展规模、运行情况、产业结构及贸易情况，对我国工业机器人行业的技术水平和存在的主要问题进行了总结，并提出我国工业机器人行业正处于上升阶段，产业技术在中高端领域发展迅速，但也存在产业基础薄弱、产业体系尚待完善、规模化水平低、市场同质化竞争的问题。由市场趋势分析可知，人工智能的主要发展方向依旧是存在很大发展潜力的工业机器人。最后，工业机器人产业发展，应夯实技术基础，推进关键零部件技术产业化发展，做到错位竞争，企业间融通发展，建立战略联盟，强化服务和应用的突破。

关键词： 工业机器人　技术创新　智能制造

一　工业机器人行业定义和分类

（一）工业机器人定义

国际上对工业机器人的定义广泛，例如国际标准化组织（ISO）[①]、美国

---

* 孙颐，工程师，机械工业经济管理研究院职业发展与评价研究所执行所长，主要从事职业技能鉴定标准研究；刘怀兰，博士，现任华中科技大学机械学院工程系副教授、硕士生导师，从事技术路线图的研究与应用、智能工厂虚实系统研发，"中国制造2025"路线图与"中国制造2035"技术预见方法专家；郭一娟，助理研究员，机械工业经济管理研究院职业发展与评价研究所副所长，主要从事高技能人才评价工作。

① 杨瑞雄：《中国工业机器人产业的发展与趋势研究》，《经营管理者》2013年第17期。

机器人协会（RIA）①、日本工业机器人协会（JIRA）都对工业机器人做出过定义。

2017年6月，工业机器人制造首次作为独立行业被列入《国民经济行业分类与代码》（GB/T4754-2017）文件之中，由于原来的行业标准中没有对工业机器人制造设立独立的分类，因此在产值、收入、利润等方面的数据统计难以进行，导致产业结构不完整，产业数据缺失。给产业政策制定、重点专项审批等方面造成困扰。自国家统计局2015年开始启动《国民经济行业分类》修订工作起，中国机器人产业联盟便多次提出细化工业机器人制造相关行业分类。经过多方研究探讨，最终，在2017年10月修订的《国民经济行业分类与代码》中将工业机器人制造和特殊作业机器人制造列为行业小类（如表1所示）。这一举措将促进工业机器人制造业发展，给行业带来积极推动作用。

表1 机器人制造相关行业明细表

门类	大类	中类	小类	类别名称	说明
C				制造业	
	34			通用设备制造业	
		349		其他通用设备制造业	
			3491	工业机器人制造	指用于工业自动化领域的工业机器人的制造
			3492	特殊机器人制造	指用于特殊性作业的机器人制造，如水下、危险环境、高空作业、国防、科考、特殊搬运、农业等特殊作业机器人制造

资料来源：国家统计局《国民经济行业分类（GB/T4754-2017）》。

本文所定义的工业机器人以我国1989年公布的国标草案为准。即：一种自动定位控制，可重复编程的多功能、多自由度的操作机。且工业机器人由三个基本部分组成：本体、驱动系统和控制系统。

---

① 罗岚：《科幻电影中的人形机器人考察》，《戏剧之家》（上半月）2013年9月8日。

（二）工业机器人分类

1. 按照技术等级分类

（1）示教再现型机器人

第一代工业机器人是示教再现型，具有记忆能力。示教型再现机器人能够按照人类预先示教的速度、顺序、行为和轨迹继续进行重复作业。其中一种示教是由操作员手把手进行示教，比如需完成涂装工作的机器人，首先由操作人员握住机器人上的喷枪，根据喷漆路线示范一遍，机器人记住这些动作后自动重复，从而完成该项工作。

另一种比较普遍的方式是利用示教器示教。借助示教器，工作人员控制机器人一步一步地进行操作，工业机器人自动记录，之后重复。示教器是主管应用工具软件与用户（机器人）之间的接口操作装置。示教器通过电缆预控制柜连接，借助示教器可以完成对工业机器人的点动进给、程序创建、程序测试执行等功能，进而实现对工业机器人的控制。目前，绝大部分应用中的工业机器人均属于这一类。

（2）感知机器人

第二代工业机器人具有环境感知装置，因此具备触觉、听觉、视觉等功能，从而对外界环境有一定感知能力。在工作中，信息可被感知机器人通过感觉器官（传感器）获得，同时感知机器人对于工作状态的调节灵活，在适应环境的情况下保证可完成工作。在当前感知机器人已经进入应用阶段。

（3）智能机器人

第三代工业机器人称为智能机器人，具有高度的适应性，有自行学习、推理、决策等功能，处在研究阶段。

2. 按机器人结构坐标系的特点分类

工业机器人的机械配置类型较多，较为典型的是根据机器人机构运动特征进行描述。根据机器人结构坐标系的特点，可分为直角坐标机器人、圆柱坐标机器人、球面坐标机器人和关节型机器人等类型。

(1) 直角坐标型机器人

可在空间中三个相互垂直的 X、Y、Z 方向作移动运动的直角坐标型机器人，其运动是独立的（有三个独立自由度），动作空间为一长方体，特点是易达到高精度，运动直观性强，控制简单，但缺点是运动速度低，操作范围较小且占据的空间相对较大，操作灵活性差。

(2) 圆柱坐标型机器人

圆柱坐标型机器人主要特征是在机座上装有立柱和水平臂的水平转台，该水平臂可前后伸缩、上下移动，并能绕立柱旋转，在空间构成部分圆柱面（具有一个回转和两个平移自由度）。其优点是运动速度高，工作范围较大，但其线位移分辨精度较低。

(3) 极坐标型机器人（球面坐标型）

极坐标型机器人工作臂不仅可绕垂直轴旋转，还可绕水平轴作俯仰运动，且能沿手臂轴线作伸缩运动（其空间位置分别由旋转、摆动和平移三个自由度组成）。

(4) 多关节坐标型机器人

由多个旋转和摆动机构组合而成的多关节坐标机器人，具有操作灵活性最好，运动速度较高，操作范围大的特点，但受手臂位姿的影响，实现高精度运动比较困难。多关节坐标型机器人可较好的适应焊接、装配、喷涂等多种作业，应用领域也越来越广。根据铅锤与水平这两种摆动方向，又可将多关节坐标型机器人分为垂直多关节机器人和水平多关节机器人。如 20 世纪 70 年代末美国 Unimation 公司推出的机器人 PUMA 就是一种垂直多关节机器人。

二 国际工业机器人行业发展概况

（一）国际工业机器人行业发展现状

1. 市场现状

(1) 全球机器人市场需求持续增长

根据 IFR 的统计，2017 年全球工业机器人销量为 346 千台（见图

1),同比增长17.00%,工业机器人亚洲销量占近2/3,其市场规模不断扩大。全球工业机器人在2017年市场市值达130亿美元,同比增长9.00%。全球工业机器人1998~2017年销量处于稳步增长趋势;特别是2005~2017年间,工业机器人销量迅速增长,新装工业机器人年均增长速度约14%①。

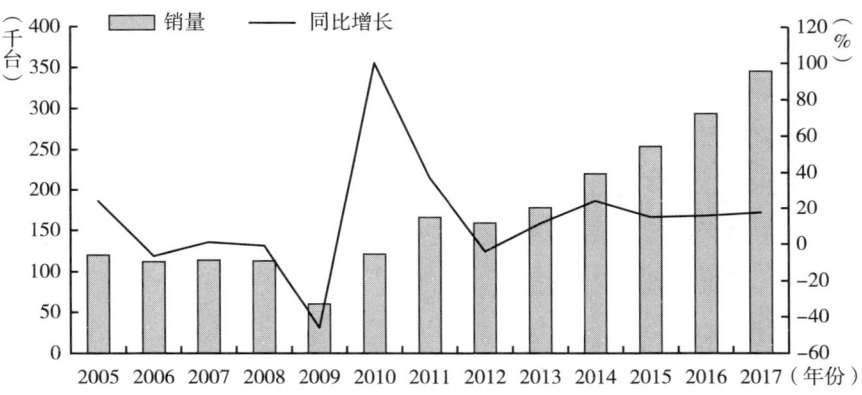

图1　2005~2017年全球工业机器人销量

数据来源:国际机器人联合会(IFR)。本部分若无特殊说明,数据均来自IFR。

(2)亚洲地区成为最重要市场

据IFR的统计,全球工业机器人在2015年亚洲地区的销量首次超越24万台,占全球销量的2/3左右,因此亚洲成为目前全球工业机器人使用量最大的地区。亚洲工业机器人于2012~2017年销量年均增长15%,远超美洲和非洲6%的增长速度。2017年亚洲工业机器人总销量达到24.2万台,工业机器人销量实现爆发式增长,预计2020年销量将有望突破35万台。

(3)工业机器人发展高度集中

日本、韩国和德国这三国工业机器人的发展处于较高的技术水平,其工

---

① 杨娟、陈小红:《智能机器人产业发展趋势及广东对策研究》,《新经济》2017年12月10日。

业机器人产量、年度新增量都位于世界前列。2017年,中国、日本与韩国工业机器人市场销量分别达13.8万台、3.9万台与4.0万台,中国位居亚洲地区前三大市场,也是全球前三大市场。日本工业机器人市场发展成熟,其制造商如发那科、那智不二越、川崎等品牌在微电子技术、功率电子技术领域持续领先,占领了绝大部分国际市场。为应对国内电子产业、汽车对工业机器人的需求,韩国政府不断出台新政策扶持机器人产业发展,仅用十年,韩国就已形成了自己的工业机器人产业体系,且处于高速发展趋势,韩国工业机器人的使用密度曾是全球工业机器人平均使用密度的6倍。德国工业机器人的机器视觉、人机交互、机器互联等技术发展水平处于国际领先,其新推出的智能工厂与智能机器人更是将工业机器人推进到一个较高的发展层次,其中最为典型且发展最好的制造商代表为德国库卡机器人公司,为全球领先的工业机器人制造商之一。

2. 应用现状

工业机器人在国内的应用主要集中在电子工业、汽车行业,此外还有航空制造、军工、食品工业、金属制品等领域,而汽车行业依旧是中国最大的工业机器人应用市场。在部分领域内,目前工业机器人的技术应用现状如下。

一是应用于热加工生产中的工业机器人。该类型工业机器人差不多涉及铸件运输、喷砂处理和喷丸清理等所有环节,因此在铸造生产中广泛应用。

在铸造生产过程中,工业机器人所能完成的工作有:从工作区中取出铸件,并将其送去检测、压模、冷却等后续一系列操作。应用在铸造生产中的工业机器人的结构形式一般较为特殊,目的是防止周围介质对工业机器人的损坏,如将控制系统布置在独立单元中。为满足实际需要,用于铸造生产中的工业机器人正在朝着高可靠性发展。

二是应用于冷加工设备制造中的工业机器人。参加锻压设备生产中涉及的机器主要有:螺旋压力机、曲柄压力机、模压曲柄弯管机等。应用在锻压生产中的工业机器人所能完成的功能主要有:夹持毛坯并将其移送到工作位置;取走成品件并将其放到包装箱中;发出指令等。

三是应用于金属切削机床中的工业机器人。应用工业机器人在柔性生产单元、柔性制造系统中进行辅助生产是目前较为高效的生产方法。应用在金属切削行业的工业机器人所能完成的主要工作有：安装毛坯、取放零件、清洗工作面、反转零件、检测零件、发出工艺指令等。

四是应用于装配作业的工业机器人。应用在装配领域的工业机器人既可用来完成大批量零件装配作业，也可为自动装配机提供服务。

为实现拧螺丝、堆垛、卷边、胶合等装配作业，工业机器人所具备的功能有：在垂直方向上机械手应该能作直线运动；沿垂直轴方向上，工业机器人结构应具备足够高的刚度以承受装备方向上产生的作用力；此外，工业机器人还应具备补偿定位误差的可能性，即结构的柔顺性，如在垂直于装配基本方向的平面上结构的柔顺性。

五是应用于表面工程领域的工业机器人。应用金属电镀设备用的工业机器人主要是完成电镀槽上的服务及涂漆作业。目前，金属电镀机器人操作机在移动速度、电传动的劳动生产率方面已得到较大的提升，此类工业机器人的发展方向为减少金属消耗和生产过程所占的工作面积等。

工业机器人广泛应用于汽车、电器制造等领域，尤其适用于劳动环境恶劣、危险性大又要求较高的产品质量的工作环境，在这一工作环境中工业机器人相比人工具有更大的优势。随着中国劳动力成本不断增加，我国制造业领域对工业机器人的需求也在不断增长，国外几家工业机器人大公司，如日本发那科、德国库卡等争相抢夺中国这块体量巨大的市场份额，因此我国必须加强工业机器人核心技术的研发，增强企业创新能力，掌握自主核心知识产权，打破技术垄断，在国际市场争得一席之地。

（二）国际工业机器人行业的发展趋势

1. 技术发展趋势

（1）工业机器人深度整合信息技术

云存储技术和大数据的发展使得作为物联网终端和节点的工业机器人变得越来越重要，主要表现在两个方面。一方面信息技术的快速发展加速了工业机器人与网络之间的融合,将各种免疫算法、蚁群算法等应用到工业机器人中,使得工业机器人具备了人类的学习能力,提升了人机协同的能力。另一方面是借助互联网资源,工业机器人可实现远程监控,操作人员无须深入制造现场也可查看生产情况,此外机器人与机器人之间的交流也逐渐成为可能,大大方便了生产数据的获取,生产任务的统一调度与安排,后续通过人类意识控制工业机器人进行操作使其更加智能化已成为新一代研究热点。总之,信息技术的发展也在促进工业机器人技术的升级。

(2) 工业机器人易用性与稳定性提升

随着工业机器人制造技术的发展成熟,如自组装与修复技术得到改善、结构标准化、关节一体化使得工业机器人的稳定性与易用性不断提升,进而促进了工业机器人的应用领域持续延伸,并从汽车、电子行业扩张到医疗、化工等领域。工业机器人易用性的另一表现为成本快速下降,而国内劳动力成本不断上涨,使得工业机器人在制造业领域的应用不断扩大成为现实,更多中小型企业引进工业机器人进行生产成为可能,预计我国智能制造水平将继续提高。此外,工业机器人与人的关系也在发生变化,由于人机融合技术的不断发展,如在机器与工人一同完成某项工作时,工业机器人能理解人类图形、语言、指令并将其转化为操作指令,为人工操作提供了较大的方便,但目前的人机协作还存在较大的安全问题,仍需进一步研究。

(3) 工业机器人向系统化、模块化和智能化方向发展

当前研发的工业机器人产品正朝向系统化、模块化以及智能化的发展方向,而这一发展趋势也已成为国际发展趋势。主要原因如下。一为工业机器人技术持续扩张,目前的工业机器人产品正在嵌入传统装备中,如工程机械、食品机械、实验设备、医疗器械等。二为模块化能够解决传统工业机器人结构造型适用有限范围的问题,工业机器人的开发产品设计思路更趋于采用组合式、模块化。重构模块化可帮助用户解决产品品种、生产成本和规格的设计制造周期之间的矛盾。三为智能化发展的工业机器人可推进工业机器人协作方式的转变,从原来的控制式协作转向系统与控制方式的协调。

2. 市场发展趋势

（1）发展更为迅速

工业机器人有着广泛的应用范围，较高的技术附加值，代表信息化社会与先进制造业的支撑技术的新兴产业，在未来的社会发展中发挥着越来越重要的作用。工业机器人通过30多年的发展已形成了较为完善的产业基础，在制造领域、资源开发、国防军工等领域都发挥了重要作用。由于政府的积极引导，以及本土企业自身成长压力的推动，中国工业机器人产业近几年增长较为迅速。

根据IFR预测，伴随产业转型升级的需求，人力成本的上升和国家政策的扶持，未来我国工业机器人在2017～2022年增速可超过30%，至2022年我国工业机器人年销售量将达到27万台以上。

（2）应用领域不断扩大

工业机器人经过几十年的发展，它的应用领域日益广泛，汽车行业工业机器人达30%以上的应用比重。由于它的制造水平与智能化水平不断提升，工业机器人的应用领域也将不断扩张。

（3）生产基地转移

国外一些著名工业机器人制造公司，如"四大家族"，为了原有市场过剩产量消化，国外市场份额扩张，业务利润增加，会将其发展中心转移到一些发展中国家，例如中国和印度。

（4）行业竞争更加激烈

当前，各大装备制造商不管是传统的机械制造企业还是电气企业都想介入工业机器人制造这一领域。可以预见，国内未来工业机器人制造商所面临的竞争不仅来自国外企业，如ABB、FANUC和KUKA等巨头，更有国内跨行业的企业，行业竞争将愈来愈激烈。

（5）新型智能机器人市场需求增加

对具有合作性、智能性、适应性以及灵活性的新型智能机器人的需求不断上升，主要表现在：首先，新一代智能机器人进一步提高精细作业能力，不断增强面向外界的适应感知能力。新研发的工业机器人不仅能够完成精细化的工作内容，而且不需要专家监控对于预先设定程序的工业机器人。其次，市场持续提高关于工业机器人灵活性方面的需求，高灵活性也是新型智能机器人所必须达到的标准，而灵活性也将成为日后工业机器人产品的主要竞争点之一。最后，对人机友好协作的要求不断提高。新一代工业机器人将通过摄像头及声呐等感知技术识别环境，以避人为绝对原则，在接触或碰撞情况下立刻减速甚至急停以优先确保安全性，从而实现真正的"近人"工作。①

三 我国工业机器人行业规模分析

（一）资产规模不断扩大

随着制造技术的不断完善和产品需求的增加，根据我国工业机器人上市公司中28家代表企业2014～2017年度的财务数据分析可得，2016年我国工业机器人行业主要上市公司的资产规模达2835.93亿元，同比增长49.70%，增速同比增长39.70个百分点。2017年我国工业机器人行业主要上市公司的资产规模达3764.56亿元，同比增长了32.70%，增幅有所下降，但是仍保持增长的趋势，预计2018年还将持续增长（见图2）。

（二）固定资产投资规模持续增加

2017年工业机器人行业加大投资力度，且固定资产使用生命周期逐渐延长，相比2016年固定资产累计投资规模扩张迅速。2017年我国工业机器人行业主要上市公司固定资产投资规模累计达391.56亿元，同比增长22.40%。2017年新增固定资产71.81亿元，同比增加4.20%（见图3）。

---

① 《全球机器人产业市场分析，中国始终保持第一》，OFweek机器人网，（2016-08-15）[2018-08-27]，http://robot.ofweek.com/2016-08/ART-8321802-8420-30024827_3.html。

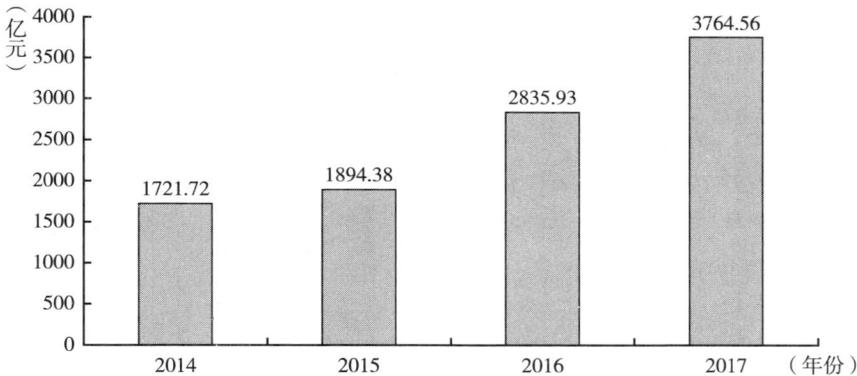

图 2 2014~2017 年我国工业机器人行业主要上市公司资产规模

数据来源：各上市公司历年公开年报。以下如无特殊说明，数据均来自年报。

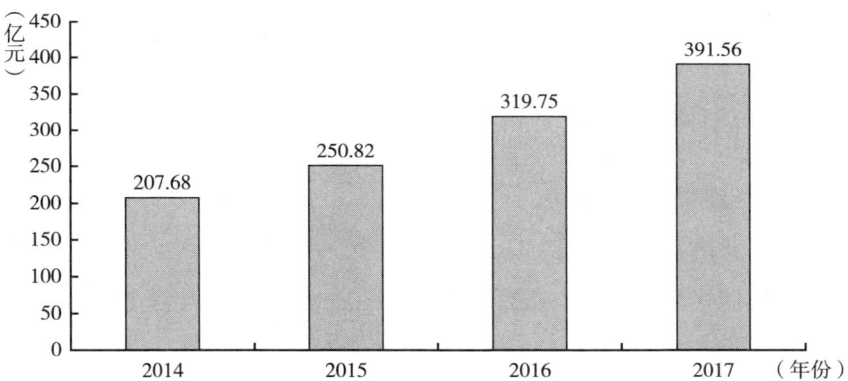

图 3 2014~2017 年我国工业机器人行业主要上市公司固定资产投资规模

（三）产量产值规模

2017 年，我国工业机器人行业累计生产机器人 131079 套，与 2016 年同期相比增长 68.10%。全年工业机器人产量保持稳步增长，9 月产量最高，达 13085 套，10 月份工业机器人产量最低，为 9445 套，其余月份均保持在 10000 套左右。月度同比增速数值均为正，2017 年 1~5 月产量保持平稳增长，6 月份增速开始大幅增加，9 月份达最高值，为 103.20%，之后又开始回落（见图 4）。

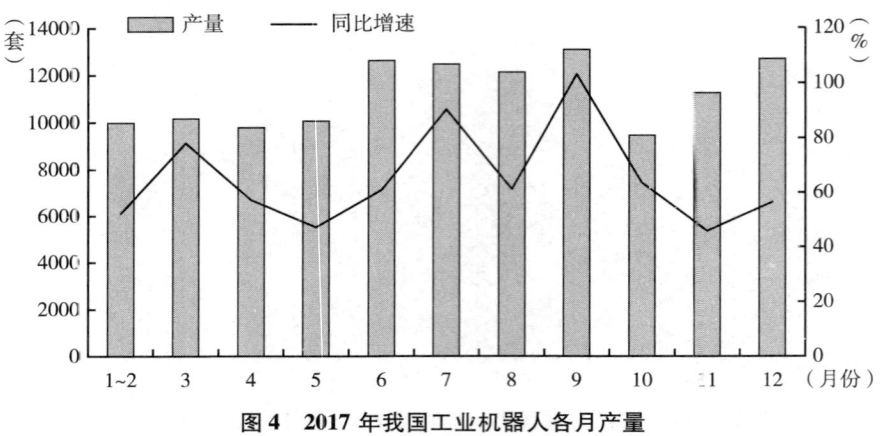

图4 2017年我国工业机器人各月产量

四 我国工业机器人行业的运行情况

（一）总体运行情况分析

1. 主营业务收入持续增加

随着工业机器人销量增加，主营业务收入实现持续大幅增长，2017年我国工业机器人行业28家主要上市公司的主营业务收入为1498.56亿元，同比增长17.33%，增速同比减少21.66个百分点（见图5）。

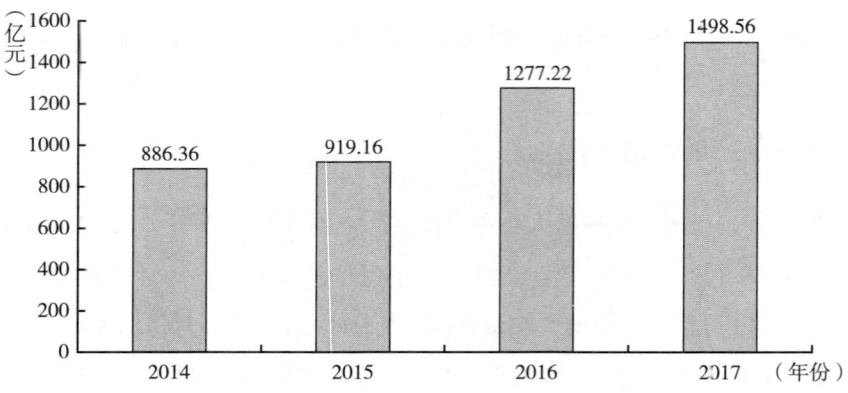

图5 2014~2017年我国工业机器人行业主要上市公司主营业务收入

2. 主营业务成本稳定增长

工业机器人行业主营业务成本增长迅速。2017年,我国工业机器人行业主要上市公司主营业务成本为1132.84亿元,同比增长18.12%(见图6)。

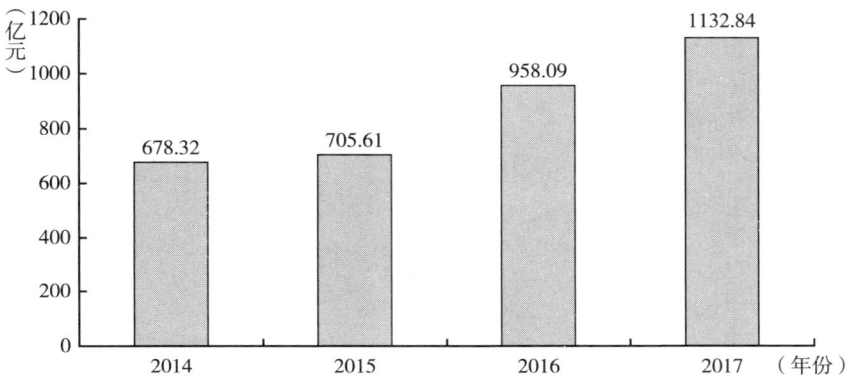

图6 2014~2017年我国工业机器人行业主要上市公司主营业务成本

3. 利润总额小幅增长

随着工业机器人行业的订单量逐渐增加,行业利润稳步上升。2017年,我国工业机器人行业主要上市公司实现总利润为132.57亿元,同比增长35.04%,增速同比增长10.35个百分点(见图7)。

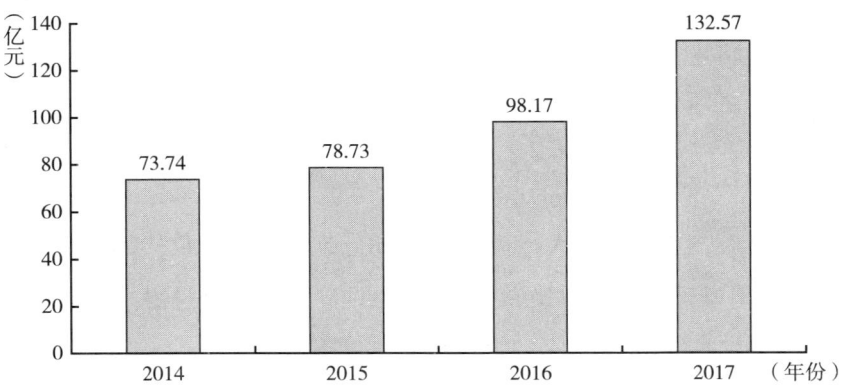

图7 2014~2017年我国工业机器人行业主要上市公司利润总额

（二）营运能力持续下降

2017年我国工业机器人行业主要上市企业总资产周转率为0.42次，同比下降6.60%，增速同比下降1.5个百分点。与其他行业相比，虽然工业机器人行业营运能力处于较高水平，但与2016年同期相比，行业内营运能力持续下降（见图8）。

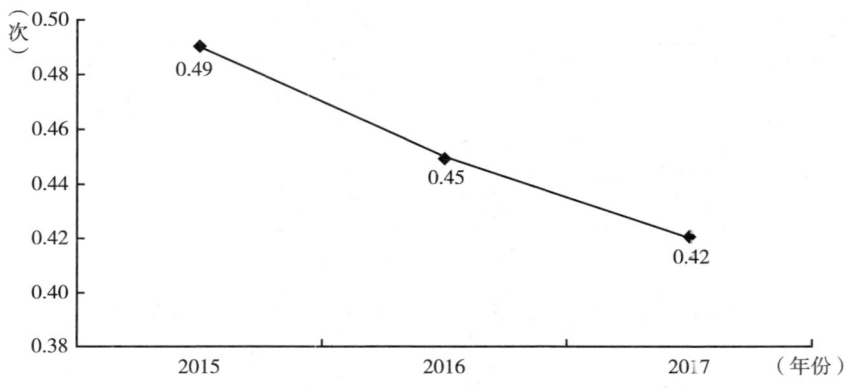

图8　2015~2017年我国机器人行业主要上市公司总资产周转率

（三）盈利能力小幅回升

对总资产利润率进行分析，2017年我国工业机器人行业主要上市公司整体资产利润率为3.98%，同比上升13%，行业总资产利润率开始回升并保持持平（见图9）。

（四）偿债能力下降

2017年我国工业机器人行业主要上市企业整体资产负债率为57.58%，同比上升18.91%，增速同比回升21.1个百分点，可以得出，2017年行业资产负债率没有延续2016年的下降趋势（见图10）。①

---

① 《2017年中国工业机器人产业发展报告》，中国电子学会，2018年8月27日。

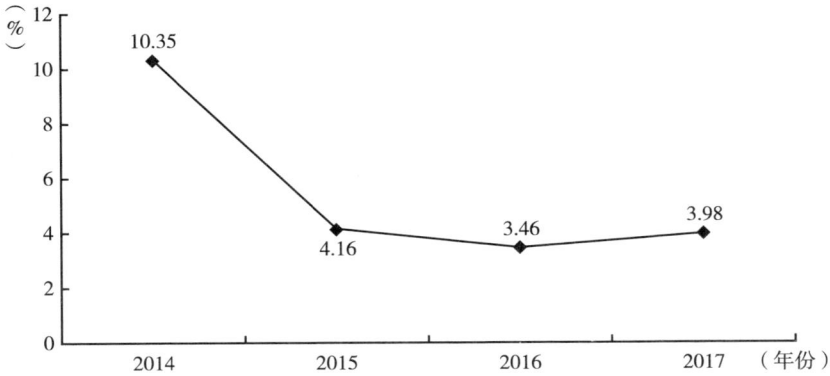

图9 2014~2017年我国工业机器人行业主要上市公司总资产利润率

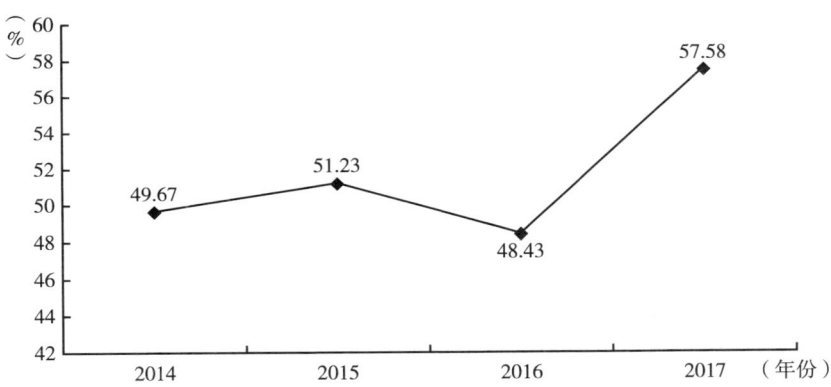

图10 2014~2017年我国工业机器人行业主要上市公司资产负债率

五 我国工业机器人行业产业结构分析

（一）企业规模结构

就目前而言，国内市场对工业机器人的需求急剧增加，相应地带来巨大规模的潜在市场，但相较于国外品牌所处的主导地位，工业机器人领域的本土产业明显不具有利的竞争位置，故亟须相关政策倾斜于企业研发力度的加大，尽快出现一批敢占据市场，能站稳脚跟以分享市场红利的国产品牌。

2017年，国内工业机器人累计生产超过13万台，累计增长68.1%，国内外工业机器人销量14.6万台，同比增长67.70%；国产工业机器人销量占比约36%，约为5.25万台，继续保持增长态势，如图11所示。据智匠网数据库统计，2017年国内工业机器人销量超1000台的企业共26家，其中，国产厂商11家，销量1.85万台，同比增长73.20%；外资厂商15家，销量10.8万台，同比增长67%；国产品牌增速略高于外资品牌。

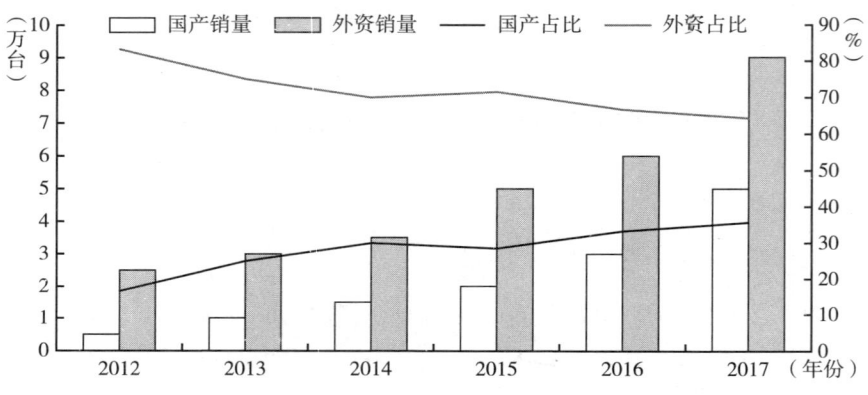

图11 2012～2017年国内工业机器人销量及占比

工业机器人密度是衡量国家制造业自动化发展程度的标准之一，随着国内制造业应用需求的高速增长，2017年中国工业机器人密度达88台/万人，将首次超过全球平均水平；[①] 同时，工业机器人使用主要集中在珠三角、长三角地区，地域分布特性显著。

（二）企业所有制结构及市场

据不完全统计，2017年我国工业机器人行业上市公司中，还是以民营绝对控股企业为主，大约占总数的60%，占比最高；民营相对控股企业占比为13%。而国有企业占比为27%，由于国家鼓励创新和重点扶持中小型

[①] 《2017年中国工业机器人市场规模与企业市场份额》，前瞻网，（2018-02-28）[2018-08-27]，https://xw.qianzhan.com/analyst/detail/220/180228-804a9260.html。

企业发展，民营企业在机器人行业中得到了较快发展。

而截至 2017 年，国内工业机器人市场仍呈现被外企牢牢掌控的局面，这些企业成员主要是发那科、安川、库卡及 ABB 等五大家族，在中国的市场份额占比合计高达 67.2%，包括主要的高端领域的份额，而只剩 32.8% 的市场由国内企业争抢，并且是集中在竞争力不足的中低端领域，形势并不乐观（见图 12）。

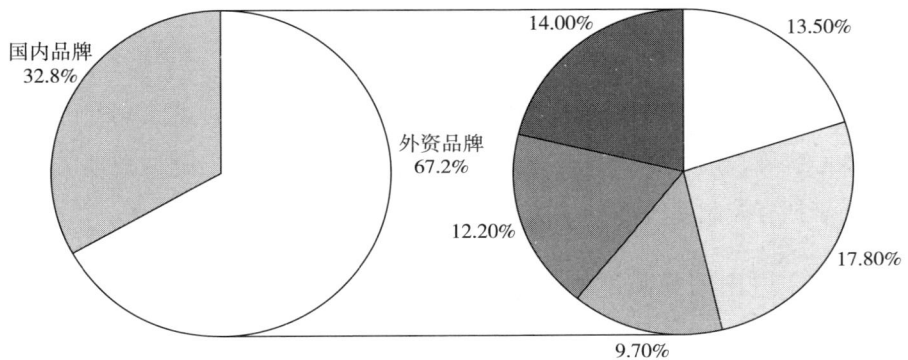

图 12　2017 年不同品牌工业机器人市场份额

根据近年来国内不同厂商的销售业绩，其中华中数控、新松、埃夫特、广州数控和新时达五家企业已具备了一定的规模并展现出优于其他厂商的技术实力，这一定程度上得益于它们起步较早。

六　我国工业机器人行业贸易分析

（一）进出口规模

2017 年我国工业机器人进口超过 84000 套，创历史新高，较 2016 年增加将近 32000 套，较 2014 年增加将近 20000 套。我国工业机器人进口数量的大幅增加，从侧面反映了中国市场对于工业机器人的需求爆发。

出口方面，2017 年全年我国工业机器人出口超过 28000 套，与 2016 年大体相当，萎缩约 3%。虽然 2017 年工业机器人出口数据表现不如进口数据，但仍有可圈可点之处。

1. 贸易形式

从贸易方式来看，我国工业机器人出口以一般贸易方式为主。2017年，通过一般贸易方式出口工业机器人6.2万台，占同期我国工业机器人出口总量的63.80%。此外，通过保税监管城所进出境货物、加工贸易、海关特殊监管区域物流货物出口量也较多，分别出口2.4万台、14484台和1244台。

2. 贸易地区

目前，京津冀、东北、长三角以及珠三角等地区已找到了各自的优势，并形成一定规模的工业机器人产业集群。如长三角地区以江苏、浙江以及上海为核心区域，以雄厚的电子信息技术产业基础为竞争力；珠三角地区的优势则在于拥有控制系统。

（二）进出口产品结构

从进口来源国（地区）来看，根据OFweek统计的2018年2月份工业机器人进出口数据，日本继续稳居我国工业机器人最大进口来源国，占比为81%，之后是韩国和德国，两者共占约10%的进口份额。[①]

另外，据OFweek行业研究中心调查显示，价格方面，在2016年、2017年国内工业机器人出口的两年内，我国工业机器人的进出口单价差距十分明显：2016年的进口单价为16300美元/套，比出口价的3倍还多；而2017年的进口价为15300美元/套，仍然比出口价的2倍还多。在国内，虽然2017年工业机器人产量13万台（套），增长81.0%，但是国产品牌工业机器人的销售量与我国的市场需求并不匹配。综合多个市场数据，目前国产工业机器人市场占比在30%左右，高端应用领域工业机器人国产品牌市场占有率甚至不足5%。

虽然近几年的技术进步较快，国产品牌崛起，但我国生产的工业机器人目前还是处于落后的阶段。工业机器人的构成一方面是本体结构件，另一方

---

① 《2018年2月工业机器人进出口数据分布》，机器人网，（2018-04-04）[2018-08-27]，http：//robot.ofweek.com/2018-04/ART-8321202-8130-30216862.html。

面是核心零部件,国内依旧不具备核心零部件的批量生产能力而不得不依赖于进口,包括伺服电机、减速器和控制器等。同时,虽然关键零部件的国产化率逐步上升,但来自国外品牌的竞争也在加剧。

(三)主要贸易国家

2017年,亚洲为我国工业机器人主要的进出口贸易地区,从出口额来看,出口额最高的前五个国家及地区分别为韩国、美国、中国香港、中国台澎金马关税区和意大利,其中属于亚洲地区的有三个。出口额最高的为韩国,出口额达2734.12万美元(见图13)。

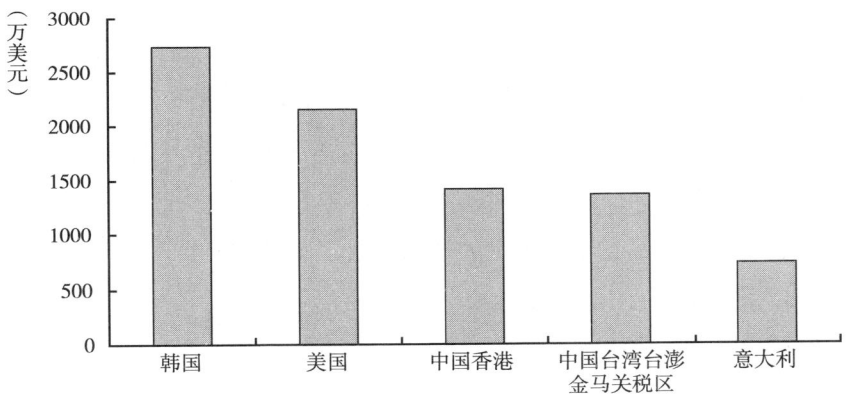

图13 2017年我国工业机器人行业主要出口国家/地区

从进口额来看,我国工业机器人在日本、德国、韩国、瑞典和法国这五个国家的进口额较高,进口额最高的国家为日本,高达6.48亿美元,占总进口额的64.88%(见图14)。

七 我国工业机器人行业技术水平分析

(一)主要产品技术水平

据统计,2013~2016年,我国连续4年成为工业机器人的第一消费市

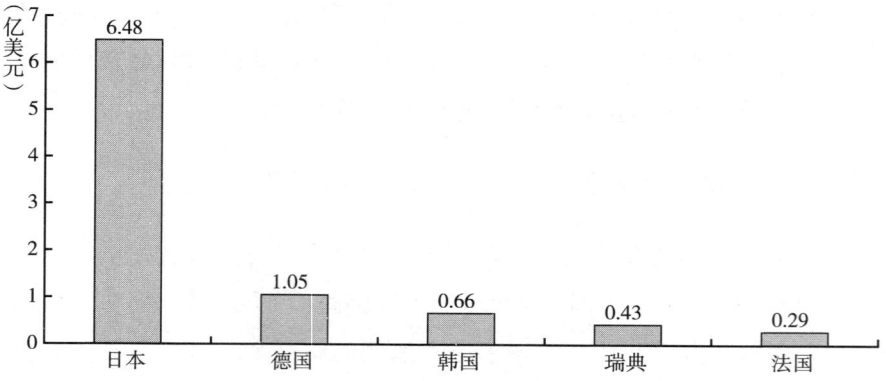

图 14　2017 年我国工业机器人行业主要进口国家

场，是名副其实的工业机器人消费大国。这也促使国产的工业机器人产量呈爆发式增长：由 2013 年的 9000 套增加到 2017 年的 13 万套，累计增长 68.1%。但不可否认的是国产工业机器人仅占 30% 的市场份额，并且集中于中低端领域的竞争。而工业机器人的核心零部件严重依赖进口，且成本颇高，这也是国产产品竞争力不足的根本原因，而工业机器人涉及的核心技术主要有以下三块。

1. 减速器

减速器，工业机器人技术壁垒最高的关键零部件，其按不同结构分五种：RV 减速器、谐波齿轮减速器、滤波齿轮减速器、摆线针轮行星减速器与精密行星减速器。其中，谐波减速器与 RV 减速器为工业机器人领域最主要的精密减速器，且在先进工业机器人传动中，RV 减速器有可能取代谐波减速器。

这几年，国内武汉市精华减速机制造有限公司、南通振康焊接机电有限公司与秦川机床工具股份有限公司等公司虽然也在生产 RV 减速器，但传动精度、扭转刚度等精度指标与稳定性方面还是有比较大的差距，在耐疲劳强度方面容易磨损报废。因此国产工业机器人企业基本上还依赖于进口；国产谐波减速器与 RV 减速器相比有着较小的差距。尽管与日本产品在输入转速、传动效率、传动精度等方面差距较大，但国内已经有了可替代产品。

2. 伺服电机

伺服电机是一种可使控制速度，位置精度非常准确的补助马达间接变速装置，可将电压信号转换为转矩和转速来驱动控制对象，等效于工业机器人的"神经系统"。在国内伺服电机市场中，前三名安川、松下与三菱均是日系品牌，总份额达市场的45%，施耐德、西门子与博世等欧系品牌占据高端，整体市场份额约为30%，然而国内企业整体份额低于10%。

我国伺服电机自主配套能力出现雏形，产品功率多在22千瓦范围内，技术路线上靠近日系产品，超过20家较大规模的伺服品牌，主要有武汉华中数控有限公司、广州数控设备有限公司、深圳市汇川技术股份有限公司等。

3. 控制器

控制器是工业机器人的"大脑"，用于发布和传递动作指令，包含硬件和软件两部分：硬件就是工业控制板卡，有着一些主控单元、信号处理部分等电路；软件主要是控制算法、二次开发等。控制器的门槛和地位较低，成熟工业机器人厂商一般自行开发，来确保稳定性和维护技术体系。在国内控制器市场中，ABB、安川与发那科所占份额约40%，史陶比尔、爱普生与OTC等二线企业占市场份额44%。我国控制器硬件方面已经掌握，软件方面国产品牌在稳定性、响应速度、易用性等性能上还是有较大差距。[1] 然而有些公司的相关产品已经达到先进的国际水平，如武汉华中数控股份有限公司、上海新时达电气股份有限公司与沈阳新松机器人自动化股份有限公司等。[2]

（二）重大技术突破

20世纪70年代时，我国开始开展对工业机器人的研究，"七五"期间，对基础元器件、基础技术、应用工程以及几类工业机器人整机执行研究开发，对于我国工业机器人产业达成从无到有的飞跃。经过"八五"及"九

---

[1] 《解析工业机器人现状 三大关键零部件是突破口》，http：//info. machine。
[2] 《浅析我国的工业机器人三大零部件现状》，机器人网，（2016 - 06 - 21）[2018 - 08 - 27]，http：//robot. ofweek. com/2016 - 06/ART - 8321201 - 8420 - 29110312. html。

五"科技攻关，我国工业机器人开始进入实际应用阶段，且在国家"863"项目支持下，"九五"期间建立了北京机械工业自动化所、上海机电一体化工程公司与沈阳新松机器人自动化股份有限公司等7个科研基地及9个智能机器人主题产业基地。2017年，在政策引导、市场需求等因素的带动下，国内本土品牌日益崛起，在研发能力和市场规模上都有了进一步提升，逐步推进了核心零部件国产化。

1. 减速器技术取得突破性进展

减速器是工业机器人最重要的基础部件，每个关节都要用到不同的减速器产品，研发难度较大，而全球市场绝大多数份额被日企占据。提高减速器性能是绝大多数企业难以突破的瓶颈。但国内绿的谐波传动科技有限公司研发出了全新的建立在接触摩擦学基础上的基于曲线（曲面）几何映射理论齿形设计理论，设计出非共轭的谐波啮合齿形，可以在大幅提高谐波减速器使用寿命的前提下，提高其扭矩承受能力。运用"P形齿"生产的谐波减速器承载扭矩大幅提升，是国内同类产品2倍以上，极限载荷优于国外知名品牌；体积小，重量轻，体积是国内同类产品1/2以下；超长工作寿命，极限载荷寿命是国外知名品牌的4倍以上。可以获得超稳定的低频输出特性，对于有精密稳定和点位控制要求的焊接机器人具有重要意义[①]。除苏州绿的谐波传动科技有限公司之外，秦川机床建成年产量可达6万件的减速器数字化车间，双环传动完成14个型号的减速机定型定标。

2. 国产控制器逐渐拉近中外双方差距

在控制器方面，国产控制器采用的硬件平台和国外产品差距不大，差距主要在软件中的核心算法与二次开发，主流厂商的控制系统一般为自主开发。目前，国内控制器市场尚未形成明显竞争格局，国产厂商随着技术的发展，市场份额不断扩大，国产控制系统与国外产品的差距在逐步缩小。如以研制控制器为主的成都卡诺普，立足中端市场，在国产控制器市场中占有率达45%；国内机器人本体企业积极布局控制器领域，如埃斯顿收购世界运

---

① 《中国机器人：减速是一种头脑风暴，日本几十年技术优势归零》，http://blog.sina.com。

动控制器前十大品牌供应商之一 TRIOMOTION，埃夫特收购意大利运动控制生产商 ROBOX。同时，国内知名工业机器人生厂商均自主研发了控制系统，也诞生了一批专业的控制系统服务商如固高科技、英威腾、卡诺普等。

3. 交流伺服系统在核心技术方面已经取得突破

虽然目前国外品牌占据了中国交流伺服市场近80%的市场份额，但最近几年，受益于我国工业机器人市场整体快速增长，国产伺服也迎来了新的机遇，国内外差距已明显缩小。随着未来机器人零部件实现突破，我国工业机器人行业将迎来快速发展期，伺服系统的应用领域也将由机床向机器人倾斜。而国内企业在控制器领域的布局已经看到了国产突破的希望，我国伺服电机产品以功率在22千瓦以内为主，技术近似于日系产品，已具规模的伺服品牌厂商近20余家，如汇川技术、埃斯顿、广州数控等。

此外，在这一模块，由武汉华中数控股份有限公司研发的伺服系列产品也都实现了批量生产，包括伺服驱动单元系列、伺服电机以及伺服主轴等。其掌握的成套核心技术，为我国工业机器人打破技术封锁、走出国门做出了重大贡献。

八 我国工业机器人行业存在的主要问题

（一）核心零部件仍依赖进口

机器人是多学科、高技术交叉融合的产物，作为工业后发国，中国在产业基础上相对较弱。在机器人产业中，上游核心零部件直接影响机器人性能，且占本体成本70%以上，但目前我国核心零部件仍依赖进口。例如，在精密减速机方面，国产品牌苏州绿的为代表的谐波减速机已实现技术突破，但由于传动精度、扭转刚度等性能问题，依然没有摆脱大幅依赖进口的局面。

（二）企业获利依赖政府补贴

得益于政府的扶持补贴政策，我国机器人产业近年来发展迅速。但很多政府扶持补贴政策使机器人产业呈无序化发展，市场竞争的层次锁定在价格战领域。例如，以新松、新时达、埃斯顿、拓斯达披露的2017年前三季度财报分析，四大企业分别实现10.06%、0.84%、47.07%、120.58%的净利润增长，但在扣除政府补贴后，四大企业的净利润率分别为-6%、-16%、-18%、110%。过度的补贴不利于技术的进步和产业竞争力的提高，甚至会遭到国际反补贴的惩罚和制裁。

（三）技术成果转化率较低

2016年，我国科研单位、高校和个人专利数量在工业机器人、服务机器人专利总量中分别占比33.6%、45%，但由于缺乏技术转化平台，面临严重的成果转化率低的问题，大量学术资源、技术资源未被充分利用，这与国外科研单位、高校注重以市场需求为牵引开展技术研发形成鲜明对比。

（四）产业标准有待规范

机器人产业技术演进较快，应用场景变化较大，国家标准制定周期较长，通常需要2~3年，而现有标准以工业机器人为主，市场活跃的服务机器人、特种机器人通常无法找到对应的标准作为质量评定依据，标准制定进程明显滞后于市场发展现状；国内已有的机器人标准以强制的安全认证为主，尚无标准化的工业机器人共性关键指标检测方法及系统，也没有专业的第三方检测机构对工业机器人性能指标进行检测，缺乏产品功能性认证；同时，行业标准处罚力度不够，围标代价不高，导致国产机器人产品良莠不齐。

（五）高端市场占有率明显不足

国产工业机器人以中低端产品为主，主要是搬运和上下料机器人，大多是三轴和四轴机器人，而应用于汽车制造、焊接等领域的六轴或以上高端工业机器人市场主要被日本和欧美企业占据，国产六轴工业机器人占全国工业机器人新装机量不足10%。

（六）低端产能过剩

据工信部数据显示，我国涉及生产机器人的企业已超过800家，但机器人本体制造企业200多家，处于以组装和代加工为主的产业链低端，总体规模小、产业集中度低。同时，我国有20多个省份把机器人作为重点产业来培育，出现了以机器人为主的产业园区40多个，其中部分园区存在着重招商引资、轻技术创新和轻人才培养等问题。

九　我国工业机器人行业发展前景分析

（一）我国工业机器人行业发展前景预测

随着我国制造业的发展，尤其是汽车及汽车零部件制造业，工业机器人的装配量将持续增加。此外，我国的社会建设也对工业机器人起到促进作用，如采矿业、建筑业、建筑机械等。为满足市场的需求，预计工业机器人行业将在以下几个方面实现进一步的发展。

1. 工业机器人智能化体系结构标准

为了促进工业机器人发展前景系统的集成、应用与改造，将来会形成工业机器人系统的软硬件设计方法和开放式、模块化的工业机器人系统结构，同时相关部门也将出台切实可行的系统设计行业标准、国家标准和国际标准。

2. 工业机器人新型控制器技术

研制具有自主知识产权的先进工业机器人控制器。研究具有高实时性的，多处理器并行工作的控制器硬件系统；针对应用需求，设计基于高性能，低成本总线技术的控制和驱动模式。深入研究先进控制方法、策略，[①]重载、高追踪精度等动态性能，提高系统开放性。通过人机交互方式建立模拟仿真环境，研究开发工业机器人自动/离线编程技术，增强人机交互和二

---

① 张红霞：《国内外工业机器人发展现状与趋势研究》，《电子世界》2013年6月30日。

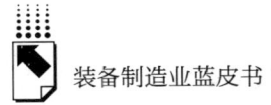

次开发能力，不断开拓工业机器人发展前景。①

3. 成线成套装备技术

工业机器人发展前景针对汽车制造业、焊接行业等具体行业工艺需求，结合新型控制器技术和智能化作业技术的研究，以工业机器人为核心的生产线上的相关成套装备设计技术，开发弧焊机器人用激光视觉焊缝跟踪装置，喷涂线的喷涂设备的研制以及相关功能部件并加以集成，形成我国以智能化工业机器人为核心的成线成套自动化制造装备。

（二）我国工业机器人行业投资机会

1. 关注核心零部件环节有重点布局的企业

虽然当前国内产品的性能与国际水平还存在一定差距，且国产工业机器人减速机研发困难重重，但整体产品的质量愈来愈好。目前国内部分上市公司已经开始积极布局精密减速器业务，从投资角度出发可重点关注核心零部件环节有重点布局的企业。

2017年，国产协作工业机器人热潮涌现，国内较早进入该领域并掌握核心技术的企业有新松、哈工大机器人集团、华中数控、珞石、大族等。各大工业机器人企业纷纷加大协作机器人的研发投资，并推出新品，以节卡、艾利特、扬天科技等为代表的创业公司也竞相入场，并获得千万元以上 VC 融资。

2. 人机协作型机器人正在抢占下一个风口

协作型机器人发展新趋势为具备小型、高度集成以及轻量化等，当前处于市场推广阶段，此类型机器人在未来主要适用于发展迅速的电子行业，满足其柔性化、高精度以及灵活性的作业要求。② 目前研发协作型机器人的企业分成三类：一为互联网企业；二为传统工业机器人巨头；三为拥有核心技术的创新型企业。

---

① 张红霞：《国内外工业机器人发展现状与趋势研究》，《电子世界》2013 年 6 月 30 日。
② 《2016 中国机器人产业演进及投资价值研究》，360 文库，http：//www.360doc.com/content/16/0927/22/3066843_594236037.shtml。

3. 软件和算法引领工业机器人智能化发展

人工智能（AI）能提升机器人的智能化水平，大数据、云计算、深度学习技术的进步可推动人工智能的高速发展，将工业机器人与人工智能结合，将催生出新一代工业机器人。人工智能的发展将使工业机器人更加智能化（自我学习、自主决策）、人性化，具有人工智能的新一代工业机器人，能更好地理解人类的语言、动作，了解人类的指令，人与机器人能实现更好的相互协作。

工业机器人在语言识别、自然语言处理以及图像识别等方面的作业能力通过工业机器人软件和算法决定，大大增强了产品的"软实力"。国际工业机器人企业更加注重软件系统和控制算法。业内企业可对工业机器人产品智能优化应用深耕软件及算法，同时能够向平台、人工智能和网络等方向拓展。

十 我国工业机器人行业发展建议

（一）夯实技术基础及降低成本

从生产模式上分析前国内工业机器人，工业机器人的组成22%为工业机器人本体成本，24%为伺服系统，36%为减速器，12%为控制器，6%为其他。产品的价格、性能与质量通过三大核心部件（伺服、减速机、控制器）决定。我国工业机器人三大核心部件主要依赖进口，导致成本过高、产业化进程缓慢以及规模效应难以成型。因此，我国工业机器人产业化战略的关键为，夯实基础技术、降低产品成本和突破核心技术，从而提升我国工业机器人整体水平和竞争力。

（二）推进关键零部件专利技术产业化发展

为促进我国工业机器人产业的发展，各企业应在全面分析工业机器人跨国公司专利战略的基础上，加强我国工业机器人对于专利申请的统筹布局，重视专利布局的前瞻性，及时把握行业发展先机。随着出现大数据分析技术手段，我们可掌握世界工业机器人科技发展动态，从而及时规避工业机器人强国专利陷阱。通过对专利、法律和市场层面的大数据进行分析，完成对工业机器人专利威胁形势、工业机器人关键零部件和关键技术发展趋势、可能发生的专利侵权纠纷以及主要竞争对手动态等内容进行预警。

（三）瞄准未来应用领域进行错位竞争

当前，汽车制造业为工业机器人主要应用领域。在我国，应用于汽车制造业的工业机器人占50%。对于汽车领域工业机器人，跨国公司专利技术比较丰富，而在众多领域的应用也提高较快，如电子工业、食品工业以及塑料工业等。对于市场增长较快的工业机器人应用领域我国工业机器人企业应该关注，依托巨大的工业规模，进行研发和专利布局，与跨国公司开展错位竞争。

（四）促进大中小企业融通发展

将培养专、精、特、新的中小企业与支持企业做强做大结合起来，把培育产业集群和实施区域发展协调战略更好地整合起来，发展一批核心力强的骨干企业与领军企业，培养单项冠军，形成特色突出、因地制宜、错位发展以及区域联动的新格局，支持机器人企业形成开放式的双创平台，推动构建对于大中小微企业专业化分工协作的产业体系，实现共生共融与相互借力。

（五）建立工业机器人专利战略联盟

一批有代表性的工业机器人企业已在我国出现，然而它们的产值都未超100亿元。在研发投入、技术以及规模方面，任何一家国内企业都没法匹敌与以"四大家族"为代表的工业机器人跨国公司。故国内企业采取专利战略联盟为一个重要策略来应对跨国公司在华专利布局，用集团和联盟的力量与跨国公司相竞争。

(六)强化服务和应用突破

未来工业机器人应用在制药、汽车、食品饮料与电子制造等不同领域,包括更大规模的市场空间,并且在系统集成技术方面存在较大差异。对于我国在加速产业化进程方面的工业机器人,要重点增强客户服务与行业应用,在特殊工况下突破系统集成技术与工业机器人工艺。如焊接、喷涂、装配机器人需和周边工作站的工装夹具、操作对象以及检测装置等紧密结合,可发挥软实力优势,如客户服务与行业应用等,暂避开工业机器人硬件的不足,如本体与关键零部件等,工业机器人产业化发展战略的出路为提升软实力和避"硬"就"软"优先推进产业规模增大。

企业篇

Enterprise Report

B.10
装备制造业管理创新企业案例分析

胡艳超　王　健　汪庭媛*

摘　要： 本文选取了在企业管理创新方面具有典型代表意义的四家装备制造业企业，对其基本情况、管理创新情况和管理创新经验进行分析。这四家企业分别为京东方科技集团股份有限公司、潍柴控股集团有限公司、金风科技股份有限公司、中国商用飞机有限责任公司。本章选取的代表性企业在企业管理过程中引入了卓越绩效、精益管理等先进管理工具，应用了云计算、大数据等先进信息技术，在企业质量管理、供应链管理、运营管理、组织管理、人才培养等方面制定了创新的

---

* 胡艳超，助理研究员，任职于机械工业经济管理研究院产业经济研究所，主要从事政策研究、产业经济、发展规划等方面研究；王健，研究员，现任职于机械工业经济管理研究院产业经济研究所，主要从事产业经济研究；汪庭媛，对外经济贸易大学金融学硕士，主要从事产业经济、金融方面研究。

管理制度，建立了覆盖企业研发、采购、生产、销售、运营等各个环节的全生命周期管理体系，在管理创新方面具有一定典型性和先进性，对装备制造业企业管理方法改进和管理模式升级具有重要借鉴意义。

关键词： 装备制造业　管理创新　创新经验

一　京东方科技集团股份有限公司

（一）企业基本情况

1. 企业介绍

京东方科技集团股份有限公司（BOE）成立于1993年4月，是全球领先的半导体显示技术、产品与服务提供商，主营业务包括显示和传感器件业务、智慧系统业务和健康服务业务三大业务体系。京东方在主营领域处于行业领先地位，2017年显示屏出货量位居全球第一，智能手机LCD显示屏、平板电脑和笔记本电脑显示屏市占率为全球第一。[①]

京东方的前身是成立于1956年的北京电子管厂，在1993年经股份改制而成立京东方。2003年，在液晶显示器全面替代彩色显像管的前夕，国内彩色显像管企业仍在大举扩张，京东方则选择进入了平板显示领域技术壁垒最高的TFT‐LCD领域。自2009年起，京东方进入大规模扩张阶段，自主建设多条高世代线，打破了日、韩等国企业技术垄断。此后，京东方依托规模扩张和技术进步，逐步跻身全球半导体工业领先行列。京东方在TFT‐LCD领域的布局是中国企业自主创新，打破国外企业技术壁垒的经典案例，

---

① 《京东方2017年年度报告》，京东方官网，www.boe.com。

也支持了中国电子产品在全球市场的发展。①

2. 产品介绍

京东方目前主营产品仍为显示及传感器件，包括 TFT－LCD 应用产品、AMOLED 应用产品、VR/AR 新型显示器件和传导器件四大部分。

其中 TFT－LCD 应用产品仍为当前产品主流，京东方显示技术 ASDS（Advanced Super Dimension Switch），是显示屏全球三大技术标准之一，其主要特性为超宽视角、超高色彩表现力、超高速运动画面处理。同时，京东方在低功耗、窄边框、超薄以及触控、指纹集成等方面均达到国内外高端水平。当前主要应用产品包括移动类显示产品、IT 类显示产品、电视产品、商用显示产品和新应用显示产品等。

AMOLED（有源矩阵有机发光二极体）技术是京东方当前大力发展的前沿领域，具有对比度更高、更轻薄、能耗更低的优势，可以实现柔性可弯折。当前主要应用产品为主流尺寸的手机和电视显示器件。

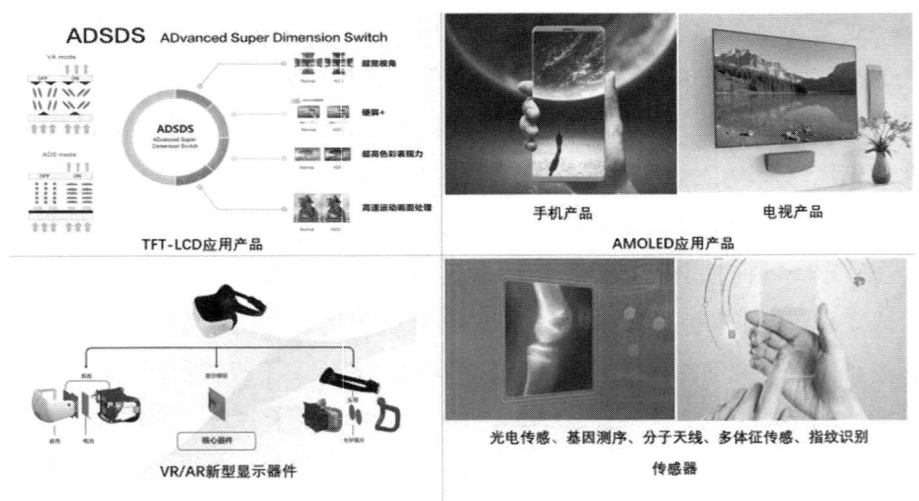

图 1　京东方产品结构

数据来源：整合自京东方官网，http：//www.boe.com/。

---

① 路风：《光变，一个企业及其工业史》，当代中国出版社，2016。

京东方 VR/AR 显示模组及整机解决方案，可以应用于影音、游戏、房产等领域。其显示模组具有高画质、高刷新频率、快速响应等特点；传感器业务主要包括基因测序、分子天线、光电传感、指纹识别等领域产品。①

（二）管理创新情况

1. 企业管理战略

（1）顺应物联网时代潮流，坚持 DSH 事业战略

为顺应物联网时代潮流，京东方积极推进自主创新，进行企业转型布局，提出 DSH 事业战略，其中显示和传感器件业务（D）定位为核心事业，智慧系统业务（S）为成长事业，健康服务业务（H）为未来事业，构成相互支撑的京东方三大业务体系。

京东方充分利用在显示、传感技术领域优势，结合人工智能技术，发展包括智能制造、智慧零售、智慧车联、智慧能源在内的多个物联网领域解决方案的智慧系统业务。京东方在智能制造领域投建合肥、苏州、重庆多个智能制造项目；2016 年收购精电国际，布局智慧车联；2017 年收购 SES，进军智慧零售市场。

京东方将信息技术、显示技术与生命科学和医学相结合，提供物联网智慧健康产品及服务，积极打造移动健康、数字医院、再生医学、生命保险、健康园区五大业务，构建健康服务生态圈。目前，京东方已经布局北京明德医院和合肥京东方数字医院。2015 年，京东方与美国最大的医疗服务公司之一——Dignity 签署《合作备忘录》，确认战略合作伙伴关系；同年，与 IBM 签署《软件许可和联合开发协议》，联合开发健康管理平台。②

（2）立足长远，布局"剑"字战略

京东方在其发展过程中具有明确的阶段性发展目标和对应的发展战略，

---

① 京东方官网，http://www.boe.com/。
② 西南证券研究报告《京东方 A（000725.SZ）：物联网时代新龙头》，信达证券研究报告《京东方 A（000725.SZ）：上下游深度整合，布局高世代线顺应产业发展潮流》，广发证券研究所报告《京东方 A（000725.SZ）：受益面板产业东移，迈向全球面板龙头》。

提出了"成为显示领域世界领先企业"的愿景,并将企业发展战略划分为进入者、追赶者、挑战者、领先者、领导者五个阶段,提出"剑"字战略。2003~2007年,京东方进入液晶显示领域,完成"进入者"阶段。2008~2012年,京东方实行"钢剑战略",在实现技术创新的同时,进行产业线扩张;2012年显示器件出货量全球第五,完成了"追赶者"阶段目标。2013~2017年,是京东方"剑"字战略中的"铁剑战略"阶段,这一阶段京东方在多个显示器件领域市场份额占据市场前列。2018年京东方开始"木剑战略"阶段,致力于加快落实业务转型,把握物联网时代的行业整合和创新融合趋势,完成后续阶段性发展目标。[①]

(3) 研发与并购并重,实现技术跨越

自主研发创新和产业链并购整合贯穿京东方发展历程。

在自主研发方面,京东方着力专利攻防体系建设,注重技术和产品的前瞻性和领先性。2017年,京东方申请专利数量达8678件,累计可使用专利超6万件;海外新增专利申请超过3000件,其中美国专利授权量达1413件,连续两年成为美国IFI TOP 50增速最快的企业。根据世界知识产权组织(WIPO)数据,2017年京东方以1818件全球国际专利(PCT)申请位列全球第七。[②]

企业并购同样是京东方获取重点核心技术、拓展产业布局的重要手段。2001年京东方收购韩国现代电子TFT-LCD业务、相关专利和团队,进军薄膜晶体管液晶显示器件领域;2003年收购当时的全球第二大显示器产销商冠捷科技,成为国内最大的液晶显示企业;2008年收购北京旭硝子电子玻璃有限公司(BAE),以确保京东方CRT产业供应链安全;2015年收购明德投资,布局医疗健康产业;2017年先后收购SES和精电国际,布局智慧零售和智慧车联。[③]

京东方自主研发创新与并购并重的发展战略,是其实现技术水平跨越、产品完善、市场拓展和上下游产业链发展的重要支撑。

---

① 《显示之路》,2018年8月10日,http://www.hsmrt.com/wangdongsheng/2941.html。
② 《京东方2017年年度报告》,京东方官网,http://www.boe.com/。
③ 路风:《光变,一个企业及其工业史》,当代中国出版社,2016年。

2. 企业管理创新重要成果

（1）生命周期绿色产品管理战略

京东方将生命周期管控与绿色产品质量管控相结合，创新性得研发了一套绿色产品管理系统，并建立了绿色产品分析中心。

京东方将绿色产品理念贯穿产品设计研发，供应商选择，原材料选择和检验，产品生产、运输、使用和回收利用的全部环节，有效保证了绿色产品质量；京东方自主开发的绿色产品管理系统是目前国内开发的最好的 GPM 系统（Green Product Management System）之一，与公司原有的生命周期管理系统和供应链管理系统相关联，通过平台化、系统化的方式进行企业内部绿色产品的管理，实现全方位的线上管控。在绿色管理系统中，企业可以完成对供应商产品报告的收集、审批、更新、调研和管理，对原材料、产品进行物质数据分析、在产品开发完成后进行能效验证等多项工作；通过建立绿色产品分析中心，导入有害物质管理体系要求，开发有害物质的测试方法，打造可靠的绿色产品分析平台，提升绿色产品验证能力。

通过绿色产品生命周期管理，京东方更科学、系统化地保证了绿色产品质量；通过研发、推广绿色产品管理系统，使数据、信息管理更为系统化；便捷的线上信息渠道节省了大量人力、物力成本，提升了工作效率和准确性；绿色产品分析中心的建立，提升了内部管控能力，使绿色产品质量得到更有效保障。[①]

（2）积极引进政府支持的发展战略

半导体行业具有重资产、技术壁垒高的特征，需要前期大量的资本投入和研发投入，若单纯依靠企业自身投入很难满足企业发展需求。因此京东方选择了一条引入政府出资入股的发展路径。

京东方引入政府注资的案例众多。2009 年京东方在合肥建设 6 代线项目，项目总投资额 175 亿元，其中合肥市政府及其政府投资平台出资 30 亿元参与

---

① 《工信部质量管理标杆企业〈北京京东方显示技术有限公司绿色产品全生命周期管理经验〉》。

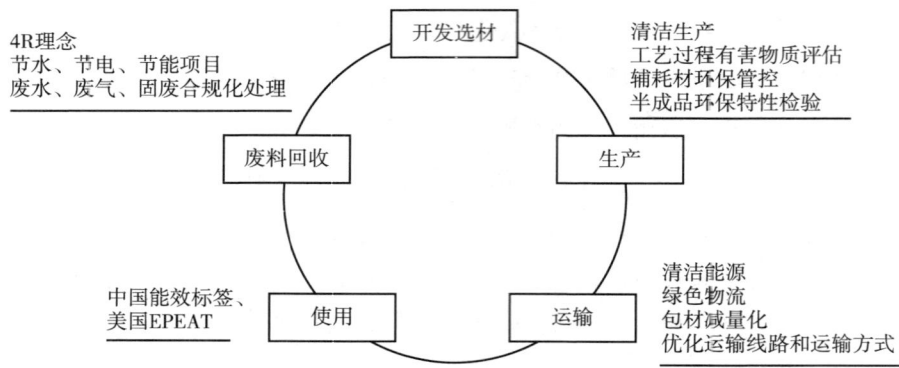

图 2　京东方生命周期绿色产品管理

定向增发；2010年，京东方在北京建设8.5代线项目，总投资额280亿元，北京市政府下属投资平台不仅直接对项目公司投入85亿元，还以40多亿元参与定向增发；2014年在重庆进行的8.5代线项目建设330亿元总投资，其中210亿元为向政府定向增发。2017年京东方与武汉市政府、湖北省长江经济带产业基金签署投资框架协议，将在武汉临空港经开区（东西湖）建设10.5代TFT-LCD生产线，投资总额460亿元，其中京东方自有资金60亿元，武汉市政府和长江经济带产业基金筹措200亿元，以注册资本方式投资。[①]

此外，在京东方诸多项目建设过程中，政府补助也起到了重要的作用。2012~2016年京东方A共获得政府补助46.39亿元；2018年，京东方与福州市政府等相关方签订豁免协议，豁免京东方用于福州8.5代线建设的贷款合计63亿元；此外，各地方政府在用地等方面也给予了京东方诸多优惠和补贴。[②]

---

① 《耗时10年的超级项目终落锤，460亿总投资京东方只需掏60亿》，2017年8月11日，http://www.sohu.com/a/164094125_99896249。
② 唐伏阳、唐兰：《京东方A政府补助案例分析》，《现代商业》2018年第12期，第113~114页。

(3) 特色人才培养体系战略

随着京东方业务的不断扩张，人才需求也不断扩大，在此背景下京东方制定了特色的人才培养体系。

制订 OHDP 计划，施行针对性人才培养。京东方每年依据公司战略设计"组织人力资源发展"（OHDP）计划，并依据当前人才标准对管理类干部和专业技术人才进行盘点，建立良好的内部沟通机制，企业高层、直线经理和人力部门合作，有效筛选高潜力人才。在此基础上为高潜力人才制订针对性的发展计划，包括轮岗机制、教练机制、专业化训练营、课堂培训等，满足人才快速成长需要。[①]

建立京东方大学，为员工提供体系化培养。2015 年 7 月，京东方大学成立。京东方大学以承接战略和服务业务为主线，带动公司人才培养发展体系进一步完善升级，形成包含领军人、管理者、专业人和产业人四大类别的培训产品线，为不同阶段人才成长提供针对性解决方案。到 2017 年，京东方大学组织并实施的培训覆盖管理、专业及通用职业能力等方面，参训人次、培训学时、培训满意度等数据保持稳步增长。[②]

京东方特色的人才培养体系，有效解决了企业在快速发展过程中的人才需求数量上升、人才能力要求提高问题，并且通过系统化和针对性的培训提高了员工对企业的忠诚度，也有利于企业形象的提升。

（三）管理创新经验总结

1. 明确发展目标，注重自主创新

在中国企业仍然专注于彩色显像管工业扩张的时期，京东方选择进入技术最难、壁垒最高的 TFT – LCD 领域，不难发现注重自主创新以及明确的发展目标是京东方实现规模扩张和技术跨越的重要原因。

京东方的发展史给发展中国家企业发展提供了一个非常重要的借鉴，那

[①] 《京东方人才发展之 OHDP（组织人力资源发展）计划》，2016 年 12 月 19 日，https://www.sohu.com/a/121997745492544。
[②] 《京东方 2017 年年度报告》。

就是在技术和经济相对落后的情况下，企业引进和吸收国外先进技术，不能做单纯的学习者和模仿者，而要做出不同于领先者的安排，才能真正克服由落后而带来的发展障碍。而同时，在吸收先进技术的过程中，技术的转移也不是简单的资本积累的自然结果，而是一个获得技术能力，并把这些能力有效转化为产品和工艺创新的非常独立的过程。在此过程中，在技术上进行自主创新，结合时代发展趋势制定更为长远的企业发展战略，是我国工业企业应当引以为鉴的重要经验。

2. 着眼生命周期，推广平台化管理

京东方在进行绿色产品质量管理过程中，采取了将信息技术与企业生命周期管理相结合的方式，实行全流程的平台化、系统化管理，节省了大量人力、物力，提高了工作效率和准确度，同时建立了更完善的信息储备体系。

在当前信息技术不断发展，企业管理平台化产品不断成熟、完善的背景下，京东方的平台化管理经验可以推广至企业研发、生产、销售全过程中管理的方方面面。企业可以通过建立各类管理平台，将可以进行标准化、流程化的工作进一步规范，依托信息系统完成，并将这类管理模式覆盖企业经营管理的整个周期。

3. 因地制宜，建立特色人才培养体系

京东方在其快速发展中面临着人才储备方面的诸多问题，包括如何快速复制大批合格的产业人才、如何有效筛选高潜力人才、如何提升各级管理者的领导能力、如何快速提升各个价值链专业人员的业务能力、如何提升人才培训的效果与员工参与的积极性、如何实现人力资源部门与其他部门的高效沟通等等。

京东方在人才培养上制定了颇具特色的针对高潜力人才培养的OHDP计划，建立了旨在提升全产业链人员素质的京东方大学。而更重要的是，京东方在探索特色的人才培养模式的过程中，抓住了企业内部存在的关键性问题，如核心技术人员供给缺乏、企业内部沟通不足等，并采取针对性、创新性的解决方案，调动整个企业的力量进行人才培养体系建设。这些都是当代企业可以借鉴的管理经验。

4. 紧靠国家发展战略，积极谋求政府合作

京东方能够在亏损状态下坚持进行大规模投资，实现产业链的迅速扩张和全球市场份额的提升，政府的投资入股和各类补贴优惠起到了十分关键的作用。这一方面是国家对战略性新兴产业发展的扶持，而京东方也同样为争取政府资源付出了诸多努力。

京东方案例可以为当代企业提供的一个重要借鉴是，经济发展并不是完全依靠市场力量就能达到最优，尤其对于发展中国家而言，在许多关键性技术落后于西方国家的情况下，技术引进和"后发优势"并不能带来产业自发的快速发展，政府这一主体在经济发展中的作用就显得十分重要。对于企业而言，将企业自身发展与国家发展战略相结合，积极主动谋求与政府合作，争取各类优惠政策，能够帮助企业克服土地、资金问题等等诸多发展障碍，提升综合竞争力，实现快速发展。

二　潍柴控股集团有限公司

（一）企业基本情况

1. 企业介绍

潍柴控股集团有限公司创建于1946年，是一家跨领域、跨行业的国际化集团，业务包括动力总成、汽车业务、工程机械、智能物流、豪华游艇、金融服务六大板块。潍柴控股集团海外下属企业分布在欧洲、北美、东南亚、南亚等地，在国内多个省市设有分子公司，其中包括潍柴动力等三家上市公司。

经过多年技术积累和产业链扩张，潍柴集团已经成为行业内领先企业，并向海外延伸。2017年，潍柴控股集团年营业收入超过2200亿元，利润总额超过100亿元，名列中国500强企业第155位，中国制造业500强第60位。[①]

潍柴控股集团的前身是1946年创建于山东威海的潍坊柴油机厂，1953年收归国家第一机械工业部领导，正式更名为潍坊柴油机厂，此后根据国家部

[①] 潍柴控股集团官网，http://www.weichai.com/。

署，研发制造多种型号柴油机，逐步发展为国家重点企业。1992年起的国有企业转型浪潮使潍柴集团一度濒临破产边缘。此后，潍柴经过管理机制改革、营销战略转移、自主创新、并购重组等途径，寻求企业发展的新动力，最终重新焕发生机。潍柴集团在其企业发展过程中体现出的专注主业、持续创新的特点，是其发展取得成功的关键，也是现代企业管理值得借鉴的经典案例。

2. 产品介绍

与业务板块相对应，潍柴集团主营产品可以分为动力系统、整车整机、关键零部件、后市场业务产品、豪华游艇五个部分。

在动力系统板块，潍柴已经成为拥有核心技术、全球第一的全系列、全领域动力总成系统解决方案供应商。潍柴发动机覆盖高速轻型发动机、高速中型发动机、高速重型发动机、中速柴油发动机、低速柴油发动机等全系列类型，应用在包括卡车、客车、工程机械、船机、发电、农业机械等全领域目标市场中。此外还包括变速器、车桥等动力总成部件。

在整车整机板块，潍柴集团旗下拥有陕汽重卡、亚星客车、盛达特种车等多家子公司，整车产品种类包括重卡、客车、特种车、商务用车、乘用车等。

关键零部件板块，潍柴旗下产品种类覆盖包括液压件、火花塞、齿轮、活塞销、汽车灯具在内的多种零部件品类。

后市场业务板块，主要产品包括：专用工具、专用配件等备品；再制造发动机；车用润滑油、齿轮油、气体发动机润滑油、防冻液等专用油品。

豪华游艇板块，潍柴旗下的法拉第集团拥有全球最先进的设计中心和制造系统，拥有包括 Ferretti、Pershing、Riva 和 Bertram 等在内的 8 个游艇品牌。①

（二）管理创新情况

1. 企业管理战略

（1）推进结构调整，对标国际一流

潍柴集团以"绿色动力，国际潍柴"为使命，"以整车、整机为龙头，

---

① 潍柴控股集团官网，http：//www.weichai.com/。

以动力系统为核心,成为全球领先、拥有核心技术、可持续发展的国际化工业装备企业集团"为愿景。集团战略目标是在"十三五"末,实现销售收入 2000 亿元,进入世界 500 强。①

为实现集团发展目标,潍柴制定了一系列发展战略,归结为以下六个方面:第一,持续强化主业,加强自主创新,全面迈向高端,将动力总成打造成集团特有的商业模式;第二,加快企业结构调整,推进整车整机战略转型,打造中国领先、世界著名的整车整机企业;第三,整合全球资源,加快新能源产业化落地;第四,打造国际化企业,发挥协同优势提高海外企业运营能力,与世界一流高校合作增强竞争力;第五,引入大数据、人工智能等先进技术,继续推进信息化与工业化融合;第六,对标国际一流企业,不断提升企业的发展质量和形象,打造受人尊敬的国际化公司。②

(2)资源整合,打造产业集群

潍柴集团由单一的发动机制造企业逐步发展成为跨行业、跨领域的国际化集团,在此过程中进行了一系列国内、国际并购和资源整合。如下表所示,2005 年,潍柴收购湘火炬,由单一发动机制造商成为集整车、发动机、变速器、车桥、火花塞等业务为一体的产业集团,此后又通过战略并购布局了客车、豪华游艇、液压产品等领域。在做大做强发动机主业的基础上,潍柴集团通过产业投资,进行产业资源整合,逐步构造完整的上下游产业链,使企业综合实力和竞争力不断提高。

表1 潍柴集团并购过程*

时间	并购、合作内容	意义
2005	收购湘火炬	布局整车、变速器、车桥、火花塞等业务
2006	收购山东巨力	借壳上市
2008	与德国曼公司签署合作协议	引进大功率中速船用发动机技术

---

① 潍柴控股集团官网,http://m.weichai.com/wmdgs/zlgx/。
② 《潍柴动力 2017 年年度董事会经营评述》,2018 年 3 月 28 日,http://yuanchuang.10jqka.com.cn/20180328/c603661115.shtml。

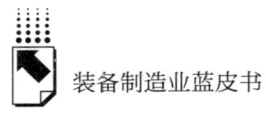

续表

时间	并购、合作内容	意义
2009	收购法国博杜安	获取其产品、品牌和技术
2011	收购亚星客车	进军客车领域
2012	战略重组法拉第	布局豪华游艇业务
2012	收购德国凯傲集团25%股权	进入叉车市场
2012	收购林德液压70%股权	获取液压控制系统核心技术，打破我国高端液压产品长期依赖进口的局面
2016	收购美国自动化物流领先企业德马泰克	开拓美国市场
2017	收购美国PSI公司股份	为进入美国市场奠定基础
2017	在俄罗斯设立潍柴马兹公司	推进海外发动机本地化制造

* 潍柴集团官网，http://m.weichai.com/wmdgs/zlgx/；东北证券研究报告《潍柴动力（000338）——坐拥重卡黄金产业链，外延并购全球布局》。

2. 企业管理创新重要成果

（1）实施卓越绩效管理模式，打造全链条运营系统

潍柴集团从2009年起开始推行具有潍柴特色的运营管理体系WOS（Weichai Operating System），旨在建立一套系统化的持续改进体系，全面推行卓越绩效管理模式，促进企业全链条的管理水平的提升。

WOS以ISO9001和ISO/TS16949质量管理体系为基础，统一管理语言、规范管理秩序。潍柴WOS由质量（WQS）、服务（WSS）、研发（WDS）、生产（WPS）和业务支持（WBS）五个子系统构成。其中，WQS系统建立了目标导向的质量管控指标体系以及覆盖全链条的质量管控措施；WSS系统通过建立完善的营销管理流程和对应指标体系，对客户需求进行更精准把握；WDS系统依托重点实验室和研发平台，完善研发体系，提升产品质量可靠性；WPS系统通过建立统一的指标体系和管理语言、会议管理制度、生产管理秩序、标准作业制度等，对全链条管理进行规范；WBS系统借助先进的管理手段，服务于全链条，实现质量管理流程标准化和管理流程的持

续提升。①

通过构建推行WOS，潍柴将科学的管理方法导入到生产链条的各个流程，企业管理的科学性、规范性也得到提高，管理过程标准化程度提高，可靠性更强，有助于企业核心竞争力的增强。

（2）融合信息技术，打造全产业链集成智能制造

潍柴在智能制造领域深入实践。2013年，潍柴入选"两化深度融合试点示范企业"，2015年，"数字化车间项目"入选工信部智能制造试点示范项目。

升级生产线智能化水平，建立工业通信网络。潍柴利用高精度感知控制、信息物理融合CPS、人机交互等先进技术，对工厂装备和生产线进行升级改造，提升智能化水平；利用4G无线通信技术，建设装备系统、生产线、设施和移动操作终端间的互通互联，实现实时信息采集和智能化识别、定位、跟踪、监控，实现生产过程的远程操作和精细化管理。

构建信息化支撑凭条，支撑全链条业务。潍柴构建了包含30多个信息系统的六大信息化平台，支撑管理、技术、生产、运营方面全链条业务的高效进行。六大信息化平台包括产品协同发展平台（PLM）、供应商关系管理平台（SRM）、潍柴自主开发建设的生产制造执行平台（MES）、客户关系管理平台（CRM）、全程服务平台（SYTON）和后市场支持平台（见图3）。核心系统包括产品数据管理系统（PDM）、质量管理系统（QMS）、生产制造执行系统（MES）、企业资源管理系统（ERP）等，各平台和系统集成实现了产业链上下游信息的有效贯通，通过系统接口实现信息无缝对接和有效输入输出。②

通过贯穿全生命周期的智能制造体系构建，潍柴进一步实现了工业化和

---

① 《潍柴动力全链条运营系统（WOS）质量管控体系纪实》，中国质量新闻网，2017年8月1日，http://www.cqn.com.cn/zgzlb/content/2017-08/01/content_4652817.htm；潍柴控股集团官网，http://www.weichai.com/。

② 工信部质量管理标杆企业平台（《潍柴动力股份有限公司实施产品全生命周期质量管控流程信息》）。

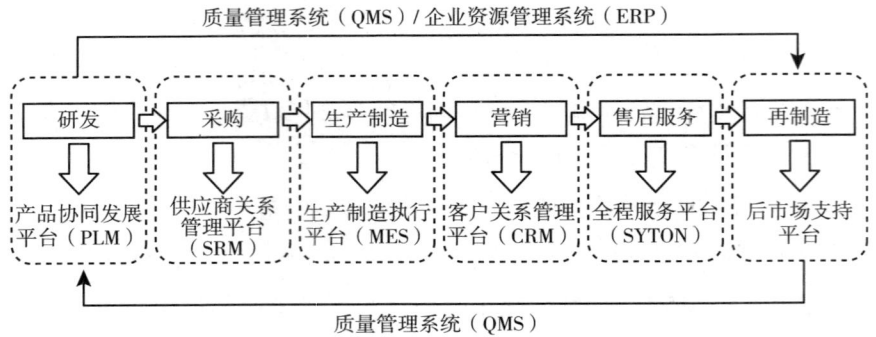

图 3　潍柴信息化支撑平台示意

信息化的深度融合。生产线智能化水平的提高，使潍柴生产线得到更精细化的管理，有助于满足多元化生产需求；信息化网络的搭建使潍柴各类资源得到更有效的整合、调度，使企业管理更加高效；智能制造在企业全生命周期的渗透，使企业管理更加精细化、智能化、规范化，有助于产品质量的提升和客户满意度的提高。

（3）推动绿色制造，发展循环经济

潍柴集团提出"绿色动力，国际潍柴"的使命，对发动机产品的排放标准作出更严格要求，同时在产品的全生命周期和整个生产制造过程中推行绿色制造理念。

推行基于绿色创新理念的产业升级，潍柴采取了诸多措施，具体包括：淘汰原有老旧生产装备，对标国际先进水平对铸件生产基地进行规划建设，同时一次性配备完备的环保节能设施；引进国际一流生产设备，提高装备自动化水平，提高生产效率；配备先进的废气、废水、粉尘排放和处置设施，加大环保投资力度；引进旧砂处理工艺和污水循环利用系统，推行资源循环利用，探索节能环保新工艺；优化铸造工艺，提高研发质量，加强生产过程监控，从而提高产品质量；淘汰落后产能，实行新老园区整合，对管理架构、工艺路线和人力资源进行优化整合，优化资源配置等。

基于绿色创新理念的产业升级措施的推行，给潍柴带来了显著的经济效益、环境效益和社会效益。经过产业升级,潍柴产能利用率提升,经济指标大幅改善;园区污染物处理效果显著提升,环境得到改善。此外,潍柴引领行业绿色可持续发展,得到了社会的广泛认可,社会影响力提升。

(4) 实行工人绩效管理,量化考核机制

潍柴以探索规范、公平、透明的员工激励机制,提升产业链价值为目标,建立了创新性的工人绩效管理体系,对绩效管理指标进行了量化。

构建"2+2"评价模型,规范评价基准体系。潍柴从"产出评定基准,人力资源投入,员工工作差异"三个维度为每条生产线1200余个工序进行评价,建立了"2+2"量化评价模型。其中两个"2"分别指"两个标准"和"两个价值系数"。"两个标准"是指围绕技术工艺核定生产线的日产量标准和围绕岗位设定每条生产线上的人员配备标准;"两个价值系数"是指综合工时、设备利用率等指标确定每条生产线的价值评价系数,以及根据技能、劳动强度、责任和工作环境四个指标确定每个作业岗位的价值评价系数。

构建"1+4"考核分配机制。"1"是指一个核心,即工人绩效工资分配机制,以"班产量"对比标准日产量后计算班组内工人的付薪日数,关注员工难以量化的工作绩效,通过"改善奖金"进行激励。"4"是指4个配套机制,确保考核分配机制高质量运行。包括:产量等核算指标日清日结机制;以工时索赔为负责方法的责任追溯机制;制定员工效率提升受惠机制,减少员工隐忧;建立员工工资的"低产保护机制"和"削峰填谷机制",使薪酬兑现更加合理。

建立配套保障体系,确保绩效管理机制推行。潍柴还成立了以集团领导为组长的工人绩效考核分配改革领导小组,明确了绩效管理机制改革的思路和原则,保障机制的合理化和人性化,同时确保了绩效管理制度的顺利推进和执行。

潍柴通过量化考核指标,实行精细化、体系化的绩效工资管理,为合理安排生产、精细管理生产线提供了基础,兼顾了提高员工生产积极性、保障产品质量、降低生产成本三个方面,提高了企业综合效益。

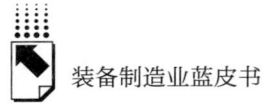

(5) 创新人才发展模式，建立多元发展体系

为满足企业发展人才需求，潍柴制定了特色的人才管理和培养战略。

完善培养体系，不断丰富教学资源。潍柴集团拥有丰富的人才培养资源，包括培养了一批高素质的培训员队伍和内训师团队；成立潍柴大学，进行专业化和全业务培养；建立在线学习平台，丰富学习资源；与天津大学、山东大学等多所高校签署校企合作协议，实行人才定向培养；创办企业培训基地等。

完善培训管理方式，建立创新培养机制。首先，潍柴建立了比较完善的培训过程和组织管理模式，集团的培训体系组织由公司级、单位级、车间级和班组级四级构成，提供多样化的培训形式，学习专业化的培训课程。[1] 此外，潍柴还通过每周设立固定培训日、组织"领导干部半年一课"等特色活动强化管理层、员工的培训意识。[2]

潍柴集团利用丰富的教学培养资源，为企业储备了大量专业人才，满足了企业在快速发展过程中的人才需求数量上升、人才能力要求提高的需求，通过完善、体系化的培养制度，提高了员工的学习意识和对企业的忠诚度。

（三）管理创新经验总结

1. 以主业为核心，推动产业协同发展

潍柴集团历经几十年发展，从一度濒临破产，发展到跨行业、跨领域的国际性企业，最重要的原因就是潍柴一直以主业发动机制造为核心，增强自身技术实力，围绕主业向上下游扩展，使主业与其他业务互为支撑，协同发展。

专注主业是潍柴的企业发展给当代企业提供的重要借鉴。成功的企业要不断赶超对手、突破自我，就要不断进行技术创新，打造更强的主业，以提升核心竞争力。当前市场中有许多充满诱惑的投资机会，但进行产业投资、

---

[1] 潍柴控股集团官网，http://www.weichai.com/。
[2] 《山东重工潍柴集团创新模式完善机制全面提升员工素质》，国务院国有资产监督管理委员会，2014年9月9日，http://finance.ifeng.com/a/20140909/13083362_0.shtml。

交叉混业发展的主要目的，不应是投机趋利，而是相得益彰，发展主业，围绕主业进行产业链扩张和产业集群协同发展，从而真正在企业扩张中获取规模效应和协同效用，提升企业核心竞争力。

2. 推行信息化管理，提升管理效率

潍柴集团作为国家级"信息化和工业化深度融合示范企业"，在数字化管理和各类信息化管理平台建设方面，给当代企业管理提供了良好示范。

潍柴通过建立六大信息化平台，大大提升了企业管理效率和管理质量。潍柴信息化管理最主要的特色在于通过各信息平台和信息系统的结合，覆盖了企业生产经营全链条，提升了企业在研发、生产、销售、管理在内的全产业链管理质量，并且各个环节信息互通。潍柴信息化管理将信息化与工业化相融合，将数字化管理与企业生命周期管理方法相结合，是现代企业管理值得借鉴之处。

3. 量化管理指标，实行精细化管理

对企业管理进行系统化设计，合理量化管理指标是企业管理实现精细化的重要途径。

潍柴在企业管理过程中十分注重对管理体系的构建和管理指标的量化，这体现在潍柴设立的特色全产业链运营系统（WOS）和工人绩效工资管理机制中。在WOS管理系统中，潍柴考虑了全链条多个领域，通过优化流程、设定指标、固化成果、持续改善的方式，提升企业全过程竞争优势；在工人绩效工资管理机制中，潍柴通过量化生产标准和工资分配标准，充分调动了员工积极性，同时得以实行更精细化的生产管理安排。通过精细化管理实现经济效益提升和品牌形象提升，是潍柴值得企业管理借鉴的另一个经验。

4. 绿色发展，积极推进产业转型

潍柴响应国家号召，推行绿色发展，也受惠于绿色发展，经济效益、环境效益和社会效益都得到了显著提升。

潍柴在贯彻绿色发展理念，推动产业升级的过程中，能够给当代企业提供借鉴之处可归结为两点。一是潍柴采取了全方位、多角度的绿色发展方式。从生产基地规划建设、生产装备引进、环保设施投资、技能环保生产技术开发、绿色生产过程管理等方面入手，全链条推行绿色管理。二是潍柴在绿色生产体系设计规划过程中，从源头出发，一步到位进行节能环保规划，减少了后期改建阵痛，使企业在后续发展中受惠提升。

5. 优化资源和机制，注重人才培养

潍柴在人才培养方面同样具有特色，其优势在于人才培养资源和人才培养体系并重。一方面，通过多年积累，掌握雄厚的教学资源，包括内部的培训人员队伍、职业学院和学习平台，以及外部的合作高校、培训基地等，从而为员工提供多样化、专业化的培训。另一方面，潍柴通过建立完善、特色的培训体系和制度，提高全员培训意识，调动员工参与积极性，保障培训执行效率。内外兼修、双管齐下的人才培养体系是潍柴在人才培养层面值得现代企业学习借鉴之处。

三　金风科技股份有限公司

（一）企业基本情况

1. 企业介绍

金风科技股份有限公司成立于1998年，其定位是全球领先的风电整体解决方案提供商。主营业务包括风机制造、风电服务、风电场投资与开发三大部分。

目前金风科技在全球风电装机容量超过44GW，安装超过28500台风电机组，覆盖六个大洲20多个国家。[①] 截至2017年，金风科技连续七年在国内风电设备制造商中排名第一，在全球风电市场位列第三，其拥有自主知识产权的永磁直驱系列化机组，代表全球风电领域最具前景的技术路线。[②]

金风科技的前身是在新疆风能基础上成立起来的新疆新风科工贸，生产

---

① 金风科技官网，http://www.goldwind.cn。
② 《金风科技2017年年度报告》。

了中国第一批国产600kW风机。2003年,金风科技与德国VENSYS公司签订了1.2MW直驱永磁机组的联合设计和开发技术转让合同,进入永磁直驱领域,2008年收购德国VENSYS,成为国内首家具有自主知识产权的风机企业。自2008年起,金风科技开始进军国际市场,业务逐渐遍及六大洲,并逐渐向风电整体解决方案提供商转型。金风科技前瞻性把握风电技术趋势,积极推动企业转型,是现代企业发展值得学习借鉴的经典案例。

2. 产品介绍

金风科技主要业务可以分为风电产品生产和整体解决方案提供两大部分。

金风科技产品包括风电产品、光伏产品和前沿产品三大类。其中最主要产品为风机及其零部件,金风科技拥有自主知识产权的1.5MW、2.XMW、2.5MW、3.0MW和6.XMW永磁直驱系列化机组,分别适用于陆上、海上风机发电,各个系列下包含适用于不同风区的子产品,可适用于高温、低温、高海拔、低风速、沿海等不同运行环境,能够满足不同环境下的多元化需求,同时具有发电效率高、运营维护成本低、可利用率高以及并网性能好等优越性能。

金风科技依托多年来的技术积累和经营、建设、开发经验,开展整体解决方案提供业务,包括智慧风电场解决方案、海上风电整体解决方案、智慧能源解决方案、资产管理解决方案、金融解决方案五大类。金风科技利用数字化技术进行自主开发,依托专业化团队,为风电企业解决选址、收益测算、设计、施工建设、运营、人员培训、投融资、能源配置和交易等全生命周期的咨询和服务,致力于风电和清洁能源领域的创新引领、价值发现和资源整合,并以此带动产业链上下游共同发展。[①]

(二)管理创新情况

1. 企业管理战略

(1)多元业务布局,开拓整体解决方案服务

金风科技早在2007年就开始致力于提供"风电整体解决方案",开拓

---

① 金风科技官网,http://www.goldwind.cn。

风电场投资开发、风电服务业务等新业务领域，作为自身盈利模式的有效补充。①

金风凭借自身研发优势和专业团队逐步跻身主流开发商行列。2007年金风注资乌拉特后旗风电场项目，进军风电场开发建设。2017年，金风经营的风电项目实现发电收入32.55亿元，风电场投资收益6.5亿元。

金风科技提供"一站式"的风电服务业务，包括风电场选址、测风咨询等前期项目咨询业务；工程总承包、工程管理咨询等中期工程建设业务；风电场维护、部件维修、信息技术产品供给等后期服务业务。随着科技创新和技术进步，金风的风电服务也逐渐进入数字化时代，依托物联网、大数据、云计算技术，提供智能化服务。截至2017年末，金风运维服务团队累计为全球超过35337台机组、992个风电场提供建设、运维服务和技术支持。

此外，金风还在水务环保、绿色农业、智慧园区、新能源、新材料、能源互联网、3D打印等领域进行投资布局，服务于公司的战略转型和主业发展。

多元化的业务结构，提升了企业的抗风险能力和盈利能力，也使金风具有更独特的定位和经营模式，提升了品牌效应和企业的综合竞争力。

（2）推行"两海"战略，扩大市场份额

金风科技积极推行"两海"战略，参与海外市场、海上市场竞争。

加快海上风电市场拓展和资源储备。随着海上风电领域的快速发展，国内外风机制造企业纷纷布局海上风电业务。金风科技从2007年起开始布局海上风电，金风研发的GW70/1500机组是我国第一台海上风电样机。经过十年技术积累，2017年，金风推出了针对海上风电开发的新一代海上大兆瓦产品——"6.X机型+单桩基础一体化设计解决方案"，是国内单机容量最大的风机产品，可以针对海上风力资源差异提供个性化服务。

"走出去"是金风科技一直以来的发展战略。2008年，金风收购了在永

---

① 《金风科技2017年年度报告》。

磁直驱方面具有领先技术的德国 VENSYS 公司，初步具备国际竞争力；2011年，成立金风国际控股（香港）有限公司，专门负责海外业务拓展。此后，金风在全球范围内设立了 5 个海外子公司和 7 个海外办事处，海外市场业务不断扩张，目前业务已经遍及全球六个大洲。2017 年，金风在 6 个新兴市场国家的业务取得突破，海外市场新增开发及储备项目容量也达到了 1.2GW。①

2. 企业管理创新重要成果

（1）运用先进管理工具，建立全面质量管理体系

金风科技注重质量管理，逐渐形成了一套独具特色的全面质量管理体系。

金风科技提出了"全过程、全员性、全企业"的三全质量管理责任制，由企业高管团队带头领受质量"三全"任务，实施年度重点质量攻关项目，制定层级、部门目标，分层明确、落实质量责任。

金风致力于建设以质量卓越、技术领先、全生命周期成本最优、市场竞争充满活力为标志的全优产业链。对应具体措施包括：明确产业链上每一个环节的质量标准，实行标准化、规范化、具体化的管理；在产品设计、技术发展、工艺选择、检验标准制定等方面均使用较高标准，并注重前瞻性；从设计优化、供应商工艺改进、安装和售后服务提升等方面着手，协调采购、运输、制造、运维成本；完善采购招标体系，优化竞争环境等。

此外，金风科技在质量管理过程中引入了配套的管理工具、组织架构、管理战略，保障质量管理的有效落实。金风引入了卓越绩效、精益管理及六西格玛等先进的管理工具；2013 年，金风设置了质量管理/决策委员会，明确质量管理各级职责权限；此外，金风还提出了"一个定位、两大工程、三个平台、五项举措"的配套质量战略，确保质量管理落地。

金风质量管理取得了显著成效，质量运行指标提升，故障频次显著下

---

① 《金风科技 2017 年年度报告》。

降；企业管理规范化、标准化程度提高，给企业决策提供了更可靠的依据；企业管理效率提升，全产业链管理成本下降，企业综合竞争力也得到提升。

（2）探索智能制造，实践全生命周期服务管理

金风是国内最早提出风电全生命周期服务的厂家之一，并在2014年起开展"风电设备远程运维服务试点示范项目"，为风电厂提供全生命周期的智慧化运维服务。

推出风机故障预警平台，采取主动预防性运维。金风科技在风机核心部件上安装了检测传感器，并将数据传回大数据中心，通过数据维护、分析，进行设备工作状况的预警、环境安全预测。风机故障预警平台有效解决了传统定期维护模式中存在的维护不及时、维护过度问题，有效降低了机组停机时间和故障损失，提高了运行稳定性。

推行全生命周期服务管理，提出"风电智慧运营2.0平台解决方案"。金风将自主开发的科技智慧能源服务系统（SES）和生命周期资产管理平台（SM）结合在一起，依托信息化网络，将全球监控中心与全国范围内的事业部、备件库、维修中心和风电机组进行系统集成，对风电场建设、设备监控、运营维护、风电场并网管理的全生命周期进行管理和追踪记录，提高了技术的可追踪性和运维服务的标准性、规范性。2017年，金风电场全生命周期服务管理项目入选国家工信部服务型制造示范项目名单。

金风全生命周期的远程运维服务模式是智能制造的典型代表，通过信息化技术与传统工业、线下仓储的结合，打破了人、物和数据之间的界限，大大提高了企业服务水平和管理质量及管理效率。[①]

（3）推行专业化协作经营模式，善待供应商

金风科技采用"哑铃式"的专业化协作模式，自身只掌握关键技术和市场，中间零部件加工和制造从外部采购，最后再完成系统集成。

专业化协作模式与金风研发战略相适应。专业化协作模式由于不需要具

---

① 侯彦全等：《远程运维服务模式研究——以金风科技为例》，工业经济论坛，2017年4月。

备零部件制造产能，固定投资需求少，使金风科技把更多资源和精力集中于永磁直驱核心技术的研发和整体解决方案业务的探索中，与其研发战略相适应。

由于采用专业化协作的模式，使企业产品质量和生产效率都对供应商有较大的依赖，因此金风与供应商建立了更深层次的长期合作关系，并提出了"善待供应商"理念。在此背景下，金风主要供应商大多有超过十年合作、共同成长经历。从2015年开始，金风将"善待供应商"具体指标强化为"3个100%"，即对供应商合同100%提货，向供应商100%付款，激励并督促供应商向二级供应商100%付款，极大保障了供应商利益，建立更稳定、忠诚度更高的合作关系，通过激励供应商提高生产效率和产品质量来保障自身发展。[①]

（三）管理创新经验总结

1. 掌握核心技术，多元化业务协同发展

专业化协作、自主研发与多元业务布局相结合，是金风最重要的发展战略。金风的专业化协作模式与其研发战略相适应，使其能够在直驱永磁关键技术上掌握话语权，发展为一个研发型企业；除此之外，金风科技是国内最早开辟风电多元化业务布局的企业，逐步形成了独具特色的业务体系；在此过程中，金风完成了企业战略转型，成为风电整体解决方案的提供商，综合竞争力得到加强；多元化的业务布局并未使金风业务分散，而是围绕主业协同发展，企业核心竞争力凸显，品牌效应也得到提升。

金风科技准确把握了行业发展趋势和企业发展需求，敢于做先行者，制定并推行了适宜自身的发展战略，是其值得当代企业学习借鉴之处。

2. 注重质量管理，建立完善管理体系

通过全方位、精细化的管理方式提高企业管理质量和产品质量，是当代

---

① 《解构金风帝国：三大梦想、四次转型，金风科技如何一步步成为国际风电巨头？》，国际能源网，2017年11月9日，http://www.sohu.com/a/203354114_505851。

企业管理的新模式。金风质量管理的特色之处在于管理措施和配套制度相结合，建立了一套全方位的特色管理体系。金风提出"一个定位、两大工程、三个平台、五项举措"的整体质量战略，在此基础上推行三全责任制、全优产业链等质量管理措施，引入卓越绩效、六西格玛管理等多种管理方法，同时在企业内部建立质量文化，设置质量管理相关岗位和机构等等。金风通过整体战略、管理制度、组织框架、文化建设相结合的方式，建立全方位的管理体系，确保质量管理的有效落实，是值得借鉴学习的管理方法。

3. 顺应智能制造发展趋势，打破传统运维模式

金风科技紧紧把握住了信息化时代行业趋势，在行业内率先开展智能制造试点项目，并建立了独特的智慧运维模式。金风通过建"风电智慧运营2.0平台"，将线上、线下资源有效整合，实现了风机制造和风电场并网管理、监控、维护全生命周期管理的集中共享和系统集成，提高了管理效率，降低了维护成本，通过在风机制造过程中引入故障预警系统，有效缓解了传统维修检测中的低效、不及时问题。金风科技的远程运维模式是互联网思维、互联网技术在传统行业中运用的经典案例，而金风作为智能制造试点企业，其管理经验同样值得参考学习。

4. 上下游深度合作，建立特色供应商关系

建立良好的上下游合作关系，有利于企业的长期发展，也有助于发挥产业链协同效应，提升产业链价值。

金风科技独具特色的供应商关系体系和供应商关系理念，与其专业化协作的经营模式相适应，金风作为掌握核心技术和市场的风机整机制造企业，其产品质量和生产效率都十分依赖供应商，但金风以保障供应商利益为切入点，与供应商建立长期、深入的合作关系，在保障产品质量的同时，获得了在行业发展中共同成长的合作伙伴，带动了产业链上下游的协同发展，提升了产业链整体效益，变劣势为优势，值得当代企业在管理中借鉴学习。

四 中国商用飞机有限责任公司

(一) 企业基本情况

1. 企业介绍

中国商用飞机有限责任公司(以下简称"商飞"或"中国商飞")成立于2008年,是我国商用飞机领域核心企业、实施国家大型客机项目的主体,也是实现我国商用飞机自主研发、生产和产业化的主要载体。商飞下辖上海飞机设计研究院、上海飞机制造有限公司、上海飞机客户服务有限公司等十余个成员单位,主要从事商用飞机及相关产品的研发、生产、试验试飞、销售、租赁和运营等业务。①

自成立起,中国商飞一直肩负着"让中国的商用飞机翱翔蓝天"的重大使命,2007年首次试飞成功、2015年11月交付商用的ARJ21-700喷气式客机是我国近40年来第一个自主研发的商业飞机成果;2017年,C919大型客机在上海成功首飞,代表中国终于拥有了自己的大客机,更是中国企业打破波音、空客垄断全球商业客机格局的开端。

商飞实施管理创新、技术创新和商业模式创新,走出了一条体现技术进步的自主创新道路,并在此过程中带动了我国航空工业基础学科发展,带动了新材料等诸多领域关键技术突破,促进航空产业链形成,是当代企业发展的经典案例。

2. 产品介绍

中国商飞主要业务包括商用飞机的研发、生产、销售和相关运营服务,现阶段主要产品包括C919飞机、ARJ21飞机、CR929飞机三种型号的商用飞机。

---

① 中国商飞官网,http://www.comac.cc;刘济美:《一个国家的起飞——中国商用飞机的生死突围》,中信出版社,2006。

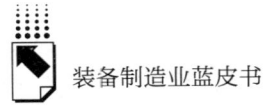

ARJ21飞机是我国首次按照国际民航规则研制的，具有自主知识产权的中短程支线客机，座级79~90座，航程2225~3700公里，2002年立项研制，2007年总装下线，2015年交付商用，目前已经正式投入航线运营，累计收到22家客户473架订单。①

C919飞机是我国自主研制的大型喷气式民用飞机，座级158~168座，航程4075~5555公里，2006年开始立项研制，2015年总装下线，2017年首飞成功。C919在多项技术上具有先进性，例如，C919使用了第三代铝锂合金材料等世界先进航空材料，具有材料先进性；应用1500万级精细化有限元模型，在强度计算的精确性上达到国际领先水平；采用国际领先的航电核心处理系统，具备领先的网络化数据处理能力；等等。②

CR292远程宽体客机是中俄联合研制的双通道民用客机，基本型CR929-600座级为280座，航程12000公里，目前处于研发阶段。

（二）管理创新情况

1. 企业管理战略

（1）明确使命，打造国际航空强企

商飞确立了"发展民机、壮大产业、开拓创新、勇创一流"的发展方针，提出"实现1个目标、发展2类产品、建立3大体系、实施4项支撑、统筹5大关系、强化6种能力"的发展思路。

商飞确立了明确的发展目标：到2035年，把商用飞机项目建设成为新时代改革开放的标志性工程，创新型国家和制造强国的标志性工程，把公司建设成为世界一流的航空企业；到21世纪中叶，把商用飞机项目建设成为社会主义现代化强国的标志性工程，把公司建设成为"四个世界级"航空强企。此外，商飞还提出发展具有自主知识产权的干线飞机、支线飞机两类产品；建立COMAC管理体系、商用飞机技术创新体系、商用飞机产业体系

---

① 中国商飞官网，http://www.comac.cc。
② 《你知道C919都有哪些技术亮点吗》，中国商飞官网，2017年6月22日，http://www.comac.cc/mjkp/xzs/201706/22/t20170622_5348488.shtml。

三大体系，规范、促进企业发展；实施创新驱动战略、品牌战略、两化融合战略、人才强企战略，支撑企业核心竞争力提高；统筹协调安全性和经济性的关系、自主创新和利用全球科技资源的关系、体制机制创新和发挥企业现有技术人才作用的关系、研制攻关和实现产业化的关系、政府主导和市场机制的关系，保障企业高质量、可持续发展；强化企业研发设计能力、总装制造能力、市场营销能力、客户服务能力、适航取证能力、供应商管理能力，实现全方位发展。①

（2）自主创新，推行"主制造商—供应商"模式

商飞提出了"中国设计、系统集成、全球招标，逐步提升国产化"的发展原则、"自主研制、国际合作、国际标准"的技术路线和"创新、创业、创造"的发展理念，商飞原则、理念和路线都决定其必须沿着体现技术进步的自主创新发展。

中国商飞在自主创新道路上取得了许多成就。通过 ARJ21 和 C919 客机的研制，我国攻克了飞机发动机一体化设计、电传飞行控制系统设计技术、主动控制技术等关键技术，独立掌握了涉及 20 多个专业的 6000 多项商用飞机研发技术，在新材料、动力、智能制造等领域实现了技术突破，促进了产业集群的形成和发展。此外，商飞在工业设计领域也取得突破，上海客服公司工业设计所在近年来完成了曲面显示与透明客舱设计、自适应记忆座椅系统、新一代 3D 眼控视频播放系统等多项创新设计，进行了多项工业设计课题研究，并在 2018 年获得了世界十佳"TIA 企业设计中心"称号。②

商飞确立了与自主创新道路相适应的"主制造商—供应商"模式。在国内，目前已经形成了包含 22 个省份、200 多家企业参与的民用飞机产业链，在国际上，与 GE、Honeywell 等 16 家跨国公司进行合作，建立供应商体系，并牵头组建了十余家合资企业，提升国内航电、飞控、燃油、电源和起落架

---

① 中国商飞官网，2018 年 8 月 10 日，《关于我们公司简介》http：//www.comac.cc/gywm/gsjj/。
② 中国商飞官网，2018 年 4 月 26 日，《中国商飞客服公司工业设计所获世界十佳"TIA 企业设计中心"奖》，http：//www.comac.cc/xwzx/gsxw/201804/26/t20180426_6337858.shtml。

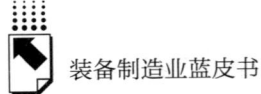

等机载系统的配套能级。商飞整合国内外资源打造中国民用飞机品牌，形成了以中国商飞为主体、以市场为导向、产学研相结合的研发体系。①

2. 企业管理创新重要成果

（1）借助信息化平台，推动网络化协同研制

在"主制造商—供应商"协作模式下，商飞建立基于工业互联网的民机协同研制信息化平台，建立协同研发环境。

借助信息化技术，商飞建立了"大型客机全三维化协同设计平台"，搭建了包括总体气动、结构强度、航电、飞控、电气、液压环境、动力燃油、飞行试验在内的各专业协同设计环境，构建全机电子样机虚拟现实环境和试验数据管理系统，覆盖飞机研发的全生命周期，缩短研发周期，提高生产效率。②

在协同研制机制下，商飞实行 ARP 4754A（民用飞机及系统研制指南），采用"双 V"管理（Validation & Verification），"Validation"是指将飞机需求从上而下分为飞机级需求、系统级需求、分系统需求、设备级需求，在确定需求后，"Verification"是指通过分析、仿真、试验等手段进行系统集成试验，进行需求验证。"双 V"需求管理有效保障了协同研制过程的高效进行。③

通过建立网络化协同研制体系，形成了以商飞为核心的民机研发平台，实现了产品研发周期缩短、生产效率提升、研发质量提高和运营成本的降低，支撑了大飞机制造更高复杂度的全球协作，有利于民用飞机技术的长远发展。

（2）探索智能制造，发力"全生命周期"管理

结合"全生命周期管控"的信息平台搭建，商飞在民机智能制造方面的探索和应用也不断深入，2016 年，中国商飞"C919 飞机网络协同制造试

---

① 《中国商飞：支撑强国之翼》，2017 年 10 月 23 日，http：//news. haiwainet. cn/n/2017/1023/c3542878 – 31155443. html。
② 上海经信委：《上飞院：民机网络化协同研制，助力中国大飞机翱翔蓝天》，2017 年 9 月 4 日。
③ 中国商飞官网，2017 年 6 月 22 日，http：//www. comac. cc/mjkp/xzs/201706/22/t20170622_5348488. shtml。

点示范"入选工信部智能制造试点示范名单。

商飞着眼于飞机生产的全生命周期进行信息系统搭建,从研发、设计、采购、生产制造、总装、销售、运营服务的全流程出发,推进系统集成、信息集中和统一管控。基于此,商飞引入 PLM、ERP 等软件,并建立了 BI 系统,初步完成了信息系统与人的连接,并致力于信息系统和设备对接的完善贯通。[1]

商飞零件制造、飞机装配、过程监控的自动化能力也在不断提升。在此过程中,商飞建立了数字化工艺设计、制造执行系统(MES)、PDM 系统;对总装制造中心生产线进行了智能化改造,形成了多品种、小批量、高精度的柔性智能制造新模式;引入多种数控设备,如虚拟现实装备、智能工具箱、摄影测量系统、智能传感装置等,打造智能厂区管理环境。[2]

尽管商飞距离实现全生命周期的贯通和体系化的智能制造仍有一定距离,但商飞在智能制造和信息化领域的探索和应用,显著提高了生产、管理效率,使其更好地满足现代化生产需求,增强企业核心竞争力。

(3)建设创新体系,营造创新文化环境

作为自主创新性企业,中国商飞注重企业创新环境的建设,构建了涵盖体制机制创新、科技创新、管理创新三个部分的创新文化体系。

在体制机制、科技、管理三条路径下推动企业创新。在体制机制创新方面,提出母子公司制管理体制下"统一经营、两级管理"模式,发挥党组织核心作用;结合公司发展目标和战略,提出了创新性的发展思路和发展理念;把握历史经验和产业趋势,采取"主制造商—供应商"模式,形成系统研制合作网络。在科技创新方面,商飞构建了公司三级专业总师队伍,促成技术成果转化,完善技术管理体系;打造涵盖了多团队、多技术、多专业的协同研发平台。在管理创新方面,进行科学化的管理,提出全生命该周期

---

[1] 《探索智能制造 中国商飞着眼"全生命周期"管理》,2017 年 8 月 29 日,https://baijiahao.baidu.com/s?id=1577054641602749610&wfr=spider&for=pc。

[2] 中国商飞官网,2018 年 7 月 23 日,http://www.comac.cc/xwzx/mtjj/201807/23/t20180723_6459945.shtml。

的质量管理；建立管理创新课题的常态化机制，安排专项经费用于管理改善研究；开展管理创新周活动，进行管理创新成果交流学习等。

致力于创新文化建设，营造有利于创新的内外部环境。具体措施包括：进行企业创新文化建设，加大员工在创新中获得的成就感，提升创新积极性；加大创新活动资源投入，包括资金投入和时间投入；注重创新性人才培养，将培育具有较高创新成就欲望、较强创新自主性人才的理念贯穿公司人才选、用、育、留的各环节；探索建设创新工场等创新孵化器，加强员工的创新意识与参与意识。①

商飞创新文化体系通过构建体系化、制度化的创新环境，更好地激励了日常工作中的点滴创新，促进企业软硬实力协同发展。

（4）强化知识管理，提升员工专业能力

商飞提出建设"第二块屏幕"，进行"双屏"创新知识管理，构造核心能力，保持企业核心竞争优势。

"第二块屏幕"是指商飞员工在正常工作的电脑之外，再增加一块"虚拟屏幕"，作为正常工作知识借鉴媒介和数据信息参考工具，其具体内涵包括"建立电子图书馆、打造场景化知识应用平台、推进知识智能化服务"三个步骤。具体而言，商飞虚拟屏幕中的知识内容覆盖了每个岗位上所需的流程、方法、标准、工具等方面，通过建立电子图书馆，将知识手册进行编制整理，将知识进行提炼、梳理，实现知识的体系化；将整理后的知识内容与工作流程进行匹配和对接，使知识内容直接服务于具体的应用场景；商飞双屏创新的最终目标是实现知识的智能推送、自我学习和智能纠错，使其更好服务于员工决策和知识体系建立。

商飞的知识管理体系，具有面向问题解决和应用的明确目标，直接帮助员工的具体工作，有助于提高员工工作效率，保证工作质量，有利于企业核心能力和员工整体创新意识的提高。②

---

① 俞彬彬：《中国商飞的创新文化体系建设》，《企业管理》2016 年第 10 期，第 19~22 页。
② 赵闯、陈劲、薛澜：《用知识管理打造企业核心能力——从 C919 首飞成功看中国商飞的"双屏创新"》，《清华管理评论》2017 年第 5 期，第 35~39 页。

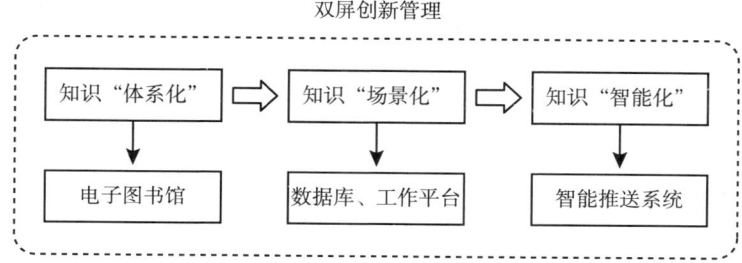

图 4 双屏创新管理过程示意图

（5）注重人才培养，创新人才培养方式

商飞注重人才培养，针对不同类型人才需求，制定了不同的人才培养方案。

商飞构建了多元化的专业人才培养体系。2010 年商飞在北京建设了"海外人才创新创业基地"，汇聚各种优势资源和海外高层次人才，建设民用飞机人才高地[①]；商飞与北京航空航天大学等高校签订校企合作协议，展开设计研发人才及管理人才的长期合作培养[②]；商飞与美国通用电气公司合作开展"全球民用航空人才培养计划"（GCAT），遴选高潜质的技术人才，开展轮岗培训，进行学术交流和经验分享;[③] 此外，商飞建立了一套以日常技能培训为主体，以高师带徒为手段，以技能竞赛为平台的高技能人才培养体系。[④]

商飞提出建设"战略导向的领导力培训体系"。商飞领导力培训体系内涵丰富，包括：建立商飞核心能力模型，明确与公司发展相匹配的领导能力

---

① 中国商飞官网，2014 年 1 月 19 日，《中国商用飞机有限责任公司北京海外人才创新创业基地开工建设》http：//www. comac. cc/main/tpxw/201401/19/t20140119_ 1354299. shtml。
② 中国商飞官网，2014 年 4 月 6 日，《中国商飞公司与北京航空航天大学签署人才培养校企合作协议》http：//www. comac. cc/zt/rcqq2/xqhz/201404/16/t20140416_ 1552337. shtml。
③ 中国商飞官网，2015 年 7 月 8 日，《比翼齐飞 全球民用航空人才培养计划再起航》http：//www. comac. cc/wap/xwzx/gsxw/201507/08/t20150708_ 2616844. shtml。
④ 《中国商飞培养基地：高师带徒，竞赛选拔，依托项目培养人才》，2017 年 12 月 28 日，http：//www. xinhuanet. com/local/2017－12/28/c_ 129776955. htm。

需求；根据管理者层级和需求差异，将领导力培训体系分为五个层级；围绕战略思维、管理体系、企业文化、项目管理、执行力等方面建设核心课程体系；从课程规划、讲师队伍培育、创新培育方法等领域入手，将战略领导力培训落到实处，提高领导力培训效果。①

商飞通过建设高技术型人才培养体系，有效解决了企业自主创新战略下对高技术人才的高需求问题；通过培养具有卓越管理能力的领导者，更好地完成企业决策，积极应对复杂的外部环境，抓住时代发展机遇。

（三）管理创新经验总结

1. 走自主创新路线，建设创新文化体系

由于肩负着"中国民用飞机起飞"的特殊使命，商飞具有与生俱来的创新基因，并建立了特色的、全方位的创新文化体系。

商飞创新文化体系给现代企业提供的重要经验在于：企业创新并非只局限于技术的创新，而是涵盖了组织、管理、技术等方方面面的全面创新，使企业各个方面的发展相协调，去除短板；企业创新并非由一个个独立的创新构成，而是体系化的主动创新，通过构建适宜的体制机制、健康的外部环境，可以促进、激发创新活动，形成正向循环；企业创新并非由上而下的决策，而应当是全员参与的过程，将创新性工作日常化、全员化，把创新植入企业文化，致力于提高员工创新活动的主动性和自觉性。

2. 结合产业特征，实施"两化融合"战略

中国商飞在智能制造、信息化平台建设等方面进行了诸多探索。基于航空产业"主制造商—供应商"发展模式，商飞结合互联网技术建立了网络化协同研制体系，实现了主制造商、供应商、研究机构的有机联合和高效协同研制；商飞构建了全生命周期的信息化管控平台，促进产业链的横向集成和生命周期的纵向集成；此外，商飞还注重在云计算、大数据、增材制造等

---

① 李智：《战略导向的企业领导力培训体系研究》，《继续教育》2015年第29卷第3期，第3~6页。

新兴领域的技术突破，提高飞机生产制造的智能化和自动化水平，满足航空工业产品量产的技术要求。将"两化融合"战略与自身的发展模式和发展趋势有效结合，使企业发展更好满足市场需求、更能符合行业发展趋势，是中国商飞在企业战略管理层面值得借鉴、学习之处。

3. 注重人才培养，塑造企业核心能力

中国商飞为使企业更好应对外部环境变化，提高管理层决策质量，进行了"战略导向的领导力培训体系"建设；为提高高技术人才专业水平，满足企业技术进步需求，构建了内涵丰富的高技术人才培养体系；为提高企业核心能力，进行了独具特色的"双屏创新"知识管理。总结商飞在人才培养方面的管理方法，其值得学习借鉴之处在于：针对不同员工的培养需求，制订了针对性培养方案，以满足企业不同层面的需求；进行人才培养方式的创新，将信息化技术与知识管理、人才培养相结合，从而丰富人才培养内涵，提升人才培养效果。

专题篇

Special Topics

B.11
2017年装备制造业热点事件回顾与解析

李亚亚 王茜[*]

摘　要：本文选取了四件2017年中国装备制造业发生的热点事件，并对事件发生的背景及其对装备制造业发展的意义进行分析。四件热点事件分别为"国家重视装备制造业发展""装备制造业取得多项重大突破""军民融合推动装备制造业高质量发展""多个地区加快装备制造业发展"。上述事件集中体现了在建设制造业强国的背景下，国家对于装备制造业发展的高度重视，中国装备制造业企业在自主创新和关键技术突破方面进行的探索，以及政府和社会各界为共同推动装备制

---

[*] 李亚亚，助理研究员，机械工业经济管理研究院产业经济研究所副所长，主要从事产业经济、国际贸易、政府采购方面研究。王茜，经济学硕士，研实员，现任职于机械工业经济管理研究院产业经济研究所，主要从事产业经济、产业规划方面研究。

业国产化率提高、结构调整和转型升级所做的努力。这四件事对当前装备制造业发展具有重要意义,也反映了未来装备制造业发展的模式和方向。

关键词: 智能制造 高端装备制造 军民融合

一 国家重视装备制造业发展

2015年国务院公布《中国制造2025》战略规划以来,国家对装备制造业发展更为重视,国家领导人频繁考察各地装备制造业企业,并反复强调装备制造高质量发展对国家建设发展的重要意义。

(一)徐工集团

1. 事件介绍

2017年12月,习近平总书记考察了徐工集团重型机械有限公司,参观了起重机装备生产线和刚刚完成总装下线的"XCA220型全地面起重机"驾驶室,并强调"我们就是应该多搞一些全球原创的技术,才能支持我们从工业大国走向工业强国","中国的实体经济和实体经济的企业家一定要有战略定力,进一步拓展广阔的海外市场"。

2. 事件分析

徐工集团成立于1943年,其定位是全球信赖的工程装备解决方案提供商,是我国机械行业龙头企业,世界工程机械行业排名第6位。徐工集团是习近平总书记在党的十九大后离京考察的第一站,选择徐工集团作为考察对象,一方面是徐工自身发展具有独特性和代表性,另一方面则凸显了新时期国家经济建设的思路和重点方向。[①]

---

① 徐工集团官网,http://www.xcmg.com/into/know.htm。

坚持创新驱动。徐工集团多年来坚持自主创新，提出"技术领先、用不毁"的行动标准。2003年，徐工研发并生产了125吨全地面起重机、150吨履带起重机两类产品，打破了欧美跨国公司的全球垄断；近年来，研发生产了2000吨级全地面起重机、4000吨级履带式起重机、700吨液压挖掘机、百米级亚洲最高的高空消防车等一批具有国际领先水平的产品，其中超级移动起重机是工程装备行业科技含量最高、研发难度最大的产品之一，徐工是继德国、美国之后世界上仅有的三个能够自主研发制造千吨级超级移动起重机的国家，2012年以来全球起重机销量稳定维持第一。徐工集团是中国企业坚持自主创新，推动制造业从中低端迈向高端，积极参与全球市场竞争，探索技术高峰的典型代表。选择徐工集团作为考察对象，体现了国家对制造业企业掌握关键核心技术，参与国际竞争，全面提高中国制造业企业国际竞争力的重视和强调。①

坚持国际化道路。徐工集团依靠技术优势，打破了欧美国家在行业内的垄断地位，使企业初步具备了国际竞争力，率先在行业内探索国际化道路，逐渐形成了出口贸易、海外建厂、跨国并购、全球研发"四位一体"的国际化发展模式。② 在全球，徐工拥有5个国际研究中心，160个一级代理商，28个海外代表处，8个制造基地，致力于为全球客户提供售前、售中、售后、融资租赁等一体化服务。③ 徐工产品国际竞争力不断提高，2017年徐工出口总额为行业第一位，出口增长远高于行业水平。徐工集团的国际化道路，是中国企业"走出去"，进行多领域的全球布局，全面参与全球市场竞争的经典案例，也是国家支持制造业企业向海外拓展，打造一批具有国际领先水平的一流企业的体现。

坚持打造一流人才队伍。一直以来，徐工关注高素质人才的培养，贯通人才培养通道，致力于培养"大国工匠"。徐工在全球范围内拥有6000多

---

① 《习近平总书记体验徐工超级起重机》，徐工集团官网，http://www.xcmg.com/news/news-detail-553992.htm。
② 陆川：《坚守实业 创新有为 精心打造具有全球竞争力的世界一流企业——在中国机械工业联合会四届六次会员大会上的汇报提纲》，《中国机电工业》2018年第3期，第53~56页。
③ 徐工集团官网，http://www.xcmg.com/into/global.htm。

名技术专家，其中中外技术专家 220 多人，高级工以上人员在技能工人中占比过半，此外徐工还拥有优秀的企业家团队和营销团队，在全球范围内有 5000 多名营销服务人员，致力于国内外市场的开拓。为促进人才成长，徐工集团出台《高级技能人才管理实施办法》等一系列人才管理、激励相关文件，打造专业内训师队伍，制定针对性培训办法，以此疏通人才成长通道。结合徐工集团发展经验，培养精益求精的"工匠精神"，引导人才积极发挥在企业发展中的作用，是当代制造业企业发展的重要思路。[1]

深化国企改革。国有企业改革在我国经济体制改革中始终占有重要地位。徐工在推进制造业国有企业改革方面的经验可以归结为两点。一是加强国有企业党的领导。徐工集团作为国有企业，一直以来注重作风建设，狠抓干部作风，打造"有忠诚、有定力、有张力、有担当"的领导队伍，将传统政治优势转换为企业的核心竞争力和改革发展的内生动力。二是做强实业，追求高质量发展。深化国有企业改革的根本目的是培育具有国际竞争力的一流企业，因此要推动制造业转型升级，提高运行效率，把质量第一、效益优先作为发展目标。徐工致力于提高管理信息化水平和生产线自动化、智能化水平，推动企业转型，提升生产效率；强化技术领域创新突破，使产品全面迈向高端，提升供给侧质量；加强海外市场竞争力，以国内重大基础设施建设和海外市场需求共同拉动企业增长。[2] 徐工通过一系列管理和技术创新手段，增强企业核心竞争力，是国有企业改革可以借鉴的重要经验。

（二）三峡工程

1. 事件介绍

2018 年 4 月 24 日习近平总书记对三峡工程进行考察，对三峡工程通航船闸、升船机和左岸发电厂进行实地调研，了解三峡工程建设、发电、水

---

[1]《坚持打造一流人才队伍不动摇》，中国路面机械网，2018 年 1 月 2 日，https://news.lmjx.net/2018/201801/2018010211163703.shtml。

[2]《习近平十九大后首次调研选择江苏为全国改革发展探路》，央视网，2017 年 12 月 14 日，http://news.cctv.com/2017/12/14/ARTIxU5eviskwee62KqcHCCN171214.shtml。

利、通航、生态保护等方面的情况,并在考察过程中强调:"国家要强大、民族要复兴,必须靠我们自己砥砺奋进、不懈奋斗。""大国重器必须掌握在自己手里。要通过自力更生,倒逼自主创新能力的提升。"

2. 事件分析

1992年,全国人民代表大会通过了兴建三峡工程的决议,并成立了中国长江三峡工程开发总公司负责建设三峡工程,该总公司是三峡集团的前身。目前,三峡集团已经成为全球最大的水电开发运营企业和我国最大的清洁能源集团,并与东方电机、哈电集团等企业开展深入合作,扩大中国水电产业全球影响力。选择三峡工程作为考察对象,是我国在新时期对水电机组等装备制造重要领域发展的重视,也是国家对以三峡工程为代表的我国水电工业取得辉煌成就的肯定。

坚持自主创新。水电水利工程装备作为关乎国计民生的"国之重器",在社会经济发展、百姓生活和国家安全方面都具有重要作用,其核心技术由我国自主掌握显得十分重要。在三峡工程等一系列水电工程建设过程中,三峡集团联合东电、哈电等国内制造企业,通过引进、吸收和自主创新,在水电机组等重大装备技术领域逐步赶超国际水平。在三峡工程建设中,三峡集团与国外企业签订了技术转让协议,实现技术的引进吸收,为在此基础上的自主创新奠定了基础;此后哈电集团研制的全空冷700MW水轮发电机和东电集团研发改进的发电机推力轴瓦结构在三峡右岸的机组国际招标中胜出,开始独立设计、制造机组。此后我国国产水电机组的设计、制造和安装能力不断加强,白鹤滩工程中由哈电集团研发设计了单机容量100万千瓦的世界最大巨型水电机组,并且机组的设计、制造、安装、运营全部由国内企业完成,第一次实现完全国产化;向家坝工程拥有全球规模最大、综合技术难度最高的升船机;三峡集团在绝缘技术、通风冷却实验、巨型机组稳定性等方面也已经取得世界领先的核心技术,中国水电行业不断探索世界"无人区"。①

---

① 《用汗水浇灌大国重器》,2018年5月16日,http://baijiahao.baidu.com/s?id=1600636339969432174&wfr=spider&for=pc。

三峡工程背后的中国水电装备自主创新历程，是中国企业自力更生，倒逼自主创新，提升中国企业国际影响力的典型代表，也是我国在重大装备技术领域推动企业掌握关键性技术、逐步提高国产化水平的发展方向的体现。

深入发展国际化。三峡集团联合东电、哈电等企业，紧跟国家"一带一路"倡议，致力于推动中国水电产业链"走出去"。截至2017年，三峡集团旗下海外业务覆盖了美洲、欧洲、亚洲、非洲、东南亚等的40多个国家和地区，在多个国家水电行业具有重要影响力。[①] 国内水电装备制造企业也已经成为全球发电设备主要供应商，东方电机2016年承建的埃塞俄比亚吉布3水电站是中国单个水电设备出口容量最大的项目；[②] 巴西2016年底投运的巴西杰瑞水电机组中左岸22台机组由中国企业东方电机提供，是我国大型水电成套设备第一次大批量进入南美市场。[③] 哈电集团也已经为美国、加拿大、日本等多个国家的26座电站提供了近80台水电机组。[④] 三峡工程背后，以三峡集团为代表的中国水电行业国际化战略是我国企业对外输出理念、技术和产品，争做全球行业领跑者，提高国际影响力的集中体现。

（三）中集来福士

1. 事件介绍

2018年6月13日，习近平总书记考察了中集来福士海洋工程有限公司烟台基地，了解了企业走自主创新发展之路、开展高端海洋工程设备自主设计研发制造情况，重点考察了创造了可燃冰开采时间和产量两项世界纪录的"蓝鲸一号"钻井平台，并表示："发展海洋经济、海洋科研是推动我们强国战略很重要的一个方面，一定要抓好。""基础的、核心的东西是讨不来

[①] 三峡集团官网，http：//www.ctg.com.cn/sxjt/jtgk/_301098/index.html。
[②] 《东方电机：全力打造"中国水电"新名片》，《中国电力报》，2017年4月20日，http：//www.cpnn.com.cn/zdzg/201704/t20170420_968887.html。
[③] 《东方电机提供给巴西杰瑞水电站22台机组投产》，2016年11月18日，http：//www.sohu.com/a/123477592_131990。
[④] 哈电集团官网，http：//www.harbin-electric.com/business1.asp？type_id=2。

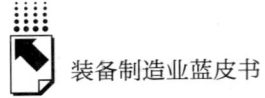

买不来的,要靠我们自力更生、自主创新来实现。"①

2. 事件分析

中集来福士前身是由烟台普泰造船有限公司、胜利油田实业集团公司、新加坡泰山烟台造船私人有限公司投资成立的中新合资公司烟台莱佛士,2008年被中集集团收购,改名为中集来福士。中集来福士是国际领先的船舶及海洋工程建造企业,也是国内最大的半潜式钻井平台制造基地。中集来福士作为中国深水海洋工程领域的代表企业,被作为考察对象,体现了国家对重大装备制造业发展的高度重视,以及对制造业企业自主创新的强调。②

专注技术探索和创新。中集来福士在海洋工程领域走出了一条从无到有,从赶超到领先的技术创新路径。2010年以前,中国在深水平台领域的自主设计和建造仍然处于空白。经过十年的技术探索,目前来福士已经实现生产平台、生活平台、拆解平台的100%自主设计,拥有海内外专利400余件。中国企业自升式平台的建设已经可以实现80%的国产化率,由此中国也成为世界最大的自升式平台建造国;在半潜式平台建造领域,中集来福士也已达到世界先进水平,占全球市场份额约为25%。2017年交付的"蓝鲸1号"超深水半潜式钻井平台是全球作业深度最深,钻探深度最深的半潜式钻井平台,并在连续产气时间和采气总量两项上打破世界纪录,适用于全球深海作业,"蓝鲸1号"配备了全球领先的最高级别闭环动力定位管理系统(DP3),攻克了多项工艺难关,代表了世界海洋半潜式钻井平台设计建造的最高水平。③ 中集来福士的自主创新历程,也代表了中国深水海洋工程的进化历程,中集来福士是国有企业承担社会责任,设立高远目标,勇于在高端装备制造领域的空白进行开拓和探索的典范。

---

① 《习近平冒雨考察海洋工程设备制造基地》,新华网,2018年6月14日,http://www.xinhuanet.com/politics/leaders/2018-06/14/c_1122984117.htm。
② 《总书记考察的中集来福士到底是家什么样的企业?》,2018年6月15日,https://www.sohu.com/a/235923867_654165。
③ 《"蓝鲸1号"半潜式钻井平台助力我国首次成功实现海底可燃冰开采》,工信部,2017年7月10日,http://www.miit.gov.cn/n1146285/n1146352/n3054355/n3057585/n3057597/c5720710/content.html。

打造国际化海工企业。中集来福士是国内外布局最为完善的海洋工程企业，也是国内唯一具备海外总装交付经验的海洋工程企业，其国际化战略可以分为企业研发的国际化和产品的国际化。中集来福士目前在瑞典、上海和烟台拥有三个研发中心，收购了瑞典和挪威两家知名海工设计公司，搭建了中欧互动的研发技术平台，促进技术创新。在产品国际化方面，自主设计建造的半潜式平台、自升式平台都已经走向全球。在自升式平台领域，中集来福士已交付11座自升式平台，分布在波斯湾、里海和渤海作业。① 在半潜式平台领域，截至2017年，中集来福士累计向全球客户交付了9座半潜式钻井平台，占中国交付总数的80%以上，进入全球深水海洋工程装备领域的第一梯队。中集来福士的深水钻井平台在墨西哥湾、巴西湾、挪威北海等全球各大海域作业，并在全球范围内获得高度评价，其中三座在挪威北海作业的极地作业平台多次被评为"最佳平台"，是全球少数、中国唯一可以在极地作业的半潜式钻井平台；4座在巴西深海作业的半潜式平台在巴西同类平台中排名第一。中集来福士的全球业务扩展，是中国企业在全球高端装备制造领域占领新的高峰，在全球经济发展中扮演更重要角色的体现，也是中国发展建设海洋强国的有力支撑。

二 装备制造业取得多项重大突破

（一）墨子号卫星完成三大实验任务

1. 事件介绍

2017年8月10日，中国科学技术大学研究团队宣布，全球首颗量子科学实验卫星"墨子号"完成了量子纠缠分发、量子密钥分发、量子隐形传态三大科学实验任务。继1200公里超远距离量子纠缠分发成果发表在《科学》杂志上之后，研究团队利用"墨子号"量子科学实验卫星，在国际上

---

① 中集集团官网，www.cimc.com/。

首次成功实现了从卫星到地面的量子密钥分发和从地面到卫星的量子隐形传态,并将实验成果刊登在《自然》杂志上。①

2. 事件分析

"墨子号"完成的三大科学实验任务,对于量子通信和量子科技未来发展具有重要意义。其中量子纠缠分发是将一对有"感应"的量子分置于两地,"墨子号"完成了世界上首次实现千公里级的量子纠缠实验,实现了纠缠分发技术在精度上的突破,为未来开展大尺度量子网络和量子通信实验研究,以及开展外太空广义相对论、量子引力等物理学基本原理的实验检验奠定了可靠的技术基础。② 量子密钥分发通过量子态的传输,在遥远两地的用户共享无条件安全的密钥,利用该密钥对信息进行一次一密的严格加密,是目前人类唯一已知的不可窃听、不可破译的无条件安全的通信方式。这一成果为构建覆盖全球的保密通信网络奠定了技术基础,以星地量子密钥分发为基础,将卫星作为可信中继,可以将量子密钥分发的覆盖范围扩展到全球。③ 地星量子隐形传态实验则为未来开展空间尺度量子通信网络研究、空间量子物理学和量子引力实验检验等前沿研究奠定了可靠的技术基础。

"墨子号"卫星完成的重大实验工作,为建立全球化的量子通信网络、开展空间量子物理学和量子引力试验检验等前沿领域研究奠定了基础,有力推动了量子通信从理论向实际应用的转变,使中国在量子通信国际研究和量子科技创新领域占据全面的领先地位,成为全球领跑者。

(二)全球最大水陆两栖飞机 AG600 首飞成功

1. 事件介绍

2017年12月24日,由中国航空工业集团公司自主研制的我国首款大

---

① 《"墨子号"抢占量子科技制高点实现"领跑者"转变》,《人民日报》(海外版)2017年8月10日。
② 《中国"墨子号"成为信息安全"终极武器"的基础》,2017年6月19日,百家号,https://baijiahao.baidu.com/s?id=1570350989687854&wfr=spider&for=pc。
③ 《"墨子号"完成三大实验任务 中国量子通信领跑世界》,2017年8月10日,观察者,https://www.guancha.cn/industry-science/2017_08_10_422198_1.shtml。

型灭火/水上救援水陆两栖飞机"鲲龙"AG600在珠海金湾机场起飞,并成功完成首飞任务。AG600飞机于2009年6月启动研制,2016年7月23日正式完成总装下线,在首飞成功后将进入试验试飞阶段,并计划于2018年下半年进行水上首飞。①

2. 事件分析

AG600是我国首次按照中国民航适航规章要求自主研制的大型特种用途飞机,是国家应急救援体系建设急需的重大装备。AG600是目前世界上最大吨位的水陆两栖飞机,最大起飞重量53.5吨,最大航程超过4000公里,具有水陆两用、装载量大、航程远、升限适中、速度范围广、超低空飞行性能好等诸多特点。在森林灭火任务中,AG600在20秒内可一次汲水12吨,单次投水救火面积可达4000余平方米,可在水源与火场之间多次往返投水灭火。在水上救援中,AG600水上救人单次可救50人,飞行速度是救捞船舶航行速度的十倍以上,能够极大缩短救援时间。此外,AG600还能够应用于火情监测、海洋权益维护、海洋监测等诸多领域,应用前景广泛。②

AG600的首飞成功,是我国航空工业特种用途飞机研制能力取得重大突破的体现,也是在C919大型客机首飞成功后我国民用航空工业发展的又一重大突破。③ AG600研发攻克了多项技术难关,我国水面飞行器的研发设计和制造能力在此过程中得到全面提升,能够促进大型水陆两用飞行器研制进程,填补国内相关领域研制空白,形成具有自主知识产权的研发技术体系,提升我国包括水上飞机、水陆两栖飞机、地效飞机等在内的水面飞行器的设计和制造能力。

---

① 《鲲龙振翼,拥抱海空——大型灭火/水上救援水陆两栖飞机AG600首飞成功》,2017年12月24日,工信部装备工业司,http://www.miit.gov.cn/n1146285/n1146352/n3054355/n3057585/n3057593/c5978704/content.html。
② 《中国制造全球最大水陆两栖飞机AG600首飞成功》,央视新闻,2017年12月23日,http://mil.news.sina.com.cn/china/2017-12-24/doc-ifypvuqf5174479.shtml。
③ 《中共中央 国务院对AG600首飞成功的贺电》,2017年12月24日,工信部,http://www.miit.gov.cn/n1146290/n1146392/c5979230/content.html。

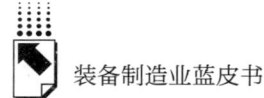

此外,AG600研发制造过程中形成了"主承制商—供应商"模式,全机5万多个零部件中98%由国内供应商提供,机载成品95%以上为国产产品,有力带动了国内民用航空装备制造业企业发展和民用航空体系建设,对我国民航产业发展具有重要意义。①

(三)哈电汽轮机自主研发完全国产化核电技术

1. 事件介绍

2018年5月19日,由哈电汽轮机自主研发的VVER-1000核电汽轮机——田湾核电二期工程3号机组完成了性能考核试验,在反应堆功率为每小时3012兆瓦的条件下,机组出力达到1136兆瓦,大大高于田湾一期工程俄制机组,机组的振动、胀差、位移、偏心、瓦温等指标全部优秀,运行平稳。②

2. 事件分析

田湾核电站二期工程3号机组应用哈电汽轮机完全自主研发的VVER-1000核电技术。哈电汽轮机自2012年起开始进行田湾二期工程的设计方案研究,最终完成了包括32个子报告的设计报告,涵盖核电汽轮机总体设计、主要部件设计、辅助系统设计在内的11个方面,其中在适用于VVER堆型的核岛与常规岛的控制系统无缝对接、半转速核电汽轮机研制、TG设备和辅助系统三维布置、常规岛系统设计和布置、弹性基座模式等方面均为国内首创,填补了国内相关领域技术空白,打破了部分领域依靠国外技术的局面,并在此过程中实现了蒸汽冲转、一键启动、首次并网和满功率连续运转考核四个"一次成功",侧面印证了哈电汽轮机自主研发核电技术的可靠性。哈电汽轮机VVER-1000核电技术的成功研发,是中国企业吸收引进先进技术,并进行转化、吸收,再到自主创新、实现行业引领的典范。③

---

① 《厉害了!国产大飞机AG600今年将在湖北水上首飞!》,2018年3月16日,http://news.cnhubei.com/xw/jj/201803/t4083172.shtml。
② 《哈电汽轮机自主研发完全国产化核电技术跻身世界第一方阵》,《中国工业报》2018年6月8日,第4版。
③ 《多项技术国内首创 实现四个"一次成功" 哈电汽轮机核电技术跻身世界第一方阵》,《黑龙江日报》,2018年7月6日,http://hlj.ifeng.com/a/20180706/6706514_0.shtml。

此外，田湾核电站二期工程 3 号机组也是国内首台在研发制造、项目规划、管理、建设等领域实现国产化并拥有自主知识产权的核电站，在此过程中，我国在核电机组研发制造方面积累了丰厚经验，机组的成功发电标志着中国在百万等级核电汽轮机领域具备了国产化能力，是我国核电常规岛技术发展的重大突破。

（四）沈鼓"十万空分"机组通过鉴定

1. 事件介绍

2018 年 4 月 26 日，国内首台 10 万立方米等级空分装置用空气压缩机产品鉴定会在北京组织召开，经过由大连理工大学校长郭东明院士、西安交通大学副校长席光教授等 11 位国内外专家组成的鉴定委员会分析讨论，认为沈鼓集团十万空分机组填补了国内空白，打破国外技术垄断，机组整体性能达到了国际先进水平，部分性能达到国际领先水平。①

2. 事件分析

大型空分压缩机是为石油化工、煤化工、冶金等行业提供动力的核心设备，十万等级的大型空分压缩机技术复杂，制造工艺难度大，多年来被国外少数企业垄断，我国在此类装备上依赖国外技术。沈鼓集团作为中国大型空分压缩机的领军企业，自 2002 年起就开始了 2 万～12 万等级的空分压缩机研发，2013 年依托神华宁煤 400 万吨/年煤炭间接液化项目，开展了国内首套十万等级空分压缩机组的研制工作，在此过程中攻克了叶轮直径大、效率低等一系列技术难关，首创了空气压缩机"轴流+离心"共轴结构，多轴多级齿轮的增压机组装结构，② 开发了大毂比三元流动叶轮基本级、小毂比三元流动半开式和闭式叶轮基本级，实现了一键式启车、黑屏式稳定运行，

---

① 《沈鼓"十万空分"机组通过鉴定：这是国产化历史性突破！》，2018 年 4 月 26 日，沈鼓集团官网，http：//www.shengu.com.cn/article_read_686.html。
② 《新华社：中国"10 万大空分"核心技术实现自主化突破》，2018 年 4 月 28 日，沈鼓集团官网，http：//www.shengu.com.cn/article_read_697.html。

打造了煤化工领域最高端的压缩机组产品,填补了国内相关技术空白。① 沈鼓集团在大型空分压缩机领域的持续自主创新,为大型煤化工核心设备装上了"中国芯",是中国企业积极承担社会责任,勇于突破和超越的典范。

沈鼓集团"十万空分"压缩机组是我国重大装备领域的又一项重大突破,实现了十万等级空分设备用压缩机组的国产化,打破了国外企业技术垄断,实现了空分装置系统的国产化集成创新和关键技术突破,并在大型空分压缩机领域达到世界先进水平。同时,"十万空分"压缩机组的国产化能够为国家和用户节省大量资源投入,对于保障国民经济安全具有重要意义。

三 军民融合推动装备制造业高质量发展

(一)军民融合政策回顾

2015年3月习近平总书记在十二届全国人大三次会议上,第一次明确提出把军民融合发展上升为国家战略,此后我国军民融合进入快速发展阶段。2017年1月成立了中央军民融合发展委员会,由习近平总书记任主任,负责中央层面军民融合发展重大问题的决策和议事协调,统一领导军民融合深度发展。2017年以来,我国军民融合相关政策密集发布,着眼总体要求、重点发展领域、管理制度和机制等多个角度,促进"军转民""民参军"有效推进落实。

表1 2017~2018年军民融合相关政策

发布时间	发布单位	政策名称	主要内容
2017/4/12	科技部、中央军委科学技术委员会	《"十三五"科技军民融合发展专项规划》	规划部署了七方面16项重点任务,并要求到2020年,基本形成军民科技协同创新体系,推动形成全要素、多领域、高效益的军民科技深度融合发展格局

---

① 《沈鼓集团自造十万空分装置压缩机组 这大家伙牛在哪儿,看完您就懂了》,2018年4月28日03版,沈阳晚报,2018年4月26日,第3版。

续表

发布时间	发布单位	政策名称	主要内容
2017/6/22	国防科工局	《2017年国防科工局军民融合专项行动计划》	《计划》提出推动重点区域军民融合率先突破、推动军工开放发展、壮大军工高技术产业、强化军民供需对接机制、夯实军工自主发展基础、加强核应急能力建设等六个方面30条重点行动计划
2017/9/11	工信部等	《军用转民用技术推广目录》	《目录》围绕新一代信息技术、智能制造、高端装备、新材料、新能源与环保、应急救援及公共安全等六个领域,遴选出150项"军转民"技术成果,从而促进优秀技术成果转化落地
2017/11/7	国防科工局	《军工技术推广专项奖励性后补助实施细则(试行)》	《细则》规范军工技术推广专项项目的要求、申报、奖励办法、审查、公示监督等工作细则进行明确,旨在奖励性后补助管理,切实发挥中央财政资金的引导作用,促进军工技术转化应用
2017/11/22	工业和信息化部等	《关于发挥民间投资作用推进实施制造强国战略指导意见》	《意见》提出,支持民营企业参与军民两用技术联合攻关,支持军民技术相互有效利用,促进军民融合发展。引导优势民营企业进入军品科研生产和维修领域,鼓励支持民营企业参与军民融合发展
2017/11/23	国务院办公厅	《国务院办公厅关于推动国防科技工业军民融合深度发展的意见》	《意见》针对推进国防科技工业提出总体要求,并在进一步扩大军工开放、加强军民资源共享和协同创新、促进军民技术相互支撑和有效转化等七个方面提出意见
2018/1/12	国防科工局	《军工科研项目指南公开发布规程》	《规程》旨在完善科技需求信息发布共享制度,充分利用全社会优势资源,激发国防科技创新活力。规程涵盖了指南发布原则、发布内容、发布渠道、发布程序等内容,明确要进一步扩大指南发布范围,实现由单一定向发布向公开发布转变,确保指南公开发布的程序规范和信息公开

续表

发布时间	发布单位	政策名称	主要内容
2018/3/2	中央军民融合发展委员会	《军民融合发展战略纲要》	《纲要》明确了军民融合发展的战略目标、战略任务和战略举措。强调要准确把握军民融合发展战略任务，推进基础设施统筹建设和资源共享、国防科技工业和武器装备发展、军民科技协同创新、军地人才双向培养交流使用、社会服务和军事后勤统筹发展、国防动员现代化建设、新兴领域军民深度融合
2018/3/2	中央军民融合发展委员会	《国家军民融合创新示范区建设实施方案》	《方案》提出探索新路径新模式，形成可复制可推广的经验做法；将顶层统筹推进和地方主动探索相结合，高起点谋划、高标准实施、高质量建设、高效率推进，着力在体制机制创新、政策制度创新、发展模式创新等方面树立标杆
2018/4/28	国防科工局	《国防科技工业强基工程军工智能制造专项行动计划项目指南（第一批）》	《指南》重点针对武器装备研制生产特点和军工行业智能制造基础前沿技术发展需求，发布3个方面共23个项目研究方向。旨在贯彻落实军民融合发展战略和创新驱动发展战略，充分调动全社会优势力量资源参与军工智能制造科研任务
2018/6/23	科技部、国家发展改革委等	《促进国家重点实验室与国防科技重点实验室、军工和军队重大试验设施与国家重大科技基础设施的资源共享管理办法》	《办法》明确了管理职责、信息互通机制和渠道、资源开放办法、系统创新机制和评价考核体系等国家重点实验室与国防科技重点实验室、军工和军队重大试验设施与国家重大科技基础设施相关管理办法，以促进军民融合、资源共享和协同创新
2018/7/3	国防科工局	《国防科技工业强基工程基础研究与前沿技术项目指南（2018年）》	《指南》以增强国防基础前沿技术储备、提升国防科技工业自主创新能力为目标，重点发布包括智能探测识别与自主控制、脑机智能与生物交叉等在内的6个主题、17个重点任务和24个培育方向

(二)军民融合推动装备制造业发展

1. "北斗"卫星系统

2017年,我国计划服务于全球范围的"北斗三号"开始启动。2017年11月5日,我国利用长征三号乙运载火箭以"一箭双星"方式发射了北斗三号第一和第二颗组网卫星。[①] 2018年8月25日,又成功发射了北斗三号全球系统第十一颗、第十二颗组网卫星,也是第三十五颗、第三十六颗北斗导航卫星。[②]

北斗导航系统是军民融合中国防科技在民用领域进行应用的典型。"北斗"最初是我国在1994年起着手研发的防空系统,2000年发射第一颗试验卫星,开始用于军事用途。从2011年起,北斗系统开始逐步推广向民用开放。我国北斗系统有短报文能力,抗遮挡能力强,随着其覆盖更加广泛化,能够有效提高各行业的信息化和智能化水平。目前我国北斗卫星已经在道路交通、铁路、测绘、授时同步、渔业、航运、航空、林业、农业等多个领域开展应用。北斗已经成为全球第四大导航系统,到2020年将面向全球提供个人位置服务;在气象应用方面能够提升天气分析预测水平,提高气象防灾减灾能力;通过在车辆上安装导航接受机和数据发射机,可以对车辆进行全方位监控,提高道路交通管理能力;在海运和水运方面,北斗系统可以在各类天气条件下为船舶提供导航定位服务和安全保障等等。[③]

在北斗系统的创新研发和建设过程中,也有许多民营企业的身影。例如,珠海欧比特控制工程股份有限公司自主研发设计的SIP三维立体封装同

---

① 《北斗一号、北斗二号、北斗三号,还在傻傻分不清?》,2018年7月23日,军事科技前沿网,http://junshi.gmw.cn/2018-07/23/content_30028966.htm。
② 《中国"一箭双星"成功发射北斗三号全球系统两颗组网卫星》,中新网,2018年8月25日,http://www.chinanews.com/gn/2018/08-25/8610025.shtml。
③ 《【军民融合话北斗】北斗系统,如何应用?》,2018年5月10日,军事科技前沿网,http://junshi.gmw.cn/2018-05/10/content_28714908.htm。

步动态随机存储器（SDRAM），就应用在北斗三号卫星中；① 振芯科技是北斗芯片的主要供应商，其自主研制的第一片抗辐照四核片上系统芯片SoC2012，代表了当前国际最高水平。② 北斗三号卫星在导航卫星专用平台、更高精度原子钟、Ka 频段星间链路等创新应用，同时卫星的电子系统核心部件实现全部国产化，这些都依靠包括民企在内的众多厂家协力合作。③ 目前多家参与北斗事业的企业，已初步形成了从芯片、模块、终端到应用系统等全产业链产品体系。

北斗系统应用服务于众多民用领域，惠及国计民生，而民营企业在其中的广泛参与也是北斗系统进行高水平自主创新和实现国产化的有力支撑，北斗系统是典型的军民融合系统，兼具"军转民"和"民参军"的实践，是我国推行军民共建共用、以军促民、以军融合的代表。

2. "天舟一号"货运飞船

2017 年 4 月 20 日，"天舟一号"货运飞船在我国文昌航天发射场发射成功。这是"天舟"货运飞船和长征七号运载火箭组成的空间站货物运输系统的首次试飞实验，④ "天舟一号"的主要任务是为在空间站工作生活的航天员运送物资，并进行物品回运处理，以及为空间站补加推进剂等，其顺利升空为未来我国建设运营空间站奠定了基础。

"天舟一号"是我国拥有自主知识产权的首艘货运飞船，聚集着许多中国科研院所、企业的自主创新成果。"天舟一号"具有载货 6 吨的货运能力，载货比达到 0.48，达到世界先进水平，具备独立飞行 3 个月的能力，其太空加注推进剂能力使我国成为继俄罗斯之后第二个掌握推进剂在轨补加

---

① 《解读"2017 中国军工榜"——怎样有效提升军工企业与优势民企的融合度》，2018 年 2 月 2 日，《解放军报》第 8 版。
② 《扬眉吐气，北斗三号从芯片到系统全部实现了国产化》，2018 年 2 月 23 日，http：//www.sohu.com/a/222631328_550699。
③ 《谢军：北斗三号卫星的创新和技术特点》，2017 年 11 月 5 日，http：//www.beidou.gov.cn/yw/xwzx/201712/t20171226_11012.html。
④ 《天舟一号货运飞船发射取得圆满成功》，人民网，2017 年 4 月 20 日，http：//scitech.people.com.cn/n1/2017/0420/c1057-29225510.html。

技术的国家。此外,"天舟一号"还应用了快速对接、高压锂电、千兆光网等一系列航天新技术,代表我国航天技术水平的新突破。[1]

"天舟一号"发射成功是军民融合民参军的重要成果,诸多民营企业参与了飞船项目研发与配件供应。"天舟一号"采用了秦皇岛星箭特种玻璃有限公司生产的抗辐照玻璃盖片,玻璃盖片针对"天舟一号"在玻璃抗辐射强度、柔韧性等方面进行了改进,以保证太阳能电池的光电转换效率,确保飞船正常运行;[2] 天舟货运飞船的燃料保温系统涂装设备、喷涂工艺来自浙江明泉工业装备科技股份有限公司,明泉公司用半年多时间研发了全自动"机械手臂"技术,以更满足航天设备的高要求;天舟实现推进剂在轨补加功能的关键引线之一由宁波东盛集成电路元件有限公司生产提供;[3] 天津盛丹电子技术公司为"天舟一号"项目研发了涡轮流量计预处理仪、SD110精密恒流源、热敏电阻温度变换仪等多种测试仪器设备,满足航天设备精确测量低温介质温度,打破了国外技术封锁;[4] 广东四会互感器有限公司则为"天舟一号"保障发射中心供电系统提供了自主研发的高原型互感器,其产品在多项航天任务中运行良好。[5] 民营企业供应商的参与是"天舟一号"实现核心部件的完全国产化的重要支撑,军民共建、以民促军在我国航天工业发展进步中得到了充分体现。

3. "大智号"智能船舶

2017年11月28日,中船Idolphin 38800吨智能散货船交付,被命名为"大智号",是世界首艘智能船舶,也是首艘民用散货船,其技术性能达到

---

[1] 《天舟一号:自主创新成就"中国奇迹"》,中国专利网,2017年7月12日,http://www.cnpatent.com/article.asp?id=207。
[2] 《天舟一号高强度柔性抗辐照玻璃盖片秦皇岛造》,中新网,2017年4月21日,http://www.chinanews.com/tp/hd2011/2017/04-21/734687.shtml。
[3] 《天舟一号上的浙江印记》,浙江新闻,2017年4月21日,http://zjnews.zjol.com.cn/zjnews/hznews/201704/t20170421_3493628.shtml。
[4] 《苏丹:做好中国航天民营供应商》,《科技日报》2017年4月25日,http://www.xinhuanet.com/science/2017-12/25/c_136851220.htm。
[5] 《广东制造助力天舟一号》,新华网,2017年4月21日,http://www.xinhuanet.com/local/2017-04/21/c_129559831.htm。

世界领先水平。①

民用船舶发展事关国计民生和经济发展，智慧船舶作为船舶工业的新发展方向，对于降低船舶故障率、提高船舶安全性和经济性具有重要意义。国家高度重视船舶工业发展，2017年工信部等部委印发《船舶工业深化结构调整加快转型升级行动计划（2016—2020年）》，提出促进船舶工业领域军转民、军民两用技术的科研工作，支持军民技术双向转化，提高我国海洋工程装备与高技术船舶国际市场份额。②

"大智号"的成功交付即受益于军民融合发展战略。"大智号"由中船集团旗下包括上海船舶研究设计院在内的多个单位联合LR、CCS共同研制建造，中船集团是我国船舶工业龙头军工企业，"大智号"的设计建造集成了我国在军用船舶领域的研发经验，也集结了军用船舶领域和信息技术领域的专业研发团队，在此基础上"大智号"才得以实现在全球范围内的性能领先。在"大智号"研发制造过程中，研发团队贯通了智能船舶总体设计、总装建造、关键设备、标准规范四大领域的科研和实践工作，安装了世界第一个可以自主学习的船舶智能运行与维护系统（SOMS），还安装了我国自主研制的首套智能主机遥控系统，使"大智号"能够实现诸多智慧功能，包括：实现航运路线、海洋环境、卫星导航信息的收集和分析，并提供路线建议；通过船舶健康管理系统对设备故障进行预警和辅助排除解决；通过实时监控和智能分析降低能源消耗等。③

此外，同样作为军用船舶领军企业的中船重工集团也积极参与军转民，基于多年军品研制的技术积累和资源优势，在2017年交付了国内最为先进的"海洋地质九号"综合物探调查船、"海洋地质十号"综合地质调查船、

---

① 《"大智"不愚还很聪明！中船集团建造全球首艘智能船命名交付！》，2017年11月28日，http://www.sohu.com/a/207320773_99904272。
② 《六部门关于印发〈船舶工业深化结构调整加快转型升级行动计划（2016—2020年）〉的通知》，2017年1月12日，工信部，http://www.miit.gov.cn/n1146295/n1652858/n1652930/n3757018/c5459940/content.html。
③ 《弯道超车！标志中国引领智能航运时代到来的"大智"号多厉害？》，2017年12月6日，http://www.sohu.com/a/213910806_224787。

"淞航"号远洋渔业资源调查船等服务于民用领域的船舶装备。[1]

包括"大智号"在内的民用船舶,不仅服务于经济发展和人民生活,也同样为军用船舶技术发展提供了宝贵经验,船舶工业发展是军用技术向民用转化,军民两用技术协同发展的典型代表。

4. 军用船舶:国产航母和万吨级驱逐舰

近年来,我国军用船舶进入快速发展阶段,成果众多。我国首艘国产航母001A型航空母舰于2017年4月26日下水,2018年5月13日进行了首次试航;2017年6月28日055型万吨级驱逐舰在上海江南造船厂成功下水,2018年8月24日进行首次海上测试,我国海军装备体系得到进一步完善。

新型航母和驱逐舰在研发制造过程中均取得了许多技术突破,对于我国海军装备体系完善和国家安全具有重要意义。首艘航母由我国自主设计制造,相比此前的辽宁舰等进行了诸多改进,采用了创新的滑跃起飞、拦阻降落的起落方式,满足性能更强的飞机使用需求。虽然首艘国产航母在整体水平上距世界先进水平仍存在一定差距,但其所有设备均为国产,我国也成为世界上第七个有能力独立制造航母的国家。[2] 055型驱逐舰是完全由我国自主研制的新型万吨级驱逐舰,在其研制过程中突破了大型舰艇设计、总装建造、信息集成等关键技术,新型驱逐舰相比以往驱逐舰具有吨位大、信息化水平高、火力更强的特点,具备较强的侦查、预警、反导、防空、反潜、打击能力,更适合作为航母护卫舰艇。在正式服役时将加入航母编队,对于保护航母安全、提升我国海军装备水平具有重要意义。[3]

首艘国产航母和新型万吨驱逐舰均由中船重工集团旗下七¡一所联合众

---

[1] 《中船重工:民营企业也能造航母 国产航母军民融合率接近80%》,《湖北日报》2018年2月4日第5版。

[2] 《我首艘国产航母到底什么水平?所有设备全产自中国》,2018年4月23日,新浪网,http://mil.news.sina.com.cn/china/2018-04-23/doc-ifzqvvsa0446529.shtml。

[3] 《我国新型万吨级驱逐舰首舰下水 系完全自主研制》,《解放军报》2017年6月28日,http://mil.huanqiu.com/china/2017-06/10908352_2.html。

多科研单位和企业共同制造,其中有许多民营企业的身影,是军民融合的突出成果。首艘国产航母主要设备来自全国500多家单位,其中多数是非军工民营企业。① 例如,从辽宁舰开始,航母中所用的阻拦索就由河北徐水巨力集团研发生产,打破了当时美俄的技术垄断,解决了一个航母生产难题。② 中国亚星锚链集团研发的锚链也打破了欧美垄断,并研发出 R6 级锚链专供航母等大型海上军用、工程设备。③

我国船舶工业是军民融合深入发展的领域之一,包括首艘国产航母、万吨级驱逐舰在内的众多重大军用装备突破均受益于军民融合发展战略,民营企业在军品研发制造中发挥了关键作用,以民促军对于保障我国国防安全、完善军用装备体系而言具有重要意义。

四 多个地区加快装备制造业发展

(一)上海

1. 上海装备制造业发展现状

近年来,上海装备制造业发展依然保持快速增长。2017 年上海市装备制造业总产值 13418.11 亿元,占全市规模以上工业总产值的 39.5%,总产值同比增长 12.1%,高出全市工业平均产值增幅约 5.3%;2018 年上半年装备制造业总产值 6835.08 亿元,同比增长 10%,高于全市工业产值平均增幅约 4.8%。④

---

① 《中船重工:民营企业也能造航母 国产航母军民融合率接近 80%》,《湖北日报》第 5 版,2018 年 2 月 4 日,http://www.sohu.com/a/220881411_115427。
② 《航母最贵绳索竟然来自民营企业,除了中国仅有两国能造》,2018 年 8 月 12 日,http://dy.163.com/v2/article/detail/DP01S2NB053518BT.html。
③ 《亚星打破欧美垄断,R6 级锚链专供航母:国产航母的锚链我来捐!》,2017 年 11 月 22 日,www.sohu.com/a/205950364_99984332。
④ 上海市经济和信息化委员会网站,《上海装备产业去年增长势头强劲同比增长 12.1%》,2018 年 3 月 1 日,http://www.sheitc.gov.cn/zxxx/676788.htm。

上海在汽车制造、智能制造和能源装备制造等领域具有优势，并形成了若干重点园区。例如，临港是国家高端装备制造业重点基地，建成了发电及输变电设备、海洋工程、船舶制造、航空装备、物流装备、工程机械装备等产业集群，汇集了上汽集团、中国商飞、中船集团等一系列装备制造业重点企业驻扎。金桥经济技术开发区主要为智能装备产业和半导体制造设备产业，拥有新松协作机器人、中微半导体等国内外知名装备制造企业；[1] 康桥工业园区具有完备的机器人产业链，集聚了ABB、昂华自动化等国内外知名机器人企业，还聚集了众多医疗器械、汽车零部件等领域装备制造业企业。[2]

总体来看，装备制造业是上海工业发展的重要支撑，上海也在装备制造业领域具有较大优势，聚集了一大批装备制造业核心企业，形成了若干产业园区，并产生了许多核心技术成果。

2. 加快装备制造业发展

上海市为进一步加快装备制造业发展，发挥其在经济增长、科技创新领域的带动作用，采取了一系列措施，包括出台政策文件、利用专项资金进行项目支持、建立产业园区等等。

出台针对性政策文件。2017年2月23日上海市经济和信息化委印发了《上海促进高端装备制造业发展"十三五"规划》，以促进高端装备制造业发展和转型升级，并明确上海要推动高端装备制造业创新发展，加强高端装备整机和关键部件、核心部件的突破，承担更多国家装备制造业战略任务，确定了包括智能制造装备、高端能源装备在内的八个重点发展领域和各领域主要发展任务。[3]

---

[1] 上海市浦东新区政府网，《浦东打造高端装备制造业产业集群》，2017年4月27日，http://pdxq.sh.gov.cn/shpd/news/20170427/006001_826c3d5f-1440-46ef-869e-0faec3fa9263.htm。

[2] 上海市政府网，《浦东康桥工业开发区介绍》，http://www.shanghai.gov.cn/nw2/nw2314/nw2318/nw9364/nw23129/nw23136/。

[3] 上海市政府网，《上海促进高端装备制造业发展"十三五"规划》（沪经信装〔2017〕85号），2017年2月27日，http://www.shanghai.gov.cn/nw2/nw2314/nw2319/nw12344/u26aw51395.html。

设立专项资金支持项目。为促进高端装备制造业发展，鼓励技术创新和首台突破，上海市政府每年组织"高端智能装备首台突破和示范应用专项资金项目"，2017年对36个项目给予合计20869万元的资金支持，[①] 2018年给予38个项目合计20722万元的资金支持。[②] 在专项资金支持下若干项目取得突破，包括：国核自仪系统工程有限公司研制的第三代核电站专项检测系统，达到国际先进水平，有助于提高我国核电厂设备国产化率；[③] 上海电气集团股份有限公司研制的高温双罐熔盐储热系统，是太阳能热发电关键设备，在运行温度等诸多关键性能指标上达到国内先进水平；[④] 上海电气富士电机电气技术有限公司研发的"高效智能动力包系统"是动力系统整体解决方案领域的重大突破，在效率优化、振扭抑制等技术上处于国内领先水平，并已成功实现产业化。[⑤]

建设众多装备制造业领域园区、平台。国家级制造业创新中心"海洋工程装备制造业创新中心"确定落户上海临港，并于2017年底签订出资人投资协议。创新中心涵盖了我国航空领域"产学研用融"全产业链的核心骨干企业和半数以上的国家级创新平台，致力于促进海洋工程领域技术创新、应用转化、人才培养、智库建设和国际交流。[⑥] 除此之外，2017年4月27日，"环同济创智城"园区项目正式启动，预计未来建设清洁能源汽车园区、汽车智能化产业园等在内的6个园区，并与同济大学、中国工程院等单位合作，汇集人才资源，致力于推动汽车产业的研发设计、软件开发和高端制造。目前，已有16个汽车产业相关项目在园区内落地，涉及新能源汽车创新设计、新能源动力总成系统等装备制造领域。[⑦] 2017年，重型燃机、海

[①]《2017年上海市高端装备首台突破和示范应用专项资金拟支持项目公示》2017年6月8日，上海市经信委。

[②]《2018年上海市高端装备首台突破和示范应用专项资金拟支持项目公示》2018年6月21日，上海市经信委。

[③]《我国首套第三代核电站专项监测系统研制成功，达到国际先进水平》，2017年5月12日。

[④] 上海研制成功太阳能热发电关键设备高温双罐熔盐储热系统，2017年7月12日。

[⑤] 上海"高效智能动力包系统"成功推向市场实现产业化，2017年7月18日。

[⑥] "海洋工程装备制造业创新中心"出资人投资协议在沪签订，2017年12月16日。

[⑦]《投资40亿的16个项目在嘉定安亭落地，"环同济创智城"中新建能源汽车产业园》，2018年6月24日，上海新闻网，https://www.jfdaily.com/news/detail?id=94142。

尔智谷、蔚来汽车、齐耀重工、上汽通用等一大批重点企业和项目相继入驻上海，继续推动装备制造业产业集群发展。

（二）天津

1. 天津装备制造业发展现状

天津市是我国装备制造业重要基地，在汽车制造、轨道交通、航空航天装备、发电和输变电装备、海洋工程装备等领域均有重要地位。近年来装备制造业稳定增长，2017年装备制造业增加值增长3.6%，占规模以上工业的35.6%。

天津市装备制造产业发展取得显著成效，汇集了一批优质装备制造业企业，已经形成了经济技术开发区、临港经济区、北辰经济技术开发区、空港工业园区等一系列装备制造业产业园区。其中，武清区聚焦智能制造，形成了武清机器人产业园区，引进了鼎奇主轴、天瑞博科技、辰星自动化、纳恩博科技等多个国家重点机器人科技成果转化项目；天津空港经济区航空产业示范基地则形成了航空航天装备产业集群，拥有以空客天津总装线、新一代运载火箭产业化基地等龙头项目和美国古德里奇、PPG、中航工业直升机、海南航空等海内外知名企业；临港经济区形成了海洋工程装备制造企业集群，聚集了博迈科、太重滨海、新港船舶等海洋工程装备和船舶制造龙头企业。天津节能与新能源汽车及其零部件制造产业主要聚集在高新技术开发区，汇集了明阳、维斯塔斯、力神等国内外企业，形成了比较完备的风电设备制造和新能源产业链；天津经济技术开发区等园区也形成了汽车产业基地，聚集了一汽丰田、一汽大众、长城汽车、大众变速器等汽车企业和零部件制造企业。

2. 加快装备制造业发展

天津市为进一步加快装备制造业发展采取了诸多措施，包括出台一系列指导性政策文件，大力吸引装备制造优质资源，以及推动建设新的装备制造产业园区和创新平台。

出台政策文件明确装备制造业发展重要地位。2017年4月印发的《天津市人民政府办公厅关于贯彻落实"十三五"国家战略性新兴产业发展规划的实施意见》，明确将高端装备制造作为重点发展领域和经济发展新支柱，到2020年建成国内领先的高端装备制造产业基地，提出了智能制造、航空航天、轨道交通、海洋工程装备等装备制造重点发展领域。[1] 2017年12月，天津市政府印发《天津市加快推进智能科技产业发展总体行动计划》，十大专项计划中包括《天津市智能制造发展专项行动计划》，明确了发展目标和任务，提出要突破一批具有自主知识产权的重大智能制造装备。[2] 2018年天津市政府又先后推出了《关于加快推进智能科技产业发展若干政策》《天津市人民政府关于深化"互联网+先进制造业"发展工业互联网的实施意见》《天津市海洋工程装备和高技术船舶产业发展三年行动方案（2018—2020年）》，其中均涉及加快推进装备制造业发展。

天津各区县大力引进装备制造企业和项目资源。2017年以来，天津各区均加大力度吸引优质资源，重视招商和园区建设，推动装备制造业转型升级。例如，东丽区引进了国家电网、清华海尔全球创新中心等龙头项目，推进智能制造产业集群建设；[3] 宝坻区致力于提高制造业发展质量，推荐助航设备和压力容器生产企业天元海科技报国家智能制造示范试点项目，着力引进包括装备制造在内的优质制造业项目；[4] 武清区积极推进项目招商建设，智能制造、轨道交通装备、高端石油装备等均为重点发展领域，2018年以来引进了中道恒通轨道交通、新光凯乐汽车等优质项目。[5]

推动建设新产业园区和创新平台。2017年12月，天津市智能网联汽车

---

[1]《天津市人民政府办公厅关于贯彻落实"十三五"国家战略性新兴产业发展规划的实施意见》（津政办发〔2017〕68号）。

[2]《天津市人民政府办公厅关于印发〈天津市加快推进智能科技产业发展总体行动计划和十大专项行动计划〉的通知》（津政办发〔2017〕112号）。

[3]《东丽区推进华明智能制造小镇建设》，东丽区政府，2018年1月18日，http://www.tj.gov.cn/xw/qx1/201801/t20180118_3619894.html。

[4]《宝坻区着力提高制造业发展质量》，宝坻区政府，2018年6月21日，http://www.tj.gov.cn/xw/qx1/201806/t20180621_3627476.html。

[5]《武清区加快推动项目招商建设》，武清区政府，2018年4月2日，http://www.tj.gov.cn/xw/qx1/201804/t20180402_3623574.html。

创新中心筹建获批准,创新中心的筹建得到相关部门的大力支持,未来将致力于促进信息通信企业与整车及零部件企业的跨界合作,推动中国汽车产业转型升级。[1] 2017年底,天津市先进制造业产业技术研究院获准成立,研究院致力于搭建资源平台以促进先进制造业科技成果转化。[2] 2018年初,《天津中欧先进制造产业园建设方案》获批,将致力于建设国内领先的先进制造产业园区,重点发展包括智能装备和高端海洋装备在内的高端装备制造、汽车制造、中欧航空制造等产业。[3]

(三)重庆

1. 重庆装备制造业发展现状

装备制造业是重庆市"6+1"支柱产业之一,也是传统优势产业,2017年重庆装备制造业继续稳定增长,装备制造业增加值同比增长9.3%。

重庆在数控机床、机器人、高端交通装备、能源环保装备等领域处于领先地位,在3D打印、激光制造装备等领域也进行了布局。其中,重庆市齿轮机床发展处于国内领先水平,生产了全国半数以上的齿轮机床,是最大的成套齿轮生产基地,拥有以重庆机电集团为代表的机床企业和高效精密蜗杆砂轮磨齿机等领先技术;[4] 重庆在机器人领域也已经初步形成了比较完整的产业链,拥有国家机器人检测评定中心、固高科技长江研究院等科研载体,聚集了重庆华数机器人、重庆广数机器人等300多家企业,永川也已成为国家工业机器人高新技术产业化基地;[5] 重庆的高端交通装备产业涵盖飞机及

---

[1] 《智能网联汽车创新中心筹备工作会议召开》,工信部,2017年11月7日,http://www.miit.gov.cn/n1146290/n1146402/n1146440/c5896642/content.html。
[2] 《本市成立先进制造业产业技术研究院》,天津人民政府,2017年11月22日,http://www.tj.gov.cn/xw/bdyw/201711/t20171122_3617176.html。
[3] 《临港打造中欧先进制造产业园核心区》,天津市人民政府,2018年1月3日,http://www.tj.gov.cn/xw/bdyw/201801/t20180103_3619123.html。
[4] 《重庆:四大高端制造领域表现亮眼》,人民网,2018年4月6日,http://cq.people.com.cn/n2/2018/0406/c365402-31428638.html。
[5] 《重庆市人民政府办公厅关于印发〈重庆市装备工业调结构促转型增效益实施方案〉的通知》(渝府办发〔2017〕26号)。

航空发动机、高技术船舶、轨道交通装备等种类，形成了全国最大的单轨交通装备制造业基地，并拥有航空产业集团有限公司、航空器传动技术联合实验室、重庆船舶工业公司、重庆凯瑞车辆传动制造有限公司等重要企业和科研载体；此外，重庆的能源环保装备覆盖了电力装备、页岩气装备、内燃机装备、环保装备等领域，其中海上风电领域的中船重工海装公司是全球十大风电整机供应商之一，多次实现全国、全球范围的首台/套装备技术突破。

2. 加快装备制造业发展

重庆市装备制造业作为传统优势产业，也面临着转型升级、结构调整等一系列问题。重庆市政府为促进装备制造业发展，出台了若干指导政策文件，并集中优质资源，加快重点产业的园区和产业集群建设。

出台政策文件指导推动装备制造业发展。2017年3月重庆市政府印发《重庆市装备工业调结构促转型增效益实施方案》，提出促进装备工业创新发展、加快制造业与信息技术深度融合，重点培育智能装备、高端交通装备、农机通机及摩托车、能源环保装备和基础零部件五个产业，形成产业集群。① 2017年4月重庆经信委印发《重庆市智能制造2017行动计划的通知》，制定了智能制造发展的主要目标，确定了打造产业集群、加强公共服务平台建设等八项主要任务，提出2017年度智能制造工程项目支持计划，预计支持7大类57个项目合计5500万元。②

各区县加快产业集群建设。2017年永川区政府出台了《关于加快以高端数控机床为主导的智能制造装备产业集群发展的意见》③，推动产业转型升级，并引进了埃马克、利勃海尔、德根、埃斯维等国外领先机床制造企业。④ 此

---

① 《重庆市人民政府办公厅关于印发〈重庆市装备工业调结构促转型增效益实施方案〉的通知》（渝府办发〔2017〕26号）。
② 《重庆市经济和信息化委员会关于印发重庆市智能制造2017行动计划的通知》，渝经信发〔2017〕26号）。
③ 《重庆市永川区人民政府关于加快以高端数控机床为主导的智能制造装备产业集群发展的意见》（永川府发〔2017〕26号）。
④ 《永川加快智能制造装备产业集群发展》，重庆市人民政府，2018年5月5日，http://www.cq.gov.cn/zwxx/zwdt/content_102073。

外，2017年中船重工智能制造产业园在永川区开工，重点发展柴油发动机等动力装备、高端精密动力装备零部件、新能源装备及节能减排装备部件集成与总装。[1] 高新区智能制造产业园区重点发展数控机床、智能仪表、模具加工、汽摩配件生产等领域的高端装备制造企业，企业项目逐渐建成投产，重庆清研理工汽车检测院项目2017年建成投入使用。[2]

集中资金和科研资源促进装备制造业发展。重庆市为促进装备制造业发展积极争取国家专项资金支持，2017年有10个项目获得国家智能制造专项支持，中船重工海装风电5MW海上风力发电机组等6个产品获得国家首台（套）重大技术装备保险补贴。2018年4月，重庆市高端制造装备技术创新战略联盟在重庆大学揭牌成立，联合了重庆大学、重庆机场集团、重庆华数机器人等高校、研究院和装备制造业企业，以促进行业科技资源整合，加快研究成果共享和转化。[3] 此外，重庆聘请国内智能制造领域知名专家27名，组建重庆市智能制造专家咨询委员会，负责为智能制造领域重大事项和决策提供咨询建议，并指导企业工程实施。

---

[1] 《中船重工智能制造产业园开工》，重庆市人民政府，2017年7月23日，http://www.cq.gov.cn/publicity_sjjxxw/jtgyxxh/gy/232245。
[2] 《重庆高新区智能制造产业园初具规模》，重庆市人民政府，2017年8月24日，http://www.cq.gov.cn/publicity_jlpqzf/gmjjglgyzcjg/jjyh/349413。
[3] 《重庆高端制造装备产业今后将整合共享创新资源》，新华网，2018年4月4日，http://www.cq.xinhuanet.com/2018-04/04/c_1122637968.htm。

B.12 中国智能制造发展对策研究

姚丽媛 张挺 童童*

摘 要: 本章界定了智能制造的定义,并提出智能制造由智能产品、智能生产、产业模式和基础设施建设四部分构成;介绍了主要发达国家及跨国公司智能制造发展概况及趋势,系统梳理了我国智能制造发展概况。目前我国智能制造顶层设计基本完成,试点示范专项稳步推进,项目数量持续增长、覆盖范围逐步扩大,但在智能化水平、发展结构、基础研究等多方面依然存在不足。因此,建议政府、行业和企业共同努力,制定和实行智能制造相关标准,加大关键技术装备的研发创新力度,拓宽资金支持渠道,建设多层次人才队伍,积极探索新模式,充分发挥示范企业引领作用,加强国际合作,并行推进智能制造业的快速发展。

关键词: 智能制造 主攻方向 融合发展

一 智能制造的定义与内涵

(一)智能制造定义

1988年,美国纽约大学的怀特教授和卡内基梅隆大学的布恩教授出版的《智能制造》一书中,首次提出了智能制造的概念。但目前,关于"智

---

* 姚丽媛,经济学硕士,助理研究员,现任职于机械工业经济管理研究院产业经济研究所,主要从事技术经济、产业经济、发展规划等方面研究;张挺,博士,机械工业经济管理研究院发展战略研究所副所长,主要从事产业经济研究;童童,南开大学社会学博士,任职于机械工业经济管理研究院城乡规划研究所副所长,主要从事规划设计、战略咨询等方面研究。

能制造"一词尚无公认定义,下面列举其中一些代表性定义。

美国国家标准与技术研究院(NIST):智能制造系统是"完全集成的协作式制造系统,能够实时响应,以满足工厂、供应网络和客户需求中不断变化的需求和条件。①

美国智能制造领导联盟(SMLC)将智能制造定义为"先进智能系统强化应用、新产品制造快速、产品需求动态响应,以及工业生产和供应链网络实施优化的制造"。②

我国的《智能制造发展规划(2016—2020年)》将智能制造定义为"基于新一代信息通信技术与先进制造技术深度融合,贯穿于设计、生产、管理、服务等制造活动的各个环节,具有自感知、自学习、自决策、自执行、自适应等功能的新型生产方式"。③

1. 智能制造是数字化制造的高级阶段

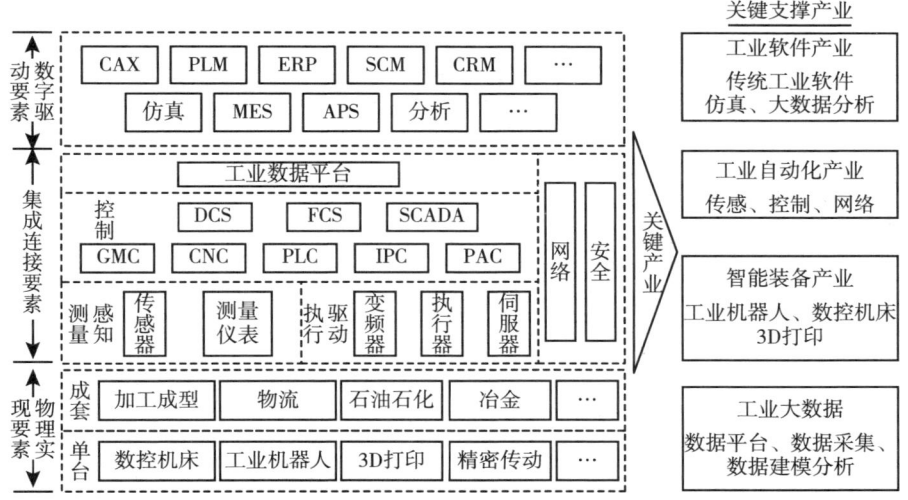

图1 智能制造产业全景视图

---

① NIST 是一个测量标准实验室,也被称为国家计量研究所(NMI),是美国商务部一个非监管机构。
② SMLC 于 2006 年成立,它一直负责的"智能制造"计划是"智能美国"计划的一部分,该联盟由美国政府、工业界、学术界、研究机构、协会组建的智能制造研发促进机构组成。
③ 《智能制造发展规划(2016—2020年)》作为"十三五"时期指导智能制造发展的纲领性文件,将统筹国内智能制造发展,加快形成全面推进制造业智能转型的工作格局。

2. 智能制造的实现核心是对数据的采集、传输、集成、计算与分析

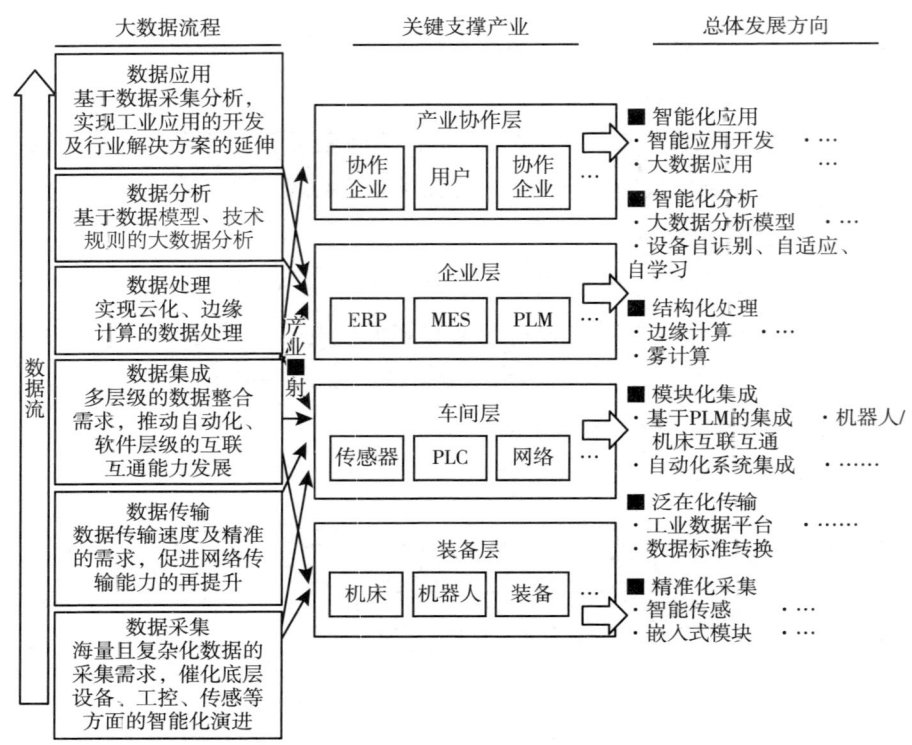

图2 智能制造总体发展方向

（二）智能制造的内涵

智能制造是一个系统工程，分为智能产品、智能生产、产业模式变革、智能制造基础设施建设四个维度（见图3）。其中，智能产品是主体，智能生产是主线，以用户为核心的产业模式变革是主要组成部分，以信息－物理系统（Cyber Physical System，CPS）和工业互联网为基础。①

---

① 周济：《智能制造——"中国制造2025"的主攻方向》，《中国机械工程》2015年第26卷第17期。

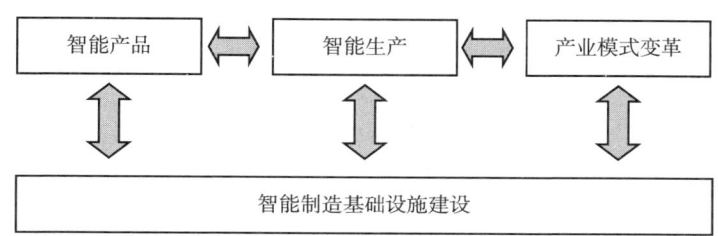

图 3　智能制造推进的四个维度

实施《中国制造 2025》的过程中，智能产品是"高端装备创新工程"的主战场，智能生产是"智能制造工程"的主战场，产业模式变革是"服务型制造行动计划"的主战场（见图 4）。①

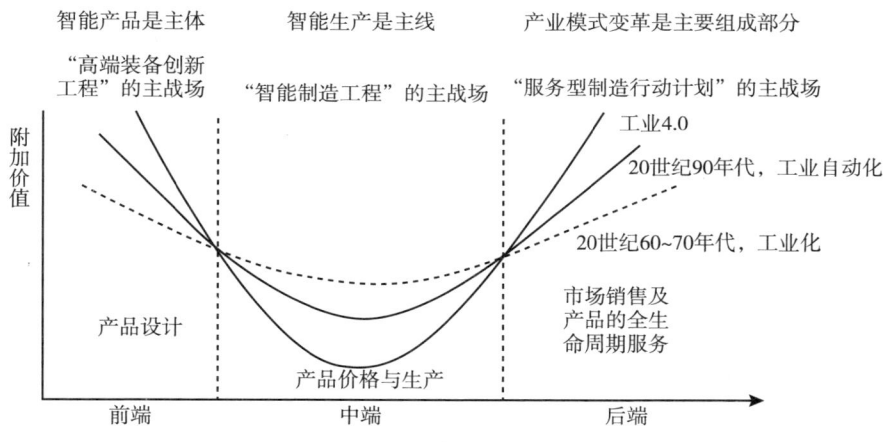

图 4　制造业价值链的微笑曲线

表 1　智能制造与传统制造的对比

分类	传统制造	智能制造	智能制造的影响
设计	·常规产品 ·面向功能需求设计 ·新产品周期长	·虚实结合的个性化产品设计 ·面向客户需求设计 ·数值化设计，周期短，可实时动态改变	·设计理念与使用价值观的改变 ·设计方式的改变 ·设计手段的改变 ·产品功能的改变

---

① 周济：《智能制造——"中国制造 2025"的主攻方向》，《中国机械工程》2015 年第 26 卷第 17 期。

续表

分类	传统制造	智能制造	智能制造的影响
加工	·加工过程按计划进行 ·半智能化加工与人工检测 ·生产高度集中组织 ·人机分离 ·减材加工成型方式	·加工过程柔性化，可实时调整 ·全过程智能化加工与在线实时监测 ·生产组织方式个性化 ·网络化过程实时跟踪 ·网络化人机交互与职能控制 ·减材、增材多种加工成型方式	·劳动对象变化 ·生产方式的改变 ·生产组织方式的改变 ·生产质量监控方式的改变 ·加工方法多样化 ·新材料、新工艺不断出现
管理	·人工管理为主 ·企业内管理	·计算机信息管理技术 ·机器与人交互指令管理 ·延伸到上下游企业	·管理对象变化 ·管理方式变化 ·管理手段变化 ·管理范围扩大
服务	·产品本身	·产品全生命周期	·服务对象范围扩大 ·服务方式变化 ·服务责任增大

二 国际智能制造发展概况

（一）发展现状

1. 发达国家将智能制造作为制造业发展重要抓手

全球金融危机之后，各国紧抓新一轮科技革命和产业变革机遇，发达国家纷纷推出以刺激制造业为主要目的的政策，并不约而同地将智能制造作为制造业发展的重要抓手，其中德国工业4.0和美国工业互联网是智能制造领域最具代表性的发展模式。

美国的工业互联网。2012年底，通用电气发布的《工业互联网：突破智慧与机器的界限》报告中正式提出了"工业互联网"概念。[①] 随后，工业

[①] 转引自杨帅《工业4.0与工业互联网：比较、启示与应对策略》，《当代财经》2015年第8期。

互联网模式进入应用推广阶段。2014年3月，AT&T、Cisco（思科）、GE、IBM和Intel（英特尔）等五家企业联合成立工业互联网联盟（Industrial Internet Consortium，IIC），致力于打破行业、区域等技术壁垒，促进全球开放性的物理世界与数字世界融合。① 目前，该联盟有近40个国家约300位正式会员。2017年1月，美国工业互联网联盟IIC发布最新工业互联网参考架构V1.8版，该框架意在创建泛行业共识行动，增强产品的互用性并简化工业互联网体系的构建时间，然而2018年7月GE公司宣布出售其工业互联网相关资产，给全球工业互联网行业带来不小冲击。

德国工业4.0。为了保持德国制造业的未来，2011年1月，德国工业—科学研究联盟提出了基于信息物理系统（Cyber-Physical Systems，CPS）的工业4.0概念和体系；在4月份举办的汉诺威工业博览会上，德国首次公开提出工业4.0概念；11月，工业4.0战略正式纳入德国《高科技战略2020》行动计划，成为德国社会各界共同推动的战略行动。随后，工业4.0战略进入框架制定阶段。2012年1月，德国成立了工业4.0工作组，同年10月，《未来项目"工业4.0"落实建议》正式提交德国政府。2013年的汉诺威工业博览会上，德国正式启动"工业4.0平台"；同年9月，德国发布了工业4.0工作组修订完善的《把握德国制造业的未来——实施工业4.0战略的建议》，展望了未来生产制造模式，宣告了德国工业4.0战略实施框架已搭建完成。2013年12月，德国电气电子和信息技术协会（VDE）发布了德国首个工业4.0标准化路线图，标志着工业4.0战略建议方案中的标准化行动方案进入实践阶段。与此同时，西门子等公司也逐步开展数字化工厂的全球布局和实验性建设。②

2. 跨国公司持续加大智能制造投入

积极布局工业互联网市场。工业自动化、半导体、互联网与软件等行业跨国企业从制造业各环节加快工业互联网市场布局，云服务平台建设和系统

---

① 杨帅：《工业4.0与工业互联网：比较、启示与应对策略》，《当代财经》2015年第8期。
② 杨帅：《工业4.0与工业互联网：比较、启示与应对策略》，《当代财经》2015年第8期。

解决方案成为发展重点。如西门子的开放工业云平台 MindSphere、通用电气的工业互联网平台 Predix 等。

加快智能制造领域投资合作步伐。大型跨国企业在增材制造领域投资合作步伐加快。目前，金属增材制造在汽车、航空航天等工业制造领域的应用持续深化，大型跨国企业积极通过跨界合作或建设金属 3D 打印工厂，推动增材制造技术从零部件原型设计向核心结构整件直接制造应用迈进。

持续加大智能制造领域投入。一方面，互联网企业通过发挥在信息技术方面的专业优势，不断向实体制造业领域进行技术融合，投资制造业企业；另一方面，传统制造企业适应环境变化也大力投资智能制造实现改造升级。

（二）发展趋势

1. 从多点突破向系统集成应用迈进

全球智能制造技术在工业机器人、工业互联网、工业软件、3D 打印等产业已部分实现多点突破，未来智能制造技术创新应用将加快向系统集成应用方向迈进。

2. 智能制造向智能决策方向发展

目前智能制造还处于智慧制造的层次，可以准确执行指令并实现闭环反馈，而智能制造的发展方向是智能制造系统能够自主学习，可以根据工业大数据进行分析预测并做出自主决策。

3. 工业大数据将提供更高的应用价值

随着全球制造业数字化、网络化、智能化的步伐不断加快，工业大数据作为推动制造业创新发展的重要基础将成为制造业与新一代信息技术深度融合的重要落脚点。

4. 智能制造企业将朝着更加专业化方向发展

当前智能制造技术更新在不断加快，拥有革新技术的中小企业迅速崛起概率明显升高，智能制造市场格局正在发生变化，企业技术创新带来的紧迫感正持续增加。

（三）我国与主要国家智能制造发展比较

1. 国家战略任务侧重点不同

德国在其强大的工业基础之上，积极推动工业4.0战略措施，希望通过新一代信息技术在制造业中的应用，稳固其制造业的优势地位。

美国基于其在互联网创新方面的优势，强调软件、网络和数据的创新应用，注重互联网与工业的互联互通和互操作，自上而下打造工业互联网，期望重新夺回制造业霸主地位。

中国推出的《中国制造2025》是对制造业转型升级的总体规划，提出针对新兴制造业的发展任务和措施，针对传统制造业的改造升级方向，还解决了制造业创新能力、产品质量、工业基础等一系列阶段性的突出共性矛盾和问题。①

2. 工业化发展阶段和发展道路不同

西方发达国家工业发展普遍呈现出"串联式"的发展进程，逐步由工业1.0、2.0、3.0，到现在向工业4.0迈进。作为新兴工业国家的中国，制造业尚处于"工业2.0"后期的发展阶段，现在正在走"工业2.0"补课、"工业3.0"普及、"工业4.0"示范的工业2.0、3.0、4.0同时进行的"并联式"发展道路，我国智能制造发展的任务相对西方发达国家更加复杂、更加艰巨。

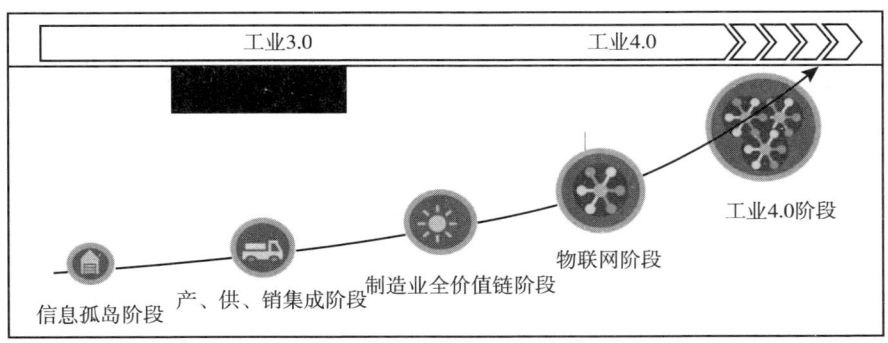

图5　西方发达国家工业演变历程

---

① 周济：《智能制造——"中国制造2025"的主攻方向》，《中国机械工程》2015年第26卷第17期。

3. 重点行业产业集群结构不同

国外的制造业产业集群结构以等级式结构为主。美国、日本、欧洲等国家和地区总体形成依据供应商供货关系自然分层的产业集群状态，汽车制造业、飞机制造业以及造船业均存在围绕一个或几个大企业。[①]

而我国装备制造企业发展不平衡，总体形成具有中国特色的雁行式集群结构而不是发达国家的等级式结构，处于同一级别层次的企业之间在资金与技术方面的差距仍然很大。[②]

4. 智能制造模型架构不同

2015年3月，德国提出工业4.0的参考架构模型（RAMI4.0）。由产品生命周期、层级、架构等级三个维度构成。

2016年2月，美国工业互联网联盟（IIC）发布工业互联网参考架构IIRA。由商业视角、使用视角、功能视角和实现视角四个层级构成。

2015年，中国智能制造标准化总体组（IMSG）提出智能制造系统体系架构。由生命周期、系统层级、智能功能三个维度构成。

三 我国智能制造发展概况

（一）智能制造顶层设计基本完成

我国形成了以《中国智能制造2025》为统领、智能制造发展规划及相关产业规划为方向、智能制造工程为抓手的智能制造顶层设计（见表2）。

表2 智能制造发展的相关文件

文件名称	发布时间
《智能制造发展规划(2016—2020)》	2016年12月8日
《智能制造工程实施指南(2016—2020年)》	2016年8月19日
《国家智能制造标准体系建设指南》(2015版)	2015年12月30日

---

① 方亮：《浅析我国装备制造业国际竞争力》，东北财经大学硕士学位论文，2010。
② 方亮：《浅析我国装备制造业国际竞争力》，东北财经大学硕士学位论文，2010。

续表

文件名称	发布时间
《智能硬件产业创新发展专项行动(2016—2018年)》	2016年9月21日
《新一代人工智能发展规划》	2017年7月8日
《机器人产业发展规划(2016—2020年)》	2016年4月27日
《智能硬件产业创新发展专项行动(2016—2018年)》	2016年9月19日
《增材制造产业发展行动计划(2017—2020年)》	2017年12月13日

资料来源：机械工业经济管理研究院整理。

（二）试点示范专项行动稳步推进

1. 项目数量持续增长

2015~2017年，我国试点示范及项目累计达到638个。其中，试点示范项目总计达到206个，总体呈平稳增长态势，2017年增速达到55.6%，总量达到96个。新模式项目总计313个，在2015~2017年急剧增长，2017年增速为68.4%，总量达到165个。标准项目总计119个，在2015~2017年期间，每年数量基本保持不变，约为40个。

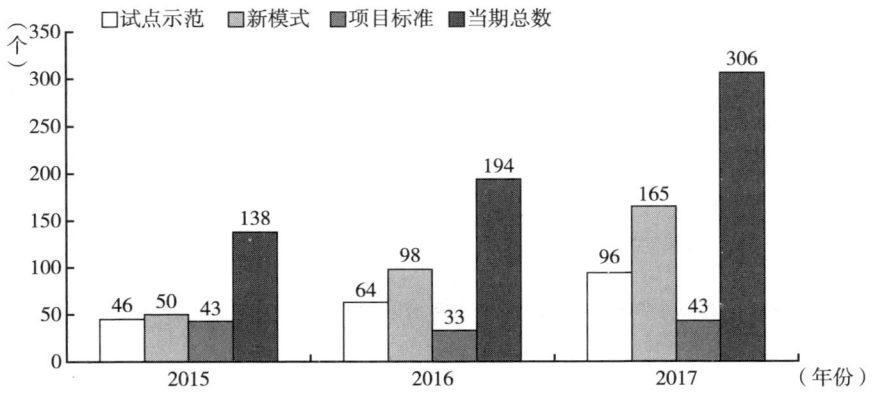

图6 2015~2017年国家试点示范及项目专项数量

2. 覆盖区域范围逐年扩大

国家试点示范项目覆盖区域范围逐年扩大。2015年，除山东、广东和北京等少数省份外，绝大多数省份实施的试点示范项目在2个以下。2016年，试点示范项目数量在东部地区进一步扩大，试点示范项目数量在2个以下的省份主要集中在西部欠发达地区（见图7）。2017年，东部与中部地区的示范项目进一步扩大，并逐步向西部延伸。

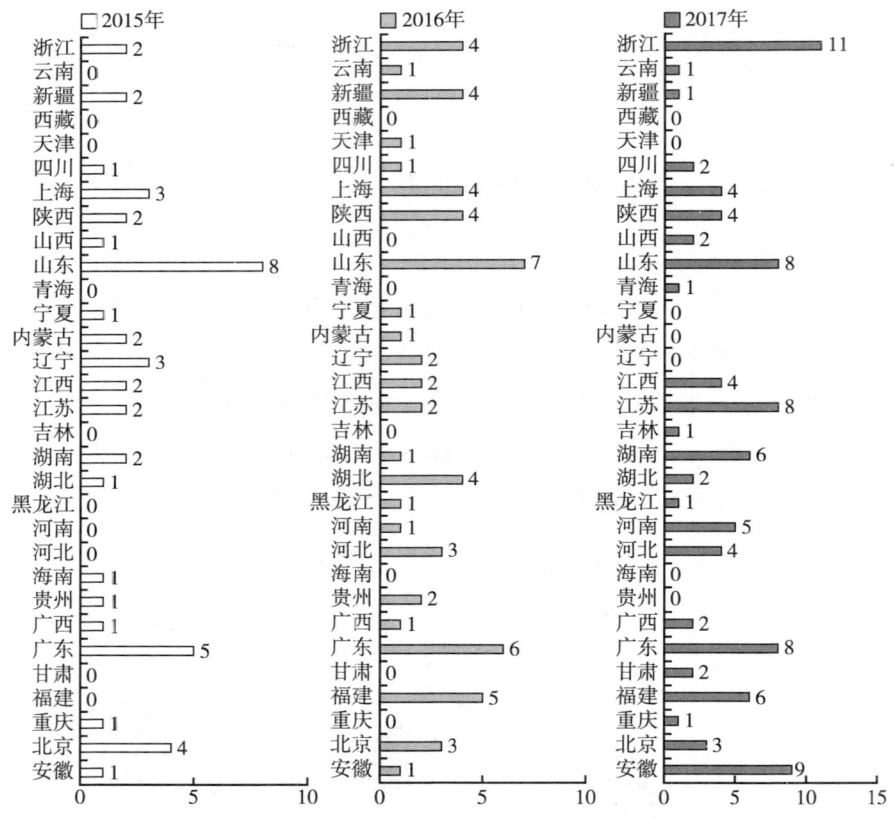

图7　2015～2017年智能制造试点示范项目省/自治区/直辖市分布

国家试点示范项目在覆盖区域逐渐深化发展。示范项目数量在2个以下的省份逐渐减少，在2个以上的省份稳步上升。2015年含有0～2个示范项目的省份数量有26个，而2017年下降到18个，表明试点示范项目在区域推广方面的显著进展。同时，2015年含有2个以上示范项目的省份仅有5个，而

2017年增加到了13个。其中，含有8个以上示范项目的区域也由2015年的0个上升为3个，说明试点示范项目在重点区域不断深化发展（见图8）。

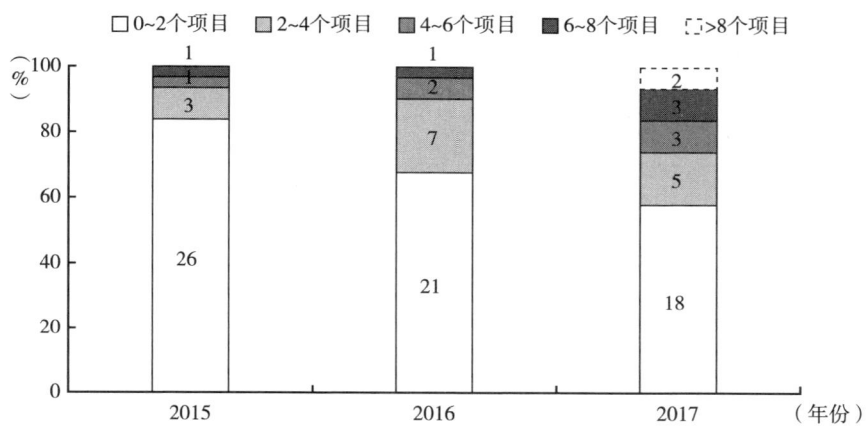

图8 2015～2017智能制造试点示范项目数量分布

3. 行业范围逐步扩大

智能制造试点示范项目逐步向多个领域扩大。当前试点示范项目主要围绕汽车，计算机、通信及电子，化工，电力装备，纺织，医药及医疗器械，家电，冶金，专用设备，食品饮料十大领域，还涉及机床和机器人，航空航天装备，交通装备，农业装备，海洋工程及船舶，工程机械，仪器仪表等行业领域。其中，在装备制造业中主要涉及汽车，机床和机器人，电力装备，航空航天装备，交通装备，农业装备，海洋工程及船舶，通用设备，专用设备及工程机械（见图9）。

4. 覆盖多种所有制企业

智能制造试点示范项目包含了民营企业、国有企业、中外合资、科研机构及中央企业。其中，民营企业在试点示范项目工作中表现积极，企业数量占示范项目的62.62%。国有企业与中外合资企业的企业数量占比基本相同，均占总数的17%左右。科研机构与中央企业的试点示范项目数量最少，合计占总数的3%左右（见图10）。

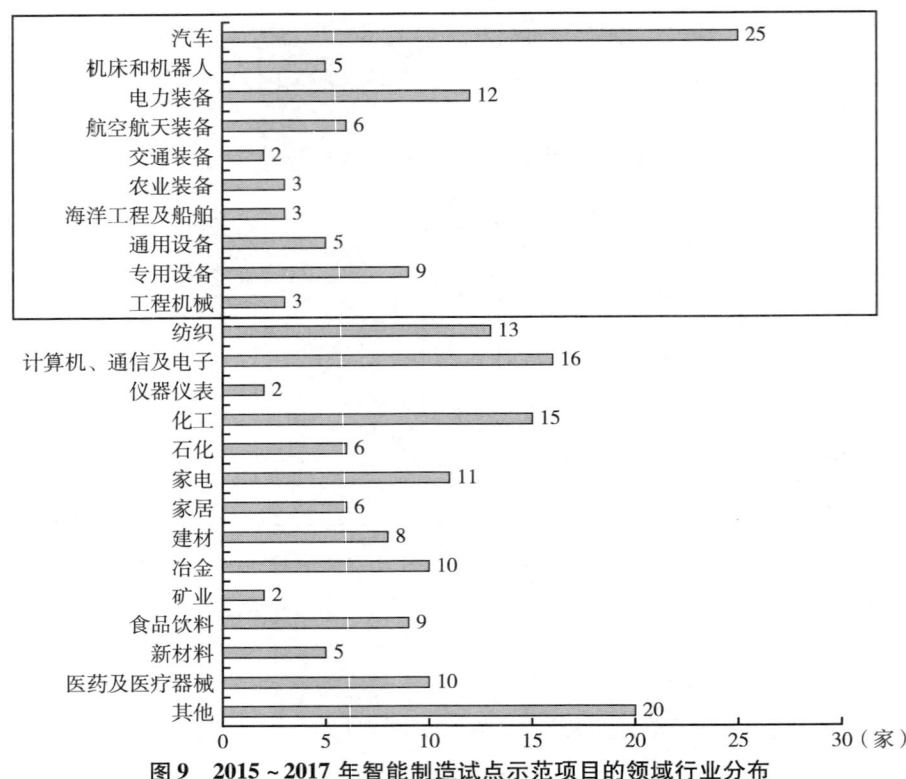

图 9　2015～2017 年智能制造试点示范项目的领域行业分布

说明：方框内为装备制造业。

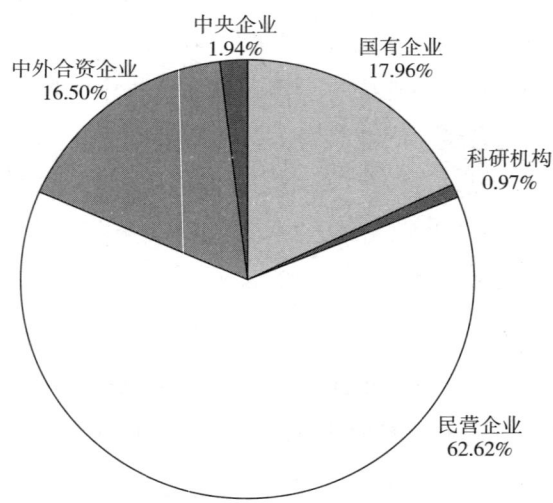

图 10　2015～2017 年试点示范项目企业性质划分

（三）智能制造发展所需技术及装备开发取得初步突破

1. 高档数控机床智能制造水平持续提升

我国高档机床数控系统突破了数控硬件平台、高速高精、多轴联动、总线技术、纳米插补等一批关键技术，实现了从模拟式、脉冲式到全数字总线的跨越，市场占有率提高到5%左右。数控机床的主机集成应用智能化技术、重型锻压技术、及精密卧式加工加工技术逐步趋于成熟，接近国际先进水平。其中，五轴加工中心的制造技术在飞机典型结构、航天复杂与精密结构件、飞航导弹发动机零部件等领域实现批量示范应用。此外，配套功能部件体系逐步实现与高档数控机床的批量配套，高速、精密、重载滚珠丝杠和直线导轨产品性能有了明显提升，市场占有率达到了20%。其中，滚珠功能部件检测装备实现了从零到有，静刚度等关键技术指标和测试水平跻身国际前列。

2. 工业机器人智能化建设而不断推进

我国工业机器人智能制造行业研发应用取得一定进展。机器人行业在高精密减速器、高精度伺服电机及驱动器、控制器、传感器等关键零部件技术研发方面取得突破性进展，关键零部件的性能及可靠性显著提升。高精密减速器企业从材料、热处理工艺、加工设备等多方面入手，解决了高精密减速器稳定性较差、精度较低及使用寿命较短等一系列问题，实现批量生产。伺服电机生产商突破了伺服驱动器和伺服电机设计、生产中的相关核心技术，自动化生产能力及整体制造水平明显提升。同时，随着技术和应用经验的积累，国内机器人控制器与国外差距正逐步缩小。

3. 增材制造装备产业快速发展

我国增材制造装备产业健康有序发展。当前，增材制造装备已在多个领域取得技术突破。例如，"金属3D打印应用于核电领域的关键技术研究"利用激光选区熔化（SLM）技术在核电站复杂流道仪表阀阀体制造方面得到了广泛应用，适应小批量快速生产、降低成本等方面的要求，并满足国际核电标准RCC-M的要求。飞机钛合金大型复杂整体构件激光成形技术全面突破飞机钛合金、超高强度钢等难加工大型复杂整体主承力构件激光形成关键技术，并建立标准体系。选择性激光成形装备与工艺，用激光烧结粉末薄层区域，逐层堆积成三维实体，加工过程无须模具，可以实现复杂机构的铸件制造，处于世界先进水平。

4. 智能传感与控制装备在工程应用领域取得进展

我国智能传感与控制装备在工程应用领域获得新的突破。近年来智能传感与控制装备在高性能纤维传感技术、视觉传感器、智能测量仪表、微电子系统传感器等方面取得进展，如混合式光纤传感技术及其在工程安全监测领域的应用、直流配电系统大容量断路器快速分断技术及应用、人机交互遥操作机器人的力觉感知与反馈技术。其中混合式光纤传感技术及其在工程监测领域的应用实现了一系列光纤传感领域的突破，解决了光纤传感器的关键难题，引领光纤传感安全监测领域技术探索的前沿。4kV/70kA 直流断路器解决了我国大型舰船综合电力系统跨越式发展的瓶颈问题，打破了国外产品的垄断，实现了我国直流断路器开发模式从经验设计到数字化设计的变革。人机交互遥操作机器人的力觉感知与反馈技术针对力感知、力反馈、大时延控制和人机交互界面设计等关键技术，突破核心技术，填补国内空白。

5. 智能检测与装配装备实现技术及应用突破

我国智能检测与装配装备在智能化高效率强度及疲劳寿命测试与分析等方面取得一定进展。智能检测与装配装备主要在复杂装备跨生命周期数据管理平台关键技术及应用、船舶动力装置磨损状态在线监测与远程故障诊断技术及应用等方面获得成功。复杂装备跨生命周期数据管理平台关键技术及应用解决了千亿级工况数据分析、世界最大功率载重机车研制等一批重大工程难题，在发电设备、工程机械、轨道装备等行业的百余家规模企业成功应用。船舶动力装置磨损状态在线监测与远程故障诊断技术及应用解决了船舶动力装置磨损状态信息识别等关键问题，构建了船舶动力装置一体化综合诊断方案，形成了船舶动力装置磨损状态在线监测与远程故障诊断成套技术。

6. 物流系统与仓储装备在部分应用领域取得成效

近年我国智能物流系统在多个领域取得成效。首套化纤生产智能物流系统，攻克了丝卷信息绑定与校验、堆垛机高速运行和高精度定位、机器人手爪柔性化、丝卷和纸箱智能分道、智能跟踪调度软件等关键技术问题，实现了产品流向智能控制、产品自动识别、智能设备调度、库存智能优化管理等,实现了从丝车上线、落筒、输送、储存、检验分类、包装到码垛的全过程自动化与智能化。钢铁生产与物流调度技术解决了精细化调度降低物耗、能耗的关键问题,攻克了复杂工艺对优化技术在实际工业应用中的制约,引领了生产与物流的新方向,建立完善了采用先进优化技术解决实际工业问题的技术支撑体系。

7. 数字化生产线和车间的应用广泛

数字化生产线和车间在制造业中得到了广泛应用。冲压制造数字化车间成功突破了双臂高速送料系统、压机连续模式、整线同步等核心技术,大大缩短了生产辅助时间,生产效率较传统冲压线提高50%以上,节能30%以上,生产节拍达到世界最高水平,整线换膜时间2.8分钟,领先德、日同类设备水平。WP5/7系列发动机柔性自动化装配生产线集成了生产任务管理、智能故障诊断及报警、机型及姿态自动识别、自动转运、流向自动控制、在线检测等功能,实现了信息高度集成、生产连续、节拍稳定、少人或无人操作。筒子纱数字化自动染色成套技术与装备企业研制出适合筒子纱数字化自动染色的工艺技术、数字化自动染色成套装备及染色生产全流程的中央自动化控制系统,实现了筒子纱染色从手工机械化、单机自动化到全流程数字化、系统自动化的跨越。

(四)各地智能制造工作全面展开

1. 省级智能制造政策基本实现全覆盖

继《中国制造2025》《智能制造工程实施指南(2016~2020)》之后,各省份陆续出台了一系列围绕智能制造的发展规划或实施方案。各省区市出台的关于智能制造的措施政策种类丰富,针对性强,基本包含了省级"中国制造2025"的顶层设计,以及智能制造的直接政策,如智能制造规划、实施方案、行动项目、工厂与数字化车间设计等。其中,浙江省的智能制造政策较为具体、规划较为完整,其连续每年公布智能制造行动计划,2015年发布了《浙江省加快推进智能制造发展行动方案(2015—2017)》,2016年发布了《2016年浙江省推进智能制造工作方案》,2017年发布了《2017年浙江省推进智能制造工作要点》,2018年发布了《浙江省智能制造行动计划(2018—2020年)》(见图11)。

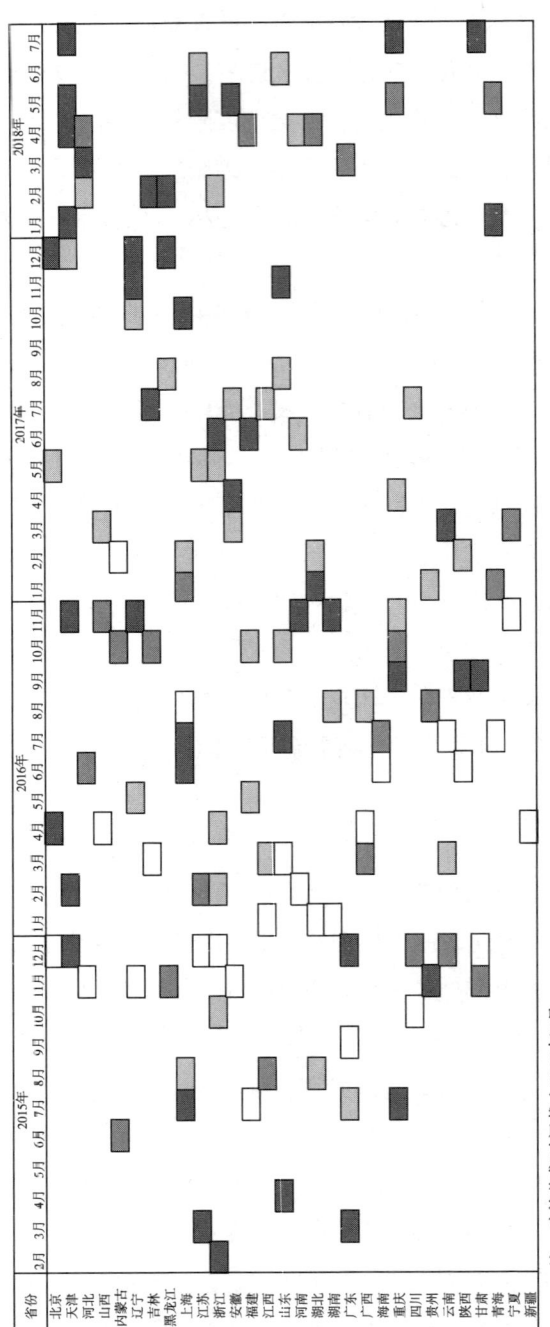

图 11 各省、自治区、直辖市智能制造相关政策发布时间

注：政策收集时间截止2018年8月。
□ 表示有关中国制造2025方面的行动纲要、实施方案、实施意见等政策；
▨ 表示有关智能制造方面的规划、实施方案、实施意见、行动计划等；
▨ 表示有关互联网+、两化融合方面的规划、实施方案、实施意见、行动计划等；
■ 表示其他智能制造相关政策，具体包括工业转型升级、高端装备、人工智能、资金支持政策等方面的规划、实施方案等政策。

2. 主要地区智能制造内容丰富

主要地区发布的智能制造相关政策措施内容翔实，基本有针对性地覆盖了智能制造发展目标及措施等。其中东部地区山东、江苏、浙江、福建等省先进制造业的基础较好，辅以智能制造发展经验，逐步向高端装备制造行业发展。绝大部分省份针对自身智能制造的特点，制定了完善连续的智能制造行动计划，并涌现了一批智能制造示范项目，引领中国智能制造发展。中部地区山西、安徽、江西等省的制造业逐步转型升级，发布的智能制造政策较为完善，基本涵盖了智能制造的重点任务。西部地区的四川省表现得较为突出，将智能制造放在一个重要的位置，发布政策较为具体且有针对性，可以为智能制造的发展提供较好的意见，对于西部地区的智能制造的推进具有很好的借鉴意义（见表3）。

表3 主要省、自治区、直辖市智能制造政策

发布时间	政策/文件	相关内容
2016年8月	《山东省智能制造发展规划（2017～2022年）》	为了加快智能制造生态体系建设和智能化转型,规划了智能制造新技术、新产品、新装备、新模式在汽车及零部件、机械设备、纺织服装、轮胎、食品加工、家用电器、化工、建材、钢铁及有色金属、医药十大重点领域的创新应用。同时,针对每个领域,明确了智能技术研发、推进生产线、车间、工厂智能化升级的路线图。此外,重点聚焦智能制造环节,提出大力发展数控机床及智能化成套装备、智能传感及信息技术装备、机器人及核心部件、增材制造装备及激光制造技术装备、智能检测与装配装备和智能物流与仓储装备等6类关键技术装备,加快建设智能制造标准体系、开发工业软件、构建工业互联网和信息安全系统、研发关键功能部件及系统
2017年5月	《江苏省"十三五"智能制造发展规划》	结合省内制造装备产业基础和发展需求,以着力发展高端智能制造装备、着力培育智能制造生态体系、着力构建智能制造支撑服务体系、着力强化智能制造基础设施建设、着力推进智能制造试点示范、着力支持重点行业智能转型作为着力点,夯实智能制造基础,推动装备、自动化、软件、信息技术等不同领域企业紧密合作、协同创新,建设若干重点产业领域公共创新服务平台,完善工业信息基础设施,打造一批智能制造示范企业和示范车间,促进智能制造产业链整合和价值提升,营造良好的智能制造产业发展环境

续表

发布时间	政策/文件	相关内容
2018年2月	《浙江省智能制造行动计划（2018—2020年）》	重点实施智能制造关键技术装备研发推广、重点领域智能制造试点示范、智能制造标准体系引领、发展载体培育、应用模式和机制创新、融合推进、协同发展,七大工程行动。逐步突破智能制造核心技术与软件,推进智能制造试点示范和标准体系建设,推进两化融合标准体系建设,加快制造业创新中心建设,推广智能制造融资租赁应用机制,推进工业互联网与制造业融合,深化军民融合推动智能制造,推动智能制造协调发展
2015年11月	《福建省智能制造工程实施方案（2016—2020年）》	针对福建省自身智能制造发展情况,夯实大数据发展承载基础,加强数据资源开发建设,推动数据共享开放开发,运用大数据改进政府治理方式、提升公共服务水平、创新科学研究模式,加快发展大数据技术产业,推进大数据产业园区建设运营,强化大数据应用安全管理。逐步加快建设宽带网络、云计算和创新创业平台,推进政府、企业和社会全面加强数据资源开发,强化数据资源跨部门共享,有序、稳妥推进政务数据向社会开放,统筹利用政府和社会数据资源,促进传统产业转型升级和新兴产业加快发展
2017年5月	《山西省智能制造发展实施意见（2016—2020年）》	基于智能制造发展方向,提出了积极参与标准研究制定,发挥试点示范带动作用,分步分类推进智能制造发展,营造智能制造生态体系的智能制造实施措施,并提出参与智能制造标准制定,申报国家智能制造试点示范项目,学习借鉴智能制造试点示范先进经验,构筑基于大数据的应用基础平台,培养智能制造人才队伍等一系列具体措施
2017年3月	《安徽省智能制造工程实施方案（2017—2020年）》	提出了发展六类智能制造装备,包括高档数控机床与工业机器人、增材制造装备、智能传感与控制装备、智能检测与装配装备、智能物流与仓储装备、智能成套生产线六类关键技术装备;夯实智能制造三大基础,即智能制造标准、核心软件、工业互联网基础和信息安全系统;培育推广五种智能制造新模式,即离散型智能制造、流程型智能制造、网络协同制造、大规模个性化定制、远程运维服务;推进重点领域智能转型,开展基于智能制造标准、核心支撑软件、工业互联网基础和信息安全系统的关键技术装备和先进制造工艺的集成应用;促进中小企业数字化改造,引导有基础、有条件的中小企业推进生产线自动化改造,开展管理信息化和数字化升级试点应用;培育智能制造生态体系

续表

发布时间	政策/文件	相关内容
2017年10月	江西省《关于加快推进人工智能和智能制造发展若干措施》	针对江西省智能制造的发展,提出了十二项具体措施,包括:人工智能和智能制造主攻领域,即人工智能产品、智能制造装备、人工智能和智能装备应用和人工智能和智能制造服务;推动人工智能和智能制造重大项目建设,加大对人工智能和智能制造的扶持;促进人工智能和智能制造产业集聚,重点打造10个人工智能和智能制造产业基地;培育引进一批人工智能和智能制造骨干企业,大力引进国内外知名人工智能和智能制造企业;支持人工智能和智能制造推广应用,持续推进智能制造试点示范;提升人工智能和智能制造研发创新能力,对承担国家智能制造和机器人、新一代人工智能等重大科技项目的企事业单位,按国家确定的比例给予配套扶持;支持人工智能和智能制造企业开拓市场,鼓励本地公共服务人工智能和智能装备产品依法依规通过公开招标方式纳入协议采购目录;进一步加大信贷倾斜力度,鼓励银行业金融机构对人工智能和智能制造企业给予信贷倾斜;努力扩大直接融资,设立人工智能和智能制造子基金;加大保险支持力度,鼓励保险公司创新产品,扩大保险范围;全面落实税收优惠政策,根据规定按15%的税率征收企业所得税;落实人才引进优惠政策,将高层次人工智能和智能制造人才纳入省人才工作重点
2017年8月	《四川省推进智能制造发展的实施意见》	针对四川省智能制造行业,提出了加快发展智能装备,大力发展智能化终端产品,加强关键共性技术创新,强化国家智能制造标准体系的推广应用,构筑工业互联网基础,大力实施智能制造试点示范,加快重点领域智能转型,促进中小企业智能化改造,积极培育智能制造生态体系,推进区域智能制造协同发展的具体实施措施

四 我国智能制造行业存在的主要问题

(一)整体智能化水平较低

我国制造业尚处在"工业2.0"后期的发展阶段,多数企业依旧停留在传统生产管理模式,且行业发展不平衡,运用智能装备、云计算、物联网、移动互联网、大数据等新一代信息技术实现内外价值链数据化思维模式尚未形成。例如，航天制造企业主要为多研制、少生产的试制生产厂，技术手段以手工操作、半机械化半自动化为主，但是模具、专机等专用制造装备的制造能力及方法落后，快速反应和制造能力的快速转换的过程很难实现，甚至无法实现研制状态变化的快速调整与应对。机器人制造企业的生产制造环节的智能化建设相对滞后，计算机辅助制造系统应用不足，使得制造环节智能化水平成为企业提高生产效率和产品质量的瓶颈；制造执行系统普及率不高，应用深度不够，虽然有些工位采用了比较先进的生产设备，但是管理方式很落后，仍然是采用手工管理模式，管控集成更无从谈起。

（二）发展结构不均衡

由于我国在智能制造方面核心技术、标准和平台存在较大差距，智能制造生态系统尚未形成，发展结构发布不均衡。很多企业的智能化建设从起步开始就是分头建设，缺乏统一规划，各系统之间的综合集成、协同与创新的水平不高，难以实现各系统间的数据共享与衔接，智能制造的综合优势无法发挥或发挥的不充分。其中，机器人行业企业生产制造环节的智能化建设相对滞后，计算机辅助制造系统应用不足，使得制造环节智能化水平成为企业提高生产效率和产品质量的瓶颈；制造执行系统普及率不高，应用深度不够，虽然有些工位采用了比较先进的生产设备，但是管理方式很落后，仍然采用手工管理模式，管控集成更无从谈起。同时，机器人行业企业目前智能制造各环节单项建设情况尚可，但多数企业并没有将研发、设计、应用、服务各环节进行智能化整合，部分企业只停留在引进几台智能化设备的层面上。

（三）基础研究薄弱

我国智能制造行业的基础研究能力相对不足，缺乏自主创新能力。在关键环节如控制系统、系统软件的技术建设不够完善；在重点前沿领域的技术发展较国外相对滞后；在新兴产业领域如先进材料、堆积制造装备等的技术差距不断增大。例如，我国农业装备行业的农机工艺、材料、结构强度等研究相对薄弱，农机作业能耗、效率、农田土壤质构变化等基础数据缺乏持续、深入的积累；行业公共研究与服务平台建设不足，试验检测条件、方法等研究严重滞后。石化化工领域的高端装备、智能测量分析仪表、智能执行机构等大多通过技术引进，消化吸收二次开发，产品部分技术指标与国外同类产品尚有较大差距。

（四）软硬件基础和应用能力薄弱

我国智能制造纺织行业领域智能制造的装备、传感器、专用控制器件、控制软件、管理软件等软硬件基础能力相对弱。纺织全产业的"两化"（工业化与信息化）尚未能深度融合，已经开始实施两化融合的企业大多采用跟随和模仿战略措施，核心技术缺失，且共性技术不足，基础件和关键电子元件等大多依靠引进，或者通过引进、消化、吸收，进行二次开发。大多数纺织企业尚未建立执行制造系统，计划和成本控制对象未细化，未完全实现与企业资源计划的集成应用。[①]"互联网＋"融入纺织行业，涵盖通信运营商、互联网企业、纺织制造企业等多方面，但是各方对信息与技术标准尚未形成统一认识与标准，且缺乏标准规范、业务流程、管理模式、知识经验等的全面集成和充分融合的数字化能力。

（五）研发投入不足

我国智能制造研发力量薄弱，大都没有设立智能制造技术研究和应用部门，信息化经费直接投入在软、硬件设备的采购，智能制造研发和攻关的经费投入很少。世界排名前 50 的大型跨国公司信息化建设投入占销售收入的 1.5%～2.5%。荷兰壳牌公司的信息化费用高达总销售额的 4%。然而，中国石化作为国内石化化工领域信息化建设的领头羊，每年投入信息化建设费用约为 20 亿元，仅占其销售额的 0.07% 左右。另外，我国食品行业规模以

---

① 童有好：《我国互联网＋制造业发展的难点与对策》，《中州学刊》2015 年 8 月 15 日。

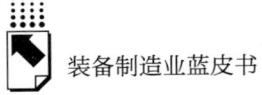

上企业科技投入强度（即 R&D 经费支出占主营业务收入）只有 0.5% 左右，低于全国平均水平，且低于发达国家（发达国家 R&D 费用占比 2.5% ~ 4%）2~3.5 个百分点，企业技术创新经费投入不足，分布不平衡，将制约着企业创新能力的进一步提升。

（六）科技人才匮乏

智能制造相关人才资源严重匮乏，从业人员的受教育程度和技能水平远不能满足智能化转型的需要，已成为制约我国制造业智能化发展的一个主流瓶颈。目前智能制造人才问题具体表现如下。一是智能制造人才结构不合理，高端人才严重短缺，领军人才匮乏。没有足够的智能制造人才支撑，直接影响石化化工智能工厂建设和运营效果；二是智能制造人才培养与实际需求脱节。高等院校在课程体系建设和智能制造人才培养方面，未能跟上智能制造的发展趋势，人才培养与职业要求脱节；三是校企合作缺乏长效机制。缺少具有丰富实践经验和合理知识结构的复合型人才在技术合作中发挥引领作用，企业在智能制造人才发展中的主体作用尚未充分发挥，"产、学、研"跨领域联合科技攻关的相关机制和模式还需进一步探索。

（七）关键技术及核心装备缺失

目前，我国智能制造行业重要前沿和原始性创新匮乏，高端产品核心技术受制于人。在输变电行业智能制造领域，许多重要装备和制造过程尚未掌握系统设计与核心制造技术，难以满足该领域制造业发展的需求，行业中缺乏相应研制能力；同时，关键技术自给率低，尤其缺乏先进关键基础部件的技术，如精密测量技术、智能控制技术、智能化嵌入式软件等先进技术。在农业装备智能制造领域，大马力拖拉机、联合收割机等自走农机的液压无级变速传动系、Canbus 总线控制技术，采棉机的采棉指、打捆机的打结器，以及农业专用传感器等关键核心部件主要依赖国外进口。在航天智能制造领域，智能设计、智能加工与装配、智能服务及智能管理等领域的关键技术大多没有必要的储备，尚未构成智能制造技术集群，无论是智能制造技术还是智能制造系统，远达不到工程化实用的程度。

五 我国智能制造业发展的对策建议

（一）并行推进智能制造业快速发展

发达国家智能制造的发展是循序渐进的自然过程，他们用几十年时间充分发展数字化制造之后，再发展数字化网络化制造，进而迈向更高级的智能制造阶段。近年来，我国制造业对于智能升级有着强烈的需求，技术进步也取得了快速发展，但是中国智能制造的基础还非常薄弱，大多数企业（特别是广大中小企业）还没有完成数字化制造转型。[①] 当前我国在"工业2.0"方面需要做好自动化；在普及"工业3.0"做好数字化技术的应用，为将来进入"工业4.0"打牢基础。尤其是机械行业，应该从数字化、数控一代做起，把整体水平提上来。

因此，我国智能制造的发展应采取"并联式"的方式，即"并行推进、融合发展"的技术路线，并行推进数字化制造、数字化网络化制造、新一代智能制造，以及时充分应用高速发展的先进信息技术和先进制造技术的融合式技术创新，引领和推进制造业的智能转型。[②]

（二）制定和实行智能制造相关标准

我国智能制造装备发展的深度和广度日益提升，基于新一代信息技术与先进制造业的发展智能制造装备产业体系初步形成，主要以新型传感器、智能控制系统、工业机器人、自动化成套生产线为代表，部分重大智能制造装备实现突破，但互联互通等制约智能制造发展的关键问题仍然没有解决，对

---

① 周济：《"新"智造将引领"新"工业革命》，《机电商报》2017年12月18日。
② 周济、李培根、周艳红、王柏村、臧冀原、孟柳：《走向新一代智能制造》，*Engineering*，http://kns.cnki.net/kcms/detail/10.1244.N.20180321.1606.002.html。

跨行业、跨领域的智能制造标准化需求日益迫切。[①] 未来，我国企业在智能升级过程中，将普遍面临多次范式转化和技术升级，应高度重视制定和实行智能制造的相关标准，为后续发展做好准备，避免企业低水平重复建设，有利于我国推进智能制造的分阶段实施和不断升级。[②]

（三）加大关键技术装备和软件研发力度

集中力量攻克制约我国智能制造行业发展的核心关键技术，补齐传统制造短板。鼓励智能制造企业推动智能制造单元、数字化生产线及车间、智能工厂的研发，突破整机产品产业链各环节的智能制造关键技术。进一步强化企业技术创新主体地位，激励企业加大技术创新投入，鼓励重点企业加强与科研院所积极合作，建立共性技术创新平台，打造开放式创新网络，培育创新载体，集聚创新要素，积累一批核心知识产权，形成良好的"产、学、研"协同创新机制，加快网络空间、知识空间、众创空间建设。同时，围绕智能制造发展所需的关键技术、装备、软件和标准，集中各部门的政策资源，采取政府引导与市场拉动相结合的方式，有效整合高等院校、科研院所和企业的力量，鼓励组建产业联盟多种合作形式，集中解决制约我国智能制造发展的瓶颈问题。

（四）引导拓宽资金支持渠道

利用工业转型升级资金、金融机构等多种资金渠道，加大对智能制发展的支持力度。发挥中央及地方财政资金渠道对智能制造的支持力度，联合地方政府及园区整合社会资金，组建智能制造行业的产业投资基金，重点扶持智能制造系统的研发、产业化及推广应用，以投入大、周期长、企业难以承担、需要持续稳定予以财政支持的领域为主攻方向。同时，结合贷款贴息、

[①] 辛国斌：《智能制造 标准先行——〈国家智能制造标准体系建设指南〉解读》，《中国信息化》2016年第3期，第9~10页。
[②] 周济、李培根、周艳红、王柏村、臧冀原、孟柳：《走向新一代智能制造》，Engineering. http：//kns.cnki.net/kcms/detail/10.1244.N.20180321.1606.002.html。

保费补贴、风险补偿等金融措施，促进金融机构加大对智能制造行业发展的支持力度，引导金融机构创新符合智能制造行业发展特点的产品及业务。并在风险可控的条件下，通过债券融资、股权融资等方式，从多个维度拓宽智能制造领域的外部融资渠道。

（五）推进区域差异化协同发展

基于区域发展战略及各地区产业特征，推动地区间智能制造的协同差异化发展。一方面，国家层面可以统筹规划，合理布局，推动制定分省市的差异化智能制造实施指南和产业布局，形成符合地区经济发展特征的梯度性智能制造产业集群布局方式，有效引导智能制造领域在各地区间有序转移和协同发展，避免智能制造发展过程中的同质化竞争及重复建设和产能过剩；另一方面，各地区可以依据自身制造业发展阶段、产业特点、资源优势、人才结构和区位特征，针对性出台智能制造政策和产业规划，有选择地阶段性结合自动化、信息化、数字化，找准重点方向和优势产业，循序渐进，扎实推进，务求实效。

（六）重视多层次人才队伍建设

优化智能制造人才成长环境，构建智能制造技术研发及产业化应用的多层次创新人才队伍。实施政府牵头，企业、园区、大学和科研所共同参与的各层次智能制造人才创新创业计划，建设和完善人才创新创业的社会环境、政策环境和文化环境。同时，支持高等院校、职业学校等企业联合开展面向细分行业的智能制造人才定制式培养，打造多层次、宽领域的人才培训基地，充分发挥和挖掘职业技术院校和企业熟练高级技工资源，培养一批能操作、懂调试、会研究的技能型和应用型复合人才。此外，创造良好人才成长环境吸引海外高层次人才，搭建高层次学习交流平台，营造高端学术氛围，增强海外人才认同感；建立健全激励机制，为海外人才回国提供良好的居住及生活环境，并给予政策上的优惠和支持。

（七）探索智能制造新模式

充分发挥先进技术对制造业的变革作用，积极培育智能制造的新业态、新模式。围绕细分行业智能制造需求，探索、建设和完善工业网络的深度融合，加快智能制造与软件系统的集成，实现以产品三维模式、全生命周期管理为基础的设计制造一体化和柔性自动化生产线。支持智能制造企业构建面向终端产品的数字化设计与制造集成平台，实现生产过程的自动化、智能化、协同化。同时，鼓励并支持智能制造企业与其他产业跨界融合，提供个性化、在线化、便捷化的广泛服务，积极培育新业态、新模式。

（八）充分发挥示范企业引领作用

加强企业间交流，充分发挥试点示范项目及示范企业的引领作用。政府或行业协会牵头，组织行业内交流、学习，并召集行业内企业交流信息化、智能化的成功案列，召集相近智能化化建设需求的企业共同与供应商企业进行商讨，获得更为适用的解决方案。同时，可以制定行业内智能化建设的培训计划，邀请智能制造示范企业针对智能化建设进行专题分享，组建专家团队提供智能化咨询建议。此外，鼓励示范企业引领其他企业跟踪"德国工业4.0"和"美国工业互联网"战略计划的最新动态，围绕智能制造技术、标准制定和应用示范，开展与国外先进造船企业的交流，不断吸收其船舶智能制造的新技术和新理念。

（九）搭建智能制造国际合作平台

在现有对话机制、交流合作平台的基础上，基于互利共享、合作共赢的合作原则，促进中、德、美、瑞典等有关国家的企业、研究机构和社会团体的深入合作交流，采取多种形式共同开展产业政策、技术创新、和产品项目等多方面的合作，积极推进制造业相关重点领域的务实合作。例如共同推动智能制造标准化工作，制定一批通用标准并向更多的国家和地区推广；共同推动第三方服务机构在评测、认证方面的互通、交流与合作；共同发挥各自优势，开展试点示范推广和经验交流；共同加强人才交流，探索人才交流培训模式，共建制造业实训中心，为智能制造发展培育更多人才。

Abstract

The equipment manufacturing industry (EMI) is the manufacturing industry that produces technical equipment for national economy and national defense construction, it is the core component of the manufacturing industry and the backbone of the modern industrial system. EMI, which draws great attention of the party central committee and the state council, is an important part of the country and bears on the national strength and national security. General Secretary Xi Jinping pointed out that "EMI is the backbone of a country's manufacturing industry". "Truly great powers must be in our own hands" and "We should strive to master the core technology and occupy a higher position in EMI and make China a modern equipment manufacturing power". Premier li Keqiang stressed that "EMI should be established as the main battlefield for scientific and technological innovation in China" During the 40 years of reform and opening up, especially since the 18th National Congress of the CPC, under the strong leadership of the CPC central committee and the state council, China's EPI have progressed in pursing, grown in cooperation, exceeded itself in innovation, and made remarkable achievements: a batch of major technical equipment have broke through, plenty of well-known enterprises have stood out, a number of strong industrial cluster have developed and industry development system has been improved. Vigorously promoting the innovative development of EMI is of great strategic significance for accelerating the constructing of manufacturing power and realizing the high-quality development of the national economy.

Report on the Development of EMI in China (2018) consists of four parts: General Reports, Industry Reports, Enterprise Report and Special Topics. The General Reports introduces the general situation of international equipment manufacturing industry, summarizes the development of China's EMI during 2017, forecasts the prospect of China's EMI in the future, and puts forward targeted suggestions for the development of China's EMI. The industry report selects five major sub-industries of EMI including electrical appliances, engineering machinery, heavy machinery, energy equipment and industrial robots, and analyzes basic operating conditions, problems faced in 2017 and development prospect of these sub-industries. The enterprise report focuses on several enterprise with management innovation, analyzes their innovation methods, main practice, influence and what reference and inspiration they can provide for other equipment manufacturing enterprises. The special report interprets and analyzes the topical events of China's EMI that took place in 2017, and conducted in-depth research on the countermeasures of development of China's intelligent manufacturing.

In the general part, the report said: the 2017 international EMI has maintained a steady growth. In the future, the international EMI will tend to pursue equipment manufacturing products that are more precise, extreme and humanized, emphasize a greener, more economical and more efficient manufacturing process, and develop intelligent, integrated and networked manufacturing methods. In 2017, China's EMI had a steadily recovery in scale and the operated well, but went through a sharp drop in investment growth rate. In China's EMI, enterprises' independent innovation emerged frequently, R & D investment grew steadily and the auto industry developed well. In 2017, China's EMI realized an increasing in the scale of both export and import and a decreasing in surplus. All localities increased the opening of the EMI of which, however, the cooperation in foreign investment significantly decreased. At the same time, the report finds out that under the context of China's economic is turning into a high-quality development stage, economic downward pressure of China's EMI is still large, high operating costs of enterprise. Factors including friction between the ministry of foreign trade, lack of ability in producing high-end equipment and core components, low level of reliability and stability of productions, and backwardness in constructing complete quality standard system and a brand system are all become barriers of EMI's development. In 2018, the major sub-sectors of China's EMI will continue to maintain steady growth and is expected to meet a moderate slower growth in the future with the expanding industry base. In the future, China's EMI will have more investment opportunities and higher investment value in five fields including rail transit, new energy vehicles, unmanned aerial vehicles, industrial robots and excavators.

The report put forward that several methods should be taken to promote the high-quality development of China's EMI. In terms of scientific and technological, China's EMI should improve enterprise's core status in the technology innovation, strengthen industry-University-Researcher cooperation innovation, promote the transformation of scientific and technological achievements, and increase the intellectual property rights protection. For financial services, China's equipment manufacturing industry should continue to deepen the financial system reform, and enhance the financial service ability of the equipment manufacturing industry by developing science and technology finance, accelerating the development of inclusive finance and actively developing green finance. In the respect of talents, China's equipment manufacturing industry should accelerate the implementation of talent strategy, and improve the talent network composed of entrepreneurs, high-end talents, highly skilled talents, management talents and entrepreneurial talents, to build up the support capacity of human resources. In terms of collaborative innovation system and mechanism, China's equipment manufacturing industry should start from deepening the reform of "Putting against the Wear", relaxing the restriction on market access, perfecting the exit mechanism of market factors, strengthening the fiscal and tax incentive and restraint mechanism, and accelerating the reform of the personnel system in state-owned enterprises, so as to accelerate the establishment of the institutional mechanism and policy system for promoting coordinated development.

In the Industry Reports, five branches are analyzed including electrical appliances industry, engineering machinery industry, heavy machinery industry, energy equipment industry and industrial robot industry. This report shows that the technology of these five branches has reached the international level. In 2017, the income and profit growth of the above branches were stable, but there were still problems in these industries such as weakness independent innovation ability, lacking of unified standards and talents. However, the development prospects of various sub-industries, especially high-end equipment manufacturing, were bright since macroeconomic policies have provided a favorable environment for the industry to achieve stable growth.

In the Enterprise Roport, the report analyzes four representative equipment manufacturing enterprise in the respect of management innovation. The selected enterprises have introduced many advanced management tools such as Performance Excellence Model and Lean Management, applied cloud computing, big data, and other advanced information technology, developed innovative management system in the aspects of quality management, supply chain management, operations management, organization management and personnel training, established an management system involves the whole life cycle of research, development, procurement, production, sales, operations and other section of the industrial chain, and have provided great guiding significance to the improvement of management methods and upgrading of management mode of equipment manufacturing enterprises.

The Special Topics contains two parts, analysis of topical events of China's EMI that took place in 2017 and research on the countermeasures of development of China's intelligent manufacturing. In the first part, the four selected issues reflected that, in the background that China is constructing its manufacturing power, our country has attached great importance to the development of equipment manufacturing industry, China's equipment manufacturing enterprises have taken great effort in independent innovation and the key technical breakthrough, the government and the social from all walks of life have co-operated to promote the localization rate improvement, structural adjustment, transformation and upgrading of equipment manufacturing industry. In the second part, the report introduces the development situation and tendency of intelligent manufacturing in mainly developed countries and international enterprises, and summarize the general situation and achievements in domestic country. However, there are several weaknesses about our intelligent manufacturing, including low intelligence level, unbalanced development structure and insufficient basic research. Therefore, the report gives the suggestions that the government, industry and enterprises should work together to formulate and implement standards of intelligent manufacturing, improve the innovation ability especially in the critical technology and equipment, expanse financial support, strengthen human construction, explore new models actively, realize the function of demonstration enterprises, enhance international cooperation and speed up the pace of the industrial upgrading.

Entered a new era, facing the complex and changeable situation both at home and abroad, China's EMI should follow the instructors of Xi Jinping Thought on Socialism with Chinese Characteristics for a New Era, perform ideology of the 19th National Congress of the CPC, adhere to the basic principle of seeking improvement in stability work, grasp the core contradiction in EMI of unbalanced and inadequate development, follow the main task of supply side structural reform, adhere to the innovation of development idea, seize the connotation of high quality development, start from three aspects including adjusting structure, improving weak links and switching the power, endeavor to accelerate the EMI turn into a high-quality development stage and open the new journey of EMI.

Contents

I General Reports

B. 1 2017 International Equipment Manufacturing Industry
General Situation　　　　　　　*Donghua Xu, Xiangdong Zeng* / 001

Abstract: The production of equipment manufacturing industry around the world keeps stable and the sales maintains steady growth in 2017. It is expected that, in the future, the equipment manufacturing products will be more precise, more ultimate and more exclusive. The manufacturing process will be developed in a more environmentally friendly, more saving, more efficient and more flexible way. Also, the mode of production will be more intelligent, more integrated and more networking. In 2017, the main powers in equipment manufacturing industry around the world, including USA and Germany, realized increase in sales. However, as for Japan, its sales in equipment manufacturing industry decreased. In the aspect of export, the trade gap in equipment manufacturing industry of USA were widening whereas the trade surpluses of Germany and Japan were expanding. As for the government policy, all countries closely followed the development of equipment manufacturing industry to obtain the strategic dominance. Besides, they also achieved breakthroughs in all fields, such as 3D Printing, Artificial Intelligence, Robots, high-end equipment and so on.

Key words: Intelligent; Environmentally Friendly; Flexible

B.2 2017 China Equipment Manufacturing Industry General Situation
                Xiudong Nie, Jianguo Tang / 030

Abstract: This chapter reviews the development of China's EMI in 2017 from five aspects of industrial scale, economic operation, industrial structure, foreign economic and technological innovation. In 2017, China's EMI rebounded steadily, with business revenue reaching 26 trillion Yuan, increase rate of business revenue slowed, and the growth rate of investment rose slightly. The frequent occurrence of enterprise independent innovation highlights, breakthroughs made in the independent research and development of high-end equipment. The patent quality of corporate has been further improved. The number of patent for effective invention in all industries of equipment manufacturing has increased by more than 20%. Automobile industry has outstanding performance. In 2017, the import and export volume of China's EMI increased, the trade surplus decreased, and all localities increased the opening of the equipment manufacturing industry. But the cooperation in foreign investment significantly decreased. At the same time, this chapter finds out that under the context of China's economic transition to high-quality development stage, Economic downward pressure of China's EMI is still large, operating costs are a significant constraint on enterprise development, market demand remains subdued, and international cooperation has been hamper. In the aspect of technological innovation, facing problems such as the fund insufficiency input to the investment and development of technology, the level of intellectual property development is low, lack of integration between equipment manufacture and internet, and service level is low. In the aspect of industrial structure, the problems of unbalanced and inadequate of large and medium-sized enterprises, high-end equipment and basic equipment, products and components, software and hardware remain to be solved.

Keywords: China Equipment Manufacturing Industry; High-quality Development; Unbalanced and Inadequate

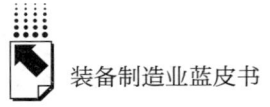

B.3 China Equipment Manufacturing Industry
Development Prospect *Zhongguang Shi*, *Hexin Li* / 084

Abstract: From the analysis on economic situation at home and abroad, it is expected that the development of equipment manufacturing industry will keep stable with the expansion of the scale of the industry. But the growth rate of revenue and profit will be lower than before. In future, equipment manufacturing industry should be developed in a new comprehensively high-quality way, which regards the unbalanced and insufficient development as the main contradiction, focuses on the reform of the supply side and adheres to the concept of innovation development. In 2017, the equipment manufacturing industry played an active part in venture capital, IPO and M&A markets. There will be good investment prospects for the industry in the fields of rail traffic, new energy, delivery UAV, excavator and so on. However, it is important for the industry to prevent the risks from government policy, market, human resource, administration, financial instruments and other aspects.

Keywords: Outlook; Investment Status; Risk Analysis

B.4 China Equipment Manufacturing Industry Development
Policy Suggestion *Hanyang Lv*, *Tianshu Bu* / 120

Abstract: This chapter mainly puts forward the corresponding policy suggestions to our government and relevant decision-making bodies about scientific and technological innovation, financial service, talents, system and mechanism. In scientific and technological, China's equipment manufacturing industry should strengthen enterprise's core status in the technology innovation, strengthen industry-University-Researcher cooperation innovation, promote the transformation of scientific and technological achievements, and increase the intellectual property rights protection. In financial services, China's equipment manufacturing industry should continue to deepen the financial system reform, and enhance the financial service ability of the equipment manufacturing industry by developing science and technology finance, accelerating the development of inclusive finance and actively developing green finance. In the talents, China's equipment manufacturing industry should accelerate the implementation of talent strategy, and improve the talent network composed of entrepreneurs, high-end talents, highly skilled talents, management talents and entrepreneurial talents, to build up the support capacity of human resources. In terms of collaborative innovation system and mechanism, China's equipment manufacturing industry should start from deepening the reform of "Putting against the Wear", relaxing the restriction on market access, perfecting the exit mechanism of market factors, strengthening the fiscal and tax incentive and restraint mechanism, and accelerating the reform of the personnel system in state-owned enterprises, so as to accelerate the establishment of the institutional mechanism and policy system for promoting coordinated development.

Keywords: Scientific and Technological Innovation; Talent Strategy; Collaborative Innovation

Ⅱ Industry Reports

B. 5 Electrical Equipment Industry

Xirong Nie, Peng Li / 137

Abstract: This chapter introduces the international situation and trend of the electrical equipment industry in 2017, and analyzes the scale of development, the situation of operation, the composition of industry, the volume of trade, the level of technology and the existing issues about Chinese electrical equipment industry. In addition, it summarizes the issues, development prospects and suggestions for development. The analysis of the Chinese electrical equipment industry shows that the period of the development is steady growth and the market performance is active, but the profitability deteriorates. Although the technology of several products have achieved technological breakthroughs, the distance about the field of

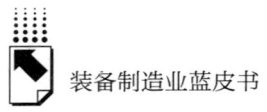

high-end technology and equipment between China and international advanced technology is significant. Therefore the Chinese electrical equipment industry will increase oversight for the industry, formulate industry development policies, strengthen the industry development planning, information collection and management, and promote the steady and healthy development of Chines electrical equipment industry.

Keywords: Electrical Equipment Industry; Situation of Operation; Prospective Development; Suggestions for Development

B.6 Constrction Equipment Indutry

Jingran Xu, Tingting Gao / 169

Abstract: This chapter introduces the international situation and trend of the construction equipment industry in 2017. Then it analyzes the construction equipment industry in China from these aspects that the scale of development, the situation of operation, the composition of industry, the volume of trade, the level of technology and the existing issues. In addition, it summarizes the prospects and suggestions for development. The analysis of the Chinese construction equipment industry shows that the period of the development is steady and the market performance is active. Although the technology of several products have achieved the international advanced level, the technical level of the whole industry is still in the medium-low position such as deficiency of critical technologies. Therefore the construction equipment industry of China will insist on the innovation driven development strategy, promote the intelligent manufacturing and the green manufacturing, strengthen the quality brand building, improve the degree of internationalization, and develop to the direction of high-performance, high-reliability and high-value-added in the future.

Keywords: Construction Equipment Industry; Situation of Operation; Prospective Development; Suggestions for Development

Contents

B.7　Heavy Machinery Industry

Wenna Guo, Jianhua Yang / 198

Abstract: On the basis of summarizing the development status and trend of heavy machinery development in the international market, and combined with the data this chapter analyzes the overall running condition and growing trend of heavy machinery in China in 2017 from the perspective of sub industry such as mining machinery, special metallurgical equipment and material handling equipment. The data shows that in 2017, the operation of the heavy machinery industry was in a stable growth situation, the main economic indicators performed well, and developed a number of significant technical equipments and upgraded new products. Base on insufficient market demand, industry over production capcacity, insufficient innovation capability, and gaps in technology levels, China's heavy machinery industry should further optimize its industrial structure, promote merger and reorganization, strengthen enterprise independent innovation ability, and improve industry comprehensive competitiveness.

Keywords: Mining Machinery; Material Handling Equipment; Structure Optimization

B.8　Energy Equipment Industry

Lei Huang, Tong Wu / 224

Abstract: This chapter introduces the international situation and trend of the energy equipment industry in 2017. Then it analyzes the energy equipment industry in China from these aspects that the situation of operation, the composition of industry, the volume of trade, the level of technology and the existing issues. In addition, it summarizes the prospects and suggestions for the development of the energy equipment industry. The analysis of the Chinese energy equipment industry shows that the period of the development is steady growth and the sales performance is active in the international and domestic market. Although the distance between the domestic technical level and international level is smaller gradually, the domestic technical level is still in the medium-low position since deficiency of critical technologies. Therefore the energy equipment industry of China will improve the collaborative innovation system about "politics, industry, learning and research", promote the intelligent manufacturing and the energy saving manufacturing, strengthen the degree of internationalization, and implement the development mode of "going-out".

Keywords: Energy Equipment Industry Steady growth "going out"

B. 9　Industrial Robot Industry

Yi Sun, Huailan Liu and Yijuan Guo / 255

Abstract: With the rapid development of industrial robots, robot increasingly used in automobile manufacturing, machining, welding, handling, polishing, handling and stacking, assembling, painting and other operations No matter the industrial robot used in the manufacturing environment, or the service robot applied in the manufacturing environment, its research and development and the application of industrialization are the important marks to measure the technological innovation of a country and the development level of the high-end manufacturing. According to the status of the industrial robot industry in 2017, this paper describes the development trend of the industry. and analyzes the industrial scale, the running conditions, the industrial structure and the trade situation of the robot industry in China. It also summarizes the technical level and main problems of the robot industry in China. As we can see from the report, China's robot industry is on the rise, industrial technology develops fast in the field of high-end. But there are also problems such as weak industrial foundation, imperfect industrial system, low level of scale and market homogeneous competition. the market trend analysis shows that industrial robots industry development potential is still great, and the artificial intelligence is still the main direction of the development of the robot. Finally, the report puts forward favorable suggestions for the development of industrial robot industry from three perspectives, namely, state, enterprise and industry.

Keywords: Industrial Robot; Industrial Development; Intelligent Manufacturing

Ⅲ Enterprise Report

B.10 Equipment Manufacturing Industry Management Innovating Enterprise Case Studies

Yanchao Hu, Jian Wang and Tingyuan Wang / 284

Abstract: In this chapter, four equipment manufacturing enterprises with typical representative significance in enterprise management innovation are selected to analyze their basic situation, management innovation situation and management innovation experience. The four companies are BOE Technology Group Co., Ltd., Weichai holding Group Co., Goldwind Technology Co., Ltd., and Commercial Aircraft Corporation of China Ltd. Selected representative enterprises in this chapter have introduced many advanced management tools such as Performance Excellence Model and Lean Management, the applied cloud computing, big data, and other advanced information technology, developed innovative management system in the aspects of quality management, supply chain management, operations management, organization management, personnel training, established an management system involves the whole life cycle of research, development, procurement, production, sales, operations and other section of the industrial chain, have representativeness and advancement in management innovation, and have provided great guiding significance to the improvement of management methods and upgrading of management mode of equipment manufacturing enterprises.

Keywords: Equipment Manufacturing Industry; Management Innovation; Innovation Experience

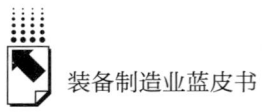

Ⅳ Special Topics

B.11 2017 Equipment Manufacturing Industry Key Issues Review and Analysis *Yaya Li, Qian Wang* / 318

Abstract: Four topical issues that took place in 2017 in equipment manufacturing industry is selected in this chapter to analyze their backgrounds and significance. The four topical issues respectively are "China shall pay attention to the equipment manufacturing industry development", "Plenty of breakthroughs took place in the equipment manufacturing industry", "Civil-military integration has promoted the high-quality development of equipment manufacturing industry", "Multiple provinces and cities have taken measures to speed up the equipment manufacturing industry development". These issues reflected that, in the background that China is constructing its manufacturing power, our country has attached great importance to the development of equipment manufacturing industry, China's equipment manufacturing enterprises have taken great effort in independent innovation and the key technical breakthrough, the government and the social from all walks of life have co-operated to promote the localization rate improvement, structural adjustment, transformation and upgrading of equipment manufacturing industry. These four events are of great significance to the development of the equipment manufacturing industry, and reflect the development mode and direction of the equipment manufacturing industry in the future.

Keywords: Intelligent Manufacturing; High-end Equipment Manufacturing; Civil-military Integration

B. 12 Countermeasures Studies of Development of China's Intelligent Manufacturing

Liyuan Yao, Ting Zhang and Tong Tong / 346

Abstract: The report defines the conception of intelligent manufacturing, and compares with traditional manufacturing industry, referring the concept of intelligent manufacturing is comprised by intellectual products, production, industrial mode and infrastructure construction. Then the report introduces the development situation and tendency of intelligent manufacturing in mainly developed countries and international enterprises, and summarize the situation in domestic country. The top-level designation of intelligent manufacturing is nearly completed, pilot demonstration projects is steadily advancing, and the number of projects continues to grow and coverage is gradually expanding. However, there are several advantages about our intelligent manufacturing, including low intelligence level, unbalanced development structure and insufficient basic research. Therefore, the report gives the suggestions that the government, industry and enterprises should work together to formulate and implement standards of intelligent manufacturing, improve the innovation ability especially in the critical technology and equipment, expanse financial support, strengthen human construction, explore new models actively, realize the function of demonstration enterprises, enhance international cooperation and speed up the pace of the industrial upgrading.

Keywords: Intelligent Manufacturing; Development Situation; Development Suggestions

社会科学文献出版社　　　　　　　　　**皮书系列**

❋ 皮书起源 ❋

"皮书"起源于十七、十八世纪的英国,主要指官方或社会组织正式发表的重要文件或报告,多以"白皮书"命名。在中国,"皮书"这一概念被社会广泛接受,并被成功运作、发展成为一种全新的出版形态,则源于中国社会科学院社会科学文献出版社。

❋ 皮书定义 ❋

皮书是对中国与世界发展状况和热点问题进行年度监测,以专业的角度、专家的视野和实证研究方法,针对某一领域或区域现状与发展态势展开分析和预测,具备原创性、实证性、专业性、连续性、前沿性、时效性等特点的公开出版物,由一系列权威研究报告组成。

❋ 皮书作者 ❋

皮书系列的作者以中国社会科学院、著名高校、地方社会科学院的研究人员为主,多为国内一流研究机构的权威专家学者,他们的看法和观点代表了学界对中国与世界的现实和未来最高水平的解读与分析。

❋ 皮书荣誉 ❋

皮书系列已成为社会科学文献出版社的著名图书品牌和中国社会科学院的知名学术品牌。2016年,皮书系列正式列入"十三五"国家重点出版规划项目;2013~2018年,重点皮书列入中国社会科学院承担的国家哲学社会科学创新工程项目;2018年,59种院外皮书使用"中国社会科学院创新工程学术出版项目"标识。

中国皮书网

（网址：www.pishu.cn）

发布皮书研创资讯，传播皮书精彩内容
引领皮书出版潮流，打造皮书服务平台

栏目设置

关于皮书：何谓皮书、皮书分类、皮书大事记、皮书荣誉、
皮书出版第一人、皮书编辑部

最新资讯：通知公告、新闻动态、媒体聚焦、网站专题、视频直播、下载专区

皮书研创：皮书规范、皮书选题、皮书出版、皮书研究、研创团队

皮书评奖评价：指标体系、皮书评价、皮书评奖

互动专区：皮书说、社科数托邦、皮书微博、留言板

所获荣誉

2008年、2011年，中国皮书网均在全国新闻出版业网站荣誉评选中获得"最具商业价值网站"称号；

2012年，获得"出版业网站百强"称号。

网库合一

2014年，中国皮书网与皮书数据库端口合一，实现资源共享。

权威报告·一手数据·特色资源

皮书数据库
ANNUAL REPORT(YEARBOOK) DATABASE

当代中国经济与社会发展高端智库平台

所获荣誉

- 2016年,入选"'十三五'国家重点电子出版物出版规划骨干工程"
- 2015年,荣获"搜索中国正能量 点赞2015""创新中国科技创新奖"
- 2013年,荣获"中国出版政府奖·网络出版物奖"提名奖
- 连续多年荣获中国数字出版博览会"数字出版·优秀品牌"奖

成为会员

通过网址www.pishu.com.cn访问皮书数据库网站或下载皮书数据库APP,进行手机号码验证或邮箱验证即可成为皮书数据库会员。

会员福利

- 使用手机号码首次注册的会员,账号自动充值100元体验金,可直接购买和查看数据库内容(仅限PC端)。
- 已注册用户购书后可免费获赠100元皮书数据库充值卡。刮开充值卡涂层获取充值密码,登录并进入"会员中心"—"在线充值"—"充值卡充值",充值成功后即可购买和查看数据库内容(仅限PC端)。
- 会员福利最终解释权归社会科学文献出版社所有。

数据库服务热线:400-008-6695
数据库服务QQ:2475522410
数据库服务邮箱:database@ssap.cn
图书销售热线:010-59367070/7028
图书服务QQ:1265056568
图书服务邮箱:duzhe@ssap.cn

卡号:331328866132

基本子库 SUB DATABASE

中国社会发展数据库（下设12个子库）

全面整合国内外中国社会发展研究成果，汇聚独家统计数据、深度分析报告，涉及社会、人口、政治、教育、法律等12个领域，为了解中国社会发展动态、跟踪社会核心热点、分析社会发展趋势提供一站式资源搜索和数据分析与挖掘服务。

中国经济发展数据库（下设12个子库）

基于"皮书系列"中涉及中国经济发展的研究资料构建，内容涵盖宏观经济、农业经济、工业经济、产业经济等12个重点经济领域，为实时掌控经济运行态势、把握经济发展规律、洞察经济形势、进行经济决策提供参考和依据。

中国行业发展数据库（下设17个子库）

以中国国民经济行业分类为依据，覆盖金融业、旅游、医疗卫生、交通运输、能源矿产等100多个行业，跟踪分析国民经济相关行业市场运行状况和政策导向，汇集行业发展前沿资讯，为投资、从业及各种经济决策提供理论基础和实践指导。

中国区域发展数据库（下设6个子库）

对中国特定区域内的经济、社会、文化等领域现状与发展情况进行深度分析和预测，研究层级至县及县以下行政区，涉及地区、区域经济体、城市、农村等不同维度。为地方经济社会宏观态势研究、发展经验研究、案例分析提供数据服务。

中国文化传媒数据库（下设18个子库）

汇聚文化传媒领域专家观点、热点资讯，梳理国内外中国文化发展相关学术研究成果、一手统计数据，涵盖文化产业、新闻传播、电影娱乐、文学艺术、群众文化等18个重点研究领域。为文化传媒研究提供相关数据、研究报告和综合分析服务。

世界经济与国际关系数据库（下设6个子库）

立足"皮书系列"世界经济、国际关系相关学术资源，整合世界经济、国际政治、世界文化与科技、全球性问题、国际组织与国际法、区域研究6大领域研究成果，为世界经济与国际关系研究提供全方位数据分析，为决策和形势研判提供参考。

法律声明

"皮书系列"(含蓝皮书、绿皮书、黄皮书)之品牌由社会科学文献出版社最早使用并持续至今,现已被中国图书市场所熟知。"皮书系列"的相关商标已在中华人民共和国国家工商行政管理总局商标局注册,如LOGO( )、皮书、Pishu、经济蓝皮书、社会蓝皮书等。"皮书系列"图书的注册商标专用权及封面设计、版式设计的著作权均为社会科学文献出版社所有。未经社会科学文献出版社书面授权许可,任何使用与"皮书系列"图书注册商标、封面设计、版式设计相同或者近似的文字、图形或其组合的行为均系侵权行为。

经作者授权,本书的专有出版权及信息网络传播权等为社会科学文献出版社享有。未经社会科学文献出版社书面授权许可,任何就本书内容的复制、发行或以数字形式进行网络传播的行为均系侵权行为。

社会科学文献出版社将通过法律途径追究上述侵权行为的法律责任,维护自身合法权益。

欢迎社会各界人士对侵犯社会科学文献出版社上述权利的侵权行为进行举报。电话:010-59367121,电子邮箱:fawubu@ssap.cn。

社会科学文献出版社